저자 조영엽 박사

- 평양시 기림리에서 출생
- 서울 대광고등학교 졸업(10회)
- 총신대학교 신학과 수료
- 육군부관학교 수료, 육군본부 부관감실, 군종감실
- 단국대학교 영문과 졸업(B. A.)
- 총신대학교신학대학원 졸업(M. Div., 58회)
- 총신대학교대학원 졸업(Th. M., 4회)
- 미국 Faith신학교 Philadelphia 졸업(D. Min.)
- 미국 Grace신학대학원 졸업(Ph. D.)
- 강도사고시(합동측, 1967. 6.)
- 서울 삼양동교회 전도사
- 평안교회 강도사(김윤찬 목사 시무시)
- 대한예수교장로회(합동측) 수도노회에서 목사안수 받음(1972. 10. 12)
- 이태원교회 부목사(김종근 목사 시무시)
- 국제기독교연합회(I.C.C.C.) 한국지부 간사
- 미국독립장로해외선교부(I. P. M.: The Independant Board for Presbyterian Foreign Missions, J. Grerham Machen 설립) 선교사
- 총회신학교(합동보수) 대학원장
- 예장신학연구원장
- 칼 맥킨타이어(Carl McIntire) 박사를 비롯한 영계의 지도자들에 대한 통역 30년 이상 담당
- 특별집회 세미나 그리고 극동방송국과 기독교방송국에서 수년간 방송사역 담당
- 국군정신전력학교 외래교수
- 서울 예인장로교회 시무
- 계약신학대학원대학교(조직신학, 주경신학, 현대신학) 객원교수 및 국내외 세미나 · 특강 · 특별집회 강사
- 현, (사)성경보수개혁교회단체연합회 대표회장
- 현, 대한예수교장로회 총회신학연구원(성경보수) 교수
- 현, 한국기독교총연합회 신학특별위원

종말-내세론
(*Eschatology*)

조 영 엽 박사 著
Rev. Joseph Youngyup Cho, Ph.D.
(B.A., M.Div., Th.M., D.Min., Ph.D.)

기독교문서선교회

기독교문서선교회(Christian Literature Crusade: 약칭 CLC)는 1941년 영국 콜체스터에서 켄 아담스에 의해 시작되었으며 국제 본부는 영국의 쉐필드에 있습니다.

국제 CLC는 59개 나라에서 180개의 본부를 두고, 약 650여 명의 선교사들이 이동도서차량 40대를 이용하여 문서 보급에 힘쓰고 있으며 이메일 주문을 통해 130여 국으로 책을 공급하고 있습니다.

한국 CLC는 청교도적 복음주의 신학과 신앙서적을 출판하는 문서선교기관으로서, 한 영혼이라도 구원되길 소망하면서 주님이 오시는 그날까지 최선을 다할 것입니다.

이 저서를
존경하는
고(故) 명신홍(Myung, Shin Hong) 스승님께
겸손히 드립니다.

I humbly dedicate this volume
to my esteemed professor late
Dr. Myung, Shin Hong

■ 추천사

한국과 전(全) 세계 교회가 혼돈을 거듭하고 있는 종말-내세론에 대하여 금번 조영엽 박사님께서 칼빈주의 · 개혁주의 입장에서 새롭게 정립하였습니다. 이 귀한 『종말-내세론』이 한국교회의 이정표가 되기를 기도하면서 기쁜 마음으로 추천합니다.

_곽선희 박사(소망아카데미원장, 소망교회 원로목사)

조영엽 박사님의 『종말-내세론』을 필독서로 강력히 추천하는 바입니다. 본서를 읽음으로 그 이유를 확실히 알게 될 것이기 때문입니다.

_강덕영 박사(한국유나이티드제약〈주〉 대표이사)

이 책은 종말과 내세에 관한 난해하고 광범위한 주제를 일목요연하게 정리하고 있습니다. 즉 이 사회에 범람하고 있는 "영적인 악"(전 4:1-3)을 제거하는 데 필요한 성경적 기준을 제시하고, 영원한 삶을 추구하는 데 도움을 줄 수 있는 저서라고 생각됩니다. 진심으로 저자에게 감사드리며, 추천하는 바입니다.

_강신택 박사
(전 예일대학, 트리니티 신학대학원 교수, 세계적 수메르어 권위자)

죽산 박형룡 박사님의 제자로 평생 스승의 신학과 사상을 이어가기를 힘쓰시는 조영엽 박사님께서 금번 『종말-내세론』을 출간하셨기에 필독서로 추천하는 바입니다.

_김길성 박사(총신대학교 신학대학원 부총장 및 조직신학 교수)

한국 교회는 조영엽 박사님의 『종말-내세론』으로 "마라나타"(Μαραναθα; Our Lord Come): 아멘 주 예수여 어서 오시옵소서!(계 22:20) 재림을 더욱 열망하게 되기를 소원합니다.

_김경철 박사(고신대학교)

칼빈주의·개혁주의 신앙과 신학을 연구·발전시키는 데 일평생 헌신해 오시는 조영엽 박사님의 『종말-내세론』은 내용이 확실하고, 범위가 방대합니다. 출간을 경하드리며, 교수, 목회자, 신학도, 평신도 등 독자들에게 필독서로 추천합니다.

_나용화 박사(개신대학원대학교 총장 및 조직신학 교수)

저자 조영엽 박사님은 한국 보수신학계의 대부(大父) 박형룡 박사님의 수(首)제자로 신학적 전통을 계승한 정통보수신학자입니다. 『종말-내세론』을 비롯한 조 박사님의 하나 하나의 모든 저서들을 필독서로 추천합니다.

_박영호 박사(CLC 대표, 한국성서대학교 교수)

조영엽 박사님의 『종말-내세론』은 신학교수들의 교과서로, 목회자들의 설교자료로, 성도들의 바른 신앙의 길잡이로 필독해야 하는 귀한 저서입니다.

_박형용 박사(웨스트민스터신학대학원대학교 총장)

조영엽 박사님의 『종말-내세론』은 종말과 내세에 대한 확신을 갖고 증거 할 수 있는 저서로서 교리적인 지식을 갈망하고 추구하는 분들에게 신앙의 큰 지침서가 될 것을 확신하며 추천합니다.

_박혜근 박사(칼빈대학교 신학대학원 조직신학 교수)

조영엽 박사님께서는 평생을 목회자 양성과 개혁신학의 사수, 계승을 위해 헌신하셨고 그간에 10여 권의 귀한 저서를 집필하셨습니다. 이는 기존의 많은 책들과 달리 조 박사님의 고결한 신앙 인품과 신학적, 학문적 체계가 있는 저술입니다. 바라기는 본 저서가 주님을 사랑하는 성도들과 신학생들, 모든 목회자들에게 크게 유익하게 활동되기를 기원합니다.

_서요한 박사(총신대학교 신학대학원 역사신학 교수)

금번 조영엽 박사님의 귀한 저서『종말-내세론』을 출판하게 됨을 마음깊이 축하합니다. 교수·목회자·평신도 모두를 위한 필독서로 추천합니다.

_서정배 박사(대한예수교장로회 〈합동〉 전 총회장,
한국기독교총연합회 공동회장)

진리변호와 성별운동을 위해 일생을 바쳐 헌신해 오시는 조영엽 박사님께서 금번에 저술하신『종말-내세론』은 값진 저서로서 신학교 교수들·목회자들 그리고 성도들 모두에게 크게 유익이 될 것을 확신하여 기쁘게 추천합니다.

_이영훈 박사(계약신학대학원대학교 총장 및 역사신학 교수)

보수신학과 옛 신앙을 지키기 위해 영적 전투의 최선봉에 서서 일하시는 조영엽 박사님의 이 귀한 저서가 하나님의 강력한 도구로 사용될 것을 확신하여 기쁜 마음으로 감히 추천하는 바입니다.

_이필립 박사(미국 Faith Theological Seminary 구약학 교수)

철저한 칼빈주의 신학자이신 조영엽 박사님이 금번에『종말-내세론』을 펴내셨기에 기쁘게 추천하는 바입니다.

_정성구 박사(전 총신대학교 총장)

조영엽 박사님은 저와 총신대학교 대학원 동기동창으로 학창시절부터 열심 있는 학구파셨고, 바른 진리에 대한 그의 입장이 분명하셨습니다. 『종말-내세론』은 물론 조영엽 박사님의 모든 저서들이 우리의 신앙에 분명한 이정표가 될 역작들이라고 확신하며 필독서로 기쁘게 추천하는 바입니다.

_조해수 박사(미주총신대학교 총장)

『종말-내세론』의 출간을 진심으로 축하드립니다. 조영엽 박사님은 스승 고(故) 박형룡 박사님의 신학사상을 계승하는 칼빈주의 보수신학자로서 조직신학 전권(全卷)을 비롯한 다수의 주요 신학저서들과 논문들을 집필하셨고, 『자유주의 해방신학과 열린예배』, 『목적이 이끄는 삶(교회를 타락시키는 베스트셀러)』, 『가톨릭교회 교리서 비평』, 『W.C.C. 정체(세계교회협의회의 실상을 밝힌다)』등의 저자로 널리 알려진 분이십니다.

_正論 기독신보사

Dr. Youngyup Cho is an international speaker for the Word of God and a separatist, fundamentalist among his Presbyterian brethren. It is rare, in our time of Neo-christianity, to find such a man persisting in the truths of the entire Bible.

I trust that *Eschatology*, one of his excellent books will bring a large Korean audience to all of it's chapters.

_Dr. O. Talmadge Spence,
(President: Foundations Bible College and Seminary, Dunn, North Carolina, USA.)

ESCHATOLOGY

저자 서문

먼저 만복(萬福)의 근원(根源)되시는 우리 주 하나님 앞에 감사와 찬송, 존귀와 영광을 돌리나이다.

불초 미약한 종이 복음진리 증거와 전수, 변호와 수호에 분망하던 중 금번 『종말-내세론』을 출간하게 되니 이는 오로지 우리 주 하나님의 망극하신 은혜라고 믿습니다. 다만 저자가 본서를 저술함에 있어서 최선을 다하지 못한 것을 매우 송구스럽게 생각합니다. 그러나 이 저서를 통하여 바른 신앙적 지식이 함양, 정립되어 신앙의 정체성이 되었으면 하는 마음이 간절합니다.

지금 한국 신학계에는 이 불초의 스승이시요, 보수신학의 거목(巨木)이신 고(故) 박형룡 박사님(Machen 박사의 제자, 구 프린스턴신학교 졸업, 1926)의 『교의신학전집』을 비롯하여 개혁주의 신학을 대표하는 칼빈(J. Calvin), 핫지(C. Hodge), A. A.핫지(A. A. Hodge), 워필드(B. B. Warfield), 메이천(J. Gresham Machen), 바빙크(H. Bavinck), 벌코프(L. Berkhof), 반틸(C. Van Til), 머레이(J. Murray), 후크마(A. Hoekema), 버즈웰(O. Buswell), 레이몬드(R. Raymond), 그루뎀(W. Grudem) 등 저명한 신학자들의 저서들이 출간 또는 번역되었습니다. 이는 놀라우신 하나님의 은혜의 역사이며 축복입니다. 그럼에도 그 방대한 저서들이 번역 또는 고어(古語)로 기록되어 있으므로 독자들의 이해에 어려움 또는 분명하지 못한 경우가 있는 것 같습니다. 저자는 이 점들을 감안하여 가급적 간결한 문체를 사용하였으며, 중요 신학술어들은 원문(히브리어, 헬라어)과 영어로 표기하였습니다. 그리고 내용 자체를 강의 또는 설교로 활용할 수 있도록 성경 구절들을 많이 인용하였습니다.

지금은 배교와 불신앙으로 타락한 말세지말입니다. 기독교 내의 자유주의자들의 비성경적 연합 운동(Un-biblical Ecumenical Movement), 비진리와 타협하는 신복음주의(Neo-evangelicalism), 성령은사 운동(신오순절 운동, Neo-pentecostal Movement), 세속적 교회음악(Secular Music in the Church), 열린예배(Seeker's Service), 사이비 이단사조들, 인본주의 사상, 육신의 부패성 등이 우리의 고귀한 역사적 기독교 신앙을 파괴하고 있습니다.

이러한 영적 흑암의 시대에 앞서간 선지자들과 사도들과 믿음의 열조들을 통하여 우리 주님 예수 그리스도로부터 받은 전통적 정통 복음진리를 보전·전파·변호·수호하는 일은 우리에게 주어진 지상명령이요, 특권입니다.

> "사랑하는 자들아 견고하며 흔들리지 말며 항상 주님의 일에 더욱 힘쓰는 자들이 되라 이는 너희 수고가 주 안에서 결코 헛되지 않은 줄 앎이니라"(고전 15:58).

우리 주님 예수 그리스도의 무한하신 은혜와, 하나님 아버지의 극진하신 사랑하심과, 성령님의 감화·교통·인도하심이 주님의 피로써 형제자매가 되신 독자 여러분 위에 항상 같이하시기를 기도합니다(고후 13:13).

A.D. 2013년 9월
천국가는 나그네 길에서 조영엽 박사

목차

추천사	4
저자 서문	9

제1장 육체적 죽음   23
  Ⅰ. 정의   23
    1. 육체적 죽음은 신체와 영혼의 분리이다.   24
    2. 육체적 죽음은 육체적 생명의 종결이다.   25
    3. 육체적 죽음은 육체가 흙으로 돌아감이다.   25
    4. 육체적 죽음은 생명의 자연적 관계들의 파괴를 의미한다.   26
    5. 육체적 죽음은 장래 운명의 고정이다.   26
    6. 그리스도인의 육체적 죽음은 중생한 영이 몸을 떠나 그리스도와 함께 거하는 것이다.   27
  Ⅱ. 죽음의 종류   27
    1. 육체적 죽음   27
    2. 영적 죽음   28
    3. 영원한 죽음   28
  Ⅲ. 죽음의 원인   29
    ※ 생물학적 죽음   30
  Ⅳ. 죽음의 대상자   31

V. 죽음의 필연성 32
  1. 죄의 값은 사망이기 때문이다. 32
  2. 혈과 육은 하나님의 나라를 유업으로 받을 수 없기
    때문이다. 33
VI. 죽음의 시기와 장소 34
VII. 인생의 허무 34
  1. 공수래 공수거 35
  2. 권면의 말씀 35
VIII. 신자 죽음의 의의 36
  1. 영혼만의 구속이기 때문이다. 36
  2. 성화를 위함이기 때문이다. 37
IX. 죽음에 대한 기독신자들의 자세 38
  1. 죽음에 대한 공포를 버려야 한다. 38
  2. 내세를 열망하여야 한다. 38
  3. 세상과 현세에 그렇게 애착을 갖지 않아야 한다. 39
  4. 맡은 사명(일)에 더욱 충성해야 한다. 39
  5. 죽음을 항상 준비해야 한다. 40

제2장 불사(불멸)와 영생 41
  I. 어원적 고찰 42
    1. 아다나시아 42
    2. 아프달시아 42
    3. 아이오니오스 조에 43
  II. 구별 43
    1. 본래적(근원적)불멸·영생 43
    2. 부여받은 불사·영생 44
  III. 영혼(불멸)에 대한 성경적 증거들 44
    1. 구약에서 45
    2. 신약에서 47

Ⅳ. 영혼 불멸에 대한 일반적 논증들　49
1. 역사적 논증　49
2. 철학적 논증　50
3. 실체론적 논증　50
4. 도덕적 논증　51
5. 목적론적 논증　51

Ⅴ. 영생의 비결　52
1. 영생은 하나님의 선물　53
2. 영생은 믿음으로 받음　53
3. 영생의 시작　54
4. 영생에 대한 보증　55

제3장 중간기 상태　57
Ⅰ. 의인(성도)들의 영혼들: 천국에서 영생　58
Ⅱ. 악인(불신자)들의 영혼들: 지옥에서 영벌　60
Ⅲ. 사후 영혼의 의식과 활동　61
1. 부자와 거지 나사로의 대화　61
2. 십자가에 달린 한 강도와의 대화　62
3. 중간기 상태에 대한 사도 바울의 태도(Ⅰ)　63
4. 중간기 상태에 대한 사도 바울의 태도(Ⅱ)　64
5. 사후 영혼들이 본 광경　64
6. 하나님과 순교자들의 대화　67

Ⅳ. 로마 천주교의 연옥설　68
1. 기원　68
2. 추정된 근거　70
3. 연옥설 비평　73

Ⅴ. 영혼 수면설　77
1. 기원　77
2. 영혼 수면론자들이 오용하는 성경구절들　78

Ⅵ. 멸절설과 조건적 영생설 81
   1. 멸절설 81
   2. 조건적 불멸설 81

제4장 이 시대와 오는 시대   85
Ⅰ. 이 시대와 오는 시대 85
Ⅱ. 이 시대와 오는 시대의 분기점 87
   1. 이 시대와 오는 시대의 분기점은 예수 그리스도의
     재림이다. 87
   2. 이 시대와 오는 시대의 분기점은 그리스도 안에서
     세상 떠난 신자들의 부활의 날이다. 87

제5장 예수 그리스도의 재림   89
Ⅰ. 재림에 관한 단어들: 어원적 고찰 90
   1. 파루시아 90
   2. 에피파네이아 91
   3. 아포칼룹시스 93
Ⅱ. 재림의 징조들 93
   1. 거짓 그리스도 93
   2. 적그리스도 100
   3. 이스라엘의 회복 106
   4. 복음의 세계 전파 118
   ※ 천국 복음과 관련하여 주의할 점들 121
   5. 죄악의 관영 121
Ⅲ. 재림의 시기 127
Ⅳ. 재림의 양식들 130
   1. 예수 그리스도의 재림은 실제적 인격적 재림 130
   2. 예수 그리스도의 재림은 신체적 재림 132

3. 예수 그리스도의 재림은 가견적 재림　　　　　　132
　　4. 예수 그리스도의 재림은 승리적 재림　　　　　　135
　　5. 예수 그리스도의 재림은 돌연적 재림　　　　　　135
　　6. 큰 음성으로　　　　　　　　　　　　　　　　　136
　　7. 능력과 큰 영광으로　　　　　　　　　　　　　　137
　　8. 하나님의 나팔　　　　　　　　　　　　　　　　138
　　9. 천사장의 소리　　　　　　　　　　　　　　　　138
　　10. 그리스도 안에서 세상 떠난 영들과 같이 오심　　139
　　11. 하늘로부터 친히 재림하심　　　　　　　　　　140
　　12. 주님의 재림을 열망함　　　　　　　　　　　　140
　Ⅴ. 만유갱신설 대(vs: 對) 만유멸절설　　　　　　　　142
　　1. 만유갱신설　　　　　　　　　　　　　　　　　142
　　2. 만유멸절설　　　　　　　　　　　　　　　　　146

제6장　죽은 자의 부활　　　　　　　　　　　　　　　151
　Ⅰ. 어원적 고찰　　　　　　　　　　　　　　　　　　151
　Ⅱ. 성경적 증명　　　　　　　　　　　　　　　　　　152
　　1. 구약 성경에서　　　　　　　　　　　　　　　　152
　　2. 신약 성경에서　　　　　　　　　　　　　　　　157
　Ⅲ. 신자 부활체의 성질　　　　　　　　　　　　　　　169
　　1. 부활체는 영혼과 육체의 재결합체　　　　　　　169
　　2. 부활체는 육체적 부활　　　　　　　　　　　　170
　　3. 부활체는 물질적인 몸　　　　　　　　　　　　171
　　4. 부활체는 동일한 몸　　　　　　　　　　　　　172
　　5. 부활체는 성질상 변화된 몸　　　　　　　　　　172
　　6. 부활체는 일종의 초자연적인 몸　　　　　　　　176
　　7. 부활체는 불멸적인 몸　　　　　　　　　　　　176
　Ⅳ. 부활의 순서들　　　　　　　　　　　　　　　　　177
　　1. 첫째 부활: 신자의 부활　　　　　　　　　　　　178
　　2. 둘째 부활: 불신자 부활　　　　　　　　　　　　180

V. 신자 부활의 성경적 변증   181
    1. 역사적 논증   181
    2. 논리적 논증   182
    3. 신학적 논증   186
    4. 윤리적 적용   187

VI. 무천년설의 일반 부활(동시 부활)   190
    1. 무천년설자들은 첫째 부활은 영적 부활(중생)이라고 주장한다.   191
    2. 무천년설자들은 신자의 부활과 불신자의 부활이 동시에 일어 난다고 주장한다.   192
    3. 무천년설자들은 요한계시록 20:4-6의 말씀은 세상 떠난 신자들의 영이 천국에서 주님 재림 시까지 살아서 그리스도와 더불어 왕 노릇하는 것을 가리키며 그것을 첫째 부활이라고 한다.   199
    4. 무천년설자들은 "부활은 마지막 날 일어날 것이며 즉시로 최후 심판이 따를 것이다"라고 하였다.   202
    5. 무천년설자들은 이중 부활의 교리는 요한계시록 20:5-13에만 기록되어 있다고 한다.   203

제7장 생존 성도의 변화와 휴거   205
I. 생존 성도의 변화   205
II. 휴거   207
    1. 어원적 고찰: 할파조   207
    2. 정의   208
    3. 할파조의 용례들   208
III. 성도의 휴거   210
    1. 그리스도 안에서 죽은 자들이 먼저 일어남   211
    2. 생존 성도들이 변화됨   213
    3. 참 성도의 휴거   215

Ⅳ. 세대론의 휴거설과 이중 재림 문제 216
　1. 공중 재림 216
　2. 지상 재림 217

제8장　예수 그리스도의 왕국 223
　Ⅰ. 어원적 고찰: 말쿠트, 바실레이아 223
　Ⅱ. 하나님의 왕국과 하늘의 왕국 224
　Ⅲ. 현재적(영적) 왕국: 심령의 왕국 226
　　1. 현재적(영적) 왕국의 왕: 만왕의 왕 예수 그리스도 228
　　2. 현재적(영적) 왕국의 영역: 참 중생한 신자들의 마음 228
　　3. 현재적(영적) 왕국의 시작과 종결 229
　　4. 현재적(영적) 왕국의 특성들 229
　Ⅳ. 미래적 왕국 231
　　1. 미래적(지상, 地上) 왕국의 왕 : 예수 그리스도 232
　　2. 미래적(지상) 왕국의 백성들: 부활체로 변화된 성도들 및 생존 불신자들 233
　　3. 미래적(지상) 왕국의 영토: 이 땅(지구) 233
　　4. 미래적(지상) 왕국의 기간: 천년 234
　　5. 미래적(지상) 왕국의 특성들 234
　Ⅴ. 세대론자들의 왕국관 244
　　1. 세대론자들은 천년왕국 시대에는 민족적 이스라엘이 다시 재건되리라고 한다. 244
　　2. 세대론자들은 천년왕국 시대에는 성전제사가 회복된다고 주장한다. 246
　Ⅵ. 무천년설자들의 왕국관 249
　　1. 무천년설자들은 왕국의 기간은 예수 그리스도의 초림부터 재림 때까지 두 강림 사이 교회 시대를 가리킨다고 한다. 249
　　2. 무천년설자들은 예수 그리스도의 문자적 천년왕국 자체를 부인한다. 249

3. 무천년설자들은 성도들이 "그리스도와 함께 1,000년 동안 왕 노릇 하리라…"는 말씀도 죽은 성도들의 영혼들이 그리스도와 함께 하늘에서 통치한다고 한다. 252
Ⅶ. 잘못된 왕국관들 254
1. 예수 그리스도의 지상 왕국은 사회복음에 의하여 건설되는 것이 아니다. 254
2. 예수 그리스도의 지상왕국은 마르크스주의의 유토피아 사상에 기초하여 건설되는 것이 아니다. 256
3. 예수 그리스도의 지상왕국은 남미의 해방신학, 한국의 민중신학 사상에 기초하여 건설되는 것이 아니다. 256
4. 예수 그리스도의 지상 왕국은 진화론이나 유신 진화론 사상에 의하여 건설되는 것이 아니다. 257

제9장 최후 심판과 상벌 261
Ⅰ. 심판주: 성자 예수 그리스도 263
Ⅱ. 심판의 조력자들 264
1. 천사들 264
2. 성도들 266
Ⅲ. 심판의 근거 267
1. 생명책에 기록될 것이다. 268
2. 하나님의 전지성에 기록될 것이다. 268
3. 신자들의 기억에 기록될 것이다. 269
Ⅳ. 심판의 날·수·시기·장소·심판석 270
1. 심판의 날 270
2. 심판의 수 270
3. 심판의 시기 271
4. 심판의 장소 272
5. 그리스도의 심판석 272
6. 심판날의 중요성 273

Ⅴ. 신자들의 상급　　　　　　　　　　　　　274
　　　1. 은혜의 심판　　　　　　　　　　　　　275
　　　2. 상급의 정도　　　　　　　　　　　　　278
　　　3. 상급의 종류　　　　　　　　　　　　　280
　　Ⅵ. 심판의 대상자들　　　　　　　　　　　　284
　　　1. 사탄과 그의 추종자들　　　　　　　　　284
　　　2. 적그리스도들과 거짓 그리스도들　　　　285
　　　3. 불신자들: 행위의 심판　　　　　　　　 286
　　Ⅶ. 심판날의 중요성　　　　　　　　　　　　287

제10장　천국: 영생 복락의 장소　　　　　　　　289
　　Ⅰ. 어원적 고찰: 샤마임, 우라노스　　　　　　289
　　Ⅱ. 세 하늘　　　　　　　　　　　　　　　　290
　　　1. 첫째 하늘(대기권)　　　　　　　　　　290
　　　2. 둘째 하늘(외기권)　　　　　　　　　　291
　　　3. 셋째 하늘(천국)　　　　　　　　　　　292
　　Ⅲ. 천국은 어떠한 곳인가?　　　　　　　　　293
　　Ⅳ. 천국의 거주자들　　　　　　　　　　　　296
　　　1. 3위 1체 하나님　　　　　　　　　　　296
　　　2. 천군 천사들　　　　　　　　　　　　　296
　　　3. 24장로　　　　　　　　　　　　　　　297
　　　4. 신자들　　　　　　　　　　　　　　　298
　　Ⅴ. 천국에서의 활동들: 천국에서의 생활　　　298
　　　1. 거룩하고 의로운 생활　　　　　　　　　298
　　　2. 친교의 생활　　　　　　　　　　　　　299
　　　3. 예배의 생활　　　　　　　　　　　　　300
　　　4. 봉사의 생활　　　　　　　　　　　　　301
　　　5. 안식의 생활　　　　　　　　　　　　　301
　　　6. 영광의 생활　　　　　　　　　　　　　302

  7. 성장의 생활   302
 Ⅵ. 천국의 장소   304

제11장 지옥: 영원 형벌의 장소   307
 Ⅰ. 지옥의 명칭들   308
  1. 스올   309
  2. 하데스   309
  3. 게헨나   310
  4. 불못   311
  5. 무저갱   311
  6. 둘째 사망   312
  7. 무덤   312
  8. 탈타로사스   313
 Ⅱ. 지옥: 영원한 형벌의 장소   313
 Ⅲ. 지옥 형벌의 기간   314
 Ⅳ. 형벌의 정도   314
 Ⅴ. 지옥의 특성들   315
  1. 고통   315
  2. 기억   316
  3. 기갈함   316
  4. 분리-고독   317
  5. 어둠   317
  6. 소망없음   318
 Ⅵ. 지옥의 거주자들   318
  1. 사탄   319
  2. 마귀들   319
  3. 귀신들   319
  4. 적그리스도들   319
  5. 거짓 그리스도들   319
  6. 모든 불신앙의 죄인들   319

부록 인물 소개

◈ 일러두기
조영엽 박사의 조직신학 전(全) 권에 등장하는 신학자들에 대한 설명은 부록에 있습니다. 부록에 설명되지 않은 신학자들은 색인을 참고하여 본문에서 찾아볼 수 있습니다.

1. 박형룡 박사	321
2. 가이슬러	324
3. 구티에레즈	325
4. 그루뎀	326
5. 댑니	327
6. 디센	329
7. 얼 랄프	330
8. 루터	330
9. 칼 맥킨타이어	337
10. 존 머레이	345
11. 메이첸	346
12. 바빙크	350
13. 반틸	351
14. 반하우스	352
15. 버즈웰	353
16. 벌코프	354
17. 쉐드	356
18. 스트롱	357
19. 스펜스	357
20. 어거스틴	359
21. 오리겐	364
22. 제임스 오르	366
23. 요세푸스	367
24. 워필드	369
25. 차녹, 스테펜	371

26. 카이퍼 372
27. 존 칼빈 373
28. A. A. 핫지 378
29. 찰스 핫지 379
30. 안토니 후크마 381

참고문헌 382
색인 390

제 1 장

육체적 죽음
(*Physical Death*)

Ⅰ. 정의
Ⅱ. 죽음의 종류
Ⅲ. 죽음의 원인
Ⅳ. 죽음의 대상자
Ⅴ. 죽음의 필연성
Ⅵ. 죽음의 시기와 장소
Ⅶ. 인생의 허무
Ⅷ. 신자 죽음의 의의
Ⅸ. 죽음에 대한 기독신자들의 자세

Ⅰ. 정의(Definition)

 육체적 죽음은 신체와 영혼의 분리로 인한 육체 생명의 종결이다(A physical death is a termination of physical life by the separation of body and soul).[1] 좀더 간단히 말하면 "육체적 죽음은 육체로부터 영혼이 분리됨이다"(A physical death is separation of the soul from the body).[2]

 죽음이란 무엇인가? 육체와 영혼의 인격적 연합의 정지(Stop)에 따라 육체는 화학적 요소들로 분해(Resolution)되고, 영혼은 그것의 창조주와

---

1) Louis Berkhof, *Systematic Theology* (Grand Rapids: Eerdmans, 1939), p.668.
2) Loraine Boettner, *Immortality*, (Phillipsburg: Presbyterian and Reformed, 1956), p.17.

심판주가 지정해 놓은 존재의 분리된 상태(A Separate State of Existence)에 안내됨이다.[3]

1. 육체적 죽음은 신체와 영혼의 분리이다(Separation of Body and Soul).

사람은 물질적 요소와 비물질적 요소로 구성되어 있다. 물질적 요소는 몸을, 비물질적 요소는 영혼을 가리킨다.

창세기 2:7, "여호와 하나님이 흙으로 사람을 지으시고 생기를 그 코에 불어넣으시니 사람이 생령이 된지라."

본 절에 흙은 사람의 물질적 요소를, 생기는 사람의 비물질적 요소를 가리킨다. 그런데 육체적 죽음은 영혼이 신체에서 떠남을 말한다.

고린도후서 5:1에는 사람의 육체를 하나의 장막집으로 그리고 사람의 죽음을 장막집이 무너지는 것으로 묘사하였다. 우리의 장막집이 무너질 때 장막집 안에 거하던 영혼은 장막집에서 떠난다.

성경은 영혼 없는 몸은 죽은 몸이라(약 2:26)고 **하였다.** 전연 상이한 두 요소가 결합되어 사람이라는 한 인격체를 구성한다. 그런데 죽음이란 이 두 요소(육체와 영혼, 물질적 요소와 비물질적 요소, 땅의 것과 위엣 것)가 분리됨을 가리킨다. 그리하여 사람은 죽으면 그 몸을 구성한 화학적 원소들은 분해되어 흙으로 돌아가고, 죽은 자의 영혼은 그 주신 하나님께로 돌아간다. 죽음은 결코 허무가 아니다.

창세기 3:19, "네가 흙으로 돌아갈 때까지 얼굴에 땀을 흘려야 먹을 것을 먹으리니 네가 그것에서 취함을 입었음이라 너는 흙이니 흙으로 돌아갈 것이니라 하시니라."

전도서 3:20-21, "다 흙으로 말미암았으므로 다 흙으로 돌아가나니 다 한곳으로 가거니와 인생들의 혼은 위로 올라가고 짐승의 혼은 아래 곧

---

[3] A. A. Hodge, *Outlines of Theology* (The Banner of Truth, 1860, 1983) pp 373. 548.

땅으로 내려가는 줄을 누가 알랴."
　전도서 12:7, "흙은 여전히 땅으로 돌아가고 영은 그것을 주신 하나님께로 돌아가기 전에 기억하라."
　사도행전 7:59, "그들이 돌로 스데반을 치니 스데반이 부르짖어 이르되 주 예수여 내 영혼을 받으시옵소서 하고."

2. 육체적 죽음은 육체적 생명의 종결(Termination of Physical Life)이다.

　죽음이란 테류테(τελευτή; an end, limit; 끝, 제한)로서 **영혼과 육체의 분리로 말미암은 육체적 생명의 종결**(an end of physical life through the separation of soul and body)을 가리킨다. 영혼이 육체로부터 분리되는 순간 육체적 생명은 끝이 난다. 각 사람은 자기 생애의 장단(長短)을 막론하고 제각기 천부(天父)께서 정하여 주신 수명을 다 살고 간다. 심지어는 갓 태어나 별세하는 영아(갓난아이)도 자기에게 주어진 수명을 다 살고 간다고 보아야 할 것이다. 인간적 측면에서는 단명(short life) 또는 장수(long life)라고 생각 할 것이지만 사람은 죽음으로 이 세상의 우수 사례로 인한 시험과 번뇌, 질병과 고통 그리고 육체의 쾌락도 모두 종지부를 찍는 것이다. 실로 육체적 죽음이란 육체적 생명의 끝장이다. 그리스도인에게 있어서 죽음은 천성문을 향하여 나아가는 순례길의 끝이다.

3. 육체적 죽음은 육체가 흙으로 돌아감(Physical Body Returns to Dust)이다.

　하나님께서 사람의 육체는 흙으로 지으셨기 때문에(창 2:7) 죽을 때에 사람의 육체는 다시 흙으로 돌아간다(창 3:19; 전 12:7).
　사도 바울은 고린도전서 15:47-48에서 인간창조의 기사로 돌아가 이르기를 "첫 사람은 땅에서 났으니 흙에 속한자요…무릇 흙에 속한 자는 저 흙에 속한 자들과 같도다"라고 하였다.

"흙"이란 히브리어로 흙의 먼지(dust)를 말하며, "흙의 먼지"란 흙 속에 들어 있는 화학적 원소들을 말한다. 다시 말하면 사람은 죽는 순간부터 육체는 썩기 시작하고, 육체의 물질적 화학적 원소들 즉 칼슘·탄소·염소·수소·옥소·철분·질소·인산·규소·유황 등은 분해되기 시작한다. 그리하여 흙의 성분들로 되돌아간다. 몸은 죽어 흙의 먼지로 돌아가 부활 시까지 무덤에서 기다린다(단 12:2). 죽음은 결코 존재의 없어짐이나 허무로 돌아가는 것이 아니다.

4. 육체적 죽음은 생명의 자연적 관계들의 파괴(Destruction of Relationship)를 의미한다.

사람의 육체는 다른 사람들과 주위에 있는 세계로 더불어 접촉함에 이용되는 기관이다. 그러나 사람이 죽으면 서로 손을 잡거나 포옹을 하거나 그 모든 접촉들을 가지지 못하게 된다. 따라서 죽은 자의 육체는 아무 것도 모르며(전 9:5), 깨닫지도 못한다(욥 14:21). 그러나 죽은 자의 영혼은 자기의 몸이 썩는 것을 아파하며 스스로 슬픔을 느낄 것이다. 그의 몸은 비록 무덤에서 썩으나 아주 없어질 것이 아니라, 장차 영혼과 몸이 다시 연합하여 영원히 불멸할 것이다.

5. 육체적 죽음은 장래 운명의 고정(Fixation on Future Destination)이다.

성경은 사람이 사후(After Death)에 가는 곳은 천국(Heaven) 아니면 지옥(Hell) 두 곳 중의 하나이며, 사후의 거처 문제는 이 세상을 떠나기 전 현세에서 결정된다고 가르친다(히 9:27). 따라서 천주교의 연옥설이나 불교의 윤회설 같은 것들은 성경 교훈에 위배된다.

죽은 자를 위한 기도는 아직도 죽은 자의 운명이 고정되지 않았다는 것, 그것이 우리의 요청에 의하여 변경될 수 있다는 것을 함의한다. 그러나 성경은 사람이 죽은 후에는 그 운명이 고정되어 있음으로 그 무엇으로도 변경할 수 없으며, 앞으로는 오로지 선악·상벌과 영생·영벌만이 기다리고 있을 뿐이라고 가르친다. 그러므로 죽은 자를 위한 기도나 또는 다른 여하한 의식도 모두 허사요 성경적이 아니다. 살아있는 친척들이나 친구들이 죽은 자에게 관심을 가진다는 것은 이해가 가나 죽은 자들의 사후(after death)의 운명을 결정하는 것은 하나님의 절대적 주권이다.

6. 그리스도인의 육체적 죽음은 중생한 영이 몸을 떠나 그리스도와 함께 거하는 것이다(Regenerated Soul Dwells with Christ).

그리스도인들에게 있어서 육체적 죽음이란 그 영혼이 육체를 떠나 천국으로 가서 주님과 함께 거하는 것이다(고후 5:8). 거기서 우리(우리의 영혼)는 안식하면서 몸의 구속을 기다리노라. 사도 바울은 자신의 몸을 떠나 그리스도와 함께 거하기를 욕망하였다(빌 1:23).

Ⅱ. 죽음의 종류(The Kinds of Death)

성경은 세 가지의 죽음을 가리킨다. 육체적 죽음, 영적 죽음 그리고 영원한 죽음이다.

1. 육체적 죽음(A Physical Death)

육체적 죽음은 신체와 영혼의 분리로 인한 육체 생명의 종결이다(A physical death is a termination of physical life). 사람이 죽으면 육체는 파괴되어 흙으로 되돌아 간다(창 2:7, 3:19).

2. 영적 죽음(A Spiritual Death)

영적 죽음은 사람이 하나님으로부터 분리됨을 말한다(A spiritual death is a separation of man from God). 육체적 죽음이 육체와 영혼의 분리이라면, 영적 죽음은 사람이 하나님으로부터의 분리를 뜻한다. 하나님께서 인류의 시조 아담에게 "선악을 알게 하는 나무의 실과는 먹지 말라. 네가 먹는 날에는 정녕 죽으리라"(창 2:17)고 경고하셨다. 그러나 아담은 하나님의 경고의 말씀을 불순종하고 범죄 하므로 네가 정녕 죽으리라는 말씀이 아담에게 임하게 되었다. 그리하여 범죄 하는 순간 그의 영은 즉시 죽었으며(범죄 즉시 하나님을 멀리 떠남), 그의 육체도 930세를 살고 죽었다. 드디어 범죄의 결과로 영과 육이 다 죽었다.

영적 죽음이란 존재가 없어진다거나 무의식 상태를 의미하는 것이 아니다. 아담이 범죄한 이후로 모든 사람들은 다 아담의 범죄 이후의 영적 상태와 동일한 영적 상태로 태어난다(롬 5:12, 14, 17, 21). 아담의 범죄 후 영적 상태란 하나님으로부터 멀리 떨어진 영적 죽음의 상태이다. 그러므로 아담과 동일한 영적 상태란 영이 죽은 상태를 가리킨다. 육체적 죽음이나 영적 죽음은 다 범죄의 결과이다.

3. 영원한 죽음(An Eternal Death)

영원한 죽음은 육체적 죽음과 영적 죽음을 포함한 육과 영의 영원한 형벌이다(An eternal death is an eternal punishment of soul and body). 따라서 육체적 죽음과 영적 죽음을 분리하여 생각 할 수 없다. 영원한 죽음은 예수 그리스도께서 재림하셔서 불신자들에게 내리시는 최종적 형벌이다. 불신자들은 최후 심판 때에 부활하여 심판을 받고 지옥에서 영원 형벌을 받을 것이다.

Ⅲ. 죽음의 원인(Cause of Death)

죽음의 원인은 무엇인가? 죽음은 과연 자연적인 것인가? 사람은 누구나 이 세상에 태어나서 각기 주어진 운명 곧 일정한 기간을 살고나면 이 세상을 떠난다하여 죽음을 자연적 현상으로 생각하는 자가 적지 않다. 무신론적 과학자들은 인간의 유기 물질은 부패와 해소의 종자를 지니고 있음으로 인생의 죽음은 순전히 자연적 현상이라고 응원의 부채질을 한다. 과연 인생의 죽음이 자연적인가?

바빙크(H. Bavinck)는 "최초의 부부는 죄 없는 무죄한 사람들로 태어났다. 그러나 그들은 그들의 무죄함이 결코 상실될 수 없는 완전한 상태는 아니었다. 그들은 죄 짓지 않을 수 있는(able not to sin) 잠재성은 있었으나 죄 지을 수 없는 상태에 이른 것은 아니었다. …즉 타락 이전의 아담과 하와의 상태는 완전하거나 불변의 완성 단계를 말하는 것이 아니다. …그러나 아직 완전체는 아니었다. 그는 여전히 성장과 연단의 필요성을 갖고 있는 존재였다. 아담과 하와는 죄 없는 사람들로 지음을 받았기 때문에, 만일 그들이 범죄하지 않았을 경우에는 이 땅에서 영원히 살 수 있을게 뻔하였다."[4]

죽음은 죄로 인한 형벌 곧 죄의 값이다(롬 6:23; 고전 15:56). 죽음은 사람의 범죄로 인한 공의로우신 하나님의 직접적 형벌이다. 죄가 세상에 들어오기 전에는 죽음은 존재하지 않았다. 하나님께서 인류의 시조 아담에게 "선악을 알게 하는 나무의 실과(선악과)는 먹지 말라. 네가 먹는 날에는 정녕 죽으리라"(창 2:17)라고 하신 경고의 말씀이 실행되게 된 것이다. 죽음이란 일반 세인들의 생각하는 것처럼 자연적 또는 우연적 현상이 결코 아니다. 죽음은 범죄에 대한 공의로우신 하나님의 형벌이다. 형벌은 하나님의 "진노의 표시"(시 90:7-11), "심판의 표시"(롬 1:32), "정죄의 표

---

[4] H. Bavinck, *Dogmatiek*, 2:606, Anthony A. Hoekema, *Created in God's Image* (Grand Rapids: Eerdmans, 1994), p.82.

시"(롬 5:16) 그리고 저주의 표시(갈 3:13)이다. 모든 사람이 죄를 범하였으므로 모두가 사망에 이르게 되었다. 죽음이야말로 경험하지 않고 얻을 영생을 박탈하였다.

※ **생물학적 죽음**: 생물학적 죽음이란 동식물의 죽음을 말한다. 즉 짐승들은 가축들을 잡아먹고, 가축들은 식물들을 뜯어먹고 산다. 생물학적 죽음은 아담·하와의 범죄 이전부터 존재한다(Death in the plant and animal world before the fall). 생물학적 죽음은 아담의 범죄와는 관계가 없다. 왜냐하면 모든 동식물은 창조주 하나님께서 사람을 위하여 지으셨기 때문이다(창 1:11-12, 20-22, 24-25, 29-30).

로마서 5:12, "이러므로 한 사람으로 말미암아 죄가 세상에 들어오고 죄로 말미암아 사망이 왔나니 이와 같이 모든 사람이 죄를 지었음으로 사망이 모든 사람에게 이르렀느니라."

로마서 5장에는 "한 사람"(one man)이라고 5번(12, 15, 16, 18, 19) 기록되었는데 여기서 한 사람이란 분명히 아담 한 사람을 가리킨다.

"죄가 세상에 들어왔다"(에이셀덴, εἰσῆλθεν; entered; 들어왔다)는 말씀은 아담의 불순종 때문에 죄가 세상에 들어왔다는 말씀이고, 두 번째는 죄의 결과인 사망을 강조한다. 사망은 온 인류 위에 임하게 되었다. 따라서 죽음의 보편성은 죄의 보편성에 기인한다.

찰스 핫지(Charles Hodge)는 "죄와 사망의 이 관련을 분명히 표현하여 말하되, 아담과 그의 후손 사이에 언약적 또는 자연적인 연합의 효능으로 그의 죄는 비록 그의 후손들의 행동이 아닐지라도 그들에게 전가(轉嫁)되어 그에게 위협되고 또 그들에게 오는 형벌의 법정적 근거다…성경적 신학적 용어에서 죄를 전가하는 것은 죄책(罪責)을 전가함이다. 그리고 죄책이 의미하는 것은 범행도 아니요, 도덕적 무가치도 아니요, 과실도 아니요, 도덕적 오염은 더욱 아니며, 오직 공의를 만족시킬 법정적 본무(法廷的 本務)이다."[5] 이 신적 공의를 만족시킬 법정적 본무는 사망을 죄인 된 모든 인류의 피할 수 없는 운명으로 만들었다.

우리는 이 진리와의 관계에서 자신적 범죄가 없는 영아들이 고통과 사망에 굴복함을 발견한다. 성경은 수난과 사망은 죄의 값이라는 것을 일양적(一樣的)으로 제시한다. 하나님이 만일 무죄한 자들에게 형벌을 시행하시면 그는 공의롭지 못할 것이다. 그런데 영아들에게 사망의 형벌이 행해진 즉 그들은 반드시 유죄(有罪)할 것이요 그들은 자신적으로 범죄한 일이 없은 즉 그들은 성경이 말하는 대로 반드시 아담의 죄책을 받아 유죄하게 되었을 것이다.

사람은 시조의 원죄, 전가되는 유전 죄, 자신들의 자범죄 등으로 인하여 모두 죽음에 이르게 되었다. 죽음은 결코 자연적 종말이 아니다. 그러나 펠라기안파와 소시니안파(Pelagians and Socinians)에서는 가르치기를 사람은 태어나면 죽기로 창조되었다고 한다. 이들 이단들은 성경의 진리를 무시하고 죽음의 원인을 인간의 죄에서 찾지 아니하고 하나님의 창조에서 찾은 것이다. 그러나 그와 같은 주장은 성경에 위배된다.

Ⅳ. 죽음의 대상자(The Objects of Death)

이 세상에 태어나는 사람들은 한 사람도 예외 없이 모두 다 죽음의 대상자들이다. 왜냐하면 각자 각자를 포함한 모든 사람이 다 죄를 범하였기 때문이다(롬 3:23). 태초에 하나님께서 사람을 창조하실 때에는 사람이 범죄하지 않을 경우에는 영생하도록 창조하셨다. 사실상 사람이 범죄하기 전까지는 죽음이 존재하지 않았다. 그러나 사람이 범죄한 후로는 죽음이 찾아왔다. 죽음은 범죄한 사람들에게는 예외 없이 찾아온다. 사람이 한번 죽는 것은 정한 이치라는 말씀(히 9:27)도 범죄한 사람이 필연적으로 받을 보응을 가리킨다.

---

5) Charles Hodge, *Systematic Theology* II (Grand Rapids: Eerdmans, 1986), p.120.

V. 죽음의 필연성(The Necessity of Death)

1. 죄의 값은 사망이기 때문이다(롬 6:23).

히브리서 9:27, "사람이 한번 죽는 것은 정한 이치요 그 후에는 심판이 있으리라."

"**정한 이치요**"(아포다네인, ἀποθανεῖν; to die; 죽다)라는 말씀은 "아포케이마이"(ἀπόκειμαι; laid up, appoint; 정하다. 지정하다)의 제 2과거 부정사이다. 그러므로 정한 이치요라는 말씀은 죽기로 이미 과거에 정하여 졌다는 말씀이다. 이것을 보면 인생의 죽음도 하나님의 작정(Decree; 作定)에 들어 있음을 알 수 있다.

전도서 3:2, "사람이 태어날 때가 있고 죽을 때가 있다"고 엄숙히 선언하였다. 사람은 한번 날 때가 있는 것처럼 반드시 한번은 죽을 때가 있다. 죽음은 사람의 낯을 가리지 않는다. 죽음은 남녀노소, 빈부귀천, 영웅호걸을 가리지 않는다. 죽음은 높은 구름 위에 올라 지극히 높은 자와 비하리라던 왕에게도, 물질이 풍부한 부자에게도(사 14:13-15; 눅 12:16-20), 그 누구에게도 반드시 찾아온다. 죽음은 어느 때나 어느 곳에서나 도둑같이 달려든다. 그러므로 죽음 앞에는 항의도 면제도 빙자도 있을 수 없다. 죽음은 정지(Stop)라는 하나님의 명령이니 그 누구도 굴복하지 않을 수 없다. 죽음은 지금까지 모든 사람들에게 찾아왔으며 앞으로도 반드시 예외 없이 찾아 올 것이다. 죽음이라는 사실보다 더 확실한 것이 어디 있는가? 인생에게 있어서 죽음은 필연적이다. 범죄한 사람은 죽도록 운명이 정해져 있다. 죽음은 반드시 원인이 있으므로 자연사(自然死)가 아니다. 자연사란 존재하지 않는다.

2. 혈과 육은 하나님의 나라를 유업으로 받을 수 없기 때문이다
(고전 15:50).

고린도전서 15:50, "…혈과 육은 하나님의 나라를 유업으로 받을 수 없고, 썩은 것은 썩지 아니한 것을 유업으로 받을 수 없느니라."
본절은 2절로 구성되어있다.

① 혈과 육은 하나님의 나라를 유업으로 받을 수 없느니라.
"**혈과 육**"(삵스 카이 하이마, σὰρξ καὶ αἷμα; Flesh and Blood; 살과 피)는 자연인으로 연약성, 죄성, 부패성(weak, sinful nature, corruption)이 있는 죽음 몸, 썩은 몸, 흙으로 돌아갈 몸을 가르킨다.
"**하나님의 나라**"(바실레이안 데우, βασιλείαν θεοῦ; Kingdom of God; 하나님의 왕국)는 신령하시고 거룩하시고 존엄하신 하나님이 계시는 천국, 하나님이 통치하시는 나라이다.
"**유업으로 받을 수 없느니라**"(클레로노메사이 우 두나타이, κληρονομῆσαι οὐ δύναται; can not inherit)는 강한 부정으로 절대로 유업으로 받을 수 없는 불가능성을 강조한다.

② 썩은 것은 썩지 아니한 것을 유업으로 받을 수 없느니라.
"**썩은 것**"(프도라, φθορὰ; Corruption)은 부패성을 가리킨다. "**썩지 않은 것**"(아프달시아, ἀφθαρσία; Incorruption)은 부패하지 않음을 가리킨다. 썩은 것과 썩지 아니한 것은 성질상 정반대이다.

혈과 육, 썩은 것은 결단코 하나님의 나라에 들어갈 수 없다. 그것은 불가능하다. 하나님의 나라에 들어가기 위하여는 본질적 변화가 결대 필요하다. 그런데 그 본질적 변화는 성령 하나님만이 역사하신다.

Ⅵ. 죽음의 시기와 장소(The Time and Place)

 죽음의 시기와 장소는 아무도 예측할 수 없다. 죽음은 밤에 도둑같이 올 수도 있고 반면에 충분한 경계가 있은 후 서서히 접근할 수도 있다. 죽음은 인생의 초기에 올 수도 있고(어린아이가 죽는 것처럼) 행복의 여러 해를 지나서 찾아올 수도 있다. 죽음이 도둑같이 오든 또는 서서히 오든 분명한 사실은 틀림없이 찾아오고야 만다. 그리고 또 분명한 사실은 세상에 태어날 때에도 혼자 온 것처럼 이 세상을 떠날 때에도 역시 홀로 간다는 사실이다.

Ⅶ. 인생의 허무(The Nihility of Life)

 사도 베드로는 이 일반적 진리를 비장한 웅변으로 외치기를 "모든 육체는 풀과 같고 그 모든 영광은 풀의 꽃과 같으니 풀은 마르고 꽃은 떨어진다"(벧전 1:24)고 하였다.

 야고보는 인생의 허무와 무상함을 명상하면서 "인생은 풀의 꽃과 같이 다 지나감이라"(약 1:9), "너희는 잠깐 보이다가 없어지는 안개니라"(약 4:14)라고 하였다.

 시편 기자는 "우리의 년수가 70이요, 강건하면 80이라도 그 년수의 자랑은 수고와 슬픔 뿐이요, 신속히 가니 우리가 날아가나이다"(시 90:10)라고 하였다.

 솔로몬 왕은 여자도, 권세도, 부귀영화도 한 몸에 다 누린 자이었으나 그의 최후간증은 무엇이었는가? "내가 해 아래서 하는 모든 일을 본즉 다 헛되어 바람을 잡는 것 뿐이라"(전 1:14), 전도서 1:2에는 "헛되고 헛되며 헛되고 헛되다"(Vanity)고 하였다.

인생은 참으로 덧없는 세월, 유수같은 세월 속에서 잠깐 왔다 가는 나그네요, 행인이요, 여객(旅客)이다.

참으로 짧은 한평생 세상만사를 생각 해보면 인생의 부귀와 영화가 일장춘몽이다. 가을바람에 우수수 떨어져 바람에 날리어 간데 온데 없이 자취를 감추어 버리는 낙엽들처럼 사라지는 허무한 인생! 흙에서 왔으니 흙으로 돌아갈 수밖에 없는 인생!

1. 공수래 공수거(空手來空手去)

욥(Job)은 진술하기를 "사람이 모태에서 적신으로 나왔은즉 적신으로 돌아가리라"(욥 1:21)고 하였다. 동방에서 제일 갑부(the richest man)였던 욥의 고백이고 보니 의미가 더욱 심장하다. 전도서 기자는 전도서 5:15에서 "저가 모태에서 벌거벗고 나왔은즉 그 나온 데로 돌아가고 수고하여 얻은 것을 아무 것도 손에 가지고 가지 못하리라"고 하였다.

사도 바울(Apostle Paul)은 "우리가 이 세상에 아무 것도 가지고 온 것이 없으매 또한 아무 것도 가지고 가지 못하리라"(딤전 6:7)고 하였다. 많이 쌓아 놓은 자도 동전 한 푼 가지고 가지 못하니 인생은 공수래 공수거일 뿐이다. 그러니 정함이 없는 재물에 지나친 포로가 되지 말고, 선한 일에 부요한 자가 되어야 하겠다. 그리하면 천상에 상급이 쌓일 것이다(마 6:19-20; 딤전 6:17-19).

2. 권면의 말씀

"그 후에는 심판이 있으리니"(히 9:27) 죄의 값으로 죽어 영원토록 지옥 형벌 받아 마땅할 죄인들에게 "나는 부활이요 생명이니 나를 믿는 자는 죽어도 살겠고 살아서 믿는 자는 영원히 죽지 아니하리라. 나를 믿는 자는 이미 영생을 얻었고 사망에서 생명으로 옮겼느니라"(요 5:24, 11:25-26)고 주님은 말씀하셨다.

죽음을 면할 뿐만 아니라 영생을 얻는 유일한 비결은 예수 그리스도를 구주로 믿는 신앙이다. 기독 신자들에게는 사망의 쏘는 것(고전 15:55-57) 영원한 정죄가 없다(롬 8:1). 그 이유는 죽음에서 생명으로 이미 옮겨졌기 때문이다(요일 3:14). 그리스도인들에게는 영원한 죽음이란 없다. 육체 생명의 종결이란 생명의 부활 시까지 몸이 잠시 무덤 속에서 안식하는 것뿐이다. 그리고 예수 그리스도께서 천군 천사들과 함께 다시 오시는 바로 그날에 믿다가 세상 떠난 우리의 영도 내려와 우리의 육체와 재결합하여 우리의 낮고 천한 몸이 주님의 영광의 몸의 형체와 같이 변화될 것이다(빌 3:21). 그리하여 우리의 몸과 영이 다 진정한 부활체로서 영생할 것이다.

Ⅷ. 신자 죽음의 의의(The Significance of the Death of Believers)

성경은 육체적 죽음을 죄의 값으로 인한 형벌이라고 하였다(롬6:23). 그러나 신자는 예수 그리스도를 개인의 구주로 믿음으로 말미암아 죄사함을 받았다.

로마서 8:1, "…그러므로 그리스도 예수 안에는 결코 정죄함이 없느니라."
에베소서 1:7, "우리가…그의 피로 구속 곧 죄사함을 받았느니라."
골로새서 1:14, "우리가 그 아들 안에서 구속 곧 죄사함을 받았느니라."

예수 그리스도 안에서는 정죄함이 없다(롬 8:1). **그러면 왜 죄 사함받은 신자도 한 번은 죽어야만 하는가?** 어찌하여 신자들도 사망의 음침한 골짜기를 통과해야 하는가?

1. 영혼만의 구속이기 때문이다.

신자가 예수 그리스도를 개인의 구주로 믿음으로 신자의 영혼은 죄와 사망으로부터 구원을 받았다. 그러므로 구원받은 영혼, 중생한 영혼은 다시는 죽음이 없는 영생을 소유하였다. 그러나 신자의 영혼이 구원받을 때 육체도 구원받은 것은 아니다. 그러기에 신자의 구원받은 중생한 영은 **몸의 구속**(Redemption of the Body)을 간절히 열망한다(롬 8:23).

로마서 8:10, "그리스도께서 너희 안에 계시면 몸은 죄로 말미암아 죽은 것이나 영은 의를 인하여 산 것이니라"

2. 성화를 위함이기 때문이다.

능력이 무한하시고 은혜와 자비가 극진하신 하나님은 어찌하여 신자들을 구원하실 때 영혼만 먼저 구원하시고 육체는 남겨두어 고통과 죽음을 통과하게 하셨을까? 이유는 명백하다. 신자의 최선의 유익을 위함이다. 이 모든 것은 하나님의 백성에게 비상한 유익을 주는 것들이다. 이것들은 교만한 자를 겸손하게 하고, 육욕을 억제하게 하며, 속된 생각을 방지하게 하고, 그 영적 성장을 촉진하게 하는 것들이다.[6]

댑니(Dabney)는 "육체적 죽음은 영적 유익(Spiritual Benefit)을 위하여 필요하고 건전한 징계니라…죽음의 전망은 그것이 시작하는 첫 날 부터 모든 그의 확신·회심·그리스도인의 전투를 통하여 그의 양심을 건전한 엄숙에로 움직이며, 그의 교만한 영혼을 겸손하게 하며, 육욕을 억제하며, 교만을 제지하며, 영적 정신을 양성함에 봉사 한다"[7]고 하였다.

참으로 그러하다. 하나님께서 우리의 영은 구원하시고 우리의 육체는 그대로 두심은 우리의 구원받은 중생한 영이 주체가 되어 우리의 육체를 도구로 사용하여 우리 자신들을 주님의 형상을 향하여 닮아가도록 하기 위함이다.

---

6) 박형룡, 『말세론』 (서울: 한국기독교교육연구원, 1978), p.61.

7) R. L. Dabney, *Lectures in Systematic Theology* (Grand Rapids: Zondervan, 1878), pp.818-19.

IX. 죽음에 대한 기독신자들의 자세(Christian's Attitude toward Death)

1. 죽음에 대한 공포를 버려야 한다.

공포는 두렵고 떨림이다. 흔히들 죽음은 공포의 왕이라고 한다. 성도는 죽음을 앞에 두고 무서워 하거나 두려워 하지 않아야 한다. 혈과 육은 하나님의 나라를 유업으로 받을 수 없고, 죽음 월편에는 하늘에 있는 영원한 집이 있어서 거기서 영생복락을 누릴 것을 생각하면서 "사망아 너의 이기는 것이 어디 있느냐? 사망아 너의 쏘는 것이 어디 있느냐?"(고전 15:55)라고 외치면서 죽음을 맞이하여야 할 것이다.

2. 내세를 열망하여야 한다.

고린도후서 5:1, "만일 땅에 있는 우리의 장막집이 무너지면 하나님께서 지으신 집 곧 손으로 지은 것이 아니요, 하늘에 있는 영원한 집이 우리에게 있는 줄을 아나니."

"**장막**"(Tabernacle)은 가끔 구약시대 광야 생활을 하던 이스라엘 백성의 천막(Tent)을 언급한다. 사도 바울은 우리 인간의 육체를 하나의 장막으로 비유하였다. 육신의 장막이 무너지면, 파괴되면, 용해되면, 낡아지면(destroyed, dissolved, torned down) 영화롭게 된 몸(Glorified Body) 곧 부활체가 우리의 영원한 집이 될 것이다.

사도 바울은 내세의 천국과 영생복락을 확실히 믿었으므로 육신의 장막집이 무너질 때 금생의 무거운 짐 벗고 천국에 들어가 주님과 함께 영생복락 누릴 것을 희구하였다.

고린도후서 5:8, "우리가 담대하여 원하는 바는 차라리 몸을 떠나 주와 함께 거하는 것이니라"고 하였다. 이것을 **로마서 8:23**에서는 "**몸의 구속**"

이라고 하였으며, 신자들의 몸의 구속은 피조물들도 탄식하며 고대한다. 참된 성도들은 죽음 바로 월편에 그리스도께서 예비하신 영원한 집이 있음을 믿어야 한다(요 14:1-3).

그리스도인들의 죽음은 생애의 종말이 아니라, 영원무궁 세계의 시작이며, 영원무궁 세계에서의 영생복락을 누리는 천상 생활과 현세의 지상 생활은 족히 비교할 수 없다. 그러므로 성도들은 소망 없는 사람들처럼 슬퍼하지 말 것이다(살전 4:13).

3. 세상과 현세에 그렇게 애착을 갖지 않아야 한다.

죽음에 대한 가장 괴로운 고통 중에 하나는 이별일 것이다. 사랑하는 사람, 사랑과 희생으로 키운 자녀들 그리고 부모 형제, 친구들…평생 공들여 쌓아 놓은 지식과 사회적 명성, 땀흘려 모은 재물, 미래의 멋있는 청사진들, 이 모든 것들을 다 뒤에 두고 혼자 떠나야 하므로 세상 현세에 그렇게 애착을 갖지 않아야 한다(욥 1:21; 전 5:15; 딤전 6:7).

4. 맡은 사명(일)에 더욱 충성해야 한다.

사도 바울은 빌립보서 1:23-24에서 세상에서 할 일이 많으므로 육신에 머물러 있음을 밝혔다. 참으로 제한된 시간 속에서 우리가 할 일은 너무나 많다. 맡은 자들에게 구할 것은 충성이라(고전 4:2)고 말씀하셨고, 죽기까지 충성하라(계 2:10)고 명령하였다. 우리는 지상(地上)에 사는 동안 하나님의 일에 더욱 충성할 것이다. 신자들은 죽음 이후의 상급을 생각하여 맡은 일에 더욱 충성하여야 한다. 그리하면 생명의 면류관을 받을 것이다.

5. 죽음을 항상 준비해야 한다.

우리는 죽음에 대한 인식을 바로 하고, 죽음을 항상 준비하여야 한다. 불행하게도 상당수의 많은 사람들은 죽음에 대한 의미를 바로 인식함 없이 죽음에 접근하고 있음을 본다. 준비 없이 죽음에 직면하게 될 때에 몹시 당황하게 되고, 초조와 불안 속에서 발버둥 치며 반항하게 되기 쉽다. 만일 오늘이 이 지상(地上)에서의 나의 생애의 마지막 날이라고 생각한다면 탐심·시기·질투·교만·싸움…등이 어떻게 존재할 수 있겠는가? 우리는 우리의 생명의 끝 날이 언제인지 모르니 오늘이 내 생애의 마지막 날이라고 생각하고 참으로 멋있는·생산적·보람된·후회 없는 삶을 살아야 할 것이다.

요한계시록 14:13, "주안에서 죽는 자는 복되도다"고 하였다. 그 이유는 주안에서 죽은 자는 다시 부활하여 영생복락을 누릴 것이기 때문이다. 많은 사람들은 죽음의 의미를 정당히 인식함 없이 죽음에 접근하고, 많은 사람들은 그 육체적 상태가 최후 순간에 명료한 사고를 가지기 불가능하게 된다. 그러나 나의 소원은 이 세상을 떠나는 순간까지 정신 상태가 명료하여 분명한 의식을 가지며, 가급적 거동의 불편도 없이 지나다가 소천할 시간이 이르면, 지상(地上)에서 걸어온 발자취들을 회상하고, 다시 한 번 나의 몸과 마음을 깨끗이 씻고(목욕과 회개), 나의 가족들과 나의 임종을 위하여 모인 사람들과 함께 담화하고, 찬송·기도드린 후 내 자신을 나의 천부께 맡기고, 여명시간이 평화와 안식의 기분으로 오듯이 고요히 그리고 조용히 죽음을 맞이하게 되었으면 하는 마음 간절하다.

민수기 23:10, "나는 의인의 죽음같이 죽기를 원하며, 나의 종말도 그와 같이 되기를 원하노라"라는 말씀이 우리 모두에게 이루어지기를 소원할 따름이다.

제 2 장

불사(불멸)와 영생
(*Immortality and Eternal Life*)

Ⅰ. 어원적 고찰
Ⅱ. 구별
Ⅲ. 영혼(불멸)에 대한 성경적 증거들
Ⅳ. 영혼 불멸에 대한 일반적 논증들
Ⅴ. 영생의 비결

박형룡 박사님은 영생의 문제에 대하여 언급하기를 "종교사상의 문제들 중에 내생(來生)의 문제같이 심각하고 보편적인 관심을 일으키는 것은 없다. 이 문제는 시대마다 사람들의 마음을 연단하였고, 무덤을 넘어 길이 살고자 하는 열망을 많은 영혼들의 깊은 속에 발동시킨다. 그러므로 이것은 한갓 학문적인 문제만이 아니라, 우리 각인의 마음 문 앞에서 답변을 강요하는 최고 문제이다"[1]라고 하였다.

우리도 구약시대 동양의 의인이요 거부(rich man)이었던 욥(Job)과 더불어 "**사람이 죽으면 어찌 다시 살리이까**"(욥 14:14)라는 내세와 영생에 대한 질문을 하게 된다. 그 이유는 사람은 본능적(本能的)으로 영원을 사모하는 마음이 있기 때문이며(전 3:11), 내세와 영생은 인류의 보편적 관심사이기 때문이다. 그 본능은 하나님이 사람을 창조하실 때 심어준 것이다.

---

1) 박형룡, 『교의신학 말세론』 (서울: 한국기독교교육연구원, 1978), p.79.

Ⅰ. 어원적 고찰(Etymology)

헬라어 원문에는 영생에 관한 3단어가 있다. "아다나시아"(ἀθανασία; Immortality; 불멸, 영원히 죽지 아니함), 아프달시아(ἀφθαρία; Immortality; 불멸), "아이오니오스 조에"(αἰςώνιος ζωή; Eternal Life; 영생)이다. 그런데 이 단어들의 본 뜻을 따라 엄밀히 구별하면 **불사·불멸**은 모든 영혼들의 단순한 영속을 의미하고, **영생**은 신자들의 장래 복된 생(生)의 영속을 뜻한다.

1. **아다나시아**(ἀθανασία; Immortality; 불사, 불멸)는 아(a; 부정)와 다나토스(θάνατος; Death; 죽음)로 구성된 합성어이다. 그러므로 아다나시아의 어원적 의미는 불사(不死; Deathlessness)를 가리킨다. 불사란 시간적 관점에서는 영원한·끝없는·영원히 계속되는 삶(eternal, endless, everlasting life)을 가리킨다. 불사란 신자 불신자 모두에게 적용되어 영혼의 불멸로 표현된다. 이 단어는 디모데전서 6:16에서 1번, 고린도전서 15:53-54에 2번 기록되어 있다.

2. **아프달시아**(ἀφθαρσία; Incorruption; Immortality; 썩지 아니함, 불멸)은 아(a; 부정)과 프데이로(φθείρω; to corrupt, spoil; 썩다, 부패하다)로 구성된 합성어이다. 그러므로 아프달시아의 어원적 의미는 썩지 않은, 부패되지 않음, 불멸(Incorruptibility, Immorality)을 뜻한다(롬 2:7; 고전 15:42, 50, 53-54; 딤후 1:10).
아프달토스(ἀφθάρτος; Incorruptible, Immortal; 썩지않는, 불멸의)는 신약에 7번 나타난다(롬 1:23; 고전 9:25, 15:52; 딤전 1:17; 벧전 1:4, 23, 3:4).
이 단어들은 어느 한 곳도 영혼에 사용되지 않았다. 성경은 영혼 불멸이라는 표현을 사용하고 있지 않다. 그러므로 영혼이 불멸하다기 보다는 피조된 사람은 불멸하다고 생각하여야 할 것이다. 그리스인의 불멸은 육체적 부활 후에 영생을 누릴 것이다.

3. 아이오니오스 조에(αἰώνιος ζωή; Eternal Life, Everlasting Life; 영생)는 생의 영원한 계속을 가리킬 뿐만 아니라, 복된 삶을 가리킨다. 영생의 보편적 의미는 신자들의 장래의 복된 삶이다. 이것은 질적인 면에서의 영생, 최고 의미의 영생이다. 이 영생은 오로지 나는 부활이요, 생명이니 나를 믿는 자는 죽어도 살고 살아서 믿는 자는 영원히 죽지 아니하리라.(요 11:25-26)고 말씀하신 예수 그리스도의 구속 사역의 결과로 신자들에게 주어지는 영생이다. 그러므로 우리는 불사라는 단어보다 영생이라는 단어를 선택 애호한다.

Ⅱ. 구별(Distinction)

영생에는 절대적 영생과 부여받은 시작이 있는 불사·영생이 있다.

1. 본래적(근원적)불멸·영생(Original Immortality, Eternal Life)

절대적인 의미에서 영생은 하나님께만 있다. 절대적 영생은 절대자만이 소유한 영생이다.

디모데전서 6:16, "오직 하나님에게만 죽지 아니함이 있다."이 구절에서 "죽지 아니함"(아다나시안, ἀθανασίαν; Immortality; 불멸)은 단순히 끝없는 존재를 의미하는 것이 아니라 본래적(근원적) 불멸성(Original Immortality)을 의미한다. 하나님만이 불사 영생의 근원적·영원적·필연적(an original, eternal, and necessary)속성을 가지고 계시다. 하나님은 본질적으로 불사 불멸 영생하시다. 하나님은 시작과 끝이 없는 불사, 절대적 의미에서의 영생을 소유하고 계시다. 하나님은 자신안에 생명(Life)과 불멸성(Immortality)도 소유하고 계신다. 불사 영생은 하나님의 속성들 중의 하나이다.

2. 부여받은 불사·영생(Endowed Immortality, Eternal Life)

하나님은 모든 생명의 영원한 근원(Eternal Source)으로 그의 인격적 피조물들(천사들과 사람들)에게 불사 또는 불사 영생을 부여하셨다. "하나님께만 죽지 아니함이 있고"(딤전 6:16)라는 말씀은 결코 그의 피조물들에는 불사 또는 불사 영생이 없다는 뜻이 아니다. 천사들도, 사람들도 하나님께로부터 **부여받은 시작이 있는 불사 영생**을 소유하고 있다.

웨스트민스터 신앙고백서 제 32장 1절, "…영혼은 불멸의 본질(An Immortal Subsistence)을 가지고 있다"고 하였다. 따라서 선한 천사들과 신자들은 복된 삶의 불사 영생을, 악한 천사들과 불신자들은 복된 삶이 없는 불사만을 소유하고 있다.

고린도전서 15:53-54, "이 썩을 것이 반드시 썩지 아니할 것을 입겠고 이 죽을 것이 죽지 아니함을 입으리로다 이 죽을 것이 썩지 아니함을 입고 이 죽을 것이 죽지 아니함을 입을 때에는 사망을 삼키고 이기리라고 기록된 말씀이 이루어지리라"

본절에서는 아다나시아(ἀθανασία; Immortality; 불멸)가 53-54절에서 2번 계속 나온다. "썩을 것이 썩지 아니할 것(아다나시안, ἀθανασίαν; Immortality)으로, 죽는 것이 죽지 아니할 것(아다나시안, ἀθανασίαν; Immortality; 불멸)으로"

본절에서 불멸은 신자들의 부활의 성질, 특성에 관한 영혼만의 부활이 아니라, 전인(全人)의 부활이요, 장차 우리가 받을 불멸의 영생이다.

III. 영혼(불멸)에 대한 성경적 증거들(Biblical Testimonies)

사람의 영혼은 불사불멸(Deathless, Immortal)**이다.** 사람의 영혼은 비물질적 존재로 사후(死後)에도 영원히 계속 존재한다. 성경은 오직 하나님께만 죽지 아니함이 있다(딤전 6:15)고 하였다. 이 말씀은 근원적, 본질적, 영원적 의미에서 하나님만이 불사적 존재임을 뜻한다. 이 말씀에는 사람의 영혼의 불면성은 전연 언급되어 있지 않다. 그렇다고 이 말씀이 사람의 영혼의 불멸성을 소외시키거나 부인한다는 뜻은 아니다. 사람 영혼의 불멸성은 부여받은 불사·불멸이다. 신구약 성경 전반에 걸쳐서 증거 되었다.

1. 구약에서(In the O. T.)

구약에는 불멸 영생의 교리가 신약에서처럼 충분히 그리고 분명하게 계시되어 있지는 않다. 그 이유는 불멸 영생의 교리도 다른 교리들처럼 점진적 계시의 발전에 의하여 계시되었기 때문이다. **계시는 계시 전달의 점진적 과정에 의하여 그 명료성이 점점 더 분명해 졌다.** 따라서 구약에는 불멸영생의 교리가 신약에서 보다 적게 명료하다는 사실은 놀랄 것이 아니다.

1) 하나님께서 태초에 사람을 창조하실 때 불사·불멸의 존재로 창조하셨다.

사람은 들짐승들이나 조류들이나 어류들처럼 죽음을 위하여 창조되지 않았다. 사람은 범죄하여 영생복락을 상실하였을지라도 불사(不死)를 상실한 것은 아니다(창 2:7, 17). 사람은 창조되는 순간부터 시작이 있는 불멸의 존재가 되었다.

2) 하나님께서 태초에 사람을 창조하실 때 자신의 형상대로 창조하셨다 (창 1:26).[2]

그러므로 사람은 영원하신 하나님과 직접 교제할 수 있는 독특한 존재

---

2) 원인(Original man; 原人; 아담과 하와)의 하나님의 형상, 조영엽, 『신론』(서울: CLC, 개정5판, 2012. 5. 25), pp.275-295 참조.

가 되었다. 영원하신 하나님과의 교제를 위하여는 교제의 대상인 사람들에게도 영생을 주셔야 하지 않겠는가? 하나님의 형상을 상실한 사람의 영혼은 불사이며, 하나님의 형상을 회복한 사람의 영혼은 불사 영생이다.

3) 하나님께서 사람에게 영원을 사모하는 마음을 심어 주셨다(전 3:11).

사람은 죽음 월편의 영원을 사모한다. 사람의 마음 속에 영원을 사모하는 마음은 사람의 상상물이나 창작물이 아니다. 영원자존·진실·전능하신 하나님이 사람의 마음에 영원을 사모하는 마음만 주시고 영원세계는 주시지 않을 리 만무하다. 다시 말하면 영원을 사모하는 마음을 주신 하나님은 그 사모하는 영원불사도 주시지 않았겠는가? 이것을 기독교 철학에서는 실체론적 논증(Ontological Argument)이라고 한다.

4) 사람들의 별세(別世)에 대한 표현들은 내세(來世)를 향한 확신의 표현들이다.

사람들은 이구동성으로 죽음을 가리켜 이 세상을 떠나 저 세상으로 간다고들 말한다. 에녹은 "하나님과 동행하다가 하나님이 그를 데려가시므로 세상에 있지 아니하더라"(창 5:24)고 하였고, **히브리서 기자**는 말하기를 "에녹은 믿음으로 죽음을 보지 않고 옮기웠으니 하나님이 저를 옮기심으로 다시 보이지 아니하니라"(히 11:5)고 하였다. 이 말씀이야말로 에녹이 영혼과 육신의 분리함 없이 내세의 영생에 들어갔음을 말하는 것이 아닌가? 사람은 동서고금, 신자·불신자를 막론하고 별세하는 자들을 저 세상으로 간다하니 이는 죽음 월편에 내세와 불사와 영생이 있음을 증거하지 않는가!

5) 스올(שְׁאוֹל; Hell; 음부)의 교리에도 사람은 사후(死後)에도 의식적 존재로 활동함을 제시한다(창 37:35; 시 16:10; 49:14-15; 사 14:9-11).

예수님께서는 부자와 나사로의 비유에서 거지 나사로는 낙원에 갔으며 부자는 스올(음부)에 내려갔다고 하여 분명히 2개의 내세의 처소들(천당과 지옥)과 불사·불멸성이 있음을 밝히 보여 주었다(눅 16:23-24).

6) 죽은 자와의 대화에 대한 경고에서도 영혼의 불사·불멸성을 찾아볼 수 있다.

죽은 자의 영혼을 불러 죽은 자와 대화하고 상담하는(conversing with the dead) 소위 강령술(Necromancy)에 대한 경고에서도 영혼의 불멸성을 찾아볼 수 있다.

성경은 소위 강령술이나 영매술(Channeling)을 엄히 금하였다(레 19:31, 20:27; 신 18:10-11; 사 8:19, 29:4). 성경에서 가장 잘 알려진 강령술들 중에 한 사건은 사울왕이 엔돌(Endor)이라는 신(神)접한 여인에게 가서 별세한 사무엘의 영혼을 초청하였다는 사건이다(삼상 28:7-14). 하나님께서는 강령술이나 영매술같은 것을 엄히 금하시고 또 그런 자들을 크게 벌하시나 강령술자들이나 영매술자들이 죽은 자의 영혼과 대화하는 것을 불가능하다거나 부인하지는 않으셨다.

7) 죽은 자의 부활에 관한 계시에서 불사 불멸의 진리를 발견한다.

욥은 자신이 "죽은 후에 육체 밖에서 하나님을 보리라"고 고백하고 또 그렇게 되기를 열망하였다(욥 19:25-27).

이사야 선지자와 다니엘 선지자도 부활의 진리를 통하여(사 26:19; 단 12:2) 영혼 불멸의 진리를 함의적으로 가르쳤다.

이사야 26:19, "주의 죽은 자들은 살아나고 그들의 시체들은 일어나리이다 티끌에 누운 자들아 너희는 깨어 노래하라 주의 이슬은 빛난 이슬이니 땅이 죽은 자들은 내놓으리로다."

다니엘 12:2, "땅의 티끌 가운데에서 자는 자 중에서 많은 사람이 깨어나 영생을 받는 자도 있겠고 수치를 당하여서 영원히 부끄러움을 당할 자도 있을 것이며."

2. 신약에서(In the N. T.)

신약에서는 점진적 계시의 전달에 의하여 영혼 불멸 영생의 교리가 구약에서보다 더욱 분명히 계시 되었다. 특별히 우리 주 예수 그리스도의 나타나심으로 말미암아 "…사망을 폐하시고 복음으로서 생명과 썩지 아니 하실 것을 드러내신지라"(딤후 1:10). 후에 영생에 관한 증명들은 더욱 분명히 그리고 많이 증가되었다.

1) 그리스도의 부활은 사후(After Death, 死後)의 영생을 분명히 증명하였다.

예로부터 "사람이 죽으면 어찌 다시 살리이까?"(욥 14:14) 라는 인생의 궁극적 관심사에 대하여 그리스도께서 가장 명확한 답변으로 "나는 부활이요 생명이니 나를 믿는자는 죽어도 살겠고 무릇 살아서 나를 믿는 자는 영원히 죽지 아니하리라"(요 11:25-26)고 하셨다. 그리스도는 영생의 진리를 선포한 후에 자신의 신적·초자연적 능력의 역사로 사망과 음부의 권세에서 다시 부활하심으로 그것의 사실성을 증명하셨다.

2) 의인과 악인 모두 사후에도 계속적으로 존재함을 분명히 가르친다.

사후에도 신자들의 영혼이 생존한다는 보도는 마 10:28; 눅 23:43; 요 11:25, 14:3; 고후 5:1 등이며, 불신자들의 영혼도 생존한다는 보도는 마 11:21-24, 12:41; 롬 2:5-11; 고후 5:10 등이다.

3) 육체의 부활은 미래의 존재를 말한다.

신자들의 육체부활: 신자들에게 있어서 부활은 몸의 구속으로 이루어지며, 하나님과 교통하는 온전한 생애 즉 행복 충만한 영생에로 들어감을 뜻한다(눅 20:35-36; 요 5:25-29; 고전 15장; 살전 4:16; 빌 3:21).

불신자들의 육체부활: 불신자들에게 있어서 부활은 계속적인 존재를 의미할 것이나 성경은 그것을 영사(永死, Eternal Death)라고 부른다(요 5:29; 계 20:12-15). 그 이유는 불신자들의 부활은 사망에 이르는 부활이기 때문이다.

4) 신자들의 천상에서의 행복된 생활은 영생을 증명한다.

신자들의 불멸(불사)이란 단지 끝없는 존재만을 강조하는 것이 아니라 또한 참으로 복된 삶의 영원한 계속임을 강조한다(마 13:43; 롬 2:7; 빌 3:21).

마태복음 13:43, "그 때에 의인들은 자기 아버지 나라에서 해와 같이 빛 나리라 귀 있는 자는 들으라."

로마서 2:7, "참고 선을 행하여 영광과 존귀와 썩지 아니함을 구하는 자 에게는 영생으로 하시고."

빌립보서 3:21, "그는 만물을 자기에게 복종하게 하실 수 있는 자의 역 사로 우리의 낮은 몸을 자기 영광의 몸의 형체와 같이 변하게 하시리라."

Ⅳ. 영혼 불멸에 대한 일반적 논증들(The General Arguments)

기독교 종교 철학자들은 이성적·사색적·그리고 철학적 측면에서 사람의 **영혼 불멸의 존재들을 증명한다.** 영혼 불멸에 대한 종교 철학자들의 논증 하나 하나를 개별적으로, 또는 단독적으로는 만족할만한 대답을 제출하 지 못하나 그 여러 논증들을 종합하여 고찰할 때 그 여러 논증들은 영혼 불멸을 증거 하는 상당한 가치가 있다고 생각된다. 이 일반적 논증들은 성경적 증명들을 지원한다.

1. 역사적 논증(The Historical Argument)

인류의 역사를 고찰해 보면 영혼의 불멸을 믿는 신념은 어느 시대 어느 민 족에게서도 다 찾아볼 수 있다. 이와 같이 공통적 개념은 부인할 수 없는 자연적 본능(A Natural Instinct)이다. 비록 영혼 불멸을 부인하는 무신론자 들이나 유물론자들이 있기는 하지만 그들은 유신론자들의 영혼 불멸의 논증들을 반박하는데 실패하여 왔다.

2. 철학적 논증(The Philosophical Argument)

철학적 논증은 영혼의 비물질적·영적·불멸적·단일·단순성에 기초한 영혼의 비분해성(Indissolubility)을 추론한데서 나온 논증이다.

죽음에서 육체는 다양한 화학적 물질적 원소들로 분해 소멸된다.

육체에는 흙과 마찬가지로 칼슘·탄소·염소·수소·옥소·철분·마그네슘·질소·산소·인산·칼륨·규소·나트륨·유황·바나디엄 등 금속 원소들과 비금속 원소들이 있다. 육체에 구성되어 있는 이 모든 화학적 물질들은 육체의 죽음으로 모두 분해 소멸된다.

그러나 죽음에서 영혼은 분해되거나 소멸되지 않고 그대로 지속된다. 그 이유는 영혼은 비물질적·영적·불멸적·단일·단순 존재(Entity)이기 때문이다. 따라서 죽음에서 영혼과 육체는 분리되어 영혼은 존재 그대로 남아있게 되고, 육체는 분해 소멸되어 흙으로 다시 돌아갔다가 예수 그리스도께서 재림하시는 날 신자들의 영혼과 육체는 재결합하여 신령한 부활체로 변화되고 불신자들의 영혼과 육체는 그리스도의 지상 천년왕국 후 재결합하여 부활체로 될 것이다. 영혼 불멸은 고대 헬라 철학자 플라톤(Plato, B.C. 427-347)을 위시하여 많은 사람들이 믿어왔다.

3. 실체론적 논증(The Ontological Argument)

실체론적 논증은 사람의 마음속에 있는 영혼 불멸에 대한 개념에 근거하여 증명하는 논증이다. 다시 말하면 우리 인간의 마음속에 영혼불멸에 대한 관념과 개념이 있는 것을 보니 틀림없이 영혼은 불멸하다는 논증이다. 그런데 사람의 마음속에 있는 영혼불멸에 대한 개념은 처음부터 원천적으로 존재하는 것이 아니라 그 영혼불멸에 대한 관념을 심어주신 이가 있기 때문이다. 그 영혼불멸을 심어주신 이가 바로 영원자존자 하나님이시다.

4. 도덕적 논증(The Moral Argument)

도덕적 논증은 사람의 양심을 소재로 영혼의 불멸성을 증명하는 논증이다. 사람은 영적·인격적·도덕적 존재이다. 양심은 양심을 부여하신 하나님의 의를 추구한다. 비록 사람이 범죄 타락하여 사람의 양심이 화인 맞고 무디었으나 그 잔 그루터기는 남아 있어서 그 양심이 영혼의 불멸성을 증거 한다.

만일 내세와 영생이 없다면 현세에서 선을 행한 의인들도 현세에서 불의를 행한 악인들과 마찬가지로 멸절하게 되는 고로 불공평하다. 현세에서 악인들이 범하는 잔인무도한 죄행들에 대하여는 내세의 형벌만이 공의의 보응이 될 것이며 현세에서 의인들이 행하는 선행에 대하여는 영광스러운 상급이 수여되는 것이 합당하다고 양심은 수긍한다. 만일 의인과 악인, 선행과 죄행, 영생과 멸망 등의 구별이 없다면 하나님은 공의의 하나님이 아니시며 사람의 양심은 거짓 증인이 될 것이 아닌가!

5. 목적론적 논증(The Teleological Argument)

하나님은 인격적 존재인 사람들에게 무엇을 성취할 수 있는 능력들과 재능들(Abilities and Talents)을 은사들(Gifts, 선물들)로 **주셨다**. 각기 자기 부모들을 통해서는 **자연적 은사들**(Natural Gifts)을, 천부(天父)로부터는 **영적 은사들**(Spiritual Gifts)을 받았다. 그러나 사람들은 그 받은 바 은사들을 가지고 자신들이 원하는 목적들을 모두 달성하지 못하고 생(生)을 마치게 된다. 그러므로 하나님은 사람의 능력의 충분한 성장과 그의 소원의 완성을 위하여 내세의 존재(A Future Existence)를 준비하셨을 것이다. 악인은 이같은 미래의 취득권을 전연 상실할지라도 의인은 원하는 소원을 달성하고 만족하기 위하여 죽음 없는 세계 곧 영원 무궁 세계와 그 영원 무궁 세계에서 영생복락을 누리도록 영생을 선물로 주셨다. **우리는 금생에서의 미완성을 내세에서 성취할 것이다.** 금생은 서론이요 내생은 본론이다. "거기서 우리는 현세에서 못다한 학문 연구와 예술 창조의 완성을 도모하고 자신들의 인격과 도덕적 성품과 복된 삶이 활짝 꽃을 피울 것이다."

V. 영생의 비결(The Secret of Eternal Life)

마태복음 19:16, "어떤 사람이 주께 와서 가로되 선생님이여! 내가 무슨 선한 일을 하여야 영생을 얻으리이까?"

마가복음 10:17, "예수께서 길에 나아 가실새 한 사람이 달려와서 꿇어 앉아 물어 가로되 선생님이여 내가 무슨 일을 행하여야 영생을 얻으리이까?"

예수님은 갈릴리 지방에서 천국복음을 전하시고 갈릴리에서 유대와 예루살렘으로(남쪽으로) 나가는 길이었다. 그 때에 어떤 한 젊은 관원이 뛰어 달려가 무릎을 꿇고 물었다. 이 말씀을 보니 그는 영생에 대한 관심이 지대하였고, 예수님은 영생을 얻는 비결을 가르쳐 줄 수 있는 높은 사람으로 생각한 것이 틀림없다. 무릎 꿇은 행위는 겸손히 상관을 대하는 태도이다. 그는 자신의 체면도 생각지 않았다.

"어떤 사람"(a man): 마태와 마가는 내가 무슨 일을 하여야 영생을 얻으리이까?라고 질문한 사람이 누구인지 밝히지 않았다(막 10:17). 그러나 누가는 어떤 사람을 한 관원(a ruler)이라고 신분을 밝혔다(눅 18:18). 산헤드린 회원이거나 지방 회당의 관원이었을 것이다. 따라서 그는 또한 분명히 바리새인이었을 것이다. 그는 어떤 선을 행할 수 있는 능력도 있었다. 산헤드린 회원이거나 지방 회당 관원이거나 어느 편이든 그의 나이는 30세를 지났어야 한다. 그런데 그는 한 젊은 부자 관원이었으니 아마도 지방 회당의 관원이었을 것이다. 왜냐하면 그는 갈릴리 지방에 사는 사람이었기 때문이다.

"내가 무슨 선한 일을 하여야 영생을 얻으리까?" 이 말씀은 율법사의 질문이다(눅 10:25). 영생은 유대인들의 주 관심사일 뿐만 아니라, 전(全) 세계 모든 인류의 주 관심사이기도 하다. 이 질문을 보니 이 세상 사람들은 무슨 선행을 하여야 영생을 얻는 줄로 알고 있음이 분명하다. 율법주의적 과오가 나타났다.

그러나 성경은 세상 사람들의 생각과는 정반대로 사람들이 무슨 선행을 하여야 영생을 얻는 것이 아니라 하나님께서 보내신 독생자 예수 그리스도를 구주(Personal Saviour) 로 믿음으로 영생을 얻는다고 가르친다. 그 이유는 죄 범한 사람은 행위로는 의롭다 함을 받을 육체가 없기 때문이다.

1. 영생은 하나님의 선물(God's Special Gift)

로마서 6:23, "…하나님의 은사는 우리 주 예수 그리스도 안에 있는 영생이라."

은사(카리스마, Χηαρισμα; gift, free gift; 선물)는 선물을 가리킨다. 하나님의 은사 곧 하나님의 선물은 하나님께서 값없이 은혜로 주시는 선물이다 (요 3:16, 36: 5:24, 10:10; 롬 6:23). 영생은 인간의 노력·공로·대가로는 얻을 수 없다. 그만큼 그리스도인들에게 있어서 영생은 참 보배이다.

2. 영생은 믿음으로 받음(Received by Faith Alone)

믿음은 구원과 영생을 얻는 유일한 조건이요, 방편이다. 인간의 노력·공로·대가로 얻을 수 없는 영생을 우리가 어떻게 소유할 수 있는가?

예수그리스도를 자신의 구주로 영접하고 믿을 때 구원은 물론 영생을 얻는다.

요한복음 3:15, "이는 저를 **믿는 자마다** 영생을 얻게 하려 하심이니라."

요한복음 3:16, "하나님이 세상을 이처럼 사랑하사 독생자를 주셨으니 이는 저를 **믿는 자마다** 멸망치 않고 영생을 얻게 하려 하심이니라."

요한복음 5:24, "내 말을 듣고 또 나 보내신 이를 **믿는 자마다** 영생을 얻었고 심판에 이르지 아니하나니 사망에서 생명으로 옮겼느니라."

요한복음 6:40, "내 아버지의 뜻은 아들을 보고 **믿는 자**마다 영생을 얻는 이것이니 마지막 날에 내가 이를 다시 살리리라 하시니라."

요한복음 6:47, "진실로 진실로 너희에게 이르노니 **믿는 자**는 영생을 가졌나니."

요한복음 6:51, "나는 하늘로서 내려온 산 떡이니 사람이 이 떡을 **먹으면** 영생하리라 나의 줄 떡은 곧 세상의 생명을 위한 내 살이로다 하시니라."

에베소서 2:8, "너희는 그 은혜에 의하여 믿음으로 말미암아 구원을 받았으니 이것은 너희에게서 난 것이 아니요 하나님의 선물이라."

디모데전서 1:16, "그러나 내가 긍휼을 입은 까닭은 예수 그리스도께서 내게 먼저 일절 오래 참으심을 보이사 후에 주를 믿어 영생 얻는 자들에게 본이 되게 하려 하심이니라."

요한일서 1:13, "하나님의 아들의 이름을 믿는 너희에게 이것을 쓴 것은 너희로 하여금 너희에게 영생이 있음을 알게 하려 하심이니라."

3. 영생의 시작(Beginning of Eternal Life)

성도의 영생은 현세에서 예수 그리스도를 구주로 영접하는 때부터 시작한다(요 3:16, 5:24, 6:47; 요일 5:13 등). 현세에서의 영생은 내세에서의 삶의 무궁한 행복과 기쁨(즐거움)을 맛보며 즐기는 것이요,

최고 의미에서의 영생은 신자의 부활과 밀접한 관계를 가지고 있다. 신자들은 예수 그리스도를 구주로 영접할 때 영의 영생을 이미 소유하였고, 영과 육 전체의 영생은 신자 부활 시부터 시작된다. 그 이유는 부활체는 부패와 죽음에서 해방되어 신령한 몸, 영광스러운 몸, 온전히 성령의 지배를 받는 몸이 되기 때문이다. 의인들은 최후 심판 후에 영생에 들어갈 것이다(마 25:46).

4. 영생에 대한 보증(Security)[3]

요한복음 10:28, "내가 저희에게 영생을 주노니 영원히 멸망치 아니할 터이요 또 저희를 내 손에서 빼앗을 자가 없느니라."
이 말씀은 영생에 대한 보증이다.
"**나**"(I)는 독생자 예수 그리스도를,
"**저희**"는 예수 그리스도를 구주로 영접한 그리스도인들을,
"**영생**"은 영원토록 복된 삶을,
"**주노니**"는 그리스도께서 값없이 주시는 선물이요 인간의 노력・공로로 얻어지는 것이 아님을,
"**영원히 멸망치 아니할 터이요**"는 영생을 영원토록 소유할 것이요 결코 상실되지 않는다. 한번 영생을 소유한 자는 영원히 소유되는 자임을,
"**내손에서 빼앗을 수 없느니라**"는 하나님의 영원한 보호와 보증을 확증하는 말씀이다.

하나님이 세상을
이처럼 사랑하사
독생자를 주셨으니
저를 믿는 자마다
멸망치 않고 영생을 얻으리라
영생을 얻으리라

예수 앞에 나오면
모든 죄 사함 받고
모두 구원 받으며
영생 복락 면류관
확실히 받겠네.

---

3) 조영엽, 『구원론』(서울: CLC, 2012), pp.283-304 참조.

ESCHATOLOGY

제 3 장

중간기 상태
(*The Intermediate State*)

   Ⅰ. 의인(성도)들의 영혼들: 천국에서 영생
   Ⅱ. 악인(불신자)들의 영혼들: 지옥에서 영벌
   Ⅲ. 사후(死後) 영혼의 의식과 활동
   Ⅳ. 로마 천주교의 연옥설
   Ⅴ. 영혼 수면설
   Ⅵ. 멸절설과 조건적 영생설

   중간기 상태란 죽음과 부활 사이의 기간 동안에 죽은 자들의 영혼의 상태(the condition of the soul between death and resurrection)를 말한다. 중간기 상태는 죽음 이후의 상태이며, 의인과 악인 모두에 해당된다. 성경은 신자의 사후(死後) 영혼의 처소·기간·상태는 불신자의 사후(死後) 영혼의 처소·기간·상태와는 판연히 상이하다고 가르친다.

   죽음 후에 **신자의 영혼의 처소**는 천국이며, 그 기간은 신자가 죽는 순간부터 다시 신령한 몸으로 부활할 때까지이며 (예수 그리스도께서 재림하실 때까지이며,) 그 **영혼의 상태**는 현재와의 상태와는 족히 비교할 수 없는 행복의 충만함이다.

   반면에 죽음 후에 **불신자의 영혼의 처소**는 지옥이며, 그 기간은 불신자가 죽은 순간부터 최후 심판 때까지이며(그리스도의 재림으로 시작되는 1000년 지상 왕국 후), 그 **영혼의 상태**는 형언할 수 없는 고통과 괴로움이다.

이것이 성경이 가르치는 진리이며, 앞서간 믿음의 열조들이 믿어온 신앙이며, 개혁주의자들의 입장이다.

Ⅰ. 의인(성도)들의 영혼들: 천국에서 영생(Eternal Life in Heaven)

"의인들"은 예수 그리스도를 개인의 구주(Personal Savior)로 믿는 그리스도인들을 가리킨다. 의인들의 영혼들은 죽음에서 육체와 분리된 때에 즉시로 천국으로 올라가서 영생 복락을 누리게 될 것이다. 사도 바울은 영혼이 몸을 떠나 천국에서 주님과 함께 거하는 것을 소원하였으며(고후 5:8; 빌 1:23),

"만일 땅에 있는 우리의 장막 집(육체)이 무너지면 하늘에 있는 영원한 집이 우리에게 있는 줄 아나니"(고후 5:1)라고 하였다. 여기서 "아나니"(오이다멘, οἴδαμεν; we know; 우리가 안다)는 분명히 그리고 확실히 아는 것을 말한다. 오이다멘의 원행 오이다(οἶδα; to know; 알다)는 기노스코(γινώσκω; to know; 알다)와 구별된다. 예수님은 회개하는 강도에게 "오늘 네가 나와 함께 낙원에 있으리라"(눅 23:43)고 약속하셨다. 그런데 낙원은 천당을 가리킨다(고후 12:3-4).

1. **웨스트민스터 신앙고백서 32장 1조**, "의인의 영혼들은 그 때에(세상 떠날 때) 완전히 거룩하여져서 제일 높은 하늘(天國)에 영접되고 거기서 빛과 영광 중에 하나님의 얼굴을 보며, 그들의 몸의 완전한 구속을 기다리느니라…"[1]

---

1) *West. Conf.*, ⅩⅩⅩⅡ. 1.

> ※ **웨스트민스터 신앙고백서**는 영국 런던에 있는 웨스트민스터 사원(Westminster Abbey)에서 131명의 목사들과 30명의 평신도들이 웨스트민스터 총회에서 1647년에 채택되고, 스코틀랜드 교회 총회에서 인준되었다. 이 신앙고백서는 그때로부터 지금까지 계속 보수 장로교회들과 개혁교회들의 신앙고백서로 사용되고 있다. 최상의 신앙고백서이다.

2. **대요리문답 86문**, "무형교회의 교인들이 죽은 직후에 누리는 그리스도와의 영광중 교통은 그 날에 저희의 영혼이 온전히 거룩하게 되는 것과, 지고한 천국에 들어가 거기에서 빛과 영광중에 하나님의 얼굴을 보는 것과, 저희 몸의 온전한 구속을 기다리는 것인데 그 몸은 비록 죽은 가운데 있어도 그리스도께 연합되어 침대에서 하듯이 무덤에서 안식하기를 마지막 날에 영혼과 다시 연합할 때까지 한다….".[2]

3. **하이델베르그 요리문답 57문**, "이 생애 후에 나의 영혼은 머리(Head) 되시는 그리스도께 즉시 영접될 뿐 아니라 또한 나의 이 몸이 그리스도의 능력으로 부활하여 나의 영혼과 다시 결합하여 그리스도의 영광스러운 몸과 같이 될 것이다."[3]

> ※ **하이델베르그 요리문답서**(Heidelberg Catechism; 주후 1563년)
> 이 신앙문답서는 루터파, 칼빈파, 츠빙글리파의 공동의 신조를 위하여 작성된 신앙문답서이다. 이 신앙문답서는 멜랑톤의 두 젊은 제자 곧 하이델베르그 대학 교수인 **자카리우스 우르시누스**(Zacharius Ursinus)와 왕실 목사인 **카스팔 올레비아누스**(Caspar Olevianus)가 초안을 작성하고 1563년 1월에 출판하여 11월에 교회의 규정안에 편입시켰다.

---

2) *Larger Cathecism*, A. 86.
3) *Heidelberg Conf.*, A. 57.

4. **제 2헬베틱 신앙고백서 26장**, "신자는 육체적 사망 후에 직접으로 그리스도께 간다고 우리는 믿는다."[4]

Ⅱ. 악인(불신자)들의 영혼들: 지옥에서 영벌(Eternal Punishment in Hell)

악인들은 불신자들을 가리킨다. 악인들의 영혼들은 죽음에서 육체와 분리될 때에 즉시로 지옥으로 내려가서 고통과 괴로움을 받게 될 것이다.

1. **웨스트민스터 신앙고백서 32장 1조 하단**, "…그리고 악인들의 영혼들은 죽음 후에 지옥에 던져 버린바 되어 거기서 고통과 전적 흑암 가운데 머물며 큰 심판의 날을 기다린다. 육체를 떠난 영혼들은 이 두 장소(천당과 지옥)외에 다른 것을 성경은 인정하지 않는다."
대요리문답 제 86문에서는 악인들의 사후의 상태를 "감옥에서처럼… 갇혀있다"라고 하였다.

2. **제 2헬베틱 신앙고백서 24장**, "불신자들은 급히 지옥에 던지움을 받아 그곳에서 살아 있는 자들의 어떠한 수행에 의해서도 그곳으로부터 돌아오는 길이 열려 있지 않다고 우리는 믿는다."[5]

성경에 악인들의 영혼의 상태에 대하여는 직접적인 계시들이 많지 않다. 다만 **누가복음** 16:19-31의 부자와 나사로의 비유에서 부자는 고통의 장소(지옥을 지칭하는 하데스)에서 자신이 당하는 고통을 경감(輕減)하려고 애쓰는 모습을 본다. 사람들의 장래의 운명은 죽음에서 영원히 고정(固定)되므로 죽음 후의 악인들의 영혼들은 지옥에서 끝없는 고통을 받을 것이다.

---

4) *The Second Helvetic Confession*. ⅩⅩⅥ.
5) *The Second Helvetic Confession*. ⅩⅩⅥ.

Ⅲ. 사후(死後) 영혼의 의식과 활동(The Consciousness and Activities)

성경은 육체없는 영혼(죽은사람)의 상태와 육체 있는 사람의 영혼은 같은 상태로 묘사한다.

1. 부자와 거지 나사로의 대화(눅 16:19-31)

"**부자**"(rich man)는 자색 옷과 베옷을 입었다. "**자색 옷**"(purple clothes)은 색깔이 있는 옷이요, "**고운 베옷**"(fine linen)은 속 내의 이다. 부자는 사치한 값비싼 옷을 입고 호의호식하며 세상 연락을 즐겼다. 반면에 **거지**(a begger) 나사로는 부자의 대문에 누워 부자의 상에서 떨어지는 부스러기 찌꺼기를 먹으며 개들은 그의 헌데(sores)를 핥았다.

후에 두 사람이 다 죽었다. 거지 나사로는 죽어 그의 영혼은 아브라함의 품으로 갔고, 부자는 죽어 그의 영혼은 음부로 내려갔다. "**아브라함의 품**"은 탈무드(Talmud: 유인들의 법전)에 의하면 낙원 곧 천국을 가리킨다. 유대인들은 아브라함을 낙원의 중심인물로 생각한다.

"**음부**"(하데스, ἄδης; Hell)는 지옥을 가리킨다. 하데스는 구약의 스올(שאול; hell)의 헬라어 번역이다. 음부는 불신자들의 사후(死後)의 처소이다(눅 16:2; 계 20:13-14). 부자는 아브라함에게 고통 중에 나사로를 보내어 그 손가락 끝에 물을 찍어 내 혀를 서늘하게 하소서 내가 이 불꽃 가운데서 고통하나이다. 아브라함의 대답은 너희와 우리 사이에는 "**큰 구렁**"(카스마 메가, χάσμα μέγα; a great chasm; 어마어마한 큰 간격)이 있어서 서로 건너 갈 수 없다고 하였다.

본절에서도 사람이 죽으면 천당 아니면 지옥 두 곳 중 어느 한 곳에 간다는 사실과, 사후(死後)의 영혼은 의식이 있어서 활동함을 가르친다. 그리고 지옥에 있는 영혼들은 고통을 면할 길이 없으며, 지상의 생존 가족들에게 어떠한 경고도 보낼 수 없으며, 또한 도움도 받을 수 없다는 사실이다.

2. 십자가에 달린 한 강도와의 대화(눅 23:42-43)

누가복음 23:42-43, "당신의 나라에 임하실 때에 나를 생각하소서! 예수께서 이르시되 내가 진실로 이르노니 오늘 네가 나와 함께 낙원에 있으리라."

예수님과 함께 십자가에 달린 행악자 중의 하나는 예수님을 비방하면서 "네가 그리스도가 아니냐? 네 자신과 우리를 구원하라"(눅 23:39)라고 하면서 반항하였다. 그러나 다른 한 강도는 자신이 과거에 행하던 악행들을 뉘우치고 회개하면서 자신들과 함께 십자가에 달리신 예수가 바로 메시아임을 확신하고 예수님께 "당신의 나라에 임하실 때에 나를 기억하소서"라고 간청하였다. 이 강도는 먼 미래의 어느 날 하나님의 나라가 임할 때 구원받기를 소원하였다. 그러나 뜻밖에도 예수께서 대답하시기를 "내가 진실로 네게 이르노니 오늘 네가 나와 함께 낙원에 있으리라."라고 약속하셨다.

"**낙원**"(파라데이소스, παράδεισος; Paradise, Heaven; 낙원, 천국)은 천국을 가리킨다(고후 12:4; 계 2:7). 예수님은 당신의 나라와 낙원을 동일시 하셨다. "오늘 네가 나와 함께 낙원에 있으리라." 이 말씀은 회개한 강도는 그가 죽는 즉시 그의 영혼은 천국에 들어가 주와 함께 거하며 천국의 기쁨을 누리게 될 것이라는 사실을 확증하고 있는 것이다.

고린도후서 12:4, "그가 낙원으로 이끌려 가서 말 할 수 없는 말을 들었으니 사람이 가히 이르지 못할 말이로다."

사도 바울이 환상 속에 이끌려 올라간 곳은 낙원으로 2절에서는 낙원을 셋째 하늘로 묘사하였다. 그러므로 낙원, 천당, 셋째 하늘은 모두 동의어이다.

요한계시록 2:7, "귀 있는 자는 성령이 교회들에게 하시는 말씀을 들을지어다. 이기는 그에게는 내가 하나님의 낙원에 있는 생명나무의 과실을 주어 먹게 하리라." 본절의 낙원도 천국을 가리킨다.

3. 중간기 상태에 대한 사도 바울의 태도(I)

고린도후서 5:8, "우리가 담대하여 원하는 바는 차라리 몸을 떠나 주와 함께 있는 그것이라."

사도 바울이 확신하며 소원하는 바는 몸을 떠나 주와 함께 있는(거하는) 것이었다.

① 몸을 떠나는 것이었다.

"**몸을 떠나서**"(에크 투 쏘마토스, ἐκ τοῦ σώματος; out of the body, away from the body; 몸에서부터, 몸에서 떠나)는 육체의 죽음을 뜻한다. 영이 몸을 떠나는 것은 몸과 영의 분리 곧 육체의 죽음을 뜻한다. 사도바울의 생애는 그리스도와 그의 복음을 위한 환란, 핍박, 고통의 연속이었다. 그러므로 바울의 원하는 바는 육신의 장막을 떠나는 것이었다.

"**떠나서**"(에크데메사이, ἐκδημῆσαι; to go away; 멀리 떠나다)는 제1과거 부정사(aorist infinitive)이다. 과거 부정사는 과거에 발생한 단 한번의 순간적이며, 찰라적인 사건을 강조한다.

② 주님과 함께 거하는 것이었다.

"**주님과 함께 거하는 것**"(엔데메사이 프로스 톤 큐리온, ἐνδημῆσαι πρὸς τὸν κύριον; to be at home with the Lord; 주님과 함께 거하게 되는 것)이다. 여기서 전치사(프로스, πρὸς)는 with; 함께로 번역한다.

"**함께 거하는 것**"(ἐνδημῆσαι πρὸς τὸν)도 제1과거 부정사이다.

따라서 그리스도인이 몸을 떠나는 것과 주님과 함께 거하는 것은 시제상 동시에 순간적으로 일어나는 사건으로 동전의 양면과도 같다.

사도 바울이 원하는 바는 그리스도인이 몸을 떠나는 순간 그의 중생함을 받은 영은 즉시로 천국에 올리움을 받아 우리의 구주시오 주님이신 예수 그리스도와 함께 거하는 것이다. 그리고 주님이 영광중에 재림하실 때에 우리의 영은 육체와 재 결합하여 신령한 부활체가 될 것이다.

중간기 상태는 불완성의 상태, 대망의 상태, 잠정적 축복의 상태이다.

4. 중간기 상태에 대한 사도 바울의 태도(II)

빌립보서 1:23-24, "내가 그 두(2)사이에 끼였으니 떠나서 그리스도와 함께 있을 욕망을 가진 이것이 더 좋으나 그러나 내가 육신에 거하는 것이 너희를 위하여 더 유익하니라."

1) 사도 바울은 자신을 위하여는 떠나서 그리스도와 함께 거하는 것이 그의 욕망이었다.

① 바울은 몸을 떠나기를 욕망하였다(I long to depart).
"**떠나서**"(아날루사이, ἀναλῦσαι; to depart; 떠나서)는 부정과거 부정사(aorist infinitive)이다. 속히 떠나기를 욕망하였다. 현재 상태와 그리스도와 함께 있는 상태는 족히 비교할 수 없다.
"**더욱 좋으나**"(폴로 말론 크레이스손, πολλῷ μᾶλλον κρεῖσσον; rather much better or by far the best; 훨씬 더 좋다 또는 최고로 좋다).

② 그리스도와 함께 있기를 욕망하였다(I long be with Christ).
"**욕망하다**"(에피두미나, ἐπιθυμίαν; desire, longing; 욕망하다, 열망하다, 기대하다).

2) 성도들을 위하여는 육신에 거하는 것이 훨씬 더 유익하다고 굳게 믿었다.

사도바울은 이 두 사이에서 고심분투하고 성도들의 유익을 위하여 로마 감옥에서 참수로 순교할 때 까지 남은 고난을 기꺼이 받으셨다. 사도 바울은 로마 시민권자이었음으로 십자가의 처형이 아니라 참수(목베임)로 순교하게 되었다.

5. 사후(死後) 영혼들이 본 광경(히 12:22-24)

히브리서 12:22-24, "그러나 너희가 이른 곳은 시온 산과 살아계신 하나님의 도성인 하늘의 예루살렘과 천만천사와 하늘에 기록한 장자들의 총회와 교회와 만민의 심판자이신 하나님과 및 온전케 된 의인의 영들과 새 언약의 중보이신 예수와 및 아벨의 피보다 더 낫게 말하는 뿌린 피니라."

구원받은 성도들이 도달한 곳은 시온산, 살아계신 하나님의 도성, 하늘의 예루살렘, 천만천사, 장자들의 총회와 교회, 만민의 심판자이신 하나님, 온전케 된 의인들의 영혼들, 새 언약의 중보자이신 예수, 뿌린 피라고 하셨다.

만일 사후(死後) 성도들의 영혼들이 무의식 무감각 수면상태에 있다면 어떻게 그토록 장엄하고 영광스러운 광경을 목도하고 감격해 할 수 있겠는가?

① **시온 산**(Mount Zion)

이 시온 산은 천상(天上)의 시온 산이다. 천상의 시온 산은 천국이다(히 11:10; 13:14). 이 시온 산은 다윗이 세운 시온 산이 아니다.

② **살아계신 하나님의 도성**(The City of the Living God)

살아계신 하나님의 도성은 천국이다. 이 도성은 터가 있는 도성(히 11:10), 하늘에 있는 도성(히 11:16), 장차 임할 도성(히 13:14)이라고도 부른다. 이 도성에는 영존하시는 하나님과 천군천사들과 구원받은 성도들이 거하며 활기차게 활동한다.

③ **하늘의 예루살렘**(The Heavenly Jerusalem)

하늘의 예루살렘은 사도 바울이 말한 위에 있는 예루살렘(갈 4:26), 사도 요한이 계시로 본 새 예루살렘(계 21:2)이다. 시온 산, 하나님의 도성, 하늘의 예루살렘 등은 천국에 대한 상이한 명칭들이다.

④ **천만 천사**(Thousands of Angels)

천만(무리아스, μυριάς; ten thousand, 10,000)이란 문자적으로는 10,000을, 상징적으로는 헤아릴 수 없는 허다한 천사들(vast angels)을 가리킨다(히 12:22; 유 14; 계 5:11).

⑤ **장자들의 총회와 교회**(The General Assembly and the Church of the First-born)

장자들의 총회와 교회는 일반적으로 구원받은 성도들의 총체 곧 교회를 가리킨다. 구원받은 성도들을 장자들의 총회와 교회라고 칭하는 이유는 장자는 모든 유업을 이어 받는 특권을 가지고 있기 때문이다(히 1:2).

그런데 총회(파네구리스, πανήγυρις; joyful assembly, a festal assembly; 기쁨이 충만한 총회 또는 축제의 모임)는 구원 받은 성도들의 기쁨 충만한 총회를 나타낸다.

⑥ 만민의 심판자이신 하나님 (God, the Judge of All Men)

하나님은 심판주 하나님이시다. 그리고 심판의 수행자는 그리스도이시다(요 5:22, 하나님께서 심판하는 권세를 아들에게 맡기셨으니). 하나님은 심판의 시행자이신 그리스도를 통하여 사탄, 즉 타락한 천사들, 거짓 그리스도, 적그리스도, 불신앙의 무리들을 심판하실 것이다. 그리스도인들에게는 각기 행한 대로 행위의 심판이 있을 것이다(롬 14:10, 12; 고전 3:10-15; 고후 5:10; 계 20:11-15).

⑦ 온전케 된 의인의 영들 (The Spirits of Righteous Men)

온전케 된 의인의 영들이란 그리스도를 개인의 구주로 영접하고 그리스도의 의를 믿음으로 의롭다 함을 받은 성도들의 영혼들을 말한다.

온전케 된 의인의 영들은 육체적 죽음으로 그들의 육체들과 분리되어 천상에 가 있는 중간기 상태의 영혼들을 가리킨다(눅 16:19-31, 23:42-43; 고후 5:8; 빌 1:23; 히 12:24; 계 6:9-11). 그들이 하나님을 섬기며 서로 교제한다.

⑧ 새 언약의 중보이신 예수 (Jesus, the Mediator of a New Covenant)

중보자는 하나님과 성도들 사이에서 성도들을 위하여 하나님께 중재 역할을 하는 것이다. 예수 그리스도는 사망과 음부의 권세를 깨치시고 자신의 신성(神性)의 초자연적 능력의 역사로 부활 승천하시고 지금은 하나님 보좌 우편에서 자신의 보혈로 값주고 사신 교회를 위하여 계속적, 적극적, 특수 중보사역을 수행하신다(행 20:28; 히 7:25; 요일 2:1).

예수 그리스도의 특수 중보사역은 특히 그의 중보기도로 나타나며 그의 중보기도의 특성들은 효과적 중보기도, 계속적 중보기도, 적극적 중보기도, 권위적 중보기도, 예방적 중보기도 등이다(조영엽, 『기독론』, 제 20장 중보기도 참조).

⑨ **뿌린 피** (Sprinkled Blood)

예수 그리스도께서 십자가상에서 흘리신 보배로운 피는 성도의 죄를 용서하시고 하나님과 화목케 하는 능력의 피이다(히 9:12, 10:19; 골 1:20; 요일 1:7). 이 피는 구약시대 아벨의 피보다 비교할 수 없는 보배로운 피이다.

만일 세상 떠난 성도들의 영혼들이 의식이 없다면 어떻게 그토록 장엄하고 영광스러운 천상의 광경을 목도하고 감격해 할 수 있겠는가?

6. 하나님과 순교자들의 대화(계 6:9-11)

요한계시록 6:9-11, "다섯째 인을 떼실 때에 내가 보니 하나님의 말씀과 저희의 가진 증거를 인하여 죽임을 당한 영혼들이 제단 아래 있어 큰 소리로 불러 가로되 거룩하고 참되신 대 주재여 땅에 거하는 자들을 심판하여 우리 피를 신원하여 주지 아니하시기를 어느 때 까지 하시려나이까 하니 각각 저희에게 흰 두루마기를 주시며 가라사대 아직 잠시동안 쉬되 저희 동무 종들과 형제들도 자기처럼 죽임을 받아 그 수가 차기까지 하라 하시더라."

사도 요한은 하나님의 말씀과 그리스도의 증거를 인하여 밧모섬에 정배갔을 때 환상 중에 하나님의 계시를 받았다. 이 계시의 내용은 순교자들이 하나님을 대적하는 무리들을 언제 심판하여 순교자들의 피를 신원하여(원수를 갚아 주시기를) 주시려나이까? 하고 간청하실 때 하나님은 저희에게 흰 두루마기를 주시면서 말씀하시기를, "아직 잠시동안 쉬되 저희 동무 종들과 형제들도 자기처럼 죽임을 받아 그 수가 차기까지 하라"고 하셨다.

하나님과 순교자들의 대화이다. 순교자들의 영혼들은 천국에서 하나님과 더불어 의식적이고 활발한 친교를 갖게 됨을 우리에게 말 해 주고 있다. 하나님 앞에 의식적 존재로서 천국에서 영광을 누리면서 살게 될 것을 전제하면서 탄원한 것이다.

이상 하나님의 여러 말씀들은 사후 영혼의 의식과 활동이 대단함을 여실히 보여준다.

Ⅳ. 로마 천주교의 연옥설(Purgatory)

로마 천주교는 천국과 지옥 이외에 제3의 장소, 곧 연옥이 있다고 주장한다. 성공회의 상당수의 교회들도 연옥설을 믿는다.

1. 기원(Origin)

- **지옥**(하데스, ἅδης; Hell)에 대한 사신우상 숭배자들의 상상과 초기 기독교의 일부 사람들의 잘못된 생각에서 싹이 트고 자라나기 시작되었다. 연옥설(천당 변방에 위치한 제3의 장소)을 중세기에 로마 천주교에서 교리로 발전시켰다.

- **연옥설**은 처음에는 사도시대 이후 마르시온(Marcion)과 헤르마스의 목자(The Shepherd of Hermas)의 글에서 그 시작을 찾아 볼 수 있다. 즉 그리스도께서 십자가에 못 박혀 돌아가신 후 하계(Underworld)에 내려가 옥에 있는 영들에게(벧전 3:19) 전도하여 하늘나라로 그들을 이끌어 올렸다는 것이다.

- **크리소스톰**(Chrysostom, John, C.347-407) 초기 교부, …죽은 이들을 위한 우리의 헌금이 그들에게 위로를 준다는 것을 왜 의심하는가? 주저하지 말고 세상을 떠난 이들에게 도움을 주고 그들을 위하여 기도를 드리자(Hom. 고전 4:15 강론).

- **오리겐**(Origen)이 불에 의한 정화교리를 가르쳤고, 그후 어거스틴 시대 이후로 연옥에 관한 교리가 더 퍼지게 되었다.

- A.D. 593년 법왕 그레고리1세(Gregory the Great)에 의하여 받아들여졌고,

- **아퀴나스, 토마스**(Aquinas, Thomas)는 지옥에서 버림받은 자들을 괴롭히는 불과 연옥에서 의인들을 괴롭히는 불은 동일한 불이다. 연옥에서의 가장 작은 고통도 금생에서 당하는 가장 큰 고통을 능가한다.

- A.D. 1439년 **플로렌스 회의**(Council of Florence)에서 학설로 제기하고,

- 1563년 **트렌트 회의**(Council of Trent, 1545-1563)에서는 성경의 일부 구절들과 외경들을 근거로 연옥설을 하나의 교리로 확정하였다.[6]

> ※ **트렌트 공의회**(The Council of Trent, 1545-1563)
> 제1차 바티칸 회의(The First Vatican Council, 1869-1870)와 제2차 바티칸 회의(The Second Vatican Council, 1962-1965)와 더불어 로마 가톨릭의 3대 에큐메니칼(Ecumenical) 회의로 손꼽힌다. 그리고 트렌트 공의회의 선언문들은 지금까지도 로마 가톨릭의 공적 교리적 입장을 대변한다.

- **성 그레고리의 대화집** 4,39에 의하면, "…우리는 어떤 죄들은 현세에서 용서받을 수 있지만 다른 어떤 죄들은 내세에서 용서받을 수 있다는 것을 알 수 있다"라고 하였다.[7]

- 특히 **그레고리 1세**(Gregory Ⅰ, A.D. 540-604, pope 590-604)는 연옥 교리 이외에도 교부들의 전통 존중·고해성사·고행·성자와 그 유물 숭배·

---

6) Oliver Buswell, *Systematic Theology of Christian Religion*, Zondervan, 1978, p.321.
7) ST. Gregory the Great, *Dial.*, 4:39.

화체설·사제(司祭)의 특권 등 그릇된 교리들을 제정 공포하였다.

이상과 같이 연옥설은 기독교 초기 역사에서는 찾아보기 힘들며, 종교개혁 당시 동방 교회들은 연옥설을 지지하였다.

• **제2 마카비서**(II Maccabees) 12:42-46, "유대인들은 죽은자들을 위하여 기도했다. …그들의 죄는 용서받을 것이다. 이것은 사후에 형벌과 용서가 있을 것을 지적한다."

※ **제2 마카비서**(II Maccabees): 구약시대 15외경들 중 하나.
주전 50년경에 헬라어로 유전되어 내려와 주전 175-160년간의 유다 민족의 전설 역사책이다.
외경(Apocrypha)을 보통 계시문학이라 한다. 15권으로 엮어진 외경은 주전 200년부터 주후(A. D.) 50년까지 약 250년 간에 걸쳐서 기록된 문학책으로 히브리어와 헬라어와 아람어의 3개국어로 쓰여졌다.

---

2. 추정된 근거(Alleged Basis)

• **외경**(II Maccabees 12:39-45)과 **성경**(욥 1:5; 사 4:4; 미 7:8; 스 9:11; 말 3:2-3; 마 5:26-28; 12:31-32; 16:19; 요 20:23; 롬 14:10-12; 고전 3:13-15; 15:29; 고후 12:15; 빌 2:10-11; 골 1:24; 딤후 2:10; 4:6; 벧전 3:19등) 그리고 **서방교회**(로마 카톨릭)의 전통에 근거를 삼는다.[8]

• **천주교 요리문답**(要理問答) 1:5, "경건하고 의롭다 하심을 받은 은총의 자리에 있는 영혼들은 이 세상을 떠나서는 연옥에 간다."

연옥에 있는 영들은 산 신자들에 의하여 도움을 받을 수 있으며 연옥에 체류하는 기간도 단축된다고 한다. 그러기 위하여 천주교에서는 면죄표를 팔기도 하였다. 고해자가 자기의 죄에 합당한 고난의 열매를 맺지

---

8) *The Catholic Answer Bible*, Vatican, 1970. 9. 18. p.1314.

못하고 하나님의 사랑가운데 죽었을 때 그 사람의 죽음과 부활사이에 일정한 기간이 있어 그 기간동안 나머지 고행을 겪어 정화 된다는 것이다 (Sacramentum Mundi 5, p.167). 그러므로 이 경험은 이미 죽은 자들에게만 있는 것이다.[9]

천주교는 인간의 죄를 대죄(大罪, Mortal Sin)와 소죄(小罪, Venial Sin)로 나누고, 대죄는 사함 받지 못하고 멸망에 이르는 죄이나, 소죄는 부분적으로는 예수의 공로를 믿음으로 사함 받고 부분적으로는 죄인의 현세에서의 고행(苦行)과 선행, 그리고 죽은 후의 연옥의 형벌을 통해서 용서받는다는 사상을 기본으로 삼고 있다.

그리하여 천주교가 종교개혁에 대한 역개혁운동(Counter-Reformation Movement)의 일환으로 소집했던 **트렌트회의**(1545-1563)의 제 6 회기와 제 30 회기의 조문에 의하면,

"**연옥**은 고통하는 장소이며, 그리스도에 의해 구속(救贖)받은 선인(善人)들이 사후(死後)에 그들의 죄에 대한 부분적인 형벌을 받기 위해 가는 곳이다. 구세주 예수 그리스도는 우리를 불의(不義)에서 구출하셨다. 그러나 우리의 죄과에 해당하는 형벌의 전체에서 구출하지는 않으셨다. 그러므로 예수 그리스도의 피 외에 우리의 죄의 청산을 위하여 연옥(煉獄)이 필요하다. 하나님의 자녀들의 영혼은 육체를 떠났을 때 이 고통의 장소로 간다. 누구든지 이를 믿지 아니하는 자는 저주를 받으라"고 하였다.

• **연옥**에서 받는 고통에 관해서는 법왕 **베네딕스 14세**(Benedic XIX, 1740. 8. 22즉위, 1758. 5. 3서거)의 제문(祭文, Sacrif, Missae)에, "연옥에서의 육체적, 정신적 고통은 그 기간만 제외하고는 지옥에서의 고통과 같다" (2장 9절, 3. 6. 17절 3).

• 또 다른 해설에서는 "영혼의 죄과는 믿음으로 사함을 받으나, 우리의 행위의 죄값은 우리가 연옥에서 갚아야 한다." "이 연옥교리는 가장

---

9) R. Gleason, *The World to Come*, pp.101-103.

합리적이다. 어떤 나라의 법정에서든지 중범자는 사형에 처하고, 기타의 범인들은 그 죄의 경중을 따라서 20년, 10년, 5년의 징역에서 금고(禁錮)에 처하는 법이다. 여기에 법의 공정함이 있다." "성경에 행위대로 갚는다는 말이 많이 나오는데, 그 말씀이 연옥교리의 근본을 이룬다." "우리가 잘 아는 신자가 죽었을 때 그 시체를 보면 감개가 무량하다. 지옥 갈 만한 악인이 아니었음은 우리가 잘 알지만, 그도 또한 범인(凡人)으로서 허다한 결점과 소죄(小罪)를 가지고 있었음을 잘 아는 우리로서는 그가 곧 천당에 들어갔다고는 믿어지지 않는 것도 사람의 상정이다. 그래서 그 영혼을 위한 기도가 자연히 우러남도 인간의 상정인가 한다."

- **카톨릭교회 교리서 1030조**, "하느님의 은총과 사랑 안에서 죽었으나 완전히 정화되지 않은 사람들은 그들의 영원한 구원이 보장되기는 하지만 하늘나라의 기쁨으로 들어가기에 필요한 거룩함을 얻기 위해 죽은 후에 정화를 거쳐야 한다."

- **카톨릭교회 교리서 1031조**, "교회는 선택된 자들이 거치는 이러한 정화를 '연옥'이라고 부르는데 이는 단죄 받은 자들이 받는 벌과는 완전히 구별되는 것이다. 교회는 연옥에 관한 신앙교리를 특히 프로렌스(피렌체) 공의회와 트렌트 공의회에서(at the Councils of Florence and Trent) 확정하였다. 교회의 전승(전통, Tradition)은 성서의 어떤 대목들을 참고로 해서 정화하는 불이 있다고 이야기한다"(DS.1304, 1820).

- **카톨릭교회 교리서 1032조**, "…또 교회는 죽은 이들을 위한 자선과 대사(大赦)와 보속을 권고한다. …죽은 이들을 위한 우리의 제사가 그들에게 위로를 준다는 것을 왜 의심하겠는가? 죽은 사람들에게 도움을 주고 그들을 위하여 기도하는 것을 주저하지 말자."

> ※ 카톨릭교회 교리서
> 1992년 10월 11일 교황 요한 바오로 2세(Pope-John Paul II)가 제2차 바티칸 공의회(The Second Vatican Council) 30년 개회식에서 신앙의 유산(Fidei Depositum)으로 반포한 것이다. 교황청에 의하면 이 교리서는 제2차 바티칸 공의회의 가장 중요한 임무요, 업적이었다고 말한다.
> 가톨릭교회교리서는 전문 4부(제1부: 신앙고백, 제2부: 그리스도 신비의 개념, 제3부: 그리스도인의 삶, 제4부: 그리스도인의 기도) 등 총 2,865조(항)로 구성되어 있다.

• 제2차 바티칸 공의회 교회헌장 49항, "…어떤 이는 이 삶을 마치고 정화를 받으며, 또 어떤 이는 바로 삼위이시며 한분이신 하느님을 계시는 그대로 분명하게 뵈옵는 영광을 누리고 있다."

> ※ 제2차 바티칸 공의회(Councilii Vaticani II)
> 제2차 바티칸 공의회는 교황 요한 23세(Pope John XXIII)가 1962년 제1회기를 개막하고, 1965년 교황 바울 6세(Pope Paul VI)에 의하여 폐막될 때까지, 4회기에 걸쳐 4개 헌장, 9개 교령, 3개 선언 등 모두 16개의 결의문을 발표하였다.

3. 연옥설 비평(A Critique)

천주교는 이 인간의 상정으로 드리는 기도가 그 고인(故人)을 연옥의 고통에서 좀 더 속히 풀려 나오게 하는데 도움을 준다고 믿는데, 이것이 이른바 잉여공로(剩餘功勞)의 교리이다. 즉 성자(聖者)나 성직자(聖職者)의 남은 공로를 신도에게 나눠준다는 교리이다. 저들은 이런 말로 연옥교리의 타당성을 증명하려 한다.

1) 연옥설은 서방교회(로마교)의 교부들이 성경해석의 원리를 잘못 택한데서 비롯되었다.

그들은 성경을 문자적·문법적·역사적·교리적 해석 원리를 떠나 헬라 철학사상을 가미한 은유적 상징적(Allegorical and Symbolical) 해석을 택한 결과이다.

2) 연옥설은 칭의의 교리에 위배된다.

연옥설의 개념은 행위에 의한 구원을 강조하는 율법주의적 사고자들에게 상당히 호소력이 있다. 그들은 주장하기를 죄를 많이 진 사람은 천국에 들어가기 전에 먼저 연옥에서 정화의 기간이 필요하다고 한다. 그러나 그런 생각과 주장은 칭의의 교리를 바로 이해하지 못하기 때문이다.

웨스트민스터 신앙고백서 37문, "신자들의 영혼은 죽는 순간 완전히 거룩하여지고 영광 중에 들어가며 그의 몸은 부활 때까지 무덤에서 안식하느니"라고 하였다.

성경은 사람이 한 번 났다가 죽는 것은 정한 이치요 그 후에는 심판이 있으리라(히 9:27)고 분명히 말씀하셨다. 육체적 죽음은 내세 운명의 고정(固定)이다. 성경에는 죽은 후에 구원이 있을 것이라는 여하한 암시도 없다.

3) 우리는 외경(外徑)을 정경(正經)으로 받아들일 수 없다.

마카비서는 외경이고 성경이 아니다. 초대교회로부터 지금까지 하나님의 참 교회들은 외경들을 정경으로 승인한 역사가 없으며 연옥설을 반대하였다. 우리는 오늘날까지 정경으로 믿어온 신구약 성경 66권만이 하나님의 유일무이한 계시요, 신앙과 행위의 표준이 되는 정확무오한 말씀임을 고백한다.

유대인들은 율법과 선지자와 시편(구약 성경)을 하나님의 말씀으로 취급하듯이 마카비서를 취급하지는 않는다. 마카비서의 기자 자신도 마카비서 15:38에서 "무가치한 것을 기록했으면 용서를 바란다"라고 기록한 점을 들어서

4) 연옥에 있는 영들은 산 신자들에 의하여 도움을 받아 연옥에 체류하는 기간도 단축된다고 하는 주장은 성경 어느 곳에도 찾아 볼 수 없는 이단설이다.

만일 산 자의 기도나 돈으로 연옥에 있는 사람을 천국으로 인도할 수 있다면 예수 그리스도의 속죄의 도리(속죄의 완전성)를 무시하는 죄가 된다. 이는 마치 사마리아의 마술사 시몬에게 책망한 **사도 베드로의 말씀** "하나님의 선물을 돈주고 살 줄로 생각하였으니 네가 돈과 함께 망할지어다"(행 8:20-23)라고 한 말을 기억하여야 할 것이다.

5) 사람의 금식 · 구제 · 기도 · 선행 등으로 이미 세상 떠난 사람의 죄를 사함 받는다는 잉여공로(The Treasury of Merit)는 비성경적이다.

① 죽은 자를 위한 기도(Praying for the Dead)는 비성경적이다.

성경은 그리스도인이 죽으면 영혼과 육체가 분리되어 영혼은 몸(육체)은 떠나는 순간((고후 5:8), 그리스도께서 재림 하실 때 부활체로 부활 또는 변화 될 때까지 천국으로 인도되어 그리스도와 함께 안식하게 될 것이며(빌1:23, 딤후4:6),

히브리서 9:27, "사람이 한번 났다가 죽는 것은 정(定)한 이치요 그 후에는 심판이 있으리라."

죽음은 영혼과 육체의 분리이다(빌 1:23; 딤후 4:6; 고후 5:8; 살전 4:14-17; 눅 16:26; 신 18:11).

② 죽은자를 위한 기도는 다윗(David)의 기도와 반대된다.

사무엘하 12:22-23, "이르되 아이가 살았을 때에 내가 금식하고 운 것은 혹시 여호와께서 나를 불쌍히 여기사 아이를 살려 주실는지 누가 알까 생각함이거니와 지금은 죽었으니 내가 어찌 금식하랴 내가 다시 돌아오게 할 수 있느냐 나는 그에게로 가려니와 그는 내게로 돌아오지 아니하리라 하니라."

다윗은 아이가 큰 병에 걸렸을 때 금식하며 밤이 새도록 땅에 엎드려 기도로 매달렸다. 그러나 아이가 죽은 후에는 즉시로 금식 기도를 중단하였다. 그 이유는 "아이가 죽었는데 내가 다시 돌아오게 할 수 있겠느냐? 나는 저에게로 가려니와 저는 내게로 돌아오지 아니하리라"고 하였다.

③ 루터는 그의 95개 항의 논제(95 Theses)들 중 특히 10항, 11항, 27항, 32항 등에서 연옥설을 반박하였다.

제10항 : 죽은 자에게 대하여 연옥을 내세워서 종교상의 속죄를 보류하는 사제들은 무지하고 어리석은 자이다.

제11항 : 성경속의 벌을 연옥의 벌로 변경시키는 "가라지"는 확실히 감독들이 잠자는 동안에 심어진 것이다.

제27항 : 연보궤 안에 던진 돈이 딸랑 소리를 내자마자 영혼은 연옥에서 벗어나온다고 말하는 것은 인간의 학설이다.

제32항 : 면죄부에 의하여 자신의 구원이 확실하다고 스스로 믿는 사람은 그것을 가르치는 사람들과 함께 영원히 저주를 받을 것이다.

칼빈은 "…성경이 가르치지 않는 것을 이렇게 중요한 교리로 만들어서 신도들에게 가르치는 것은 신도들의 내세 운명에 대한 지식과 신앙을 오도하고 위협하는 매우 심각한 과오를 범하는 죄이다."

천주교는 주후 6세기부터 1천 년 동안 성경 말씀을 떠나 기독교 아닌 기독교를 믿고 전함으로 중세 1천 년 암흑시대(Dark Age)를 초래한 큰 죄를 범하였다.

6) 죽은 자를 위한 기도는 예수 그리스도의 구속사역을 만홀히 여기는 죄된 행위이다.

우리 주 예수 그리스도는 피택된 죄인들을 죄와 사망에서 구원하시기 위하여 십자가 상에서 보혈(Precious Blood)을 흘리심으로 객관적 구속사역을 완성하셨다(요 19:30; 히 9:27). 구원은 우리의 선행이나 공로에 있지 않고 오직 하나님의 은혜로 말미암은 구원, 믿음으로 말미암은 구원이다(엡 2:8).

V. 영혼 수면설(Soul-sleep Theory)

영혼 수면설이란 사람이 죽은 후 부활 때까지 영혼은 무의식 무감각 (unconsciousness, no feeling)한 가운데 수면(잠)을 취한다는 것이다. 다시 말하면 사람이 죽은 후에도 영혼은 계속 존재하나 무의식 상태, 무감각 상태, 잠자는 상태에서 존재한다는 것이다.

1. 기원(Origin)

• 초대 교회사의 대부(大父) 가이사랴의 **유세비우스**(Eusebius of Caesarea, C.260-C.340)에 의하면 아라비아의 한 종파가 이 영혼 수면설을 주장하였고, 4세기에는 아르노비우스(Arnobius)가 포용하였으며, 이것이 13-14세기에 이르러는 자유주의자들에 의하여 그 수가 증가되었으며, 종교개혁시대에는 재 세례파(Anabaptists)가 이 설을 신봉하였다.

영혼수면설은 A. D. 543년 콘스탄티노플대회(Constantinople Synod)와 A. D. 553년 제2차 콘스탄티노플대회, 제5차 라테란 회의(5th Lateran Council, A. D. 1513) 등에서 이단설로 정죄받았다.

• 그러나 **존 칼빈**(John Calvin)은 De Psychopannychia라는 긴 논문(소책자)을 써서 영혼 수면설을 비판하였다. 이 논문에서 칼빈은 신자들에게 있어서 "중간기 상태는 축복의 상태, 행복의 상태를 의미하며, 이 축복의 상태는 아직 완성되지 않은 잠정적 상태라고 하였다."[10]

• 이 시대 이후로 중간기 상태 교리는 종교개혁자들에 의하여 하이델베르그 신앙고백서 요리문답 57문, 벨기에 신앙고백서 37항, 제2 헬베틱 신앙고백서 24·26, 웨스트민스터 신앙고백서 32:1, 대요리문답 86·87문 등의 신앙고백서들을 통하여 분명히 반영되었다.

---

10) H. Beveridge, *Tracts and Treatises of the Reformed Faith*, Eerdmans, 1958, Ⅲ. 413-490.

- 19세기에는 영국의 얼빙파(The Irvingnites)와 미국의 러셀파(The Russellites)가 이 이단설을 취하였으며, 회중교회 에드워드 와잇트(Edward White)가 선전하였으며, 안식교 리로이 후룸(Le Roy Froom), 제칠일안식일재림교회(The Seventh Day Adventist Church)와 여호와의 증인(Jehovah's Witness)이 이 이단설을 퍼지고 있다.

- **제칠일안식일예수재림교회** 신조(1845년) 제 10항에 의하면 죽은 자들의 상태는 무의식의 상태이다. 모든 사람은 선악간에 다 같이 사망 할 때부터 부활할 때 까지 무덤 속에 머물러 있다(전 9:5-6; 시 146:3-4; 요 5:28-29)라고 한다.

여호와의 증인도 사람이 죽은 후에는 아무 의식이 없다고 믿는다 (Reasoning from the Scriptures, 1989, p.383)라고 한다. 여호와의 증인은 안식교의 영향을 받았다.

영혼 수면론자들은 사람이 죽으면 육체를 떠난 영혼이 의식적으로 존재 할 수 없으며 그것은 마치 존재하지 않는 것과 같다고 한다.

영혼 수면론자들에 의하면,

① 사람은 육체와 영혼의 연합으로 되어있다. 그러므로 육체(몸)가 기능이 중단되면 영혼도 기능이 중단된다.

② 성경에 죽음을 잠잔다고 하였는데 이것은 곧 의식의 중단 곧 무의식을 말한다.

③ 죽음과 부활사이의 의식상태는 무의식이다라고 주장한다.

2. 영혼 수면론자들이 오용하는 성경구절들(Misuse of Bible Verses)

죽음을 잠자는 것(Sleeping)으로 묘사하고 있는 구절들:

① **마태복음 9:24**, "가라사대 물러가라 이 소녀가 죽은 것이 아니라 잔다 하시니 저들이 비웃더라."

② **마태복음 27:52**, "무덤들이 열리며 자던 성도의 몸이 많이 일어나되"

③ **요한복음 11:11,** "이 말씀을 하신 후에 또 가라사대 우리 친구 나사로가 잠들었도다 그러나 내가 깨우러 가노라."

④ **사도행전 7:60,** "무릎을 꿇고 크게 불러 가로되 주여 이 죄를 저들에게 돌리지 마옵소서 이 말을 하고 자니라."

⑤ **사도행전 13:36,** "다윗은 당시에 하나님의 뜻을 쫓아 섬기다가 잠들어 그 조상들과 함께 묻혀 썩음을 당하였으되."

⑥ **고린도전서 15:51,** "보라 내가 너희에게 비밀을 말하노니 우리가 다 잠잘 것이 아니요 마지막 나팔에 순식간에 홀연히 다 변화하리니."

⑦ **데살로니가전서 4:13,** "형제들아! 자는 자들에 관하여는 너희가 알지 못함을 원치 아니하노니 이는 소망 없는 다른 이와 같이 슬퍼하지 않게 하려 함이니라."

⑧ 구약의 열왕기서와 역대기서는 "왕들의 죽음을 그 열조와 함께 잔다"고 하였고,

⑨ 다니엘서는 "죽은 자를 땅의 티끌 가운데서 자는 자"(다니엘 12:2)라고 표현하였다.

반증(Counter Argument, 反證): 성경은 죽은 자를 잠자는 것으로도 표현하였다. 죽은 자를 잠자는 것으로 표현한 이유는 잠자는 자는 반드시 다시 깨어 일어나는 것 같이 그리스도 안에서 세상 떠난 자는 그리스도께서 재림하실 때 반드시 부활체로 부활하게 될 것이기 때문이다.

잠잔다는 말은 영혼에 적용되는 말이 아니라, 육체에 적용되는 말이다. 사람은 죽은 후에도 영혼이 잠자거나 무의식 상태에 있거나 또는 파멸되는 것이 아니다. 성경은 중간기 상태에서 영혼이 잠잔다거나 완전하지 못한 의식을 가지고 있다는 영원한 관념도 반대한다.

웨스트민스터 신앙고백서 32:1, "사람의 육체는 죽은 후에 흙으로 돌아가 썩음을 본다. 그러나 그들의 영혼들은(영혼은 죽지도 않고 잠자지도 않는) 불멸의 본질(An Immortal Subsistence)이 있어서 그것을 주신 하나님께로 즉시 돌아간다. 의인들의 영혼들은 그때에 온전히 거룩해져서 지극히 높

은 천국에 들어가 빛과 영광 중에 하나님을 뵈오며 그들의 몸이 완전한 구속(the full redemption of their bodies)을 기다린다. 그러나 악인들의 영혼은 지옥에 던진 바 되어 거기서 고통과 극한 흑암 가운데 머물며 대심판의 날을 기다린다. 그들의 몸(육체)을 떠난 영혼들을 위한 이 두 장소(천국과 지옥) 외에 성경은 아무것도 인정하기 않는다"(웨스트 민스터 신앙고백서 대요리문답 86문은 위와 내용이 동일함.)

죽은 자의 영혼은 무의식(Unconsciousness)이라고 주장하는 구절들:
① **시편 6:5**, "사망 중에서는 주를 기억함이 없사오니 음부에서 주께 감사할 자 누구리이까?"
② **시편 115:17**, "죽은 자는 여호와를 찬양하지 못하나니 적막한 데 내려가느니라"
③ **시편 146:4**, "그 호흡이 끊어지면 흙으로 돌아가서 당일에 그 도모가 소멸하리로다."
④ **전도서 9:5**, "무릇 산 자는 죽을 줄을 알되 죽은 자는 아무 것도 모르며."
⑤ **이사야 38:18-19**, "음부가 주께 사례하지 못하며, 사망이 주를 찬양하지 못하며, 구덩이에 들어간 자가 주의 신실을 바라지 못하되, 오직 산 자 곧 산 자는 주의 신실을 그 아비가 그 자녀에게 알게 하리라."

반증(Counter Argument, 反證): 위의 성구들은 사람이 죽으면 그의 영혼이 무의식 상태가 아니고 죽은 자는 죽음의 상태에서는 현세의 삶과 사건들에 참여하지 않는다는 것을 강조할 뿐이다. 다시 말하면 사람이 죽는 순간부터는 미래를 향한 계획이나 포부나 목적이나 관념들이 다 중단된다는 뜻이다. 위의 말씀들은 사람이 죽은 후에는 아무 의식이 없어서 아무 활동도 하지 못한다는 뜻이 결코 아니다.

댑니(Dabney)는 사후 영혼의 의식과 활동에 관하여 말하기를, "그리스도의 복음의 영광은 죽음을 이기게 하는데 있다. 그리스도인의 영혼과 영성을 죽음이 어떻게 할 수가 없기 때문이다. 우리의 몸은 무덤 속에 들어가서 암울함과 벌레들과 함께 지낸다 할지라도 우리의 의식적인 영혼들은 우리 구주의 품으로 날아가서 거기서 빛과 영원한 안식을 찾아서 기뻐할 것이다"[11]라고 하였다.

Ⅵ. 멸절설과 조건적 영생설

1. 멸절설(Annihilationism)

멸절설은 사람이 죽으면 존재가 없어진다, 끝이 난다는 것이다. 멸절(Annihilation)은 라틴어 니힐(nihil; nothing, 無)에서 인출된 단어로서 영어로는 annihilate; to destroy completely, put out of existence; 완전히 파멸하다, 존재가 없어지다[12]라는 뜻이다. 사람이 죽으면 존재가 없어진다, 끝이다라는 **멸절설은 유물론자들이나 무신론자들**(Materialists and Atheists)의 주장이다.

2. 조건적 불멸설(Conditional Immortality)

조건적 불멸설은 사람은 자연적으로 죽을 존재이지만 하나님께서 구속한 자들에게는 영생을 선물로 주시고 그 외의 나머지 사람들은 무(無)로 돌아간다는 것이다.

멸절설은 초기 소시니안파(Early Socinians)가 가르쳤으며, 철학자 존 로크와 홉스(John Locke and Hobbes)가 가르쳤으나 처음에는 인기가 없었다. 그러나 후에는 멸절에 대한 옛 관념을 다소 수정하여 조건적 불멸이라는

---

11) Robert L. Dabney, *Systematic Theology*, Banner of Truth, 1898, p.829.
12) Webster's *New World Dictionary*, Third College Edition, 1988, 1, p.56.

새로운 형태로 등장했을 때 상당한 호응을 받았다.

멸절설은 영국에서는 화이트(E. White), 허드(J. B. Heard), 콘스테이블(Constable), 로우(Row) 등이며 독일에서는 라티(Richard Rothe), 프랑스에서는 사베티어(A. Sabatier), 스위스에서는 페타발(E. Petaval), 세크레탄(Secretan), 미국에서는 허드슨(C. F. Herdson), 헌팅톤(W. R. Huntington), 베이커(L. C. Baker), 베이콘(L. W. Bacon) 등이 주장하였다.[13]

반증(Counter Argument, 反證)

멸절설 또는 조건적 불멸설을 주장하는 자들은 다음과 같은 이유들을 들어 지지한다.

1. 하나님께만 불멸이 있다고 한다.

디모데전서 6:16, "오직 그에게만 죽지 아니함이 있고…"라는 말씀에 근거하여 사람은 불멸적 존재가 아니라고 한다.

물론 하나님 만이 영원 자존자시요, 불멸의 영생을 소유하고 계신다. 그러므로 하나님은 불멸 영생의 근원이시요 출처이시다. 뿐만 아니라 하나님은 그의 이성적 피조물(천군 천사들과 그리스도인들)들에게 불사 영생을 부여하신다. 부여받은 영생(Bestowed Eternal Life) 이다. 사람의 영은 하나님의 형상대로 창조되어 처음부터 불사적(不死的)이다.

2. 영생은 오직 그리스도 예수 안에 있는 자들에게 주시는 하나님의 은사라고 한다.

다시 말하면 영혼의 불멸은 기정사실이 아니라고 한다.

물론 영생은 오직 그리스도 예수 안에 있는 자들에게 주시는 하나님의 특별한 선물이다.

그러나 그렇게 주장하는 자들은 불멸과 영생을 바로 인식하지 못한 결과이다. **불멸**(Immortality)은 신자 불신자를 막론하고 모두가 소유한 것이

---

13) Louis Berkhof, op. cit., p.690.

요, **영생**(Eternal Life)은 오직 그리스도 예수 안에 있는 자들에게만 주시는 참된 삶, 곧 영생복락이다. 영생은 복된 삶의 영속이다.

요한복음 5:24, "내가 진실로 진실로 너희에게 이르노니 내 말을 듣고 또 나 보내신 이를 믿는 자는 영생을 얻었고 심판에 이르지 아니하나니 사망에서 생명으로 옮겼느니라."

3. 죄인들에게 죽음과 멸망을 언급한 말씀들은 멸절을 의미한다고 한다.

그들은 마태복음 7:13; 요한복음 3:16; 로마서 6:23; 데살로니가후서 1:9 말씀들을 인용한다.

그러나 이 말씀들은 죄인이 죽으면 존재가 없어진다는 뜻이 아니라, 하나님께로 부터의 영원한 분리 곧 영사(永死)를 뜻한다. 하나님을 떠난 영혼은 영적으로 이미 죽었으므로 멸망받은 것이나 영혼이 영원히 없어지는 것은 아니다. 성경은 의인과 악인이 다같이 불멸한다고 하였다(전 12:7; 마 25:46; 롬 2:8-10; 계 14:11, 20:10).

4. 하나님이 자기의 피조물을 영원한 고통에 던지우는 것은 하나님의 사랑에 맞지 않는다고 한다.

물론 "하나님은 사랑이시다"(요일 4:8). "하나님은 우리 죄인들을 사랑하셔서 독생자 예수 그리스도를 이 세상에 보내시고"(요 3:16), "그리스도께서는 우리를 위하여 대신 죽으심으로 우리를 죄와 사망에서 구원하셨다"(롬 5:8).

그러나 하나님은 동시에 공의의 하나님이시다. 그러므로 하나님은 의로운 자에게는 상급을 주시고, 악한 자에게는 행한대로 보응하신다(시 9:5; 롬 2:6-8; 고후 5:10; 살후 1:6-9; 딤후 4:8). 범죄·타락한 천사들과 범죄·타락한 사람들이 심판을 받아 영원 형벌 받는 것은 하나님의 사랑에 위배되는 것이 아니다. 공의가 배제된 사랑은 하나님의 참된 사랑이 아니다.

ESCHATOLOGY

제 4 장

이 시대와 오는 시대
(*This Age and the Age to Come*)

I. 이 시대와 오는 시대
II. 이 시대와 오는 시대의 분기점
  1. 예수 그리스도의 재림이다.
  2. 그리스도 안에서 세상 떠난 신자들의 부활의 날이다.

성경은 시대를 이 시대와 오는 시대로 크게 구분하였다.

이 시대는 태초로부터 예수 그리스도의 재림시까지를 말하며,

오는 시대는 예수 그리스도의 재림으로 시작되는 그리스도의 지상 1000년 왕국시대와 그 이후 영원 무궁시대를 밀한다. 시내란 장기적 기간(Duration of Along Time)을 말한다.

I. 이 시대와 오는 시대

마태복음 12:32, "…이 세상과 오는 세상…": 본 절에 이 세상(투토 토 아이오니, τούτῳ τῷ αἰῶνι; this age; 이 시대)은 이 시대를 말하며, 오는 세상(토 멜론티, τῷ μέλλοντι; age to come; 오는 시대)은 오는 시대를 말한다. 특히 오는 시대(τῷ μέλλοντι; age to come)란 단어는 오다(멜로, μέλλω; to come; 오다)의 현재 분사로서 오는 시대의 확실성과 필요성을 강조한다. 따라서 오

는 시대는 확실히 도래할 것이며, 하나님의 작정을 성취하기 위하여 절대 필요하다. 우리말 성경에 시대를 세계로 번역한 것은 오역이다. 세상(세계, World)이란 공간(Space)을, 시대(Age)는 시간의 장기간(A Duration of Long Time)을 말한다.

마가복음 10:30, "금세와…내세"(in this age…in the age to come). 헬라어 원문에 내세란 엘코메노(ἐρχομένῳ; coming; 오는)는 엘코마이(ἔρχομαι; to come; 오다)의 현재 분사로서 마태복음 12:32에서와 같이 오는 행동(action of coming)을 강조한다. 따라서 내세는 계속 오고 있다. 이 시대가 오는 시대를 향하여 계속 가는 것만큼 오는 시대는 계속 오고 있다.

누가복음 18:30, "금세…내세"
"금세"(카이로 투토, καιρῷ τούτῳ; this time; 이 시대), "내세"(아이오니 토 엘코메노, αἰῶνι τῷ ἐρχομένῳ; the age to come; 오는 시대).

고린도전서 1:20, "하나님의 지혜에 있어서는 이 세상이 자기 지혜로 하나님을 알지 못하는고로…." 본 절에서 이 세상(아이오노스 투투, αἰῶνος τούτου; this age; 이 시대)은 이 시대를 가리킨다.

에베소서 1:21, "이 세상…오는 세상"(in this world…in the world to come). 본 절의 이 세상…오는 세상은 마태복음 12:32과 원문이 꼭 같다. 따라서 본 절의 원 뜻도 이 시대와 오는 시대이다.

그러나 **고린도전서 3:19**, "이 세상의 지혜는 하나님께 미련한 것"이라는 말씀 중에 이 세상이란 헬라어 원어로 코스모스(κόσμος로서 이 세상(This World)과 이 시대(This Age)를 다 함축한다. 그 이유는 헬레니즘의 영향을 받은 유대인들에 의하여 시간을 나타내는 올람(עוֹלָם; long time)은 공간을 나타내는 세계(κόσμος; world)로도 사용 되었기 때문이다.

Ⅱ. 이 시대와 오는 시대의 분기점(A Turning Point)

1. 이 시대와 오는 시대의 분기점은 예수 그리스도의 재림이다.

그리스도의 재림을 분기점으로 그리스도의 재림 이전 시대를 이 시대라 하고, 그리스도의 재림 이후 시대를 오는 시대라고 한다. 이 시대와 오는 시대는 서로 겹치거나 또는 이 시대와 오는 시대 사이에 중간시대란 존재하지 않는다. 예수 그리스도의 재림은 이 시대의 끝이며 동시에 오는 시대의 시작이다.

예수님이 감람산에 앉아 계실 때 제자들이 예수님께 주의 임하심과 세상 끝에는 무슨 징조가 있사오리이까?(마 24:3)라고 질문하였다. 제자들은 이 시대 끝이 있을 것과 주님의 재림으로 오는 시대가 있을 것을 믿었다. "이 세상 끝"(συντελείας τοῦ αἰῶνος; of the end of the age; 이 시대의 끝)은 이 시대의 끝이란 뜻이다. 따라서 주의 임하심과 이 시대의 끝에는 무슨 징조가 있사오리이까?라는 뜻이다. KJV은 이 시대(αἰῶνος; age)를 세상(world)으로 번역하였다.

성경은 예수 그리스도께서 재림하시는 날을 "주님의 날"(The Day of the Lord), "그리스도의 날"(The Day of Christ, 빌 1:10; 2:16), "예수 그리스도의 날"(The Day of Jesus Christ, 빌 1:6), "주 예수의 날"(The Day of the Lord Jesus, 고전 5:5; 고후 1:14), "우리 주 예수 그리스도의 날"(The Day of Our Lord Jesus Christ, 고전 1:8)이라고 하였다. 이렇게 주님의 날이란 주님이 재림하시기로 예정된 날을 가리킨다. 따라서 좀 더 엄밀히 말하면 이 시대와 오는 시대의 분기점은 예수 그리스도의 재림의 날이다.

2. 이 시대와 오는 시대의 분기점은 그리스도 안에서 세상 떠난 신자들의 부활의 날이다.

예수 그리스도께서 재림하시는 날 신자들은 부활하여 몸의 구속을 이

룬다(롬 8:23). 따라서 신자들의 부활의 날도 이 시대와 오는 시대를 구분하는 분기점이다.

누가복음 20:34-36, "예수께서 이르시되 이 세상의 자녀들은 장가도 가고 시집도 가되 저 세상과 및 죽은 자 가운데서 부활함을 얻기에 합당히 여김을 입은 자들은 장가가고 시집가는 일이 없으며 저희는 다시 죽을 수도 없나니 이는 천사와 동등이요 부활의 자녀로서 하나님의 자녀임이니라."

본 절에서 "**이 세상**"(아이오노스 투투, αἰῶνος τούτου; this age; 이 시대)은 이 시대(this age)를, "**저 세상**"(아이오노스 에케이누, αἰῶνος ἐκείνου; that age; 저 시대)은 오는 시대를 가리킨다. 이 본문에서도 주님께서는 두 시대(two ages)를 언급하였다. 시대는 시간적인 측면에서 장기간을 나타내는 반면 세상은 공간적 측면에서 세계를 뜻하므로 본 절에서 이 세상과 저 세상은 잘못된 번역이다.

이 시대의 기간은 하나님의 창조의 때로부터 그리스도의 재림과 그리스도안에서 세상 떠난 신자들의 부활 때까지다. 그런데 그리스도의 재림과 신자의 부활은 동시에 일어난다. 그리고 오는 시대의 기간은 그리스도의 재림과 신자들의 부활 때로부터 영원히 계속될 것이다. 그러므로 오는 시대를 끝없는 시간의 계속시대(엡 2:7; 골 1:26)라고도 한다.

헬라어에는 영원(Forever)이란 뜻을 가진 단어가 없으므로 "에이스 투스 아이오나스 톤 아이오논"(εἰς τούς αἰῶνας τῶν αἰώνων; unto the ages of the ages, 시대들의 시대들에로)라고 표현하였다(계 1:6, 18; 4:9-10; 5:13; 7:12; 10:6; 11:15; 14:11; 15:7; 19:3; 20:10; 롬 9:5; 11:36; 갈 1:5; 빌 4:20; 딤전 1:17; 벧전 4:11; 5:11; 유 25). 시대들의 시대들에로란 표현은 시대들의 연속이니 영원(Forever)을 의미한다.

제 5 장

예수 그리스도의 재림
(*The Second Coming of Jesus Christ*)

Ⅰ. 재림에 관한 단어들: 어원적 고찰
  1. 파루시아
  2. 에피파네이아
  3. 아포칼롭시스
Ⅱ. 재림의 징조들
  1. 거짓 그리스도
  2. 적그리스도
  3. 이스라엘의 회복
  4. 복음의 세계 전파
  ※ 천국 복음과 관련하여 주의할 점들
  5. 죄악의 관영
    1) 사람의 본성이 부패되었음(창 6:11-12)
    2) 죄악된 행위들
    3) 죄악의 관영
Ⅲ. 재림의 시기
Ⅳ. 재림의 양식들

  우리 주님 예수 그리스도께서는 높고 높은 영광의 보좌를 내 놓으시고 낮고 천한 육신의 몸을 입고 이 세상에 오셔서, 피택된 죄인들을 위하여 그리고 대신하여 많은 고난을 받으시고, 십자가에 못 박혀 죽으시고, 장사 지낸바 되셨다가, 3일 만에 자신의 신적(神的) 초자연적 능력으로 사망과 음부의 권세를 깨치시고 육체로 부활하시고, 40일 후에 승천하셨다. 승천하신 우리 주님 예수 그리스도는 영광중에 다시 재림하실 것이다.

Ⅰ. 재림에 관한 단어들(Various Greek Words): 어원적 고찰

그리스도의 재림에 관하여 신약에서는 3단어를 교대적으로 사용하였다. 이는 파루시아(παρουσία), 에피파네이아(ἐπιφάνεια), 아포칼륩시스(ἀποκάλυψις) 등이다.

1. 파루시아(παρουσία; Coming; 오심)

파루시아(παρουσία)는 파라(παρά; with; 함께)와 우시아(οὐσία; being; 존재)로 구성된 합성어이다. 그러므로 파루시아가 그리스도의 재림과 관련하여 사용될 때에는 오심이나 또는 오심의 결과인 도착 또는 임재를 가리킨다(coming, arrival, a presence).[1] 파루시아는 신약의 몇 곳을 제외하고는 앞으로 오실 예수 그리스도의 재림을 가리킨다. 이 단어는 신약에 24회 나타난다.

마태복음 24:3, "…주의 임하심과"(σῆς παρουσίας; of Your coming; 당신의 오심의).

마태복음 24:27, "…인자의 임하심"(ἡ παρουσία; the presence)

마태복음 24:39, "인자의 임함"(ἡ παρουσία; the presence)도 이와 같으리라."

고린도전서 15:23, "…그리스도의 강림 하실 때에"(ἐν τῇ παρουσίᾳ αὐτοῦ; at His coming).

데살로니가전서 2:19, "…그의 강림하실 때…"(ἐν τῇ αὐτοῦ παρουσίᾳ; at His

---

1) Kittel, One Vol. *Theological Dictionary of the New Testament* (Grand Rapids: Eerdmans, 1985-1986), p.792.

coming, when He comes; 그의 강림하실 때, 그가 오실 때에).

데살로니가전서 3:13, "…그의 모든 성도와 함께 강림하실 때에"(ἐν τῇ παρουσίᾳ; at the presence; 강림하실 때에).

데살로니가전서 4:15, "…주 강림하실 때까지…"(εἰς τὴν παρου σίαν τοῦ κυρίου; till the coming of the Lord; 주의 오실 때까지).

데살로니가전서 5:23, "…우리 주 예수 그리스도 강림하실 때에…"(ἐν τῇ παρουσίᾳ τοῦ κυρίου; at the coming of the Lord; 주의 오실 때에).

데살로니가후서 2:1, "우리 주 예수 그리스도의 강림하심…"(τῆς παρουσίας τοῦ κυρίου' Ἰησοῦ Χριστοῦ; the coming of(our) Lord Jesus Christ; 주 예수 그리스도의 오심…).

데살로니가후서 2:8, "…강림하여 나타나심으로…"(τῆς παρουσί ας αὐτου; of His coming; 그의 오심으로).

요한일서 2:28, "…그의 강림하실 때에"(ἐν τῇ παρουσίᾳ αὐτοῦ; in the presence of Him, at His coming; 그의 오실 때). 장차 그리스도의 유형적 귀환 (visible return)을 강조한다.

2. 에피파네이아(ἐπιφάνεια; Appearance, Manifestation; 나타나심, 현현)

에피파네이아(ἐπιφάνεια)는 에피(ἐπί; upon, 위에)와 파이노(φαίνω; to manifest, show, shine, appear, become visible; 나타나다, 보이다, 비치다, 나타나다) 로 구성된 합성어이다. 에피파네이아는 나타나심 또는 현현(Appearance or Manifestation)을 가리킨다. 유형적·가견적 재림을 표시하는 이 단어가 예수 그리스도의 재림과 관련하여는 예수 그리스도께서 보인다(visible), 나타난다(to appear), 자신을 보이신다(to show oneself), 보여준다(to show) 등 으로 사용되었다(마 24:30; 요일 2:28; 살후 2:8; 딤전 6:14; 딤후 1:10; 4:1, 8; 딛 2:13).[2] 이 모든 성구들은 예수 그리스도의 나타나심으로 모든 사람이

---

2) Kittel, Ibid., p.1246.

유형적으로 목도할 것을 강조한다.

마태복음 24:30, "그때에 인자의 징조가 보이겠고…"(파네세타이, φανήσεται, will appear; 나타날 것이다, 보일 것이다). 인자가 재림하실 때 인자의 징조가 정확히 무엇인지는 모르나 어떤 학자들은 주님의 영광(광채, glory)이라고도 하고, 어떤 학자들은 1000년 왕국시에 예루살렘성에 이루어질 하늘의 새 예루살렘이라고도 하고(계 21:2-3), 번쩍이는 빛 또는 그리스도 자신이라고도 한다. 징조가 무엇이든지 간에 그 징조는 우리가 육안으로 볼 수 있는 것이다.

요한일서 2:28, "…주께서 나타나신 바 되면…"(ἐὰν φανερωθῇ; if He is manifested, when He appears, 만일 그가 나타나신 바 되면, 그가 나타나실 때에)

요한일서 3:2, "…그가 나타나심이 되면…"(ἐὰν φανερωθῇ; when He appears).

데살로니가후서 2:8, "강림하여 나타나심으로"(τῇ ἐπιφανείᾳ; by the outshining; 나타내 보이심으로)는 그리스도의 역사적 현현(Historical Manifestation)을 가리킨다.

디모데전서 6:14, "우리 주 예수 그리스도 나타나실 때까지…"(μέχρι τῆς ἐπιφανείας τοῦ κυρίου; until the appearance of the Lord).

디모데후서 1:10, "우리 구주 그리스도 예수의 나타나심으로 말미암아…"(διὰ τῆς ἐπιφανείας τοῦ σωτῆρος ἡμῶν Χριστοῦ Ἰησοῦ; by (through) the appearing of our Saviour Christ Jesus).

디모데후서 4:1, 8, "…그의 나타나실 것과… 주의 나타나심을 …"(τὴν ἐπιφάνειαν αὐτοῦ; His appearing; 그의 나타나심).

디도서 2:13, "…구주 예수 그리스도의 영광이 나타나심을…"(ἐπιφάνειαν τῆς δόξης).

3. 아포칼륍시스(ἀποκάλυψις)

아포칼륍시스는 계시(Revelation), 감추어져 있는 것을 벗기어 나타내 보여주심(Unveiling)을 가리킨다. 예수 그리스도의 재림에 방해되는 것들을 제거하므로 계시(Reveal), 개봉(Disclose), 나타나심(Appearance)을 뜻한다(고전 1:7; 살후 1:7; 벧전 1:7, 13; 4:13).[3] 이 단어는 명사로 28회, 동사로 26회 나타난다.

데살로니가후서 2:8, "불법한 자가 나타나리니"(ἀποκαλυφθήσεται ὁ ἄνομος; the lawless(one) will be revealed; 불법자가 나타나게 될 것이다). 데살로니가후서 2:8에는 아포칼륍시스, 에피파네이아, 파루시아 3단어가 모두 기록되어 있다. 본 절에서 아포칼륍시스는 불법자가 나타날 것을, 에피파네이아는 그리스도의 현현(나타나심, Manifestation)을, 파루시아는 그리스도의 오심(Coming)을 가리킨다.

데살로니가후서 1:7, 베드로전서 1:7, 13; 4:13, "주 예수께서 …나타나실 때에"(ἐν τῇ ἀποκαλύψει τοῦ κυρίου Ἰησοῦ; at the revelation of the Lord Jesus; 주 예수의 나타나심에).

II. 재림의 징조들(The Signs)

1. 거짓 그리스도(False Christ)

1) 어원적 고찰(Etymology)

거짓 그리스도들(프슈도크리스토스, ψευδόχριστος; False Christs)는 프슈도(ψεύδω; to deceive by lie; 거짓말로 속이다)와 크리스토스(χριστός; Christ; 그리스도)로 구성된 합성명사이다.

---

3) Kittel, Ibid., pp.411-412.

그러므로 거짓 그리스도는 거짓 말로 속이는 자칭 그리스도, 가짜 그리스도를 말한다. 프슈도(ψευδω)는 거짓말하다, 속이다, 기만하다, 잘못된 길로 인도하다(lie, deceive, cheat, mislead)라는 뜻으로 사실이 아닌 가짜를 말한다.

성경에는;

① **거짓 그리스도들**(퓨도크리스토이, ψευδόχριστοι; false Christ; 마 24:5, 24; 막 13:6, 22; 눅 21:8).

② **거짓 선지자들**(퓨도푸로페타이, ψευδοπροφῆται; false prophets; 마 7:15; 24:11, 24; 행 13:6; 요일 4:11; 계 16:13; 19:20; 20:10).

③ **거짓 사도들**(퓨도아포스토로이, ψευδοαπόστολοι; false apostles; 고후 11:13).

④ **거짓 스승들**(퓨도디다스카로이, ψευδοδιδάσκαλοι; false teachers; 벧후 2:1).

⑤ **거짓 증인들**(퓨도말투레스, ψευδομάρτυρες; false witnesses; 마 26:60; 행 6:13; 고전 15:15).

⑥ **거짓 증거들**(퓨도말투리아이, ψευδομάρτυριαι; false witness; 마 15:19; 26:59)이 있다.

거짓 그리스도, 거짓 선지자들, 거짓 사도들, 거짓 스승들, 거짓 증인들, 거짓 증거들은 모두 가짜 그리스도, 가짜 선지자, 가짜 사도, 가짜 스승, 가짜 증인, 가짜 증거들이다. **적그리스도**를 하나님을 반역하는 **정치적 세력**이라면, **거짓 그리스도**는 배교와 불신앙으로 타락한 **종교적 세력**이다.

그리스도께서는 특히 말세에 거짓 선지자들과 거짓 그리스도들이 많이 나타날 것을 예언하였다(마 24:5, 24; 막 13:6; 눅 21:8). 거짓 선지자들과 거짓 그리스도들이 세계 각처에 많이 나타나는 것은 주님의 예언이요, 말세의 징조들 중의 하나요, 따라서 놀라거나 이상히 여길 것이 아니다.

• **거짓 그리스도는 개인·단체·교회·교파·운동 등으로 나타난다.**

사도 바울은 거짓 선지자들을 그리스도의 사도로 가장하는 거짓 사도라고 규정하고(고후 11:13), 데살로니가후서 2:6에는 "너희가 알거니와"

(You know)라고 말씀하시므로 거짓 그리스도들이 나타났음을 데살로니가 교회 성도들도 이미 다 아는 기정 사실임을 암시하였다.

사도 요한은 자신이 사는 시대를 이미 말세로 간주하고 거짓 그리스도를 적그리스도라 칭하고 당시에 이미 적그리스도들이 세상에 많이 나왔음을 경고하였다.

요한일서 2:18, "아이들아 이것이 마지막 때라 적그리스도가 이르겠다 함을 너희가 들은 것과 같이 지금도 많은 적그리스도가 일어났으니 이러므로 우리가 마지막 때인 줄 아노라."

사도 요한은 예수 그리스도의 신성(deity, 요일 2:22) 또는 인성(Humanity, 요일 4:3, 요이 7)을 부인하는 자를 적그리스도라고 규정하였다. 초대 교회시대 에비온파(Ebionism)는 예수 그리스도의 신성(神性)을 부인하였고, 도케테파(Docetism)는 예수 그리스도의 인성(人性)을 부인하였다.[4] 현대 자유주의자들은 예수 그리스도의 신성을 부인한다.

• **거짓 그리스도들은 예수님 당시에도 많이 나타났다.** 사도행전 5:36-37에 의하면 사마리아인 드다(Theudas)는 등은 자신이 그리스도라고 주장하면서 많은 사람을 미혹하였다. 400명의 무리들이 그를 따랐다. 그러나 그가 살해당한 후 그를 따르는 무리들은 다 흩어졌다.

시몬 마구스(Simon Magus)는 자신은 능력을 행하는 하나님의 아들이라고 주장 하였으며,

듀다스[5](Theudas)**는 자신이 요단강 물을 가르는 이적을 행하는 것을 보기 위하여 요단강으로 나오라고 하였다.** 유대인 사학자 요세푸스(Josephus)는 말하기를 많은 사람들이 서로 신적 영감(Divine Inspiration)을 받았다고 자처하며 많은 사람들을 미혹하였다고 하였다. 주후 70년 예루살렘성과 성전이 파멸되기 전에는 거짓 선지자들과 거짓 그리스도들이 많이 나타났

---

4) 조영엽, 『기독론』 (서울: CLC, 2012), pp.66-67.
5) The Expositor's *Bible Commentary* (Grand Rapids: Zondervan, Vol.9. 1981), pp.322-323.

다.[6)7)] 그와 같은 현상이 말세지말에는 더욱 많이 나타나리라고 예언하였다.

• **사도 요한**은 거짓 그리스도를 요한계시록 13:11-17에서 땅에서 나온 "**둘째 짐승**"(the second beast out of the earth)으로 묘사하였다. 이 거짓 그리스도는 어린양처럼 2뿔(horns)이 있고, 용(dragon)처럼 말하는 짐승으로 묘사하였다.

• **요한계시록** 17:1-7에서는 거짓 그리스도를 "**큰 음녀**"(great harlot)로 묘사하였다. 성경은 교회를 여자로, 그리스도의 신부로 비유하였다(고후 11:2; 엡 5:23-32; 계 21:9), 이것은 그리스도와 교회와의 관계를 상징적·비유적·영적·신비적으로 가장 잘 표현한 말씀이다. 그런데 교회가 배교와 불신앙으로 타락되면 더 이상 예수 그리스도의 신부(bride)가 아니라 음녀(harlot)가 된 것이다. 그 이유는 타락한 교회는 신앙의 정조를 적그리스도에게 파는 신앙적 매춘 행위를 하기 때문이다. 말세의 타락한 교회는 영적 음녀들이다.

2) 거짓 그리스도의 활동들(Activities of the False Christ)

① 거짓 그리스도는 적그리스도를 지지·찬양·옹호한다.

가장 강하고 잔악한 적그리스도들이 나타날 때 또한 가장 가증스러운 거짓 그리스도들이 나타난다. 그리하여 거짓 그리스도는 적그리스도를 지지·찬양·옹호한다. 거짓 그리스도는 적그리스도의 오른 팔이며 최고의 위선자·아첨자·선전자·옹호자·추종자이다.

요한계시록 17:3에 의하면 거짓 그리스도(둘째 짐승, 큰 음녀)가 적그리스도(첫째 짐승)를 올라 탔다고 하였다. 거짓 그리스도는 참된 성도들(교회들)을 반대하는 일종의 종교라는 사실을 알아야 한다. 거짓 그리스도는 이 세상에서 나오는 것보다 기독교내의 타락한 무리들과 사신 우상을 섬기는 이방 종교들에서 더 많이 나온다는 사실을 알아야 한다.

---

6) Nelson's *Bible Dictionary* (Nelson, 1995), p.1181.

7) Barne's *Notes on the N.T.* (Grand Rapids: Kregel Pub USA, 1986), p.113.

② 거짓 그리스도는 사람들로 하여금 적그리스도에게 경배하도록 강요한다.

요한계시록 13:12, "…땅에 거하는 자들로 처음 짐승에게 경배하게 하니…" 처음 짐승은 바다에서 나온 첫째 짐승 곧 적그리스도를 가리킨다. 적그리스도는 붉은 용이요, 사탄의 세력이다. 그러면 어떻게 교회가 적그리스도를 지지·찬양·옹호할 수 있을까? 참된 교회(신부로서의 교회)는 적그리스도는 하나님의 원수, 복음의 원수, 성도의 원수이므로 적그리스도에 대한 지지·찬양·옹호는 있을 수 없다. 그런데 어떻게 개인·교회·교파·단체·운동들이 적그리스도를 지지·찬양·옹호할 수 있는가? 그 이유는 배교와 불신앙으로 타락되었기 때문이다.

참된 성도들을 반대하고 핍박하는 것은 적그리스도의 직접적 핍박뿐만 아니라 거짓 그리스도도 핍박한다는 사실이다. 원수가 자기 집안 식구니라.

③ **거짓 그리스도는 기독교의 근본 교리들을 부인한다.**

거짓 그리스도는 기독교의 근본 교리들을 부인한다. 성경의 영감과 무오, 예수 그리스도의 도성인신 곧 육체로 오심·처녀 탄생·육체적 부활·승천·재림·이신득구·이신칭의·천당지옥 등 기독교의 근본교리들을 부인한다. 그들은 거짓 스승들로서 어그러진 말을 하는 자들이다(행 20:30; 딤전 4:1-3; 벧후 2:1; 유 18). 기독교의 근본 교리들을 부인하는 것은 이단이다.

④ **거짓 그리스도는 큰 이적을 행한다.**

거짓 그리스도는 사람들로 하여금 적그리스도에게 경배케 하기 위하여 조직적인 마술이나 큰 이적을 행한다. 그는 엘리야의 기적을 본 따 심지어는 사람들이 보는 앞에서 하늘에서 불이 땅으로 내려오게 하며(계 13:13), 첫째 짐승의 우상(image)을 만들고 짐승의 우상으로 하여금 생기(breath)를 주어 말도 하게 하므로 첫째 짐승을 예배의 대상으로 경배토록 한다(계 13:15). 거짓 그리스도는 큰 이적과 기사들을 행하여 할 수만 있으면 택한 자라도 미혹케 하려고 한다.

⑤ **거짓 그리스도는 참 성도들을 핍박한다.**

거짓 그리스도는 적그리스도처럼 항상 참된 성도들을 직접 핍박하거나 아니면 적그리스도의 핍박의 한 도구로서 이용된다. 예수님 당시 서기관들, 제사장들, 바리새인들, 사두개인들, 백성의 장로들이 모두 그 당시 종교계의 지도자들이었다. 그들이 적그리스도(로마 정부)와 짝하여 예수 그리스도를 십자가에 못박았다. 이와 같이 말세에는 거짓 그리스도들이 적그리스도의 세력과 짝하여 참된 성도들을 핍박한다.

거짓 그리스도는 모든 사람들로 하여금 첫째 짐승(적그리스도)의 표를 오른손이나 이마에 받도록 강요한다(계 13:16). 표를 받지 아니한 자에게는 물건을 사거나 팔지 못하게 한다(17).

이것은 요한계시록 7:4-8에 기록된 하나님의 종들에게 인치는 것을 모방한 것이다. 고대 동방에서는 종의 이마에 주인의 이름을 낙인 하는 관습이 있었다. 그와 같이 말세에는 짐승의 추종자들의 오른 손이나 이마에 짐승의 표(mark, 인)를 찍어 짐승에게 속한 사람이라는 표시를 할 것이다. 그런데 그 표는 666이라는 숫자로 표시되었다. 666은 악과 불완전(Evil and Imperfect)을 상징하는 숫자 그리고 그 표를 받지 않는 신실한 성도들에게는 극심한 경제적 봉쇄(Economic Boycott)를 가할 것이다. 거짓 그리스도들은 사탄의 일을 지원하는 한 도구가 될 뿐이다.

⑥ **거짓 그리스도는 지상(地上)의 모든 종교들의 연합을 도모한다.**

이것은 소위 세속적 연합운동(A Secular Ecumenical Movement)이다. 1948년도(8월 22일~9월 4일까지)에 조직된 배교와 불신앙으로 타락한 자유주의 교회들의 연합단체인 **세계교회 협의회**(W.C.C)는 프로테스탄트(개신교)의 모든 교파들은 물론 로마 천주교, 유대교, 힌두교, 마호멧교, 식크교, 불교, 유교 등등 세상에 존재하는 온갖 교파와 종교들을 모두 한데 묶는 불신앙적인 일치(연합)운동을 추진하고 있다. 이것이 종교다원주의(Religious Pluralism)이다.

⑦ **거짓 그리스도는 참 신자들도 기만하려 한다.**

사탄은 속이는 자(Deceiver)이다. 따라서 사탄의 도구인 거짓 그리스도도 또한 속이는 자이다. 사실상 사탄은 속이는 자요, 속이기 위하여 "자기를 광명의 천사로 가장한다"(고후 11:14). 빛은 하나님의 속성이며(요일 1:5; 딤전 6:16), 어두움은 사탄의 속성이다(눅 22:53; 엡 6:12). 거짓 선지자는 참 선지자처럼 가장한다. 거짓 선지자들이야말로 가장 훌륭한 하나님의 사자처럼 가장하고 교회의 권좌(權座, high seat)에 앉아서 온갖 수단과 방법을 다 동원하여 신자들을 기만한다. 이것이 겉으로는 양처럼 보이나 용(뱀)처럼 말하는 것이다(계 13:11).

3) 주님의 경고(Warning)

주님께서 세상 끝에 일어날 징조들에 관하여 많은 사람들이 내 이름으로 와서 이르되 나는 그리스도라 하여 많은 사람을 미혹케 하리라(마 24:24; 막 13:6; 눅 21:8)고 예언하시고 경고하셨다.

① **거짓 선지자들을 삼가라**(마 7:15)고 **경고하셨다.**

"삼가라"(프로세케테; προσέχετε; beware, watch out; 주의〈조심〉하라, 주시하라, 감시하라, 경계하라). 삼가라(프로세코; προσέχω; to have, hold; 소유하다. 붙잡다. 붙들다)는 프로스(πρός; to have, facing; …에 가까이, 면하여)와 에코(ἔχω; to have, hold; 소유하다. 굳게 붙잡다, 굳게 붙들다)로 구성된 합성어이다. 그러므로 이 단어의 원 의미는 ~에 반대하여 정신을 차리라, 주의(조심)하라, 감시하라, 경계하라는 뜻이다. 주님은 제자들에게 거짓 선지자들, 서기관들, 바리새인들과 사두개인들의 누룩(교훈, 외식) 등을 삼가라고 명령하셨다.

② **미혹을 받지 않도록 주의하라**(눅 21:8)고 **경고하셨다.**

누가복음 21:8, "가라사대 미혹을 받지 않도록 주의하라 많은 사람이 내 이름으로 와서 이르되 내가 그로라 하며 때가 가까왔다 하겠으나 저희를 좇지 말라."

"주의하라"(브레페테, βλέπετε; beware, watch out, take heed). 이 단어도 프로세코; προσέχω)와 같이 눈을 똑바로 뜨고 정신을 차려서 ~에 반대하여 주의하라, 경계하라, 감시하라는 뜻이다. 주님은 제자들에게 바리새인들의 누룩, 헤롯의 누룩, 유대주의자들의 누룩, 세상의 철학과 세상의 속임수 등에 넘어가지 않도록 주의하라고 경고하였다.

③ **믿지 말라**(마 24:26; 막 13:21)고 **경고하셨다.**

믿지 말라, 마태복음 24:23, "…보라 그리스도가 여기 있다 혹 저기 있다 하여도 믿지 말라"고 명령하셨다.

"믿지 말라"(메 피스튜세테, μὴ πιστεύσητε; do not believe)는 말은 명령문이다. 그러므로 우리는 자칭 그리스도라 칭하는 자들을 절대 믿지 말아야 한다.

④ **쫓지 말라**(눅 21:8)고 **경고하셨다.**

"쫓지 말라"(메 포류데테, μὴ πορευθῆτε, do not follow; 따르지 말라, 추종하지 말라)는 거짓 선지자들과 그들의 교훈을 따르지 말라는 명령이다.

"삼가라", "주의하라", "믿지 말라", "쫓지 말라"는 명령이요, **헬라어에서 명령형은 현재요**, 현재시상은 현재진행형을 강조한다. 그러므로 성도는 거짓 그리스도들과 적그리스도들을 계속 삼가하고, 계속 주의하고, 계속 믿지 말고, 계속 쫓지 말아야 한다.

2. 적그리스도(Antichrist)

1) 어원적 고찰(Etymology)

적그리스도(안티크리스토스, ἀντίχριστος)는 안티(ἀντί; oppose; 반대하다)와 크리스토스(χριστός; Christ; 그리스도)로 구성된 합성명사이다. 그러므로 적그리스도는 문자적으로는 그리스도를 반대하는 자(Against Christ), 그리스도의 원수를 뜻한다. 적그리스도를 헬라어로는 안티크리스토스(ἀντίχριστος), 영어로는 앤타이 크라이스트(Anti-Christ), 우리나라 말로는

적(敵) 그리스도라고 한다. 적그리스도라는 명칭은 요한 서신에서만 발견된다(요일 2:18, 22; 4:3; 요이 7). 그러나 적그리스도의 존재와 활동은 신구약 성경 전체에 그리고 교회 역사 전반에 걸쳐서 나타난다. 적그리스도는 그리스도와 성도들을 반대하는 자(Opponent)이다.

적그리스도는 하나님, 하나님의 백성, 하나님의 일을 반대하는 사람들·세력들·정권들·단체들을 총망라한다(단 11:36, 38).

2) 적그리스도에 대한 명칭들(The Names)

① **악한 자**(The Wicked One)

시편 기자는 적그리스도를 "악한 자"라고 하였다. 시편 10:2, 4, 악한 자가 교만하여 약한 자를 심히 박해하오니 저희로 자기의 음모에 걸리게 하옵소서. 악인은…그 모든 사상에 하나님이 없다 하나이다(시편 14:1, 36:1, 53:1). 적그리스도는 그리스도인들을 핍박할 뿐만 아니라 신(神)의 존재를 부인한다. 적그리스도는 철저한 무신론자(無神論者)이다.

② **곡과 마곡**(Gog and Magog)

에스겔 선지자는 적그리스도를 "곡과 마곡"이라고 하였다. 곡은 왕자(prince) 또는 지도자이며 마곡은 곡의 무리들 곧 적그리스도의 무리이다. 에스겔 38:2과 요한계시록 20:8에 의하면 곡과 마곡은 세상 끝에 나타날 적그리스도의 세력 곧 붉은 세력이다.

③ **작은 뿔**(The Little Horn)

다니엘 선지자는 적그리스도를 "작은 뿔 달린 짐승"으로 묘사하였다(단 7:8, 23-26, 8:24, 11:28, 30, 36). 다니엘은 적그리스도를 정치적인 면으로 보았다.

다니엘 7:25, "그가 장차 말로 지극히 높으신 자(The Most High)를 대적하며 또 지극히 높으신 자의 성도들을 대적하며 때와 법을 변개코자 할 것이며…."

다니엘 11:36, "이 왕이 자기 뜻대로 행하며 스스로 높여 모든 신보다 크다 하며 비상한 말로 신들의 신을 대적하며…."

④ **멸망의 가증한 것**(The Abomination of Desolation)

우리의 구주 예수 그리스도는 말세에 관한 예언에서 적그리스도를 "**멸망의 가증한 것**"이라고 하였다(마 24:15; 막 13:14). 이 말씀은 다니엘서 9:27절의 말씀에서 나온 표현이다.

⑤ **불법자**(The Lawless One)

사도 바울은 적그리스도를 "**불법자**"라고 불렀다.

데살로니가후서 2:3, 8, "누가 아무렇게 하여도 너희가 미혹 받지 말라 먼저 배도하는 일이 있고 저 불법의 사람 곧 멸망의 아들이 나타나기 전에는 이르지 아니하리니…그 때에 불법자가 나타나리니 주 예수께서 그 입의 기운으로 저를 죽이시고 강림하여 나타나심으로 폐하시리라."

⑥ **멸망의 아들**(The Son of Perdition)

사도 바울은 적그리스도를 또한 "**멸망의 아들**"이라고도 하였다(살후 2:3).

⑦ **첫째 짐승**(The First Beast)

사도 요한은 적그리스도를 "바다에서 나온 **첫째 짐승**"(the first beast out of sea)으로 묘사하였다(계 13:1-10). 이 짐승은 표범과 비슷한 데 발은 곰의 발 같고, 그 입은 사자의 입 같다고 하였다. 이 짐승은 다니엘서 7:7절 이하에 나오는 넷째 짐승과 어느 정도 유사하다.

⑧ **붉은 용**(Red Dragon)

사도 요한은 적그리스도를 또한 "**붉은 용**"이라고도 하였다(계 12:3-4, 7, 9, 16-17, 13:2, 4, 11, 16:13, 20:2). 구약에서 용은 상징적으로 하나님의 원수들을 가리킨다(시 74:4; 사 27:1; 겔 29:3). 적그리스도를 붉은 용이라고 한 것은 적그리스도의 성질 특히 그의 잔인성을 암시한다.

⑨ **666**

사도 요한은 적그리스도를 또한 "**666**"이라는 상징적 숫자로 나타냈다. 666 수는 첫째 짐승의 별명이다. 요한계시록 13:18, 지혜가 여기 있으니 총명 있는 자는 그 짐승의 수를 세어 보라 그 수는 사람의 수니 666이니라. 6은 완전수(7)에서 1이 모자라는 수(short number)이다. 따라서 666은 매 수마다 1씩 모자란다. 666은 악과 불완전을 상징하며 또한 용·짐승·거짓 선지자 등 악의 3위1체를 암시한다. 666은 역사적으로는 로마의 네로 황제를 가리키나 동시에 말세에 하나님을 대적하는 세력을 나타내기도 한다. 네로(Nero)는 라틴어로는 네론(NERON)인데 N=50, E=6, R=500, O=60, N=50을 나타낸다. 따라서 이 수들을 다 합하면 666이 된다. 라틴어에 V=5, X=10, L=50, C=100 등을 나타내듯이 헬라어에 a=1, b=2, iv=10, r=100 등을 나타낸다.

3) 적그리스도의 인격성 (The Personality of Antichrist)

성경은 적그리스도를 인격적 존재 곧 사람이라고 하였다. 적그리스도를 인격적 존재라고 하는 이유는 지식·감정·의지를 소유한 이성적 존재이기 때문이다. 적그리스도는 도덕적·윤리적 측면에서 인격적 존재라는 뜻은 결코 아니다. 적그리스도는 개인·단체·국가·정당·세력 등으로 나타난다. 거짓 그리스도도 인격적 존재인 것같이, 적그리스도도 인격적 존재이다.

① 다니엘 선지자는 적그리스도는 **"지극히 높은 이"**(The Most High)를 대적하고, 하나님의 백성을 핍박하는 세상 왕 또는 지배자라고 하였다.

다니엘 7:24-26, "그가 장차 말로 지극히 높으신 자를 대적하며 또 지극히 높으신 자의 성도를 괴롭게 할 것이며…." 만일 다니엘이 언급한 적그리스도가 인격적 존재가 아니라면 적그리스도에 대하여 언급한 내용들은 아무 의미도 없는 것이 되고 만다.

② 예수께서는 적그리스도를 **"멸망의 가증한 것"**이라고 하셨다(마 24:15; 막 13:14).

③ 사도 요한은 적그리스도를 **"사람으로"** 말하였다. 요한은 자신이 생

존할 당시 이미 적그리스도들이 많이 나왔다고 하였다(요일 2:18). 초대교회 성도들은 요한이 적그리스도, 거짓 그리스도를 언급할 때 그들이 누구인지 알았다.

④ 사도 바울은 적그리스도를 "**사람으로**" 말하였다. 그는 적그리스도를 사람들에게만 적용하여 지칭할 수 있는 죄의 사람, 악한 자, 불법의 사람, 대적하는 자, 멸망의 자식이라고 하여(살후 2:3-4, 8) 적그리스도는 사람이라 하였고, 적그리스도의 인격성들을 보여 주었다.

그리스도는 인격적이시니 적그리스도도 인격적인 존재로 보는 것은 자연스럽다. 그 이유는 반대적 의미에서 모방자이기 때문이다.

4) 적그리스도의 활동들(The Activities of Antichrist)

적그리스도는 큰 능력과 권세를 가지고 있다. 그런데 그 능력과 권세는 사탄으로부터 직접 받은 것이다.

요한계시록 13:2, "…용이 자기의 능력과 보좌와 큰 권세를 주었더라." 그러면 **용은 무엇이며 첫째 짐승은 무엇인가?** 용은 사탄이요(계 20:2), 첫째 짐승은 적그리스도이다(계 13:1-10). 적그리스도는 용으로부터 권세를 받았다(계 13:7, 15). 그러므로 적그리스도의 세력의 근원은 사탄이요, 그 세력은 일종의 초자연적이다.

① **적그리스도는 하나님의 존재를 부인한다.**

적그리스도는 "**하나님이 없다**"(There is no God)고 한다(시 10:4, 14:1, 53:1). 적그리스도는 그의 모든 사상에 하나님이 없다는 철저한 무신론 사상을 가지고 있다.

② **적그리스도는 하나님을 대적한다.**

적그리스도는 "**지극히 높은 자**"(The Most High)를 대적하며… 또 때와 법(Time and Law)을 변경하기를 원한다(단 7:25).

지극히 높은 자는 하나님이시며, 때와 법은 하나님의 법(Law of God)을 가리킨다. 적그리스도는 절대적 하나님의 권위에 도전한다.

③ 적그리스도는 참 성도들을 핍박한다.

용이 짐승에게 큰 권세를 주었다(계 13:2)는 말씀은 사탄이 적그리스도에게 큰 권세를 주었다는 뜻이다. 그러므로 적그리스도를 배후에서 조종하는 장본인은 사탄이다.

적그리스도는 지극히 높으신 이의 성도들을 핍박한다(단 7:25). 적그리스도는 성도들과 싸워 이기게 되고, 사로잡아 죽이기도 한다(계 13:7, 10,15). 로마의 네로 황제, 이슬람의 창시자 모하멧, 중세기의 특정 교황들, 근대 독일의 히틀러, 소련의 스탈린, 중국의 모택동, 일본의 천황, 북한의 김일성 등은 얼마나 많은 성도들을 살해하였는가? 히틀러는 600만 유대인을, 모택동은 600만 이상의 그리스도인을 살해하지 않았는가?

④ 적그리스도는 거짓그리스도를 도구로 사용한다.

사도 요한은 적그리스도와 거짓그리스도의 협동을 "…여자가 붉은 빛 짐승을 올라 탄 것"(계 17:3)으로 묘사하였다. 여자는 음녀로서 타락한 교회를, 짐승은 적그리스도를 가리킨다. 적그리스도는 거짓그리스도를 목적 달성을 위한 도구로 사용한다. 민수기 22-24장에는 모압 왕 발락이 이스라엘의 선지자 발람으로 하여금 이스라엘을 저주케 한 사실은 적그리스도와 거짓그리스도의 상호 협력을 보여준다.

⑤ 적그리스도는 성도들에게 경제적 제재를 가한다.

적그리스도는 "높은 자나 낮은 자, 부한 자나 가난한 자, 자유인이나 종 신분 여하를 막론하고 모두 오른손이나 이마에 짐승의 표를 받게 하고 누구든지 이 표를 가진 자 외에는 매매를 못하게 하니…"(계 13:16-17).

⑥ 적그리스도는 온 세상 사람들로 하여금 사탄을 경배케 한다.

경배는 신을 숭배하는 행위이다. 적그리스도는 사탄을 신(神)으로 삼고 사람들로 하여금 사탄을 경배케 한다(단 11:36; 살후 2:6; 계 13:4).

3. 이스라엘의 회복(The Restoration of Israel)

마태복음 24:32-33, "무화과나무의 비유를 배우라 그 가지가 연하여지고 잎사귀를 내면 여름이 가까온 줄을 아나니 이와 같이 너희도 이 모든 일을 보거든 인자가 가까이 곧 문 앞에 이른 줄 알라."

사도행전 1:6, "저희가 모였을 때에 예수께 묻자와 가로되 주께서 이스라엘 나라를 회복하심이 이때니이까?"

• **이스라엘의 회복**이란 유대인들의 이스라엘 국가의 재건을 말한다. 이스라엘의 회복은 종말에 있을 징조들 중의 하나이다. 이스라엘 민족(히브리인)은 주전 약 4000년경 아브라함과 그의 가족이 메소포타미아의 갈대아의 우르(Ur of the Chaldeans)를 떠나 젖과 꿀이 흐르는 가나안(Canaan) 복지로 이주한 것으로부터 시작된다(창 11:31-12:1). 아브라함과 그의 자손들은 농경생활에 종사하며 여호와 하나님을 섬겨 왔다.

• B.C. 1400년경 여호수아는 아이성과 여리고성을 점령하였으나 예루살렘성은 점령할 수 없었다. 강한 여부스족이 있었기 때문이다(수 15:63). 그 후 사사시대와 사울 왕 시대까지도 예루살렘을 점령할 수 없었다.

• B.C. 1000년 경 다윗은 30세에 사울에 이어 이스라엘의 제2대 왕으로 즉위하여 헤브론에서 7년간 통치하고 그 후 예루살렘에서 여부스족을 몰아내고 예루살렘을 수도로 도읍을 정하고 33년간 통치하였다. 다윗은 예루살렘을 12지파의 수도로 삼고 유브라데강까지 영토를 확장시키고 나라를 부강케 하였다. 다윗 왕 시대는 이스라엘 역사상 가장 전성기였으며 그 때부터 예루살렘은 정치적 종교적 중심지가 되었다.

• 그 후 솔로몬은 부친 다윗 왕에 이어 이스라엘의 제 3대 왕위에 올라 부친이 이룩한 부강한 나라에서 700명의 황실 혈통을 이은 왕비들과 300명의 후궁들을 거느렸다. 솔로몬은 그녀들이 이방 신들을 섬기는 것을 허용하여 예루살렘 성 외곽에 이방 신들을 섬기기 위한 신당(temples)

들도 세우게 되었다(왕상 11:1-4). 그 결과 솔로몬 왕 이후 이스라엘 왕국은 드디어 북쪽은 사마리아를 수도로 이스라엘 왕국으로, 남쪽은 예루살렘을 수도로 유다 왕국으로 분열되었다.

• 북쪽 이스라엘 왕국은 B.C. 722년 앗수르 왕 사르곤 2세에 의하여 멸망당하였고,

• 남쪽 유다 왕국은 B.C.587-588년 바벨론왕 느부갓네살에 의하여 멸망당하였다. 이 때에 수많은 유대인들은 피신을 하고, 성직자·정치가·지식인등 약 1500명이 3차에 걸쳐서 바벨론에 포로로 잡혀가 70년 동안 종살이를 하였다.

• B.C. 167년 시리아의 안디오커스 4세(Antiochus IV)는 유대교의 종교활동을 금지시키고, 예루살렘 성전을 모독하고, 성전기물들을 약탈하고, 그리스 신상을 올려 놓았다.

• B.C. 1세기부터는 로마 제국의 지배를 받아 왔다. B.C. 63년 로마의 폼페이(Pompey, B.C. 106-48) 장군이 예루살렘을 점령하고 12000명의 유대인을 살해하였다. 심지어는 성전 제단에서 기도하던 제사장들까지도 다 살해하였다. 유대인들은 예루살렘에 핍박이 심하여 산지사방으로 흩어졌다.

• B.C. 63년에 폼페이는 헤롯을 갈릴리·사마리아·유대·뵈레아 등지를 지배하는 분봉왕(총독)으로 임명하였다. 헤롯은 33년간 이스라엘 지방을 통치하면서 제사장 힐카누스를 위시하여 유대인 재판관 47명을 살해하고 정적들과 그들의 부인들 자녀들까지도 살해하였다. 그는 이복 동생 빌립의 아내 헤로디아를 취하였으며 그것을 책망한 세례 요한을 목베어 살해하였다.

예루살렘 멸망

• A.D. 70년 9월8일 로마의 디도(Titus, A.D. 39-81) 장군은 2주간 치열한 전투 끝에 예루살렘을 함락하고 예루살렘 성과 성전(제 2성전 = 스룹바벨 성전)을 완전히 훼파하고, 60만 유대인을 학살하고, 9700명을 노예로 잡아가고 성 외곽에 사는 유대인들을 무참히 십자가에 사형시켰다. 군인들은 성전을 불사르고, 아이들을 불덩이에 던지고, 여인들을 강간하고, 제사장들을 학살하고, 열심당원들(Zealots)은 유대 광야 사해 서쪽 산악 지대로 피하여 그 곳 마사다(Masada)에서 여자들과 아이들을 포함하여 967명이 A.D. 73년 니산월 15일에 집단 자살하였다.

• A.D. 135년 하드리안 로마 황제가 예루살렘을 다시 정복한 후 유대인들을 국외로 추방하고, 유대인들의 예루살렘 성 출입을 사형 법으로 금지시켰다.

• A.D. 7세기에 새로운 종교 이슬람교가 모하멧(A.D. 570-632)에 의하여 창시되었다.

• A.D. 638년 칼리프 오마르가 이끄는 모슬렘 아랍 군이 예루살렘을 점령한 후 메카(Mecca)에 이어서 세 번째로 예루살렘을 성지(Holy Place)로 하고, 다마스커스에서 통치하는 옴마야드(Ommayards)가 A.D. 660년 예루살렘에 알 아크사 사원(Al Aksa Mosque)을 짓기 시작하였으며 691년, 31년만에 Dome of the Rock을 완공하였다. 바로 그 곳이 옛날 솔로몬의 성전 터요, 아브라함이 이삭을 제물로 바치려한 곳이요, 다윗이 제단을 쌓은 곳이요, 또한 마호멧이 승천한 곳이라고 한다.

• A.D. 878년 이집트의 통치로 과세를 부담케하므로 예루살렘 주민들의 생활은 더욱 악화되었고 유대교도들과 기독교도들은 핍박을 받았다.

• A.D. 11세기에도 셀주크 터키족(The Seljuk Turks)이 그리스도인들의 예루살렘 성지 순례를 금지하고 핍박하였다. 원래 셀주크 터키족은 중앙아시아에서 유목생활을 하던 민족으로 11세기에 소아시아(흑해로부터 아

라비아 사이)로 침입하여 왔으며 그들의 추장의 이름을 따라 셀주크 터키족이라고 불렀다.

- 셀주크 터키족에 대항하여 교황 우르반 2세(Pope Urban Ⅱ)는 1095년 첫 십자군(First Crusade)을 일으켜 비잔틴 제국(Byzantine Empire)과 성지를 회복하려 하였다. 그리고 기사들(Christian Knight)에게 십자가를 들고 젖과 꿀이 흐르는 성지를 탈환할 것을 권고하였다. 교황의 호소는 유럽 그리스도교인들에게 진지한 종교적 열광을 불러 일으켰다. 그리스도인들에게 있어서 예루살렘 성지는 얼마나 중요한가? 교황의 호소에 호응한 많은 십자군들은 독실한 기독신자들이었다. 그들은 셀주크 터키족 이교도들에 의하여 성지가 점령되어 있는 것을 참을 수 없었다. 그들은 또한 세속적 혜택들도 생각하였다. 즉 교황은 그들이 전쟁터에 나가 있는 동안 그들의 재산을 보호받고, 가족 부양, 종군 대가로 인한 세금 면제. 팔레스타인을 점령하여 그들의 자손들에게 물려주려는 약속이 있었다.

- 십자군은 잘못된 정보를 입수하여 큰 잘못을 범한 경우도 있었다. 즉 기독교 순례자들이 성지에서 기독교도들을 핍박하는 셀주크 터키족의 편을 들어주었다는 것이다. 그리하여 첫 번 십자군은 불란서에서 독일로 가는 길에 회당이나 유대인 촌을 지나가며 유대인들을 죽이고 건물들을 파괴하였다. 그러므로 로마제국의 황제 헨리 4세(Henry Ⅳ)는 유대인들을 해하지 말 것을 명령하였다. 교황 우르반 2세 또한 십자군의 유일한 목적은 성지 예루살렘을 셀주크 터키족으로부터 해방시키는 것이라고 선포하였다.

제 1차 십자군이 1099년 6월7일 예루살렘을 침공한 때로부터 점령할 때까지 40일 동안 모슬렘으로부터 완강한 저항을 받았다. 그 때에 유대인들은 물론 모슬렘들도 많이 살해되었다. 유대인들은 그들의 회당들에서도 많이 살해되었다.

예루살렘을 점령한 십자군은 남부 전선에서 애굽의 살라딘(Saladine)장군 군대와의 접전이 벌어졌다. 십자군은 1187년 7월3일 나사렛과 디베리아 호수 사이 힛틴(Hittin) 북쪽 전투에서 치명적 패배를 당하였다. 그 날 살라딘은 십자군 15,000명을 섬멸하였다. 다만 1,000명만이 죽음을 면하고 도주하거나 포로가 되었다. 10월에는 살라딘이 예루살렘을 점령하고 십자군을 몰아냈다. 그러므로 오늘날까지도 아랍의 지도자들은 살라딘을 영웅시하고 있다.

- A.D. 1267년 이집트의 맘루크스(Mamlucks) 왕조(1250-1517)가 예루살렘에 쳐들어와 십자군을 퇴각시킨 후(1244) 많은 유대인들을 살해하였다. 그리고 유대인들에게 무거운 세금을 부과하므로(1440) 유대인들은 세금을 납부할 수 없어 예루살렘을 떠나도록 강요당했다.

- A.D. 1300년에 오토만 제국(Ottoman Empire)은 술탄 오스만(Sultan Osman)에 의하여 소아시아에서 건설되었다. 오토만 제국의 술탄 살림(Sultan Salim)은 1517년 이집트의 맘루크스를 패배시켰다. 그리고 오토만은 팔레스타인과 애굽을 점령하였다. 오토만 제국의 번성기는 술탄 술라이만이 통치하던 시대로 벨그라드, 부다페스트, 바그다드, 아덴, 알제리 등 방대한 지역을 정복하고 영토를 넓혔다.

- A.D. 1516년 오토만 터키 제국(1517-1917)이 예루살렘을 점령하여 500년간 유대인들을 지배하여 왔다. 오토만 제국 하에서 성지(聖地)에서의 기독교 역사는 생존을 위한 끊임없는 투쟁의 역사였다. 기독교인들은 인두세(A head tax)를 내야 했고 이슬람 여인과의 결혼은 금지 당했다. 누구든지 이 법을 어기면 사형에 처하였다. 그들은 그리스도인들을 이슬람교도들과 구별하기 위하여 머리에 파란 터번(turban; 머리에 감는 두건)을 써야 했고, 말이나 노새도 탈 수 없었다. 뿐만 아니라 기독교인들의 건물은 모슬람교도들의 건물들 보다 크거나 높은 것을 허용치 않았다. 기독교인들은 십자가를 보이지 않도록 금지 당했으며 일정한 장소에서만 예배드리도록 허용되었다.

- A.D. 1586년 오토만 터키는 유대인들이 예루살렘의 람반(Ram-ban)

회당 사용을 금지시켰고,

- A.D. 1625년에는 화룩(Faruk)의 무거운 과세로 예루살렘의 유대인들은 동 유럽 전역으로 피난을 떠났다.

- A.D. 1775년에는 모든 유대인들에게 인두세(A head tax)를 부과했다.

- A.D. 1780년에는 아랍 폭도들이 십자군 사원 승려들을 살해하였다. 오토만 터키제국은 날로 심해 가는 부정부패로 16세기부터 쇠퇴하기 시작하였다.

- A.D. 1799년 불란서의 나폴레옹이 애굽으로부터 악고(Acre)까지 진격하다가 영국군에 의하여 패배 당하였다. 그리고 그의 기관지(Moniteur)에 유대인들에게 그들의 예루살렘을 돌려준다고 하였다.

1) 시온운동(The Zionist Movement)

- 이스라엘 민족은 주전 1500년 전 애굽의 노예로 잡혀가 400년 동안 종살이를 하던 때로부터 본토 팔레스타인으로 되돌아 가고자하는 고국을 그리워하는 망향심이 발동하기 시작하였다. 더욱이 앗시리아 제국시대, 바벨론 70년 포로시대, 로마 제국시대, 그 이후 이슬람의 통치시대, 오스만 터키족의 통치시대, 독일 히틀러의 유대인 600만 학살 등은 유대인들이 고토(古土)로 돌아가 이스라엘 국가를 회복하고자하는 열망이 더욱 불타올랐다.

- 세계 만방에 흩어져 있던 유대인들은 이사야서(2:2-3. 65:17-25)와 에스겔서(37:11-14)의 그 위대한 비전을 읽으면서 본토 고국으로 돌아 가고자하는 그들의 희망을 포기하지 않았다. 그런 비전은 그들의 기도 속에서도 계속 불이 붙었다.

- 시온운동이 일어나게 된 직접적 동기는 A.D. 1895년 프랑스에서 발생한 드레퓨스 사건(Dreyfus Affair)은 전 세계적으로 유대인들에게 엄청난 영향을 주었다. 그런데 그 사건은 곧 유태계 프랑스 육군 장교 알프레

드 드레푸스(Caption Alfred Dreyfus)가 군사 비밀을 독일에 누설했다는 혐의로 군법회의에 회부되어 그는 프랑스 영(領) 유령의 섬 기아나(Guiana)로 정배갔다. 그러나 그의 아내와 동료들의 노력으로 그것은 조작된 것임이 만 천하에 드러났다. 이 사건이 알려지기 시작하면서 프랑스 소설가 에밀레 졸라(Emile Zola)는 나는 고발한다(I Accuse)는 기사를 발표하여 유대인들에 대한 프랑스 군대의 계략과 음모를 폭로하였다. 이런 광경은 **데오돌 헤르즐**(Theodore Harzl)이라는 한 젊은 유대인 언론인(Journalist)을 자극했다. 그는 항가리 수도 부다페스트에서 출생하여 비엔나대학교(Vienna Univ.)에서 법학박사 학위를 받고(1884), 비엔나의 유력지인 Neue Freie Presse의 기자가 되었다. 그의 비전은 정치적 시온주의(Political Zionism)이었다.

- **헤르즐**과 그의 시온운동에 동참하는 동료들에게 예루살렘의 중심에 있는 시온 산(Mount Zion)은 전 세계에 흩어져 있는 유대인들이 고토(古土)로 돌아와 이스라엘 나라를 다시 건설하려는 상징이 되었다. 헤르즐은 유대인들이 고토 팔레스타인에 돌아와 이스라엘 국가를 건설하는 것만이 인종·종교·정치·국경 등 모든 분쟁을 해결할 수 있다고 믿었다. 서유럽에서 부유층에 동화된 사람들은 그에게 등을 돌렸으나 동유럽에서 가난과 고통에 찬 유대인들은 본토 이스라엘로 돌아가는 것 이외에는 다른 길이 없다고 생각하였다.

- **헤르즐**은 1876년 유대국가(The Jewish State)라는 소책자를 발간하였다. 헤르즐의 이상은 세계 각처에 흩어져 있는 유대인들에게 큰 희망을 불러일으켰다.

- **헤르즐**은 1897년 스위스의 바젤에서 제1차 세계시온주의자대회(The First Zionist Congress in Basel)를 개최하였다. 이 대회에는 세계 각처에서 200명의 대표들이 참석하여 유대인들의 결속과 고국 팔레스타인의 정착을 촉진시켰다.

- 헤르즐이 1904년 44세 젊은 나이에 세상을 떠난 후 약 7,000명의 유대인들이 팔레스타인으로 가 정착하였는데 그들 중 약 60%는 하이파, 텔아비브, 예루살렘 등 대 도시들에 정착하였다. 1905년 통계에 의하면 예루살렘에는 유대인 40,000명, 기독 아랍인 10,900명, 모슬렘 8,000명이 있다.

- 19세기 말엽부터는 많은 유대인 학자들과 지식인들도 팔레스타인으로 돌아가 2000년 동안 사용하지 못했던 모국어(히브리어)를 사용하며 정착할 수 있도록 기브츠(Kibbutz; 공동체 생활)를 건설하였다.

2) 예루살렘과 세계 제1차 대전(1914-1917)

- 제1차 세계대전 때 오토만 제국은 독일과 동맹하였고 이에 영국은 전(全) 중동지역을 오토만 제국(터키)으로부터 점령하기 위하여 1914년 10월 터키에 전쟁을 선포하였다. 당시 예루살렘에는 유대인이 45,000명, 아랍인이 25,000명이었다. 그러나 전쟁기간 동안 예루살렘의 인구는 25,000명 이상 급격히 감소되었고 수 천명의 유대인들은 북쪽 콘스탄티노플로 추방되었다. 한편 많은 유대인들과 아랍인들이 가난과 질병 등으로 죽어 갔다.

- 1915년 1월 터키군은 수에즈 운하를 공격하였다. 이에 대응하여 유대인 병사들은 영국군에 합세하여 수에즈 운하에서 진격하였다.

3) 영국군 예루살렘 점령(1917. 12월)

- 영국군은 터키 군과의 치열한 전투 끝에 상당한 전사자들이 속출하는 가운데 1917년 11월 7일 가자(Gaza)지구에서 터키 군을 격퇴시키고, 11월 16일에는 욥바(Jaffa)에서 또 격퇴시켰다. 영국군은 그 다음날 예루살렘으로 진격하였으나 터키군의 완강한 응전으로 고전하다가 재편성된 영국군은 12월 8일 새벽을 기하여 다시 진격하기 시작하였으며 12월 10일 드디어 예루살렘을 터키 군으로부터 탈환하였다.

- 1918년 9월에는 북쪽 나불루스(Nablus)로 진격하였고 그 다음에는

380마일(mile) 더 진격하여 다마스커스와 알렙포를 점령하였다. 드디어 터키는 1918년 12월 31일 영국에 항복하였다. 그리하여 유대인들은 그 오랜 세월 동안 지배하던 터키족과 이교도의 핍박을 벗어나 고토(古土)로 돌아가기 시작하였다.

4) 영국 군정 통치하에서의 예루살렘(1917-1920)

• 제1차 세계대전이 한창이던 1917년 영국은 당시 중동에서 영국군 작전 기지 역할을 맡고 있던 팔레스타인 땅을 지키기 위하여 전 세계에 흩어져 있는 유대인들의 협력을 얻고자 벨푸선언(Belfour Declaration)을 발표하였다. 벨푸선언은 전쟁 후 유대인의 팔레스타인 조국건설을 약속한다는 선언이다. 이 때에 유대인 청년들은 로마제국이래 처음으로 영국에 의하여 징집(모병)되었으며 그들은 영국군으로 터키 군과 대항하여 싸웠다. 이와 동시에 팔레스타인은 영국 군정(軍政) 하에 놓이게 되었고 1920년부터는 영국의 통치하에 들어가게 되었다.

• 영국군 예루살렘지구 사령관 **로날드 스톨스**(Ronald Storrs)는 1918년 4월에 두 법령을 공포하였는데;
① 역사적 건물들을 헐지 못하도록 하는 금지령
② 예루살렘성 내에는 돌들로만 건물을 짓도록 하고, 시멘트 건물(stucco)이나 철근을 사용하지 못 하도록 하였다.

영국군은 예루살렘에서 지중해 연안 욥바(Jaffa)까지 이어지는 철로 길을 확장하고, 예루살렘 성문들과 성벽들을 보수하였다.

이 무렵 유대인들의 본토(Homeland)로의 이민은 격증하여 제 1차 세계대전 당시 70,000명 정도였던 유대인이 제2차 세계대전 직전까지는 약 400,000명으로 늘어났다.

• 아랍인들은 유대인들이 예루살렘으로 이주하여 오는 것을 반대하여
1920년에는 5명의 유대인들이 죽임을 당하였고,
1925년에는 아랍인들이 히브리 대학교 개교를 반대하였고,

1929년에는 아랍 폭도 2,000여명이 유대인들이 통곡의 벽에서 시온주의 깃발을 날리며, 애국가를 부르며, 기도하는 것을 공격하였다. 그리고 기도문을 파손하였고 랍비 1명, 아이들 2명을 포함한 6명이 죽임을 당했고, 헤브론에서는 59명의 유대인들이, 사페드에서는 20명이, 텔아비브에서는 6명이, 그리고 타 지역들에서 42명의 유대인들이 죽고 많은 중경상자들이 나왔다. 모짜, 로메마, 네베 야아콥, 베드 하케렘, 탈피오트, 라마트 라헬(Motsa, Romema, Neve Yaakov, Bet Hakerem, Talpiot, Ramat Rahel)등지에서는 약 4000명이 집을 떠나도록 강요당하였다.

- 영국 민정(民政)은 예루살렘에서 1920년 7월 1일부터 1948년 5월 14일까지 28년간 존속되었다. 이 기간 동안에 유대인들과 아랍인들이 홍수처럼 들어왔다.

- 1931-1944년 사이에는 유대인 40,000명, 아랍인 20,000명이 더 예루살렘에 정착하였다. 그리하여 1944년에는 유대인 92,143명, 모슬렘 32,039명, 아랍 그리스도인 27,849명, 총 152,031명이었다.

- 1947년 영국은 팔레스타인의 유대인들과 아랍인들 사이에 충돌이 격화되어 더 이상 신탁 통치를 포기하고, 팔레스타인 문제를 U.N.으로 이첩하였다. 미국과 소련은 이스라엘 국가 창설을 인준하고 유엔(U.N.)에 상정하였으며, 1947년 5월 U.N.에서도 팔레스타인에 대한 법안을 통과시켰다. 동년 11월 29일 팔레스타인에 대한 U.N. 결의안 181조 2. A항은 예루살렘 시는 U.N.에 의하여 통치된다, 그리고 10년 후에는 시민들의 의견을 참작하여 U.N.의 통치를 계속 할 것인가를 결정할 것이다(33:13 표로)라고 채택하였다. 이 U.N.의 결의안에 유대인들은 찬성하였으나 아랍위원회(이락, 사우디아라비아, 시리아등의 지원을 받는 아랍위원회(The Arab Higher Committee)는 반대하였다. 1948년 1월부터 거의 5개월 동안 이스라엘과 아랍은 처음으로 군사적 충돌이 있었다.

- 이스라엘 독립국가 탄생

1948년 5월 14일 자정을 기하여 영국군이 최종으로 예루살렘에서 철수하였다. 따라서 이스라엘 정부가 공식적으로 발족하게 되었다. 드디어 이스라엘 건국 위원회가 결성되고 벤구리온이 텔아비브에서 1948년 5월 19일 이스라엘의 독립국가를 선언하였다. 이스라엘은 역사적 독립이 이루어졌다.

이스라엘은 1948년 5월 19일 독립국가를 선언하므로 말세의 징조들 중 하나인 이스라엘의 회복의 예언은 성취되었다.

5) 6일 전쟁(1967년 6월)

- 1967년 5월 이집트는 이스라엘이 홍해(Red Sea)와 직접 통할 수 잇는 길을 가로막았다. 아카바 만(Gulf of Akaba)으로 나가는 지브롤터 해협을 폐쇄한 것이다. 이스라엘은 이것을 전쟁행위로 간주하고 1967년 6월 5일 아침 이스라엘 전투기들은 이집트 내 깊숙이 있는 공군 기지를 강타하여 전(全) 이집트 군을 마비시켰다.

이집트의 낫셀 대통령은 요르단의 후세인 왕에게도 압력을 넣어 요르단도 전쟁에 참가토록 하였다. 1967년 6월 5일 아침 8:30분에 서예루살렘(West Jerusalem)에 포격을 가하였다. 그리고 한 시간 후에 후세인왕은 암만(Amman)에서 방송으로 원한을 복수할 때(시간)가 이르렀다(The Hour of Revenge Has Come)고 하였다. 그리고 U.N. 본부(이스라엘과 아랍사이에 평화를 유지하기 위한)를 점령하고 낮에는 스코퍼스 산(Mount Scopus)과 라맡 라헬(Ramat Rahel)에 포격을 가하였다.

- 이에 이스라엘 군은 전투적 경험과 월등한 무기로 반격을 가하기 시작하였다. 6월6일 해질 무렵 동 예루살렘을 거의 다 점령하였으며, 6월 7일 아침에는 스데반 문(St. Stephens Gate)을 통하여 구(old) 예루살렘으로 진격하였다. 정오 경에는 동 예루살렘을 대부분 점령하였다. 이스라엘 병사들은 감격하여 엉엉 울었다.

- 6월8일 이스라엘 군은 시나이반도와 골란고원 전투에서 이집트와 시리아와 전투하여 완전 승리를 가져왔다.

- 6월28일 이스라엘 정부는 예루살렘의 재통일을 공식으로 선언하였다. 그리고 철조망과 장벽들을 즉시 제거하였다. 그리하여 8,750 에이커(acrea)의 서 예루살렘과 18,750 에이커의 동 예루살렘을 합병시켰다. 그리하여 20년(1948. 5.14.1967. 6.28)만에 처음으로 온 예루살렘의 거민 들은 동서남북을 자유로이 다닐 수 있게 되었다.

6일 전쟁으로 이스라엘은 요르단으로부터 동 예루살렘에서 동남쪽으로 요단강과 사해까지, 동북쪽으로는 시리아로부터 갈릴리 호수 동북쪽 골란고원을, 남서쪽으로는 에집트로부터 시내반도와 가자지구를 점령하였다.

6) 욤 키푸르 전쟁(Yom Kippur. 1973년 10월 6일)

욤 키퍼는 유대력으로 가장 성스러운 날(속죄의 날)이다. 바로 이 날 이집트 군대가 시나이 반도 사막을 건너 이스라엘을 공격하였다. 같은 날 동시에 시리아는 1400대의 탱크를 앞세우고 갈릴리 변방까지 침공해 왔다. 첫 3일 동안의 전투에서 이스라엘 군은 탱크 500대와 전투기 49대 그리고 노련한 조종사들의 목숨을 잃었다.

- 그러나 1973년 10월 14일 전쟁의 양상은 바뀌었다. 미국의 닉슨 대통령은 소련에 대하여 전쟁에 개입하는 것을 경고했고, 이집트 군대는 시나이반도에서 패배했고, 그때 이스라엘 군은 수에즈운하 서부 지역을 가로질러 그 곳에서 소련제 지대공 미사일들을 파괴하였다. 그리고 1973년 10월 22일 유엔(U.N.)의 결의로 휴전 명령이 발효되었다.

- 그 때로부터 5년 후 미국의 지미 카터 대통령은 이스라엘의 베긴(Menachem Begin)수상과 이집트의 사다트(Anwar Sadat) 대통령을 워싱턴으로 초청하여 1978년 9월 17일 Camp David(미국 대통령 별장)에서 평화협정에 조인하고 이스라엘 군은 시나이 반도에서 철수하였다.

• 1977년 11월9일 사다트 이집트 대통령이 이스라엘을 방문함으로써 이스라엘과 아랍과의 분쟁은 역사적 전환기를 맞게 되었다. 사다트는 이스라엘 전몰 장병 비에 헌화라고 국회에서 연설하였다. 그는 베긴 수상과 오랜 회담후 방명록에 May God guide our steps towards peace. Let us end all suffering for mankind라고 썼다. 그는 1981년 10월에 암살 당했다.

• 이스라엘은 1948년 5월 19일 독립국가를 선언하므로 말세의 징조들 중 하나인 이스라엘의 회복의 예언은 성취되었다.

4. 복음의 세계 전파(The Preaching of the Gospel in the Whole World)

마태복음 24:14, "천국 복음이 모든 민족에게 증거 되기 위하여 온 세상에 전파되리니 그제야 끝이 오리라."

성경은 말세의 징조와 예수 그리스도의 재림의 징조를 동일시하였다. 따라서 말세의 징조들 다시 말하면 예수 그리스도의 재림의 징조들중 하나는 천국 복음의 세계 전파이다.

"복음"(유앙겔리온, ευαγγέλιον; Gospel, Good News)은 좋은 소식, 기쁜 소식을 뜻한다. 천국 복음은 천국의 좋은 소식, 기쁜 소식을 말한다.

그러면 천국 복음 곧 천국의 좋은 소식, 기쁜 소식이란 무엇인가? 다시 말하면 천국 복음의 중심 내용은 무엇인가? 천국 복음의 중심 내용은 예수 그리스도로 말미암은 구원(Salvation through Jesus Christ)이다. 죄 값으로 영원 형벌 받아 마땅한 죄인들에게 가장 좋은 소식, 가장 기쁜 소식은 죄와 사탄의 권세와 사망으로부터의 구원과 영생 복락이다. 그런데 그와 같은 구원 영생은 예수 그리스도를 구주로 믿음으로 말미암아 오는 하나님의 크신 은혜요 축복이다.

따라서 천국 복음 곧 천국의 기쁜 소식은 이 세상의 기쁜 소식과는 판이하며 족히 비교가 되지 않는다. 이 세상의 기쁜 소식이란 건강의 회복,

행복한 결혼 생활, 사업의 성공, 시험의 합격, 보직의 승진, 참사로부터의 무사… 등이다. 이 모든 것들은 모두 육신을 위한 좋은 소식, 기쁜 소식들임에는 틀림없다. 그러나 이 세상의 기쁜 소식들은 천국의 기쁜 소식과는 내용이 질적으로 판이하며 족히 비교가 되지 않는다.

천국 복음이 모든 민족에게 증거 되기 위하여 온 세상에 전파되리니 그제야 끝이 오리라는 말씀은, 복음은 반드시 모든 민족에게 증언의 의미로 전파되어 그들에게 그리스도와 그의 나라에 대한 태도를 결정할 만한 기회를 주었다고 말할만한 정도는 되어야 할 것이라는 뜻이다.

이 말씀은 또한 세계 모든 민족 중에 많은 신자들을 발견하게 되도록 이방인의 충만한 수가 들어오게(차게)됨을 말한다.

로마서 11:25, "형제들아 너희가… 이 비밀을 모르기를 원치 아니하노니 이 비밀은 이방인의 충만한 수가 들어오기까지 이스라엘의 더러는 완악하게 된 것이라."

이방인의 **"충만한 수"**(플레로마, πλήρωμα; fullness; 충만·가득 참)는 하나님의 예정 안에 들어 있는 구원받을 이방인들의 총 수(total number)를 말한다. 이방인들은 이스라엘을 제외한 모든 민족들을 말한다. 이방인들 중에는 헬라인, 로마인, 스구디아인, 야만인 등 이 세상 모든 민족이 다 포함되어 있다.

천국 복음이 모든 민족에게 증거 되기 위하여 온 세상에 전파되리니 그제야 끝이 오리라는 말씀은 하나님은 우리의 영혼들을 얼마나 사랑하시고 불쌍히 여기시고 구원받기를 원하시는가를 보여 주신다. 하나님은 구원받기로 예정된 모든 사람이 구원받기를 진정으로 소원하시며, 구원받은 모든 사람은 진리를 아는 지식에 이르기를 진정으로 소원하신다(딤전 2:4). 그러므로 천국 복음이 온 세상 모든 민족에게 전파되기까지는 주님의 오심과 심판을 유보하신다.

교회의 사명은 구원받기로 예정된 충만한 수가 차기까지 천국 복음을 증거하여야 한다. 천국 복음 증거는 교회의 임무요 사명이다. 주님은 교회가 그 사명을 완수한 때에 다시 오실 것이다. 따라서 주님의 나타나심을 사모하고 고대하는 성도들은 천국 복음 전도에 더욱 진력할 것이다.

마태복음 28:18-20에서 "예수께서 나아와 일러 가라사대 하늘과 땅의 모든 권세를 내게 주셨으니 그러므로 너희는 가서 모든 족속으로 제자를 삼아 아버지와 아들과 성령의 이름으로 세례를 주고 내가 너희에게 분부한 모든 것을 가르쳐 지키게 하라 볼지어다 내가 세상 끝날까지 너희와 항상 함께 있으리라 하시니라"고 분부하셨고,

승천하시기 바로 직전에 사도들과 500여 신도들 앞에서 "오직 성령이 임하시면 너희가 권능을 받고 예루살렘과 온 유대와 사마리아와 땅끝까지 이르러 내 증인이 되리라 하시니라"(행 1:8)고 명하셨다.

사도 바울은 에베소교회 교역자 디모데에게 "너는 말씀을 전파하라 때를 얻든지 못 얻든지 항상 힘쓰라 범사에 오래 참음과 가르침으로 경책하며 경계하며 권하라"(딤후 4:2)고 명하였다.

주님 공생애의 주 사역(主 事役)은 천국 복음의 전파였다. 주님의 지상 명령(마 28:18-20)을 받은 사도들 및 초대 교회 성도들의 주 사역도 복음 전파였다. 복음은 실로 예수 그리스도의 충성된 증인들로 인하여 전파되어 온 것을 교회 역사는 증언하고 있다. 주님의 명령에 의하여 첫 순교자 스데반·야고보·베드로·바울·요한 등의 순교자들, 설교자 라티머, 스코필드의 순교자들 등 사도시대 → 속 사도시대 → 기독교 박해시대 → 중세 교권시대 → 종교 개혁시대 → 근대 자유주의 시대 → 현대 배교의 시대에 이르기까지 충성된 증인들의 순교적인 복음 전파로 말미암아 온 세계 만방에 복음이 전파되어 왔다.

천국 복음의 세계 전파는 20세기 초까지만 해도 이루어지지 않았다. 그러나 지금은 전 세계 만방 곡곡에 천국 복음이 들어가지 않은 곳이 없다. 성경은 현재(2001.12.) 2,261개 방언으로 번역되었으며, 복음이 들어가지 못하는 나라는 아프카니스탄, 리비아, 그리고 북한뿐이다. 주님의 예언의 말씀이 거의 성취되어온 것이다.

※ **천국 복음과 관련하여 주의할 점들**

① 천국 복음이 온 세상에 전파 될 때 끝이 오리라고 하였으니 천국 복음이 온 세상에 전파되기까지는 끝이 오지 않는다는 뜻으로 이해하여야한다. 거짓 그리스도들과 거짓 선지자들이 일어나 나는 그리스도라 해도 미혹받지 말아야 한다. 천국 복음이 온 세계 만방에 전파되기 전 까지는 끝이 오지 않으며, 끝이 오지 않으면 주님의 재림이 이루어지지 않기 때문이다. 반면에 천국 복음이 온 세계 만방에 전파되면 끝이 오리라는 것을 명심하여야 한다.

② 천국 복음이 모든 민족에게 증거 되기 위하여 온 세상에 전파된다고 하여 온 세상 모든 사람이 다 복음을 받아들여 구원을 얻는다는 것은 아니다. 왜냐하면 그리스도 밖에 있는 모든 사람들은 자신들의 불신앙적 자아의지로 예수 그리스도를 구주로 영접하지 않기 때문이다.

③ 천국 복음이 모든 민족에게 증거 되기 위하여 온 세상에 전파된다고 하여 온 세상이 죄 없는 지상 낙원(Utopia on Earth)이 된다는 것은 아니다.

그 이유는 세상 끝이 가까워 올수록 점점 더 죄악이 관영하고 불법이 성해지기 때문이다(마 24:12, 37).

④ 일부 학자들은 온 세상은 당시 로마 제국을, 끝은 예루살렘 멸망(A.D.70년)이라고 해석한다. 그들은 사도행전 2:5, 11; 로마서 1:8, 10:9-17; 골로새서 1:6, 23 등의 온 세상, 천하 만국, 온 땅, 온 천하 등의 표현들을 인용한다. 그러나 로마 제국은 세계가 아니며, 세상 끝은 아직 오지 않았다.

5. 죄악의 관영(The Fullness of Iniquity)

말세의 징조들 중 또 다른 하나는 죄악의 관영함이다. 죄악의 관영함이란 죄악이 더욱 무성해지며 더욱 악해진다는 뜻이다. 말세지말이 되면 과거에 무성한 죄악들이 보다 더 동시적이며, 복합적이며, 더욱 극악한 현상들로 나타난다. 그리하여 죄악이 하늘에 사무치게 되는 것이다.

1) 사람의 본성이 부패되었음(창 6:11-12)

아담과 하와가 범죄한 이후로, 사람의 본성은 전적으로 타락 부패되기 시작하였다. **사람의 전적 부패란 사람 안에 깊이 자리잡고 있는 보편적이며 전체적인 죄의 성질을 말한다**(Total depravity is a deep-seated, universal, and complete sinful nature). 범죄 타락한 이후의 인간의 본성 또는 도덕적 성질은 전적으로 부패된 성질(죄의 성질)이다. 전적 부패란 정신·마음·의지 등이 철저히 병들고, 불구가 되고, 삐뚤어지고, 뒤틀리고, 비정상적이고, 악함(utterly disposed, disabled, corrupted, distorted, warped, abnormal, and sinful)을 말한다.

① **정신의 전적 부패**(Total Depravity of Mind)
전적 타락은 정신의 전적 부패를 가져왔다.

"정신"(누스, νοῦς; Mind; 정신)은 생각의 주체, 생각하는 사고자(Thinker), 이성적(理性的) 기능의 자아이다. 정신은 지식의 기능, 이해의 기능이다. 정신은 이성적 측면에서의 영혼의 기능이다. 그리고 생각은 정신의 작용이요 산물이다.

• 무죄 상태에서 원인(原人)의 정신 기능과 능력들은 매우 정상적이었다. 바른 정신, 바른 사고(생각)에 의한 바른 동작(활동)들이었다.
• 그러나 원인(아담)이 범죄하여 타락한 결과로 사람의 정신은 전적으로 부패되었다. 다시 말하면 정신의 부패란 정신이 철저하게 병들었고, 불구가 되었고, 부패되었고, 비틀어지고, 뒤틀리고, 비정상적이고, 악하게 되었다는 뜻이다. 그 결과 정신적 기능과 능력이 정상적으로 활동하지 못한다.
• 성경은 전적으로 타락한 인간의 정신을 더러워진 정신, 부패된 정신, 굳어진 정신, 허망해진 정신, 어두워진 정신, 소경이 된 정신, 하나님과 원수 되는 정신, 거부하는 정신 등으로 묘사하였다. 우리말 성경에는 정

신을 마음 또는 생각으로 번역되었다. 그리고 이런 부패된 정신의 동작(활동)들은 무지·몰 이해·불신앙·교만·증오 등으로 나타난다.

② **양심의 전적 부패**(Total Depravity of Conscience)
전적 타락은 마음(양심)의 전적 부패를 가져왔다.
"**마음**"(칼디아, καρδία; Heart; 마음)**은 도덕적 기능의 자아**(Ego)**이다**. 양심은 선과 악, 옳고 그릇됨을 판단하고, 옳은 것은 행하도록 명령하는 도덕적 의식이요, 주체다. 양심은 도덕적 측면의 중심 좌소다. 양심은 도덕적 충고자·권고자·감시자(Monitor)이다. 양심은 도덕적 측면에서의 영혼의 동작이다.
• 무죄 상태에서 원인(原人)의 마음의 기능들과 능력들은 매우 정상적이었다. 바른 마음, 바른 양심에 의한 바른 활동이었다.
• 그러나 원인(아담)이 범죄하여 타락한 결과 사람의 마음은 전적으로 부패되었다. 다시 말하면, 마음의 부패란 마음이 철저하게 병들고, 불구가 되고, 부패되고, 비틀어지고, 뒤틀리고, 비정상적이고, 악하다는 뜻이다. 그 결과 도덕적 기능과 능력이 정상적으로 활동하지 못한다.
• 성경은 전적으로 타락한 인간의 마음을, 화인 맞은 양심, 더러워진 마음, 약한 양심, 어두워진 마음, 악한 마음, 완고한 마음, 속이는 마음 등으로 묘사하였다. 그리고 그런 부패된 마음의 활동들은 전적으로 무감각·완악·영적 일들의 역겨움 등으로 나타난다.

③ **의지의 전적 부패**(Total Depravity of Will)
전적 타락은 의지의 전적 부패를 가져왔다.
"**의지**"(델레마, θέλημα; Will; 의지)**는 선택하고 결정하여 시행하는 능력이다**. 의지는 결정적 요소다. 의지는 행함을 산출한다. 사람은 자신의 의지의 결정에 따라서 무엇을 선택하고 행할 능력을 가진 자유 행동자인 것이다. 의지는 결의적 측면에서의 영혼의 동작이요, 행동은 의지의 산물이다.

- 무죄 상태에서 원인(原人)의 의지의 기능과 능력들은 매우 정상적이었다. 바른 의지에 의한 바른 결정과 바른 행동이었다.
- 그러나 원인이 범죄하여 타락한 결과로 사람의 의지도 전적으로 부패되었다. 다시 말하면, 의지의 부패란 의지가 철저하게 병들고, 불구가 되고, 부패되고, 비틀어지고, 뒤틀리고, 비정상적이고 악하다는 뜻이다. 타락의 결과 의지의 기능과 능력들은 정상적으로 활동하지 못한다.
- 전적으로 타락한 인간의 부패된 의지는 죄의 노예가 되어 불순종·악독·배반 등으로 나타난다. 타락한 사람은 자신의 부패성과 그 순간의 정신적·도덕적·감정적 상태에 의하여 순간적인 욕망에 따라 행동한다.

정신·마음·의지 등은 각기 고유의 영역에서 역할을 하면서도 동시에 그 기능들이 서로 협동하여 불가분리적인 한 행위자로 동작한다. 따라서 정신은 생각하고, 마음은 느끼며, 양심은 시인하고 정죄하며, 의지는 결정하고 시행한다. 모든 죄들은 부패된 생각과 마음에서 나온다. 즉 부패된 생각과 마음은 모든 죄들을 산출하는 근원지이다.

2) 죄악된 행위들

사람의 전적 부패는 사람의 전적 부패된 정신과 마음과 의지에서 각기 죄악된 행위들로 나타난다.

출애굽기 20:1-7; 마태복음 15:18-20; 마가복음 7:21-23; 갈라디아서 5:19-21에 의하면,

① 악한 생각들(Evil Thoughts)
② 살인(Murder)
③ 간음(Fornification)
④ 음행, 성적 부도덕(Adultery, Sexual Immorality)
⑤ 도적질(Theft)
⑥ 거짓 증거(False Testimony)
⑦ 훼방, 중상, 헐뜯는 것, 비방(Slander)
⑧ 탐욕(Greed)

⑨ 악독(Malice)

⑩ 속이는 것(Deceit)

⑪ 호색, 추잡(Lewdness)

⑫ 시기(Envy)

⑬ 오만, 거만(Arrogance)

⑭ 난봉, 외설한 행동(Folly)

⑮ 더러운 것(Impurity)

⑯ 호색(Debauchery)

⑰ 우상 숭배(Idolatry)

⑱ 술수(Witchcraft)

⑲ 증오, 몹시 싫음(Hatred)

⑳ 불화, 내분(Discord)

㉑ 질투, 시샘(Jealousy)

㉒ 분격, 격노(Fit of Rage)

㉓ 자기 야심(Selfish Ambition)

㉔ 알력, 의견 차이(Dissensions)

㉕ 투기(Factions)

㉖ 술취함(Drunkenness)

㉗ 방탕함(Orgies)

㉘ 분쟁(Quarreling)

㉙ 사욕(Evil Desire)

이외에도 고린도전서 3:3; 에베소서 5:3; 골로새서 3:5; 야고보서 3:14-15 등 신구약 성경에 자범죄의 항목들을 많이 나열하였다. 그리고 **"이와 같은 것들"**이라고 하였다. 이와 같은 것들 중에는 게으름(Laziness), 불평불만(Complaint), 참지 못함(No Endurance), 불순종(Disobedience), 교만(Pride), 바람난 춤(Dance), 노름(Gambling), 마약(Drug), 사탄의 음악(Satan's Music) 등이 포함된다.

3) 죄악의 관영

누가복음 17:26-30, "노아의 때에 된 것과 같이 인자의 때에도 그러하리라 노아가 방주에 들어가던 날까지 사람들이 먹고 마시고 장가 들고 시집 가더니…또 롯의 때와 같으리니 사람들이…사고 팔고."

"**먹고**"(에스디온, ἤσθιον; they were eating)는 "에스디오"(ἐσθίω; to eat; 먹다)의 미완료과거 시상(imperfect tense)이다. **미완료과거 시상은 과거의 계속적 행동**(a continual action in the past)을 강조한다. 따라서 "**사람들이 먹고**"라는 **말씀은 대홍수 심판날까지 사람들이 계속해서 먹고 또 먹었다는 뜻이다.**

마태복음 24:38에는 "먹고"(트로곤테스, τρώγοντες; eating; 먹고)를 gnawing, chewing, crunching; 깨무는, 씹는, 바작바작 소리를 내며 먹는 것으로 묘사하였다. 술안주로 오징어 다리같은 것을 씹거나 땅콩 같은 것을 깨무는 소리를 암시한다.

"**마시고**"(에피논, ἔπινον; they were drinking). 이 단어도 "먹고"라는 단어와 같이 그 시상이, 피노(πίνω; to drink; 마시다)의 **미완료과거**이다. 따라서 먹고 마시고, 먹고 마시고, 먹고 마시고…자리를 옮겨가면서, 걸음거리가 비틀비틀 하면서 계속해서 마셨다는 뜻이다. 빌립보서 3:19, "…저희의 신은 배요(their god is their stomach) 그 영광은 저희의 부끄러움에 있다."

"**장가가고**"(에가문, ἐγάμουν; they were marring). 에가문은 가메오(γαμέω; to marry; 장가가다, 결혼하다)의 **미완료과거 능동**이다. 따라서 사람들은 노아가 방주에 들어가던 날까지 계속해서 장가가고 또 장가가고…, 요정으로 가서 술마시고, 빠에 가서 술마시고 여관으로 가서 장가가고….

"**시집가고**"(가미존테스, γαμίζοντες giving in marriage). 이 단어는 가미조의 **미완료과거 수동태**이다. 그러므로 여자들이 계속해서 시집가는 것을 말한다. 시집가고 또 시집가고, 이 남자에게 시집가고 또 저 남자에게 시집가고, 유부남에게 시집가고, 바람둥이에게 시집가고…, 완전히 퇴폐 풍조, 향락주의(Hedonism), 쾌락주의이다. 디모데후서 3:4, …쾌락을 사랑하기를 하나님 사랑하는 것보다 더하며 주님 말씀대로 음란하고 패역한 시대이다. 빌립보서 3:19, …그[들의] 영광은 부끄러움에 있고(their glory is in thier shame). 저들은 수치를 오히려 영광으로 생각한다.

"사고"(에고라존, ἠγόραζον; buying; 사고) **팔고**(에포룬, ἐπώλουν; selling; 팔고). 이 단어들은 아고라조(ἀγοράζω; to buy; 사다)와 폴레오(πωλέω; to sell; 팔다)의 **미완료과거**이다. 따라서 사람들은 노아가 방주에 들어가던 날까지 계속해서 사고 팔고 사고 팔았음을 강조한다. 저들은 땅의 일들만을 생각하는 자들이라.

사람의 부패되고 악한 생각과 마음에서 나오는 죄악된 행위들은 어느 시대에도 있어 왔다. 그런데 말세지말이 되면 그와 같은 죄악된 행위들이 동시적으로 더욱 보편적으로, 복합적으로, 더 극악한 현상으로 두두러지게 나타난다. 참으로 이 시대는 모든 시대들의 마지막시대, 악하고 패역하고 죄악이 관영한 시대이다. 우리는 이 시대를 본받지 말고 변하여 새 사람이 되며 예수 그리스도의 재림을 대망하여야 할 것이다.

로마서 12:2, "너희는 이 세대를 본받지 말고 오직 마음을 새롭게 함으로 변화를 받아 하나님의 선하시고 기뻐하시고 온전하신 뜻이 무엇인지 분별하도록 하라."

로마서 13:13-14, "낮에와 같이 단정히 행하고 방탕하거나 술 취하지 말며 음란하거나 호색하지 말며 다투거나 시기하지 말고 오직 주 예수 그리스도로 옷 입고 정욕을 위하여 육신의 일을 도모하지 말라."

Ⅲ. 재림의 시기(The Time of the Second Coming; 마 25:13; 막 13:32)

우리 주님 예수 그리스도께서는 높고 높은 영광의 보좌를 내 놓으시고 낮고 천한 육신의 몸을 입고 이 세상에 오셔서, 피택된 죄인들을 위하여 그리고 대신하여 많은 고난을 받으시고, 십자가에 못 박혀 죽으시고, 장사지낸 바 되셨다가 3일만에 자신의 신적(神的) 초자연적 능력으로 사망과 음부의 권세를 깨치시고 육체로 부활하시고, 40일 후에 승천하셨다.

승천하신 우리 주님 예수 그리스도는 영광 중에 다시 재림하실 것이다.

사도행전 1:11, "…너희 가운데서 하늘로 올리우신 이 예수님은 하늘로 가심을 본 그대로 오시리라."

마태복음 24:30, "…그들이 인자가 구름을 타고 능력과 큰 영광으로 오는 것을 보리라."

요한복음 14:3, "가서 너희를 위하여 처소를 예비하면 내가 다시 와서 너희를 내게로 영접하여 나 있는 곳에 너희도 있게 하리라."

요한계시록 1:7, "볼지어다! 구름을 타고 오시리라. 각인의 눈이 그를 보겠고 그를 찌른 자들도 볼 터이요, …그러하리라 아멘 이라고 하였다."

그러면 신랑 되신 우리 주님 예수 그리스도께서 언제 다시 오실 것인가?

마태복음 24:42, "그러므로 깨어 있으라, 어느 날에 너희 주가 임할는지 너희가 알지 못함이니라."

마태복음 25:13, "너희는 그 날과 그 시를 모르느니라. 그러므로 깨어 있으라."

사도행전 1:6-7, "저희가 모였을 때에 예수께 묻자와 가로되 주께서 이스라엘 나라를 회복하심이 이 때니이까? 하니 가라사대 때와 기한은 아버지께서 자기의 권한에 두셨으니 너희의 알 바 아니요."

데살로니가전서 5:1, "형제들아! 때와 기한에 관하여는 너희에게 쓸것이 없음은 주의 날이 밤에 도적같이 너희에게 이룰 줄을 너희 자신이 자세히 앎이니라."

마가복음 13:32, "그 날과 그 시는 아무도 모르나니 하늘에 있는 천사들도 모르고, 아들도 모르고, 아버지만 아시느니라."

"**그날과 그 시**"(That Day or Hour)는 신랑되신 우리 주님 예수 그리스도께서 재림하시는 날과 시간을 말한다. 예수 그리스도께서 재림하시는 그날과 그 시를 성경은 주님의 날(The Day of the Lord)이라고 하였다(살전 5:1).

그날과 그 시는 만세 전에 예정한 정한시간, 지정된 시간, 중대한 사건이 발생하는 시간이다. 이 단어는 종말론적 용어이다. 이 단어는 성경에

86번 기록되어 있다.

 "천사들도 모른다": 하늘에 있는 천사들은 사람 창조 이전에 지음 받은 피조물들로써 타락하지 않은 영물들(Spiritual Beings)이다(시 148:2-5; 골 1:16; 욥 38:7; 히 1:14). 그들은 하나님 보좌 주위에서 하나님을 가장 가까이 수종드는 사자들(Ministers)이다(마 4:11; 눅 22:43; 마 28:2-7; 행 1:10-11). 그들은 결혼도 하지 않고 죽음도 없다(눅 20:34-36). 그들은 인격적 존재이다. 그들은 상당한 지적 존재이나 전지하지 않다(마 24:36; 벧전 1:12). 하나님께서 그 날과 그 시를 계시하시지 않고 비밀에 붙여둔 이상 천사들도 모른다.

 "아들도 모른다": 아들은 독생자 예수 그리스도를 가리킨다. 예수 그리스도는 한 몸에 신인 양성(Deity and Humanity: 神性과 人性)을 겸하신 특이한 인격적 존재이시므로 그의 신성으로는 하나님이시요, 인성으로는 죄 없으신 사람이다. 그의 신성으로는 전지하셔서 모든 것을 즉각적으로 동시에 완전히 다 아신다.

 그러면 **아들도 모른다는 말씀은 무슨 뜻인가?** 예수 그리스도는 도성인신 하셔서 스스로 인간의 제한성을 취하셨음으로 그의 인성으로는 자신의 재림의 시기를 알지 못한다는 뜻이다. 그러나 주님의 재림의 징조들이 성취되었음을 보아 주님의 재림이 가까왔음을 알아야 한다.

 "깨어 있으라"(그레고레오, γρηγορέω, be awake, 깨어라): 이 단어는 계속적 행동을 나타내는 현재 시상이니 계속 주의 하라, 경성하라(keep watch or be on the alert)는 뜻이다. 깨어 있으라는 말씀은 재림하실 주님을 항상 대망하여 준비하는 마음의 자세를 가리킨다.

 주님의 재림이 확실함에도 불구하고, 재림에 관한 예언의 말씀들이 대부분 성취되었음에도 불구하고, 하나님께서 그 시기를 알리시지 않은 것은 항상 깨어 준비하게 하기 위함이다. 그러므로 주님이 언제 오실지라도 당황함이나 두려움 없이 주님을 맞이할 수 있기 때문이다. 성도들의 임무는 항상 깨어서 신랑 되신 주님을 맞이할 준비를 하는 것이다.

 웨스트민스터 신앙고백서 제 33장 3절, "…그 날을 모든 사람에게 감추어

두어서 그들이 모든 육적인 안전감을 버리고, 주님이 언제 오실지 모르므로 항상 깨어 있어서 언제든지 주 예수여 오시옵소서! 라고 할 수 있도록 준비하게 하셨다."

Ⅳ. 재림의 양식들(The Manner of the Second Coming)

1. 예수 그리스도의 재림은 실제적 인격적 재림(A Real and Personal Coming)

예수 그리스도는 신체적·이성적·인격적·자아 의식을 지닌 존재(rational, personal and self conscious being)이시다. 그러므로 예수 그리스도께서는 자신이 직접 실제적 인격적으로 재림하실 것이다. 그리스도께서 승천하실 때 인간의 형태를 취한 두 천사가 이르기를 "너희 보는 가운데 승천하신 예수는 하늘로 가심을 본 그대로 오시리라"(행 1:11) 하였는데, 예수님 자신이 천국으로 가셨으니 예수님 자신이 친히 천국에서 다시 돌아오실 것이다.

히브리서 9:28 말씀과 같이 예수님의 재림을 바라는 모든 자들에게 두 번째 나타나실 때에도 인격적으로 자신이 직접 재림하실 것이다(행 1:11; 마 24:44; 살전 2:19; 3:13; 4:15-17; 딛 2:13). 이 여러 구절들은 그리스도 자신이 인격적으로 실제로 직접 재림하실 것을 가르치는 말씀들이다.

그러나 **현대 불신앙의 자유주의자들은** 예수 그리스도의 실제적 인격적 재림을 부인한다. 그들은 주장하기를 예수 그리스도의 실제적 재림은 옛날 유대인들의 사고 방식을 나타내는 것이라고 하면서, 재림이 내포하고 있는 더 나은 영적 의미를 제시하여야 한다고 한다. 즉 예수 그리스도의 정신이 세계 인류 생활에 점진적으로 감화와 영향을 미친다는 것이다.

더글라스 클라이데 맥킨토쉬(Douglas Clyde Macintosh)는 그리스도의 인격적 실제적 재림을 부인하고 "본질적 기독교의 도덕적 종교적 원리들이 개인과 사회에 점진적으로 지배하는 것이라 하였다"(The progressive dominion of individuals and society by the moral and religious principles of essential Christianity).⁸⁾

윌리엄 뉴톤 클락(William Newton Clarke)은 "아무도 그리스도의 유형적 지상 재림을 기대하지 말 것이다. 그의 영적 임재가 완전히 이미 이루어 졌으므로 그의 영광을 지상에 현현시키기 위한 가견적 재림은 필요 없다"고 하였다.⁹⁾

윌리엄 아담스 브라운(William Adams Brown)은 "그리스도의 실제적 재림이 초대 교인들의 희망이었을 것이나, 그리스도의 정신이 세계를 지배하는 것"(His Spirit dominates the world)이라 하였다.¹⁰⁾

월터 라우젠부쉬(Walter Rausenbusch, 1861-1918, 사회복음〈Social Gospel〉의 원조)나 기타 다수의 현대 자유주의자들은 예수님의 재림에 관한 기사를 예수님의 인격적 감화의 침투로 생각하고 그리스도의 재림을 영적으로 해석하여 영적 재림을 말하고 있다.¹¹⁾ 그것은 그리스도의 실제적 재림을 부인하는 불신앙의 산물이다.

미국 북장로교(N. P. C)-지금은 미국장로교(P. C. U. S. A.)는 1924년 1월 교회 대표자들 중 1,274명이 예수 그리스도의 처녀 탄생, 성경의 무오성, 대리적 속죄의 죽음, 육체적 부활, 재림 등 기독교의 근본 교리들을 한갓 학설(theory)이라고 하면서 부인했다. 이것을 **어번확인서**(Aburn Affirmation)이라고 한다.

---

8) Douglas Clyde Macintosh, *Theology as an Empirical Science*, p.213.
9) William Newton Clarke, *Outline of Christian Theology*, p.444.
10) Louis Berkhof, *Systematic Theology*, p.705.
11) Walter Rausenbusch, *A Theology for the Social Gospel*, 1917.

2. 예수 그리스도의 재림은 신체적 재림(A Physical Coming)

예수 그리스도께서는 무덤 속에서 부활하신 영광스러운 부활의 몸으로 다시 귀환(歸還)하실 것이다. 그 신체는 그의 지상 비하(卑下) 생활 중에 가지셨던 신체 그대로가 아니라, 죽은 가운데서 부활하시고 하나님 우편에 승귀하신 영광스러운 몸이다. 그의 비하(낮아짐) 생활 중에 가지셨던 신체(몸)는 연약성이 있었다. 그러나 부활하신 몸은 연약성이 없는 강한 몸이다. 예수님의 재림에 관한 헬라어 원문 파루시아, 아포칼륩시스, 에피파네이아(παρουσία, ἀποκάλυψις, ἐπιφάνεια)도 다 신체있는 재림을 가르친다. 예수 그리스도께서는 미래에 신체적으로 재림하실 것이다(빌 3:20; 살전 3:13; 4:15-16; 살후 1:7-10).

3. 예수 그리스도의 재림은 가견적 재림(A Visible Coming)

예수 그리스도의 재림은 육체적·인격적·실제적 재림이니 마땅히 가견적(可見的)임은 논리적 귀결이다. 많은 사람들이 보는데서 올라가신 예수 그리스도는 본 그대로 다시 오실 것이다. 따라서 예수 그리스도께서 재림하실 때에는 온 세계 만방의 한 사람 한 사람을 포함한 모든 사람들이 다 일제히 목도할 것이다.

마태복음 24:30, "…능력과 큰 권능으로 오는 것을 보리라."
사도행전 1:9, 11, "저희 보는데서 올리워 가시니 …하늘로 가심을 본 그대로 오시리라."

이 말씀은 예수 그리스도의 승천과 재림에 관한 말씀이다. 그리스도는 사망과 음부의 권세를 깨치시고 무덤 속에서 자신의 신적(神的), 초자연적 능력으로 삼일만에 사망과 음부의 권세를 깨치시고 다시 부활하시고 부활하신지 40일 후에 감람산 언덕에서 사도들과 500여 성도들이 주목하여 보는 가운데 승천하셨다(눅 24:50).

천사들은 예수 그리스도의 승천을 목도하는 무리들에게 갈릴리 사람들아 어찌하여 서서 하늘을 쳐다보느냐 너희 가운데서 하늘로 올리우신 이 예수는 하늘로 가심을 본 그대로 오시리라 하였느니라(행 1:11)고 외쳤다. 그리스도께서 승천하실 때 사람들이 주목하여 본 것같이, 재림하실 때에도 모든 사람들이 주목하여 볼 것이다.

요한계시록 1:7, "볼찌어다 구름을 타고 오시리라 각인의 눈이 그를 보겠고 그를 찌른 자들도 볼터이요 땅에 있는 모든 족속이 그를 인하여 애곡하리니 그러하리라 아멘."

"**각인의 눈**"(파스 오프달모스, πᾶς ὀφθαλμὸς; every eye; 각 사람의 눈)은 한 사람 한 사람을 포함한 모든 사람들의 눈을 가리킨다.

"**그를 보겠고**"(옵세타이 아우톤, ὄψεται αὐτὸν; will see him; 그를 볼 것이요)는 육체적 행동(physical act)의 일치를 지적한다. 즉 각인의 모든 사람들의 행동의 일치란 곧 예수 그리스도의 재림하시는 모습과 광경에 세계만방의 모든 사람들의 시선이 집중할 것을 말한다.

"**그를 찌른 자도 볼 것이요**" 십자가상에서 예수님의 옆구리를 창으로 찌른 자들은 잔인 무도한 로마 병정들이었다. 로마 병정들은 예수님의 옆구리를 창으로 찌르고 재차 또 찔렀다(요 19:34). 옆구리에서는 물과 피가 다 쏟아져 나왔다. 그 로마 병정들도 다 죽었다. "그를 찌른 자들도 볼 것이요"라는 말씀은

① 예수 그리스도께서 재림하실 때 교회(에클레시아, ἐκκλησία; church, assembly or congregation; 교회, 회중의 총체)를 핍박한 자들도 볼 것이며,

② 예수님의 옆구리를 창으로 찌른 로마 병정들이 훗날 죄를 회개하고 예수 그리스도를 구주로 영접하여 구원을 받았다면 그리스도 안에서 죽었을 것이요, 그리스도 안에서 죽은 자는 그리스도께서 재림하실 때 부활하여 재림 주를 볼 것이다.

반면에 그들이 죄를 회개하지 않고 예수 그리스도를 구주로 영접하지 않고 죽었다면 최후 심판 때에 부활할 것이니(둘째 부활, 사망에 이르는 부

활) 그 경우에는 재림의 주님을 볼 수 없을 것이다.

"땅에 있는 모든 족속이 그를 인하여 애곡하리라." 땅에 있는 모든 족속이란 예수 그리스도께서 재림하실 때 생존하는 모든 불신앙의 무리들을 가리킬 것이다.

"**애곡할 것이다**"(콥손타이, κοψονται; will wail; 통곡, 애곡할 것이다)는 불신과 반역에 대한 회개의 통곡·애곡이 아니라 심판과 절망에 대한 공포의 애곡이다.

요한계시록 6:15-17, "땅의 임금들과 왕족들과 장군들과 부자들과 강한 자들과 각 종과 자주자가 굴과 산 바위틈에 숨어, 산과 바위에게 이르되 우리 위에 떨어져 보좌에 앉으신 이의 낯에서와 어린 양의 진노에서 우리를 가리우라, 그들의 진노의 큰 날이 이르렀으니 누가 능히 서리요 하더라."

인자가 구름을 타고 오신다는 말씀은 무슨 뜻인가?

마태복음 24:30, 26:64; 마가복음 13:26; 사도행전 1:11; 요한계시록 1:7 등에는 예수 그리스도께서 구름을 타고 오신다고 하였다. 그러면 구름은 실제적 구름을 가리키는가? 아니면 상징적인 그 무엇인가?

실제적 구름은 창공 위에 떠서 움직이는 대기권을 둘러싸고 있는 기체로서의 물이다. 구름은 외기권(outer space)에는 존재하지 않는다. 그렇다면 신랑되신 예수께서 재림하실 때 천국에서 외기권을 지나 대기권 안으로 들어오실 때부터는 실제적 구름을 타고 비를 맞으면서 오신다는 뜻인가? 물론 아니다. 그러므로 인자가 구름을 타고 오신다고 할 때 실제적 구름을 타고 오신다고 생각할 수 없다.

유대인들의 표현으로 구름은 영광을 가리킨다. 그러므로 구름타고 오시리라는 말씀은 영광으로(with glory) **오시리라는 뜻이다.**[12]

각인의 눈이. 과연 그리스도께서 재림하실 때 동시에 볼 수 있을까?

인간적인 관점으로는 이것이 불가능한 것처럼 보였다. 그러나 우주시

---

12) George M. Lamsa, *Idioms in the Bible, Explained*, (Harper and Row, 1931…1985), p.68.

대가 열리면서 이것은 보다 분명하여졌다. 1968년 12월 24일 미국 동남부 훌로리다주 케이프캐나베랄(Cape Canaveral, Florida, U.S.A)에서 이륙한 아폴로 8호(Apollo 8) 선장 후랭크 보만, 기장 제임스 로웰 2세, 달 착륙 비행사 윌리엄 앤더스(Frank Borman, James A.Lovell JR., William A.Anders) 등이 지구에서 약 240,000마일(384,000Km) 떨어진 달 궤도에 진입하였을 때 그리고 1969년 7월 24일 주일날 닐 암스트롱(Neil Armstrong)이 달(Moon)에 첫 발을 내딛는 것을 전세계 사람들이 다 지켜보았다. 궤도 위성을 통하여 텔레비전을 통하여 전세계에 각인의 눈이 꼭 같은 사건을 동시에 볼 수 있었다. 초림의 주님은 조용히 오셨으나 재림의 주님은 불신자들을 포함한 전세계 모든 사람들이 다 볼 수 있도록 오실 것이다.

4. 예수 그리스도의 재림은 승리적 재림(Triumphant Coming)

빌라도에게 고난을 받으사 십자가에 못 박혀 죽으셨다가 삼일만에 부활하시고 40일 후 승천하신 그리스도는 영광과 큰 권능으로 재림하실 것이다. 예수 그리스도께서 초림하실 때는 비하(卑下)의 신분으로 천한 육신의 몸을 입으시고 도성인신 하셨으나 앞으로 성도들을 위한 위안과 보상, 그리고 원수인 사탄과 그의 추종자들인 마귀들·귀신들·적그리스도들·거짓그리스도들을 심판하시기 위하여 다시 재림하실 때에는 영광스럽고도 승리적으로 귀환하실 것이다. 이렇게 그리스도의 초림과 재림은 매우 대조적이다. 그때에는 그리스도의 신적 속성들이 영광스럽게 전시 될 것이다(마 16:27; 25:31; 26:64; 계 1:7).

5. 예수 그리스도의 재림은 돌연적 재림(Sudden Coming)

부활하신 예수님은 제자들과 500여 성도들에게 교훈을 마치시고 축복하시다가 돌연히 승천하셨다(행 1:9; 눅 24:51). 이와 같이 주님 재림시에도 돌연히 오실 것이다. 그러므로 성경은 우리에게 교훈하시기를, "홍수가 나서 저희를 다 멸하기까지 깨닫지 못하였으니 인자의 임함도 이와 같으리라 그러므로 너희도 예비하고 있으라 생각지 않은 때에 인자가 오리라 주의하라 깨어 있으라 그때가 언제인지 알지 못함이니라 번개가 하늘아래 이편에서 번뜻하여 하늘아래 저편까지 비침같이 인자도 자기 날에 그러하리라 주의 날이 밤에 도적같이 이를 줄을 너희 자신이 자세히 알리라 보라 내가 도적같이 오리니"라고 하였다(참조: 마 24:39, 44; 막 13:33; 눅 12:40; 17:24; 살전 5:2; 계 16:15).

그리스도께서 돌연히 오시는 이유를 **웨스트민스터 신앙고백서**는 설명하기를 "…그 날은 사람들에게 알리지 않으셨으니 사람들이 육신의 모든 안정감을 덮어버리고 어느 때에 주께서 오실런지 알 수 없으므로 항상 깨어 있으며 아멘! 주 예수여! 오시옵소서!, 할 수 있도록 예비되어 있게 하려 하심이니라"[13) 하였다.

사실상 하나님의 역사는 예고 없이 돌연적 또는 즉흥적으로 하시지 않으신다. 하나님의 자녀들의 구원 문제에는 더욱 그러하다. 하나님은 그리스도의 초림에 관하여도 구약의 여러 세대 선지자들을 통하여 예고하였다. 그리고 예수 그리스도의 재림에 관하여는 그리스도의 초림 보다 성경 더 많은 곳에서 예언하였으며 모든 시대 수많은 하나님의 사자들로부터 계속 경고되어 왔다. 그러나 그리스도의 재림을 사모하지 않는 자들과 불신자들에게는 밤에 도둑같이 예기치 않은 가운데 오실 것이다.

6. 큰 음성으로(With a Loud Voice)

데살로니가전서 4:16, "주께서 호령과…친히 강림하시리니."

"**호령**"(케류스마, κέλευσμα; shout of command; 큰 명령의 외침)은 큰 명령의 외침이다. 큰 음성은 하나님만이 발할 수 있는 음성이다. 큰 음성은 군사적 용어로서 군 지휘관의 큰 명령, 마병사들이 말들(horses)에게, 선

---

13) *The Westminister Confession of Faith*, xxx:3.

장이 노 젓는 뱃사공들에게 호령하는 것을 연상케한다.

이 음성은 주님 자신의 음성이며, 나사로에게 "나오너라"하고 큰소리로 외치신(요 11:43) 죽은 자를 살리시는 하나님의 절대적 권위의 음성이시다. 하나님의 나팔, 천사장의 음성, 모두가 주님의 외치심의 명령이 발하는 즉시로 있을 것이다. 그리스도의 그 음성의 권위로 그리스도 안에서 죽은 자들이 일어나게 될 것이다.

요한복음 5:25, 28, "진실로 진실로 너희에게 이르노니 죽은 자들이 하나님의 아들의 음성을 들을 때가 오나니 곧 이때라 듣는 자는 살아나리라…이를 기이히 여기지 말라 무덤 속에 있는 자가 다 그의 음성을 들을 때가 오나니 선한 일을 행한 자는 생명의 부활로…"

그리스도의 음성은 무에서 유를 창조하신 권위의 음성이시다. 그리스도께서 재림하실 때는 신자나 불신자를 막론하고 모든 사람들이 다 그리스도의 큰 음성을 들을 것이다.

7. 능력과 큰 영광으로(With Power and Great Glory)

마태복음 24:30, "…인자가 구름을 타고 능력과 큰 영광으로 오는 것을 보리라"(단 7:13; 막 13:26).

"**능력과 큰 영광으로**"(메타 두나메오스 카이 독세스 폴레스, μετὰ δυνάμεως καὶ δόξης πολλῆς; with power and much glory; 권능과 많은 영광으로): 능력은 무엇을 잘 할 수 있는 힘 또는 권위(Force or Authority)를 가리킨다. 이 능력은 그리스도의 전능, 만능을 가리킨다. 영광은 빛나는 찬란한 상태를 말한다. 이 영광은 사람들에게 전시된 그리스도의 모든 명예와 존귀를 뜻한다. 이 영광이 재림하실 때 전시될 것이다. 주님이 이 세상에 초림하셨을 때에는 자신을 십자가에 못 박히도록 허용하였으나, 주님의 재림시에는 그의 권능과 영광이 완전히 전시될 것이다.

그리스도는 그의 권능으로 우주와 그 가운데 있는 삼라만상을 무에서 즉각적으로 창조하시고 지금까지 보존·섭리하시는 것같이, 장차 그의 동일한 권능으로 이 물질세계를 타락되기 전 본래의 상태로 회복하실 것이며(벧후 3:7, 10, 12), 죽은 자들을 살리시며, 생존 성도들을 변화시키시며, 악한 자들을 지옥으로 내려보내실 것이다.

8. 하나님의 나팔(The Trumpet of God)

데살로니가전서 4:16, "하나님의 나팔과…."
 하나님의 나팔은 그리스도 안에서 죽은 자들의 부활과 생존 성도들의 휴거와 관련된 하나님의 나팔이다. 이 하나님의 나팔은 **고린도전서 15:52**의 "마지막 나팔소리가 나매 죽은 자들이 일어나고 우리도 변화하리라"하는 말씀과 일치한다. 이 나팔소리는 은혜와 승리의 나팔소리이다.
 그러나 이 나팔소리는 요한계시록 8:2-9, 11:15-18에 기록된 "천사들의 일곱 나팔"과는 대조적이다. 천사들의 일곱 나팔소리는 그리스도를 거부한데 대한 심판과 그리고 환난과 관련된 나팔소리이므로 하나님의 나팔소리와는 그 성격상 대조적이다.

9. 천사장의 소리(The Voice of Archangel)

데살로니가전서 4:16, "…천사장의 소리와…."
 "**천사장의 소리**"를 요한계시록 5:2, 12에는 큰 음성(포네 메가레; φωνή μεγάλη; a loud voice) 이라고 하였는데 메가레는 메가스(μεγας에서 인출되었다. 메가는 숫자적으로는 100만을, 상징적으로는 어마어마한 상상을 초월하는 큰 소리(음성)를 가리킨다.
 천사장은 미가엘을 가르킨다(단 10:13, 21, 12:1; 유 9; 계 12:7). 그런데 데살로니가전서 4:16에는 미가엘이라고 하는 이름은 쓰지 않고 천사장이라 하는 명칭만 언급되었고, 유다서 9절에는 그의 이름인 미가엘(미카엘, μιχαὴλ; Michael)과 또 직명인 천사장(알크앙겔로스, ἀρχάγγελος; Archangel)

이 다 언급되었다. 그리스도께서 재림하실 때 천사장 뿐만 아니라 천군 천사들도 수행하실 것이다(마 16:27; 살후 1:7). 천군 천사들이라 하였으니 상당히 많은 천사들을 가리킨다(눅 9:26; 히 12:22; 계 5:11). 미가엘은 거룩한 천사들의 최고의 머리로써 사탄의 세력들과 대항하여 싸우는 의의 세력들의 총수·지도자·대표자이다.

천사장 미가엘의 음성은 장구한 세월동안 사탄과 그들의 추종자들인 마귀들과 싸워 온 천사장 미가엘과 거룩한 천사들의 큰 환희의 승리의 소리가 될 것이다. 이 큰소리, 천사장의 음성, 하나님의 나팔은 다 그리스도 안에서 죽은 자들을 일깨워 소집하며 동시에 생존 성도들을 부활체로 변화시키며 불신자들에게는 경고하는 신호가 될 것이다.

10. 그리스도 안에서 세상 떠난 영들과 같이 오심(With the Saved Souls)

그리스도께서 재림하실 때에 믿다가 세상 떠난 영들과 같이 오실 것이다. 신자들이 이 세상을 떠날 때 그들의 몸은 땅에 장사지낸바 되나 그들의 영들은 천국에 가서 주님과 함께 거하며 안식하고 있다. 사도 바울이 후에 고린도교회 성도들에게 보낸 서신에서도 몸을 떠나 주와 함께 거할 것을 언급하였다(고후 5:8).

천상에 있는 구속함을 받은 영들은 죽을 때 분리된 그들의 육체와 재결합하여 완전 신령한 부활체로 재결합하게 되는 날 곧 그리스도의 재림의 날을 고대하고 있다.

그러다가 예수 그리스도께서 영광과 권능으로 다시 재림하실 때 그 영혼들이 그리스도와 함께 다시 내려와 자기의 육체와 재결합하여 부활체로 다시 살아나게 될 것이다(살전 4:16-17). 그것은 온전히 하나님의 초자연적 능력의 역사로 말미암음이다.

11. 하늘로부터 친히 재림하심(From Heaven)

하늘은 하나님이 계시는 곳, 신적 영역 곧 천국이다. 우리의 구주 예수 그리스도 성자 하나님은 천국 곧 하늘로부터 친히 재림하실 것이다(행 1:11; 요 14:3; 살전 1:10; 4:16; 살후 1:10). 예수 그리스도께서는 부활하신 후 하늘로 올라가셨다. 그리고 지금은 하나님 보좌 우편에서 대제사장으로서 그의 백성들에게 은혜를 베풀어주시며, 우리들의 연약함을 인하여 대언 대도하시며, 우리를 보호하시며 앞으로 우리를 천국으로 인도하시기 위하여 다시 재림하실 것이다(계 1:7).

12. 주님의 재림을 열망함

요한계시록 22:20, "이것들을 증거하신 이가 가라사대 내가 진실로 속히 오리라 하시거늘 아멘 주 예수여 (어서) 오시옵소서."
 1. 이 말씀은 **요한계시록의 맺는 말씀**(Closing Statement)인 동시에 신·구약 성경 전체의 맺는 말씀이다.
 2. 이 말씀은 **주님의 약속의 말씀**이다. "내가 속히 오리라"(I am coming quickly). 이 예언의 약속의 말씀이 있은지 2천년이 지났다. 사람의 시간적 관점에서는 상당히 긴 세월이 흘렀다. 그러나 영원자존하신 하나님께는 매우 짧은 기간이니 우리는 인내로 기다릴 것이다(롬8:25).
 3. 이 말씀은 **사도 요한의 간절한 열망의 기도**이다. "아멘, 주여 속히 오시옵소서!"(Μαραναθα; Amen, Come Lord Juses). 이 문장은 아랍어 "마안 아다"(μαράνα)와 동의어이며, 영어 음역으로는 "마라나타"(Maranatha)이다(고전 16:22).

주님의 재림을 열망하자! 사도 요한을 위시하여 초대교회 열조들같이 주님의 재림을 열망하자! 아멘 주 예수여 어서 오시옵소서!

제5장 예수 그리스도의 재림

데살로니가전서 3:3, "주를 향하여 이 소망을 품은 자마다 그의 깨끗함 같이 자기를 깨끗하게 하느니라."

살아서는 나를 사랑하시고
죽어서는 나를 구원하시고
묻혀서는 죄를 치워 주시고
부활해서는 첫 열매가 되시고
어떤 날 영화롭게 오시겠네.
- 스승 고(故) 박형룡 박사님의 시(poet)

하루가 천년 같은
긴 기다림 속에서
주님의 약속을 되새기며
사랑으로 고백하며,
믿음으로 인내하며
소망 중에 기다립니다.

고대하던 신랑되신 예수님
영화롭게 오실 때
고난받던 모든 성도
구주 환영하겠네
할렐루야 할렐루야
주여 어서 오시옵소서.

V. 만유갱신설 대(vs.; 對) 만유멸절설

1. 만유갱신설(Renewal of the Cosmos)

그리스도께서 재림하시면 처음 하늘과 처음 땅은 새 하늘과 새 땅으로 갱신될 것이다. 이것을 만유갱신설이라고 한다. 만유갱신설이란 현존하는 이 우주 전체를 전적으로 새롭게하여 갱신(카이노스, καινός; new in quality)하여, 만유를 회복한다는 학설이다.

요한계시록 21:1-2, "또 내가 새 하늘과 새 땅을 보니 처음 하늘과 처음 땅이 없어졌고 바다도 다시 있지 아니하더라 또 내가 보매 거룩한 성 새 예루살렘이 하나님께로부터 하늘에서 내려오니 그 예비한 것이 신부가 남편을 위하여 단장한 것 같더라."

본절에서 "**새 하늘과 새 땅**"(우라논 카이논 겐 카이넨, οὐρανὸν καινὸν γῆν καινήν; a new heaven and a new earth)은 질적으로 새로운 것을 강조한다.

새 하늘과 새 땅은 옛 하늘과 옛 땅을 완전히 소멸 또는 파멸한 후에 새로이 창조하는 것이 아니라, 옛 하늘과 옛 땅을 질적으로 완전히 새롭게 갱신하므로 새 하늘과 새 땅이 될 것이다.

이사야 65:17, "보라 내가 새 하늘과 새 땅을 창조하노니 이런 것은 기억되거나 마음에 생각나지 아니할것이라."

전능하신 하나님은 자신의 초자연적 능력의 역사로 새 하늘들과 새 땅을 창조하실 것이다. "**창조하다**"(바라, בָּרָא; to create, make)는 하나님의 절대적 창조의 개념을 표현함에 있어서 가장 적합한 단어이다. 그러므로 이 단어는 언제나 하나님을 주어로 한다. 옛 하늘과 옛 땅은 사람의 범죄, 전적 타락, 전적 부패로 인하여 생태학적으로 오염되고 썩어짐에 종노릇하게 되었다. 하나님은 이런 옛 하늘과 옛 땅을 질적으로 완전히 갱신하므로 새 하늘과 새 땅을 창조하실 것이다.

이사야 66:22, "나 여호와가 말하노라 나의 지을 새 하늘과 새 땅…."

"지을"(오세, עָשָׂה; making)은 아사(עָשָׂה; to make, create; 만들다, 창조하다)에서 파생된 단어로 이 단어는 제2차적 창조 즉 이미 존재하는 기존 재료를 사용하여 무엇을 만드는 것을 말한다. 따라서 장차 하나님께서 지으실 새 하늘과 새 땅은 현존하는 하늘들과 땅을 새롭게 갱신하므로 만들 것임을 뜻한다.

마태복음 19:28, "내가 진실로 진실로 너희에게 이르노니 세상이 새롭게 되어 인자가 자기 영광의 보좌에 앉을 때…."

내가 진실로 진실로 이르노니는 매우 중요한 것을 강조할 때 하시는 말씀이다. 본절에서 매우 중요한 것은 이 세상이 새롭게 갱신될 것과 인자가 자기의 영광의 보좌에 앉아 세상을 심판하실 것을 가리킨다.

"세상이 새롭게 되어"(엔 테 파링게네시아, ἐν τῇ παλιγγενεσίᾳ; in [the] renewal [of all things])는 만물의 갱신을 가리킨다. 이 단어는 중생에도 사용되었다(딛 3:5). 중생은 허물과 죄로 죽었던 영을 성령 하나님께서 다시 살리시는 것과 같이 만물의 갱신은 인간의 죄의 오염으로 더러워진 우주를 다시 질적으로 새롭게 하는 것이다.

"보좌"(throne)는 권위와 통치의 귀좌이다. 천국에는 하나님의 보좌가 있고(히 1:8, 4:16), 그 우편(롬 8:34)에 그리스도의 보좌(어린양의 보좌(계 22:3)가 있다.

사도행전 3:21, "하나님이 영원 전부터 거룩한 선지자들의 입을 의탁하여 말씀하신바 만유를 회복하실 때까지는 하늘이 마땅히 그를 받아 두리라."

"만유를 회복"(아포카타스타세오스 판톤, ἀποκαταστάσεως πάντων; restoration of all things ; 모든 것의 회복)은 예수 그리스도께서 재림하시기 전에 하나님의 모든 창조세계가 그 원래의 완전한 상태로 회복될 것이다.

유대인 사학자 **요세푸스**는 회복을 유대인들의 망명생활로부터의 귀환에 사용하였다(Ant. 11. 3. 8.).

요한계시록 21:5, "보라 내가 만물을 새롭게 하노라."

"**만물**"(판타, πάντα; all things; 모든 것들)은 온 우주와 그 가운데 있는 모든 것들을 총 망라한다.

"**새롭게 하노라**"(카이나 포이오, καινὰ ποιῶ; make new)는 옛 하늘과 옛 땅 그리고 그 가운데 있는 모든 것을 전적으로 질적으로 새롭게 만든다는 뜻이다. 새롭게 한다는 표현 자체가 이미 존재하는 그 무엇을 새롭게 한다는 뜻이 내포되어 있다.

"**새로운**"(카이노스, καινός; new in quality)은 품질상, 성질상, 질적으로 전연 새로운 갱신을 뜻한다. 그런데 여기서 카이노스는 종말론적 또는 구속사적-역사적 변형(eschatological or redemptive-historical transition)을 말한다.

"하나님께서 창조하신 본래의 땅은 아담하와의 범죄로 인하여 저주를 받은 바 되었다"(창 3:17)

저주를 받아 가시덤불과 엉겅퀴가 자라나게 되었다. 저주를 받은바 되었던 땅이 창조의 원래의 상태의 모습으로 새롭게 회복될 것이다.

베드로후서 3:12, "…하나님의 날이 임하기를 간절히 사모하라."

"하나님의 날"과 "주의 날"은 같은 날이며, 주님께서 재림하시는 날이다.

"**간절히 사모하라**"(프로스도콘타스 카이 스퓨돈타스, προσδοκῶντας τας καὶ σπεύδοντας; waiting and hastening)는 모두 현재분사로서 얼마는 동사의 역할을 얼마는 형용사의 역할을 하며 부사의 의미를 가진다. 따라서 간절히 사모하라는 말씀은 설레는 마음으로 하나님의 날이 임하기를 고대하며 앙망하며 사모하라는 말씀이다. 성도는 주님의 재림의 날이 임하기를 설레이는 마음으로 고대하며 건절히 사모하여야 할 것이다.

베드로후서 3:13, "우리는 그의 약속대로 의인들이 거하는 새 하늘과 새 땅을 바라보도다."

"**그의 약속**"은 선지자 이사야로 말미암은 하나님의 약속이다. 그런데 의인들을 위한 하나님의 약속은 새 하늘과 새 땅이다(사 65:17, 66:22; 계 21:1). 새 하늘과 새 땅은 칭의된 의인들이 거할 안식처가 될 것이다.

"**바라보도다**"(프로스도코멘, προσδοκῶμεν; we are looking forward to; 우리가 바라본다, 기대한다)는 직설법(indicative)이다. 따라서 성도들은 새 하늘과 새 땅을 고대하며 앙망하는 것이다.

마태복음 5:5, "온유한 자는 복이 있나니 저희가 땅을 기업으로 받을 것이요." 시편 37:11 말씀을 인용하여 말씀하셨다. 구속함을 받은 성도는 새 하늘과 새땅을 유업으로 받을 것이다.

새 하늘과 새 땅(新天新地)**은 천국-영원한 본향의 일부로 편입 또는 귀속될 것이다.** 좀더 상세히 말하자면 그리스도께서 재림하실 때 처음 하늘과 처음 땅은 새 하늘과 새 땅으로 갱신될 것이요, 새 하늘과 새 땅에는 그리스도의 지상(地上) 천년 왕국이 건설될 것이요, 그리스도의 지상 천년 왕국이 건설되면 믿고 세상 떠난 영혼들은 신령한 몸으로 부활되고 생존 성도들은 변화되어 그리스도와 더불어 천년 동안 왕노릇 할 것이다.

그리스도의 지상 천년 왕국 이후에는 최후 심판이 있고, 최후 심판 후에 새 하늘과 새 땅은 방대한 천국-영원한 본향의 일부로 편입·귀속될 것이다. 그 이유는 하늘과 땅이 더 이상 나누어져 있지 않고 하나가 되기 때문이다.

이사야 66:1, "여호와께서 이같이 말씀하시되 하늘은 나의 보좌요 땅은 나의 발등상이니…." 하늘은 하나님의 보좌(throne)요, 땅은 나의 발등상(footstool)이라는 이 말씀은 하늘은 천국이요 땅은 천국의 일부가 될 것이며, 성도들은 시간과 공간의 제한을 받지 않는 일종의 물리적·초물리적 존재들(부활체)이 될 것이다. 그렇게 되면 새 하늘과 새 땅도 천국 백성의 삶의 부대, 활동의 무대가 될 것이다.

그러나 화란 계통의 개혁주의 신학자들은 새 하늘과 새 땅을 영원한 본향 천국과 동일시 할 뿐만 아니라 새 하늘과 새 땅이 장차 천국의 중심지가 될 것이라고 한다. 그러나 만일 새 하늘과 새 땅이 영원한 천국의 중심지가 된다면 주님께서 하신 말씀, "내가 너희를 위하여 처소를 예비하러 가노니 가서 너희를 위하여 처소를 예비하면 내가 다시 와서 너희를 내게로 영접하여 나 있는 곳에 너희도 있게 하리라"(요 14:2-3)는 말씀은 어떻게 할 것인가? 만일 이 세상이 영원한 천국의 중심지가 된다면 현재의 천국에 거하시는 하나님과 그리스도, 천군 천사들과 믿고 세상 떠난 영들은 모두 이 땅으로 이동하여야 한다는 것인가?

2. 만유멸절설(Annihilation of the Present Cosmos)

만유멸절설이란 이 시대의 마지막 날 현존하는 이 우주를 완전히 소멸되고, 현재의 우주와는 전혀 다른 새로운 세계를 창조하신다는 학설이다.

시편 102:26; 이사야 34:4, 51:6; 마태복음 24:29, 35(막 13:31; 눅 21:33); 히브리서 1:10-11; 베드로후서 3:7, 10, 12; 요한계시록 20:11, 21:1 등은 우주의 멸절을 뜻하는가? 아니면 우주의 갱신을 뜻하는가?

태초에 하나님은 천지와 그 가운데 있는 만물을 창조하실 때마다 "하나님이 보시기에 좋았더라"라고 계속 반복하여 말씀하시고(창 1:4, 10, 12, 18, 21, 25), 창조의 마지막 날 인간 창조 후에는 "하나님이 지으신 모든 것을 보시니 보시기에 심히(매우) 좋았더라"(창 1:31)라고 하셨다.

그러나 사람의 범죄 타락으로 인하여(창 3:17-18) 이 온 우주는 생태학적으로 오염되었으며 따라서 만물이 탄식하게 되었다(롬 8:20-22). 왜냐하면 썩어짐의 종노릇하는데서 해방되기를 학수고대하기 때문이다. 하나님은 처음 하늘과 처음 땅을 창조하실 때 멸절(소멸)하는 것이 창조의 본래의 의도나 목적이 아니다. 따라서 처음 하늘과 처음 땅은 "파멸될 것이다", "소멸될 것이다", "풀어질 것이다", "사라질 것이다" 등의 표현들은 존재 자체가 없어진다는 뜻이 아니요 전적으로 **질적 변화에 의한 갱신**으로 만물의 회복을 뜻한다. 만물의 회복은 하나님의 모든 창조의 세계가 그 본래의 상태로 돌아감을 말한다.

우주의 멸절을 암시하는 듯한 대표적 성경 구절들을 고찰할 것이다.

① **시편 102:26**, "천지는 없어지려니와 주는 영존하시겠고 그것들은 다 옷같이 낡아지리니 의복같이 바꾸시면 바뀌려니와."

"**천**"(샤마임, שָׁמַיִם; Heavens; 하늘들)은 하늘들 곧 첫째 하늘(대기권, Atmosphere)과 둘째 하늘(외기권, Outer Space)을 가리키며,

"**지**"(에레츠, אֶרֶץ; Earth)는 땅·지구를 가리킨다. 따라서 천지는 하나님이 창조하신 이 방대한 우주 전체(Whole Universe)를 가리킨다.

"**없어지리라**"(에베두, אבדו; they will perish, destroy)는 멸망·파멸될 것이다. 이 말씀은 천지의 갱신으로 인한 천지의 완전 변화를 의미한다. 이는 마치 옷이 낡으면 새 옷으로 바꾸어 입는 것같이 옛 하늘과 옛 땅은 새 하늘과 새 땅으로 갱신될 것이다. 이 말씀은 천지가 파멸되어 존재 자체가 없어진다는 뜻이 아니다. 우리말 성경의 없어지리라는 오역이다.

② **이사야 34:4**, "하늘의 만상이 사라지고 하늘들이 두루마리같이 말리되 그 만상의 쇠잔함이 포도나무 잎이 마름 같고 무화과나무 잎이 마름 같으니라."

"**하늘의 만상**"은 창공의 무수한 별들을, "**사라지고**"(וְנָמַקּוּ; will be dissolved; 녹아질 것이다, 용해될 것이다)는 분해·용해되므로 질적으로 완전 변화를 가져옴을 뜻한다. 이는 마치 옛 하늘은 두루마리(scroll)를 마는 것같이 말려가고 또는 포도나무 잎, 무화과나무 잎이 마름과 같다고 비유하였다.

③ **이사야 51:6**, "…하늘이 연기 같이 사라지고 땅이 옷같이 해어지며 거기 거하는 자들이 하루살이 같이 죽으려니와"

"**하늘**"(샤마임, שָׁמַיִם; Heavens)은 하늘들 곧 첫째 하늘과 둘째 하늘을 가리키며,

"**사라지고**"(נִמְלָחוּ; they will vanish)는 자취를 감추다, 사라진다는 뜻이다.

"**땅**"은 헌 옷처럼 낡아질 것이다(시 102:26; 히 1:11).

④ **마태복음 24:29**, "그 날 환난 후에 즉시 해가 어두워지며 달이 빛을 내지 아니하며 별들이 하늘에서 떨어지며 하늘의 권능들이 흔들리리라."

이 말씀은 우주의 완전 멸절을 뜻하는 것으로 언급한 것이 아니다. 그와 같은 표현은 타락한 이 세상에 대한 하나님의 심판이 어떠한가를 진술함에 사용되었다(사 13:10, 24:21-23, 34:4; 겔 32:7-8; 욜 2:10, 31, 3:15; 암 8:9).[14]

⑤ **마태복음 24:35**, "천지는 없어지겠으나 내 말은 없어지지 아니하리라"(막 13:31; 눅 21:33).

"**천지**"는 처음 하늘과 처음 땅을 가리킨다.

"**없어지리라**"(파레류세타이, παρελεύσεται; will pass away)는 지나가고 사라지리라는 뜻이다.

⑥ **히브리서 1:10-11**, "또 주여 태초에, 주께서 땅의 기초로 두셨으며 하늘도 주의 손으로 지으신 바라 그것들은 다 옷같이 낡아지리니 의복처럼 갈아 입을 것이요 그것들이 옷과 같이 변할 것이나 주는 여전하여 연대가 다 함이 없느니라"

이 말씀은 시편 102:25-27의 인용이다. 이 말씀은 만물의 가변성과 주님의 불변성을 대조하여 나타낸다.

"**주**"는 그리스도를 가리키며 주께서 태초에 하늘들과 땅 그리고 그 가운데 있는 모든 것을 창조하셨다(창 1:1; 요 1:3). 그리고 사람의 범죄 타락으로 인하여 피조물들도 썩어짐의 종 노릇을 하게 되었다. 그 결과 옷의 색깔이 퇴색되고 낡아지면 헌 옷을 버리고 새 옷으로 갈아 입듯이 만물도 새롭게 갱신된다는 말씀이다. **이 말씀도 만물(피조물)의 완전한 질적 변화에 의한 우주의 갱신을 뜻한다.**

⑦ **베드로후서 3:7**, "이제 하늘과 땅은 그 동일한 말씀으로 불사르기 위

---

14) NIV Study Bible, 막 13:25 주해.

하여 간수하신바 되어 경건치 아니한 사람들의 심판과 멸망의 날까지 보존하여 두신 것이라"

"**하늘과 땅**"(우라노이 카이 헤 게, οὐρανοὶ καὶ ἡ γῆ; heavens and earth)은 하늘들과 땅을, 하늘들은 첫째 하늘과 둘째 하늘을, 땅은 지구를 가리킨다.

"**그 동일한 말씀**"(아우토 로고, αυτῶ λόγω; same word)은 천지를 창조하신 말씀(창 1:1, 7, 15, 24, 30; 시편 33:6, 9; 히 11:3; 롬 4:17) 이다.

그 동일한 말씀으로 소돔과 고모라를 불로 심판하셨다(창 19:24).

그 동일한 말씀으로 이 세상 끝 날에는 처음 하늘과 처음 땅을 불로 정화시켜 **질적으로 새롭게 재창조된 세계로 창조하실 것이다.**

⑧ **베드로후서 3:10**, "그러나 주의 날이 도적같이 오리니 그 날에는 하늘이 큰 소리로 떠나가고 체질이 뜨거운 불에 풀어지고 땅과 그 가운데 있는 모든 것이 들어 나리로다"(3:12).

하늘이 큰 소리로 떠나가고

"**하늘**"(우라노이, οὐρανοὶ; heavens)은 7절에서와 같이 하늘들을 가리킨다. 하늘들은 해·달, 그리고 수많은 별들 등 하늘의 천체들을 말한다. 하늘의 천체들은 큰 소리로 떠나 갈 것이다.

"**큰 소리로**"(호로이제돈, ῥροιζηδὸν; with a roar)는 천둥치는 소리같은, 회오리 바람소리 같은, 메마른 삼림이 불타는 소리 같은, 큰 새가 놀라 갑자기 날아가는 소리 같은, 화살이 과녁을 향하여 공기의 파장을 일으키며 쏜살같이 날아가는 소리 같은, 원자탄이 터지는 소리 같은 엄청난 큰 소리를 뜻한다.

"**떠나가고**"(파레류손타이, παρελεύσονται; will pass away, disappear)는 지나가고 사라지며.

체질은 뜨거운 불에 풀어지고

"**체질**"(스토이케이아, στοιχεῖα; elements; 원소들)은 우주를 구성하고 있는 수소·산소·카본등과 같은 물리적 원소들을 가리키며,

"**뜨거운 불**"(카우수메나, καυσούμενα; intense heat)은 핵 열 같은 불을 가리키며,

"**풀어지고**"(류데세타이, λυθήσεται; will be dissolved; 용해될 것이다, 녹아질 것이다)는 소멸되는 것을 가리킨다. 이 뜨거운 불은 그 옛날 소돔과 고모라를 소멸하듯 하늘로부터 직접 내려 올 불인지 아니면 인간이 만들어 놓은 핵 열 같은 불을 이용하실 지는 절대 주권자이신 하나님만이 하실 일이다. 하여간 주께서 재림하실 때에는 엄청난 대 사변이 있을 것이다.

제 6 장

죽은 자의 부활
(*The Resurrection of the Dead*)

Ⅰ. 어원적 고찰
Ⅱ. 성경적 증명
Ⅲ. 신자 부활체의 성질
Ⅳ. 부활의 순서들
Ⅴ. 신자 부활의 성경적 변증
Ⅵ. 무천년설의 일반 부활

성경은 여러 곳에서 신자들의 육체적 부활에 관하여 말씀하였다. 육체적 부활은 하나님의 비밀이요, 성경의 계시이다.

Ⅰ. 어원적 고찰(Etymology)

"**부활**"(아나스타시아, ἀνάστασια; resurrection, a raising up, rising; 부활, 일어섬). 아나스타시아(ἀνάστασια)는 아나(ἀνα; up, over, again; 위로, 위에, 다시)와 히스테미(ἵστημι; to cause to stand; 서게하다)로 구성된 합성 명사이다. 그러므로 부활의 문자적 의미는 위로 일어서는 것(stand up)이다. 죽은 사람은 모두 누워있다. 누워있는 죽은 사람이 다시 살아나 일어서는 것이 부활이다.

성경은 죽은 사람이 다시 살아나는 것을 일어서는 것으로 표현 하였다. 고대 히브리인들의 표현 방식으로는 죽은 사람을 누워 있는 사람이라고 하고, 죽은 사람이 다시 살아나 일어서는 것을 부활이라고 하였다. 부활이란 죽은 사람이 다시 살아나는 것, 누워 있는 사람이 다시 위로 일어서는 것이다.

Ⅱ. 성경적 증명(Scriptural Proof)

신구약 성경은 죽은 자의 부활에 관하여 상세히 보도하였다.

1. 구약 성경에서(In the Old Testament)

욥기 19:25-27, "내가 알기에는 나의 구속자가 살아 계시니 후일에 그가 땅 위에 서실 것이라 나의 이 가죽, 이것이 썩은 후에 내가 육체 밖에서 하나님을 보리라 내가 친히 그를 보리니 내 눈으로 그를 보기를 외인처럼 하지 않을 것이라 내 마음이 초급하구나."

욥(Job)은 곤고한 가운데 처해 있을 때에 죽음 월편의 내세의 소망을 갈구하였다. 그는 그의 현세에 받는 형언할 수 없는 육체적·정신적 고난과 고통 중에 "사람이 죽으면 어찌 다시 살리이까? 나는 나의 수고하는 모든 날 동안을 참고 놓이기를 기다리겠나이다"라고 내세의 소망을 열망하였으며(욥 14:14) 그는 그의 육체가 죽은 이후에는 살아 계신 하나님이 다시 살려주실 것이라고 하는 부활의 소망을 확신하였다.

"**구속자**"(고엘, גֹּאֵל; Redeemer, Deliverer; 구속자, 구원자)는 바로 하나님이시다. 고엘(구속자)은 가알(גָּאַל; to redeem, ransom; 구속하다, 속죄하다)에서 인출되었다. 그러므로 구속자란 값을 지불하고 구출하였다는 뜻이다(레 25:48, 49, 민 35:12, 19, 21, 24-25, 27). 그런데 그 속전(ransom money)은 예수 그리스도의 보혈이다.

"**나의 가죽 이것이 썩은 후에**"는 나의 가죽(육체)이 파괴된 후에, 벗겨진 후에(after my skin has been destroyed, flayed or stripped off)는 나의 육체가 죽은 후에 라는 뜻이다. 나의 가죽(살)이 벗겨진 후에 라는 말씀은 마치 나무 껍질이 말라 벗겨져(peeled off) 보기 흉한 것처럼 볼꼴 사나운 외모를 가리킨다.

"**내가 육체 밖에서 하나님을 보리라**"(I will see God). 그의 몸은 비록 죽어서 황토가 될지라도 그는 그의 영이 육체 밖에서 하나님을 보리라고 고백하였다. 육체 밖에서 하나님을 보리라는 말씀은 욥의 열망이요 신앙고백일 뿐 아니라 모든 세대 그리스도인들의 열망이요, 신앙고백이다.

실제적으로 욥은 육체 밖에서 영(靈)으로서 하나님 만나 뵙기를 열망하였고 예수 그리스도 재림하실 때 부활체로 주님을 뵈올 부활의 신앙을 소유한 자이었다. 죽음이 생의 종말은 아니다. 죽음 후에 부활이 있고, 부활 후에 우리 자신의 눈으로 구속자이신 살아 계신 하나님을 직접 뵙기를 열망하는 우리의 소원은 필연코 성취될 것이다.

헨델의 메시야곡(Handel's Messiah)에서도 내가 하나님을 보리라(I will see God)라고 작곡하였는데 이는 성도들의 부활의 신앙을 음악으로 대변한 것이다. 헨델은 1742년 4월 12일 또는 23일 아일랜드의 더블린에서 메시야 곡을 처음 발표하였을 때 할렐루야가 계속 반복 합창될 때 국왕이 그 자리에서 일어났다.

출애굽기 3:6, "또 이르시되 나는 네 조상의 하나님이니 아브라함의 하나님, 이삭의 하나님, 야곱의 하나님이니라."

이 말씀은 하나님께서 **시내산**(Mount Sinai)가시덤불 가운데 모세에게 나타나셔서 하신 말씀이다. 하나님께서 모세에게 이 말씀을 하실 때에는 아브라함·이삭·야곱은 세상을 떠난 지 이미 오래되었다. 그럼에도 불구하고 하나님은 그들을 산 자(Living Person)로 취급하고 하나님 자신도 산 자의 하나님이라고 현재시상(I am the God of thy father, the God of Abraham,

…present tense)을 사용하였다. 하나님은 세상 떠난 이스라엘의 조상들의 영(靈)들이 지금은 천국에서 안식하고 있으며, 미래에 부활하여 산 자가 될 것을 미리 앞당겨 산 자로 취급하였다.

시편 16:10, "내 영혼을 음부에 버리지 아니하시며 주의 거룩한 자로 썩지 않게 하실 것이라."

다윗은 그리스도의 부활에 관하여 거룩한 자는 썩지 않을 것이라고 예언하였다. "**주의 거룩한 자**"는 독생자 예수 그리스도를 가리키며, 썩지 않게 하시리라는 말씀은 죽어 장사지낸바 된 후에도 그 육체가 썩지 아니하고 부패되지 아니하고 다시 부활하실 것을 예언한 말씀이다.

사도 베드로는 (예수 그리스도께서 부활 승천하신 후) 오순절 날 그의 위대한 설교에서 시편 16:10의 말씀을 그리스도의 부활에 관한 말씀으로 인용하였고(행 2:25-28),

사도 바울도 안디옥에서 시편 16:10의 말씀을 그리스도의 부활에 관한 말씀으로 인용하였다(행 13:35-37).

시편 17:15, "나는 의로운 중에 주의 얼굴을 보리니 깰 때에 주의 형상으로 만족하리이다."

다윗(David)은 의로운 중에 주의 얼굴을 뵙기를 소원하였으며, 깰 때에 (죽음에서 부활할 때에) 주님의 형상을 닮기를 소원하였다.

시편 49:15, "하나님은 나를 영접하시리니 이러므로 내 영혼을 음부의 권세에서 구속하시리로다."

"**영혼**"은 내 자신 또는 생명(Myself or Life)을, "**음부**"는 무덤(Grave)을, "**무덤**"은 보편적 죽음(Universal Death)을 가리킨다. 이 말씀은 하나님께서 자신의 생명을 죽음의 권세에서 부활시켜 주실 것이라고 믿는 시편 기자의 확고한 부활 신앙의 고백이다. 죽음이나 무덤은 신자들을 영원히 사로 잡아둘 능력이 없다.

시편 26:19, "주의 죽은 자들은 살아나고 우리의 시체들은 일어나리라."

이 구절은 욥기 19:26; 다니엘 12:2과 더불어 신자들의 육체적 부활을 가르치는 말씀이다. 본절에서 "주의 죽은 자"(your dead men; 너희 죽은 자들)는 오역이다. 주의 죽은 자들은 너희 죽은 자들을 가리킨다. "너희 죽은 자"들은 여호와 하나님을 섬기다가 세상 떠난 하나님의 백성들을, "살아나며 일어날 것이다(shall live, shall arise)"는 부활을 가리킨다. 죽은 자가 다시 살아날 때 몸은 부활될 것이다. 잠자는 자가 다시 깨어나듯이(요 11:11; 행 7:60).

이사야 25:8, "그가 사망을 영원히 멸할 것이라 ···."

"**사망**(죽음)**을 영원히 멸할 것**"이라는 말씀은 죽음을 승리로 삼킬 것이라(swallow up death in victory)는 말씀이다. 사망으로 사망의 권세를 이기신 주님께서 모든 성도들에게 반드시 찾아오는 사망을 생명의 부활로 삼킨바 되게 하신다. 이는 마치 큰 짐승이 ···을 잡아 씹지도 않고 삼키듯이 생명이 사망을 삼키는 것을 말한다. 사도 바울과 사도 요한은 이사야서 25:8의 말씀을 고린도전서 15:54과 요한계시록 21:4에서 인용하였다.

다니엘 12:2, "땅의 티끌 가운데서 자는 자 중에 많이 깨어 영생을 얻는 자도 있겠고 수욕을 받아서 영원히 부끄러움을 입을 자도 있을 것이며."

이 말씀은 부활의 종류와 부활 후의 상태를 계시한 말씀이다; 의인의 부활과 악인의 부활에 대한 분명한 예언이다.

"**땅의 티끌**"(dust of the earth)은 사람을, 사람 가운데 잠자는 자는 죽은 자를 가리킨다. 성경은 죽은 자를 가리켜 잠자는 자라고 하였다(막 5:39; 요 11:11; 살전 4:13). 그 이유는 잠자는 자는 다시 깨어 일어나는 것처럼 죽은 자는 다시 살아날 것이기 때문이다. 죽은 자는 그의 몸은 죽었으나 그의 영은 죽은 것이 아니다. 그의 몸은 죽어 장사지낸바 된 것이나 그의 영은 몸을 떠나 주와 함께 거하는 것이다(고후 5:8; 빌 1:23; 살전 5:10). 그리고 예수 그리스도께서 재림하실 때 그의 영은 그의 육체와 재결합하여 영광스러운 부활체가 될 것이다(고전 15:42-44; 고후 5:1-9). 그리고 그들은 천국에서 해와 같이 빛날 것이다(마 13:43).

"…영생을 얻는 자도 있겠고… 영원히 부끄러운 자들도 있을 것이며"는 의인과 악인의 부활을 예언한 말씀이다. 신약성경 요한복음 5:28-29에서도 의인의 부활과 악인의 부활을 분명히 가르쳤다. 그러나 의인의 부활의 시기와 악인의 부활의 시기는 상이하다. 의인의 부활은 그리스도의 재림시에, 악인의 부활은 그리스도의 지상 1000년 왕국 후에 있을 것이다.

호세아 13:14, "내가 저희를 음부의 권세에서 속량하며 사망에서 구속하시리니 사망아! 네 재앙이 어디 있느냐? 음부야! 네 멸망이 어디 있느냐?"

이 말씀의 바른 해석은 "내가 저희를 무덤의 권세로부터 속량할 것이요, 내가 저희를 사망으로부터 구속하리라"이다. 무덤(Grave)은 죽음(Death)을 가리킨다. 하나님께서는 성도들을 죽음(사망)으로부터 구속하여 주실 것을 약속하였다. 죽음으로부터의 "구속"은 곧 죽음으로부터의 부활을 뜻한다.

사도 바울은 고린도전서 15:55에서 "사망아! 너의 이기는 것이 어디 있느냐? 사망아! 너의 쏘는 것이 어디 있느냐?"라고 호세아 13:14의 말씀을 의미상으로 인용하였다. 이 말씀은 죽음에 대한 사도 바울의 승리의 개가(凱歌)이다. 그리고 이 질문에 대한 대답은 57절에 "우리 주 예수 그리스도로 말미암아 우리에게 이김을 주시는 하나님께 감사하노라"라고 하였다.

스가랴 14:5, "…나의 하나님 여호와께서 임하실 것이요 모든 거룩한 자가 주와 함께 하리라."

만일 "**모든 거룩한 자**"가 신자들을 언급한 것이라면 이 예언은 신자들의 부활을 가리킨다. 그 이유는 신자들은 그리스도께서 재림하실 때 그들의 영들이 그리스도와 함께 오실 것이기 때문이다.

만일 "**주의 거룩한 자**"가 선한 천사들을 가리킨다면, 그리스도께서 재림하실 때 천군 천사들이 그리스도와 함께 오실 것이다.

2. 신약 성경에서(In the New Testament)

1) 예수 그리스도의 부활(The Resurrection of Jesus Christ)

① 예수 그리스도께서는 자신이 다시 부활하실 것을 직접 예언하셨다.

마태복음 16:21, "…죽임을 당하고 제3일에 살아나야 할 것을 …가르치시니."

예수님께서 제자들에게 자신이 받을 고난과 죽음 그리고 죽은지 3일에 다시 부활하실 것을 첫 번째로 예언하셨다.

마태복음 17:23, "인자가 장차 사람들의 손에 넘기워 죽임을 당하고 제3일에 살아나리라."

예수님께서 제자들에게 자신이 받을 고난과 죽음 그리고 죽으셨다가 제3일에 다시 부활하실 것을 두 번째로 예언하셨다.

마태복음 20:19, "이방인들에게 넘겨주어 그를 능욕하며 채찍질하며 십자가에 못박게 하리니 제3일에 살아나리라."

예수님께서 유대인들에 의하여 돌에 맞아 죽지 아니하고 로마 병정들에 의하여 십자가에 못 박혀 죽게 될 것과 3일에 다시 부활하실 것을 세 번째로 예언하셨다.

요한복음 2:19-21, "…너희가 이 성전을 헐라 그러면 내가 3일 안에 일으키리라."

이 말씀은 나의 몸을 파멸하라 그리하면 내가 3일 안에 일어나리라(Destroy my body and I will rise up in three days)는 말씀이다.[1] 유대인들은 예수님께서 "**이 성전**"(temple)이라고 말씀하셨을 때 예루살렘 성전으로 잘못 생각하고 반문하기를 이 성전은 46년 동안 걸려서 건축하였는데 어떻게 3일 안에 다시 재건할 수 있는가? 그것은 불가능하다고 하였다.

그러나 이 성전은 건물로서의 예루살렘 성전(히에론; ἱερόν)이 아니라,

---

1) George M. Lamsa, *Idioms in the Bible Explained* (Harper and Row, 1985), p.59.

예수님 자신을 가리켜(나오스, ναός; holy of Holies; 지성소) 말씀하신 것이다. 예수님은 자신을 성전이라고 할 때 성전 안의 지성소를 가리켜 말씀하셨다. 실로 유대인들은 예수님을 죽임으로 성전을 헐었다. 그러나 예수님께서는 부활하시므로 다시 성전을 세우셨다. 예수님은 금요일에 죽으심을 당하시고 주일 새벽 미명에 즉 3일 안에 다시 부활하셨다. 불신앙의 무리들은 예수님께서 "너희가 이 성전을 헐라 그러면 내가 3일 안에 일으키리라"고 하신 그 말씀이 예수 그리스도께서 부활하신 후에 비로소 새삼스럽게 기억에 떠올랐을 것이다.

요한복음 10:17-18, "…내가 다시 목숨을 얻기 위하여 목숨을 버리노라 …나는 버릴 권세도 있고 다시 얻을 권세도 있다."

"권세"는 "엑수시아"(ἐξουσία)로서 이 단어는 엑세스티(ἔξεστι; it is free, 자유하다)라는 뜻이다. 그리스도의 권세는 권위(Authority)로서 사망의 지배로부터 제재를 받지 않는 자유로운 권세이다. 그리스도는 다시 생명을 얻기 위하여 자신의 생명을 스스로 자원하여 버리셨다. 그렇지 아니하면 아무도 예수 그리스도를 죽일 권세를 갖고 있지 못하기 때문이다. 예수 그리스도는 많은 사람들을 구속하기 위하여 자신을 희생의 제물로 바치셨다. 그리고 죽음 가운데서 부활하심으로 생명을 다시 취하셨다.

이 권세는 성부 하나님께로부터 받았다. 하늘과 땅의 모든 권세(All Power)를 하나님께서 그리스도에게 주셨다(마 28:18). 그리스도께서는 창조자로서 모든 것들을 지배하고 또 처치하는 권세를 소유하고 계신다(요 1:3). 그는 자기 백성들을 구속하시고 보호하시고 모든 원수들과 사탄의 세력들까지도 다 그 발아래 복종하게 하는 권세를 가지고 계신다(빌 3:21). 하늘과 땅의 모든 권세를 가지신 그리스도께서 자신의 신적 권능으로 죽음에서 부활하셨다.

요한복음 11:25, "나는 부활이요 생명이다."

이 말씀은 마르다의 오라비 나사로가 죽은 후에 주님께서 마르다에게 하신 말씀이다. 예수님은 자신이 부활이요 생명으로 자신이 부활과 생명을 소유하고 계신다. 그러므로 주님은 마르다에게 "나를 믿는 자는 죽어도 살 것이다"(요 11:25)라고 부활 영생의 확신을 심어주셨다. 사람은 죄값으로 죽으나 예수 그리스도를 구주로 믿는 자는 예수 그리스도께서 다시 재림하실 때 부활하여 영생복락을 누릴 것이다. 그러므로 그리스도인들의 부활이나 생명은 그리스도와의 관계를 떠나서는 존재할 수 없다. 생명은 사망의 반대요, 부활은 사망의 정복이다.

우리는 예수 그리스도의 죽으심과 부활사건에 대하여 놀랄 것이 아니다. 그 이유는 예수님께서 자신의 죽으심과 부활에 관하여 사전에 반복 말씀하여 주셨기 때문이다. 그리고 예수님의 죽음은 그의 생애의 종말이 아니라 부활체로서의 시작임을 가르친다.

② **예수 그리스도께서 친히 부활의 진리를 교훈하셨다.**

마태복음 22:31-32, "죽은 자의 부활을 의논할진대 하나님이 너희에게 말씀하신 바 나는 아브라함의 하나님이요, 이삭의 하나님이요, 야곱의 하나님이로다 하신 것을 읽어보지 못하였느냐? 하나님은 죽은 자의 하나님이 아니요 산 자의 하나님이시니라."

주님께서는 예루살렘에 입성하여 부활 자체를 부인하는 사두개 교인들과의 논쟁에서 출애굽기 3:6의 말씀을 인용하여 말씀하시기를 "나는 아브라함의 하나님이요, 이삭의 하나님이요, 야곱의 하나님이로라 하나님은 죽은 자의 하나님이 아니요 산 자의 하나님이시니라"고 하였다. 출애굽기 3:6은 하나님께서 시내산에서 모세에게 가시떨불가운데 나타나셔서 하신 말씀이다.

하나님께서 나는 아브라함의 하나님, 이삭의 하나님, 야곱의 하나님이라고 모세에게 말씀하셨을 때에는 아브라함·이삭·야곱은 죽은지 이미 오래되었다. 그럼에도 불구하고 하나님은 그들을 산 자로 취급하였다. 그리고 "**나는 산 자의 하나님이라**"(I am)는 현재시상(present tense)을 사용하였다. 즉 그들은 육체는 약 4000년 전에 죽었으나 그들의 영은 죽지 않았으며, 내세에서는 부활하여 다시 산 자가 된다는 뜻이다. 영원자존 하시는 하나님과 인격적 교제를 가지는 사람들 역시 살아있는 존재들이다. 하나님은 능력이 무한하셔서 산 자의 하나님이시다.

요한복음 5:28-29, "이를 기이히 여기지 말라 무덤 속에 있는 자가 다 그의 음성을 들을 때가 오나니 선한 일을 행한 자는 생명의 부활로, 악한 일을 행한 자는 심판의 부활로 나오리라."

"기이히 여기지 말라"(메 다우마제테, μὴ θαυμάζετε; do not marvel, do not be astonished; 놀라지 말라, 이상이 여기지 말라, 깜짝 놀라지 말라) "그의 음성을 들을 때가 오나니" 무덤 속에 있는 자들(죽은 자들)에게 주님의 호령과 명령을 발할 때 무덤 속에 있는 자들이 주님의 음성을 듣게 될 것이다.

"생명의 부활…심판의 부활"

"생명의 부활"은 다시는 사망이 없는 영생의 부활을 가리킨다(요 5:24; 계 21:4). 영생은 하나님께서 하사하시는 선물이다(롬 6:23). 영생은 영원토록 복된 생애를 가리킨다.

"심판의 부활"은 악한 자들이 영원토록 심판의 형벌을 받도록 정죄된 부활이다(살후 1:8-9; 벧후 2:9). 다니엘은 그것을 부끄러운 수치(Shameful Contempt)라고 하였고, 우리 주님은 그것을 영원한 형벌(Everlasting Punishment)이라고 하였다(마 25:46). 이 세상에 태어나는 모든 사람들은 다 부활할 것이다. 문제는 생명의 부활이냐? 심판의 부활이냐?

마태복음 22:23-33, "부활이 없다 하는 사두개인들이 …부활 때에는 장가도 아니 가고 시집도 아니 가고 하늘에 있는 천사들과 같으리라. 저희는 다시 죽을 수도 없나니 이는 천사와 동등이요…"(막 12:18-27; 눅 20:35-36).

사두개인들은 제사장 반열에 있으면서도 부와 권세를 누린 당시 종교적 자유주의자들(Religious Liberals)이었다. 그들은 예수님을 책잡기 위하여 의도적으로 레위기서의 법을 인용하여(신 25:5-10) 7형제들과 차례로 살아온 한 여인이 부활시에는 누구의 아내가 될 것인가? 라고 예수님께 물었다. 예수께서 대답하여 가라사대 너희가 성경도 하나님의 능력도 알지 못하는 고로 오해하였도다(29)라고 힐책하시고, 부활 때에는 장가도 시집도 가지 아니하고 하늘에 있는 천사들과 같으리라(30)고 말씀하셨다.

"**성경도 알지 못하고**" 여기서 언급한 성경은 구약을 가리킨다. 구약 여러 곳에서 예수 그리스도의 부활과 신자 불신자의 부활에 관하여 계시하였다(욥 19:25-27; 출 3:6; 시 16:10; 사 25:8; 단 12:2; 호 13:14…). 그러나 그들은 그 진리를 알지 못하였다. 사두개인들은 부활도 하나님의 능력도 믿지 아니하고 하나의 조롱거리로 생각하였다.

"**하나님의 능력**" 그들은 사람이 죽으면 시체가 다 분해되어 흩어지는데 그것을 어떻게 생명체로 재결합시킬 것인가? 그것은 이성과 이치에도 맞지 않는 허황된 이야기라고 생각하였다. 그러한 불신앙과 무지와 잘못된 생각을 힐책하시고 진리를 가르치셨다. 천국생활은 세상 육신생활의 연장이 아니다. 천국생활은 부부의 육체생활이나 육체의 죽음도 없는 영생의 복된 생활이다. 천국생활과 이 세상 육신생활은 성질상 판이하다.

③ **사도 베드로도 예수 그리스도의 부활을 증거하였다.**

사도행전 1:22, "항상 우리와 함께 다니던 사람 중에 하나를 세워 우리로 더불어 예수의 부활하심을 증거 할 사람이 되게 하여야 하리라."

사도 베드로는 가룟 유다 대신에 맛디아를 세워 사도의 수에 들게 하고 예수의 부활을 증거하는 한 공적 증인(An Official Witness)으로 임명한 것이다. 예수 그리스도의 부활은 기독교 신앙의 핵심(Core)이요, 시금석(Cornerstone)이다.

사도행전 2:31-32, "…그리스도의 부활하심을 말하되 저가 음부에 버림이 되지 않고 육신이 썩음을 당하지 아니하리라 하더니 이 예수를 하나님이 살리셨도다 우리가 다 이 일에 증인이로다."

사도 베드로는 오순절 날 11사도들과 같이 서서 수많은 무리들에게 시편 16:8-11의 말씀을 인용하여 그리스도의 부활에 관하여 설교하였다.

사도행전 2:24; 13:30, "하나님께서 사망의 고통을 풀어 살리셨다."

"고통"이란 "오디스"(ὠδίς)로서 **해산의 고통**(Birth Pains)을 의미한다(갈 4:19, 27; 계 12:2). 그러한 죽음의 고통을 하나님께서 풀어주심으로 일으키시고 부활시키셨다(시 18:5; 116:3). 본절에 "**고통을 풀어**"라는 말씀 중에 풀어(루사스, λύσας)는 풀다(루오, λύω; to loose)의 주격 분사로서, 하나님께서 친히 사망에서 풀어주시므로 살리셨다는 뜻이다. 즉 "풀어주시므로"라는 분사는 살리셨다는 주동사를 수식해 주는 형용사의 역할을 한다. "풀다"(λύω; to loose)는 자유케 하다, 해방시키다(to free, liberate)라는 뜻이다. "풀다"는 매다, 속박하다의 반대이다. 살리셨다라는 말씀은 "**일으키셨다**"(아네스테센, ἀνέστησεν; raised up)라는 말씀으로 부활시키셨다는 뜻이다. 하나님께서 예수 그리스도를 사망의 고통에서 풀어주셨으므로 더 이상 사망의 고통이 예수님을 속박하지 못한다.

예수님께서 세상을 떠나시고 부활하실 때까지 예수님의 시체는 무덤 속에서 썩지 않았다. 요한복음 19:34에는 창으로 옆구리를 찌르니 피와 물이 나오더라고 기록되어 있다. 예수님의 옆구리를 창으로 찔렀을 때 그 창이 심장을 뚫어 심장의 극심한 충격과 더불어 피가 그 창 자리를 통하여 다 쏟아져 나왔다. 그 외에도 머리에는 가시관(A Crown of Thorns)을 썼으므로 머리 온 주위에도 피가 흘러 나왔으며, 양손과 양발에도 못(Nail)을 박았으므로 피가 흘러나왔다. 예수님께서 십자가상에서 운명하신 후 피뿐만 아니라, 물까지 흘러나왔다는 사실은 곧 예수님께서는 분명히 죽으셨으며 또한 무덤 속에서 썩음을 당치 않았다는 실증이다. 그 이유는 썩음의 시작은 피의 응고인데 피가 없을 뿐 아니라 운명 시부터 부활 시까지의 시간도 금요일 저녁부터 주일 새벽까지 단기간이었기 때문이다.

④ 사도 바울도 예수 그리스도의 부활과 죽은 자의 부활을 증거하였다.

사도행전 13:35-37, "…주의 거룩한 자로 썩음을 당하지 않게 하시리라 하셨느니라. 다윗은 당시에…잠들어 그 조상들과 함께 묻혀 썩음을 당하였으되 하나님의 살리신 이는 썩음을 당하지 아니하였나니."

사도 바울은 비시디아 안디옥 회당에서 안식일 날 하나님을 경외하는 자들에게 시편 16:10의 말씀을 인용하여 그리스도의 부활의 진리를 설교하였다.

사도 바울도 베드로도 다윗과 그리스도를 대조하여 이르기를 다윗은 죽어 썩었으나 그리스도는 부활하므로 썩지 않았고, 다윗은 예언하였으나 그리스도는 그 예언의 대상이다.

로마서 10:9, "…하나님께서 그를 죽은 자 가운데서 살리셨도다."

사도 바울은 제3차 전도여행이 끝날 무렵 고린도에서 로마서를 기록하면서 그리스도의 부활을 증거하였다. 성경은 예수 그리스도 부활의 사역자는 성부 하나님, 부활의 당사자이신 성자 예수 그리스도, 그리고 또한 성령 하나님이라고 가르친다.

그리스도를 "죽은 자 가운데서 살리신 이"(주어: subject)는 하나님이시요, 살리심을 받은 이(목적어: object)는 그리스도이시다. 죽은 자 가운데서라는 표현은 죽음에서부터(ἐκ νεκρῶν; from ⟨the⟩ dead)라는 뜻이고, 이는 죽은 자를 의미한다. 하나님께서는 죽은 자(예수 그리스도)를 살리셨다. "살리셨다"는 에게이렌(ἤγειρεν, raised, 일으키셨다)으로서 일으키셨다는 말씀이고, 일으키셨다는 말씀은 부활시키셨다는 뜻이다.

2) 죽은 자의 부활(The Resurrection of the Dead)

로마서 8:11, "예수를 죽은 자 가운데서 살리신 이의 영이 너희 안에 거하시면 그리스도를 죽은 자 가운데서 살리신 이가 너희 안에 거하시는 그의 영으로 말미암아 너희 죽을 몸도 살리시리라."

예수 그리스도를 죽음에서 살리신 이는 하나님이시다. 그리고 하나님의 영(Spirit)은 성령님(Holy Spirit)이시다(창 1:2; 마 3:16). 성령님께서 또한 그리스도를 살리셨다. 성령님은 생명의 영(Spirit of life) 곧 생명을 부여하시는 영(Life-giving Spirit)이시기 때문이다(롬 8:2).

또한 본문 말씀은 그리스도의 부활과 신자들의 부활과의 관계를 설명한다. 예수 그리스도를 죽음에서 살리신 바로 이 동일하신 성령 하나님께서 예수 그리스도께서 재림하실 때 우리의 죽을 몸들을 영광스러운 몸으로 부활시키실 것이다. 그때에는 죽을 것이 죽지 않을 불멸(Immortality)을 입겠고, 사망이 생명에 삼킨 바가 될 것이다(고전 15:53). 그때에는 우리의 영혼과 몸이 완전히 구속함을 받을 것이요(지금은 영혼만 구속받았음), 그리스도의 형체와 같이 변케 될 것이다(빌 3:21).

사도행전 17:18, 32, "어떤 에비구레오와 스토익 철학자들도 바울과 쟁론할 새… 바울이 예수와 또 몸의 부활전함을 인함이라…저희가 죽은 자의 부활을 듣고 혹은 기롱도 하고 혹은 이 일에 대하여 네 말을 다시 듣겠다 하니."

사도 바울은 에피큐리안들과 스토익 철학자들과의 변론 중에서도 예수 그리스도와 몸의 부활에 대하여 설교하였다.

에피구레오('Επικούρειος Epicurean; 에피큐리안)는 사모스의 에피큐루스(341-270 B.C.)가 창설한 학파로서 그들은 주장하기를 인생의 최대목적은 행복이다. 이 행복은 정신적·심적 고통, 욕정 등에서 벗어난 안정에 있다고 주장하였다. 그러나 세월이 흐름에 따라 그들의 주장은 육욕주의 향락주의로 전락되었다. 그들은 하나님의 존재·하나님의 세계 창조·보존·섭리·영혼의 불멸·사후의 상벌 등을 다 부인하였다. 그들은 영혼도 물질적이며 죽을 때 없어진다고 주장하였다. 그들은 하나님 없이 인생의 향락만 추구하는 모든 향락주의자들의 모본이 되었다.

스토아 철학자들(Στωικῶν φιλοσόφων; Stoic Philosophers; 키푸르스의 키티움의 제노(Zeno, 340-265 B.C.)가 이 학파의 창설자로서 그는 이성을 감정보다 더 중요시하였다. 그들은 에피큐리안의 향락주의를 배격하였다. 그들은 이성과 도덕을 중요시하여 주장하기를 향락은 좋지 않고, 고통은 악이 아니다 라고 주장하였다. 그들은 영혼의 불멸은 받아들였으나 죽은 자의 부활은 거부하였다. 그러므로 그들은 로마에서도 환영을 받았으나 사도 바울시대에 이르러는 교만으로 전락하였다. 사도 바울은 이들 에피큐리안들과 스토익 철학자들과 쟁론하였다. 그 이유는 예수와 몸의 부활을 전하였기 때문이다.

"저희가 죽은 자의 부활을 듣고 혹은 기롱도 하고 혹은 네 말을 다시 듣겠다 하니." 기롱한 자들은 에피큐리안들 이었을 것이며, 다시 듣겠다고 한 사람들은 스토익 철학자들을 위시한 많은 무리들이었을 것이다.

"**혹은 기롱도 하고**"(에크류아존, ἐχλεύαζον; scoffed, sneered; 비웃었다, 조롱하였다, 조소하였다, 깔보며 비꼬았다)

"**혹은 네 말을 다시 듣겠다**" 어떤이들은 사도 바울이 전파한 예수와 부활에 관하여 다시 듣기를 원하였다. 그 결과 많은 사람들이 복음을 받고 예수님을 구주로 영접하였다. 그들 중에는 디오니시우스(Dionysius, 당시 아텐의 최고 사법기구인 아레오파구스(Areopagus)의 의원, 다마리스(Damaris)라 이름하는 여인, 두아디라 성의 자주(썰크)상인 루디아와 온 가족, 남녀 무리들을 포함한 성도들, 베레아에 있는 남녀 무리들을 포함한 성도들, 데살로니가의 귀부인들, 헬라의 경건한 귀부인들과 남녀의 큰 무리들이 포함되어 있다(행 16:14-15; 17:4, 12).

사도행전 23:6, "바울이 그 한 부분은 사두개인이요, 한 부분은 바리새인인 줄 알고 공회에서 외쳐 가로되 여러분 형제들아 나는 바리새인이요, 또 바리새인의 아들이라 죽은 자의 소망 곧 부활을 인하여 내가 심문을 받노라."

이 말씀은 사도 바울이 **산헤드린**(Sanhedrin) 공회원들에게 죽은 자의 부활을 증거한 말씀이다. 산헤드린 공회는 71명으로 구성된 유대인들의 최고 종교 법정이었다. 부활에 대한 신앙은 바리새인들과 사두개인들 사이의 중요한 쟁점들 중의 하나이었다(막 12:18-20 참조). 예루살렘에서 체포된 바울이 산헤드린 공회 앞에서 죽은 자의 부활을 담대히 증거하였다.

사도행전 24:14-15, "…하나님을 섬기고, 율법과 선지자들의 글에 기록된 것을 다 믿으며 …의인과 악인의 부활이 있으리라."

사도 바울은 로마 총독 **벨릭스**(Felix) 앞에서 심문을 받으면서도 의인과 악인의 부활이 있으리라고 증거하였다. 바울은 자신을 고소한 자들(바리새인들을 가리킴)과 마찬가지로 의인과 악인의 부활을 증거하였다. 물론 바울을 고소한 자들은 바리새인들만이 아니라, 사두개인들, 백성의 장로들, 대 제사장들, 그리고 유대인들이 다 들어있다.

대제사장 아나니아와 일부 장로들과 변호사 터틀러스가 합세하여 사도 바울을 벨릭스 총독의 법정에 고소하였다(24:1). 고소의 내용인즉 이 사람은 말썽꾸러기(Trouble-maker)로 온 유대인들을 소요케 하는 자요, 나사렛 이단의 괴수요, 성전을 더럽히고 모독하려고 한 자이었다는 것이다. 이에 유대인들도 가세하여 그 고소의 내용이 사실이라고 주장하였다.

"**율법과 선지자들의 글**"은 율법서와 선지서를 가리키는 구약의 두 큰 부분으로 구약성경 전체를 뜻한다. 과연 사도 바울의 성경관은 전 성경을 가감없이 다 하나님의 말씀으로 믿는 신앙이다.

"**의인과 악인의 부활이 있으리라**"이 말씀은 사도 바울의 내세관이다. 주님께서 요한복음 5:28-29에서 의인과 악인의 부활, 생명의 부활과 심판의 부활을 선포하셨는데 사도 바울은 주님께서 말씀하신 의인의 부활과 악인의 부활을 믿었다. 그러나 사두개인들은 부활을 믿지 않았다(행 23:8).

사도행전 26:8, "당신들은 하나님이 죽은 사람 다시 살리심을 어찌하여 못 믿을 것으로 여기나이까?"

유대인들은 사도 바울이 예수 그리스도의 부활을 설교하는 것이 가장 큰 불만이었다. 그러므로 그들은 그 일로 바울을 고소하였다(행 25:19).

사도 바울은 아그립바(Agrippa)왕 앞에서 심문을 받으면서도 죽은 자의 부활을 증거하였다. 바울은 하나님의 권능과 죽은 자의 부활을 믿었다. "**당신들**"은 아그립바와 베스도는 물론 방청하는 모든 유대인들을 가리킨다. 사도 바울은 천지와 그 가운데 있는 만물과 사람을 창조하시고, 보존하시고, 섭리하시는 하나님이 죽은 사람을 다시 살리실 수 없다고 생각하는가?라고 외치면서 그리스도의 부활을 증거하였다. 아그립바는 기독교에 대한 인식이 고쳐졌고 유대인들에게도 호의적인 태도를 취하였다. 뿐만 아니라 많은 사람들이 그리스도 앞으로 돌아오는 역사가 일어났다.

로마서 6:5, "만일 우리가 그의 죽으심을 본받아 연합한 자가 되었으면 또한 그의 부활하심을 본받아 연합한 자가 되리라."

이 말씀은 예수 그리스도의 죽으심과 부활의 분리할 수 없는 밀접한 관계, 그리고 그리스도와 성도들과의 신비적 연합을 가리킨다.

"연합하다"는 말씀은 숨푸토이(σύμφυτοι)로서 이 단어는 순(σύν; with; …와 함께)과 퓨튜오(φυτεύω; to plant; 심는다) 또는 순(σύν; with; …와 함께)과 푸오(φύω; to grow; 자라나다)로 구성된 합성어이다. 그러므로 숨푸토이의 문자적 의미는 함께 심는다 또는 함께 자라나다 라는 뜻이다.

"되었으면"(게고나멘, γεγόναμεν; have become; 되어 오다)로 단순한 하나의 과거 동작이 아니라, 계속적 진행 과정(progress)을 지시한다. 그러므로 연합한 자가 되었으면이라는 말씀은 함께 심어오고 있다, 함께 자라나고 있다고 하는 하나의 진행적 연합(A Progressive Union)을 가리킨다. 이는 마치 포도나무 가지가 포도나무에 계속 접 붙어 자라나는 것과 같은 밀접한 관계를 가리킨다(요 15:1-8). 그리스도와 성도와의 연합은 죽으심에서의 연합이요, 부활에서의 연합이다.

그러면 우리가 어떻게 그리스도와 함께 죽고 그리스도와 함께 부활할 수 있는가? 그리스도의 죽으심은 우리의 죄를 인함이요, 그의 사심은 우리의 의를 인함이니 우리가 죄를 인하여는 죽고 의를 인하여는 사는 것이 그리스도의 죽으심과 부활에 연합하는 일이다. 이 연합은 신비적·영적 연합이다.

그리스도와의 신비적·영적 연합은 우리가 예수 그리스도를 구주로 영접할 때 이미 이루어졌다. 우리는 이미 죄를 인하여는 죽고 의를 인하여는 살아났다. 그리하여 그리스도안에서 의인이 되었다. 이것은 신분상 법정적 선언이다. 이제 우리는 실제상 날마다 죄를 인하여는 점점 더 죽고 의를 인하여는 점점 더 사는 역사가 계속 진행되어야 한다. 이것은 중단 없는 계속적 성화이다. 그것이 그리스도와 죽음에서의 연합이요, 부활에서의 연합이다.

죄에 대하여는 점점 더 죽는다는 말씀은 죄로부터 점점 더 떠나간다, 이별한다는 뜻이다. 이것은 죄의 성질을 점차로 제거하므로 결국에는 옛사람의 변절을 의미한다. 이것은 흔히 옛사람을 십자가에 못박아 죽이는 것으로 비유하여 그리스도의 십자가의 죽음과 연관지었다. 사도 바울은 이런 의미에서 "**나는 날마다 죽노라**"(I die daily; 고전 15:31)고 하였다.

의에 대하여는 점점 더 산다는 말씀은 의를 향하여 점점 더 나아가는 적극적 성화를 뜻한다. 이것은 흔히 그리스도의 형상을 닮아간다는 말로도 표현되었다. "**닮아간다**"는 말은 미메오마이(μιμέομαι; to imitate)로서 모방하다, 흉내내다, 본받는다는 뜻으로 계속적 경건의 연습을 통하여 예수의 형상(성품)을 닮아 나아가는 것을 가리킨다.

요한계시록 20:5-6, 12-13, "…이는 첫째 부활이라 이 첫째 부활에 참예하는 자들은 복이 있고 거룩하도다… 또 내가 보니…죽은 자들을 내어주며…."

이 말씀은 부활의 시기와 부활의 종류를 가리킨다. 첫째 부활에 참여하는 자들은 그리스도 안에서 부활·의인의 부활·생명의 부활·더 좋은 부활·복된 부활에 참여자들이 될 것이며, 둘째 부활에 참여하는 자들은 그리스도 밖에서 부활·악인의 부활·심판의 부활·사망에 이르는 부활에 참여하는 자들이 될 것이다. 첫째 부활의 시기는 그리스도의 재림시이며 둘째 부활의 시기는 1000년 왕국 끝이 될 것이다.

첫째 부활에 참여하는 자들은 "**복되도다**"(마카리오스, μακάριος; blessed; 복되도다). 이 단어는 행복·기쁨·즐거움의 상태(a state of happiness, joy and pleasure)를 가리킨다. 진실로 첫째 부활에 참여하는 자들은 행복과 기쁨과 즐거움이 얼마나 복되랴!

Ⅲ. 신자 부활체의 성질 (The Nature of Resurrection)

앞으로 우리 주님 예수 그리스도께서 영광과 권능으로 재림하실 때 그리스도 안에서 세상 떠난 성도들이 어떠한 몸으로 다시 살게 될 것인가?

고린도전서 15:35, "누가 묻기를 죽은 자들이 어떻게 다시 살며 어떠한 몸으로 다시 살 것인가?" 즉 기독신자들의 부활체는 어떠한가? 어떠한 몸으로 다시 살 것인가? 그리고 언제 다시 살 것인가? 이와 같은 질문들은 모든 성도들의 최대 관심사가 아닐 수 없다.

1. 부활체는 영혼과 육체의 재결합체 (Reunion of Soul and Body)

창세기 2:7, 여호와께서 흙으로 사람을 지으시고 생기를 그 코에 불어넣으시니 사람이 생령이 된지라.

"생령"(Living Soul)**이란 영체**(靈體, Spiritual Body)**가 아니라 영혼이 지배하는 생명이 있는 존재**(Living Being) **즉 산 사람**(Living Person)**이라는 뜻이다.**

사람은 흙이라는 물질과 영혼이라는 비물질적인 두 요소로 구성되어 있다. 그런데 죽음이란 죽어서 없어지는 것이 아니다. 인생은 지으심을 받은 때로부터 일종의 불멸의 존재이기 때문에 육체의 죽음이란 영혼과 육신의 분리(Spiritual)를 의미한다. 사람이 죽으면 영혼이 육신에서 빠져 나온다. 우리의 몸에서 영혼이 떠나면 사람은 죽는 것이다. 사람의 생명은 호흡에 있고, 호흡은 영혼이 지배한다. 그러므로 영혼이 없는 몸은 죽은 몸이다(약 2:26).

사람은 범죄 타락한 결과로 한번은 반드시 죽음에 이르게 된다(롬 6:23; 히 9:27). 부활은 죽음을 전제로 한 것이다. 그리스도의 보혈로 구속함을 받은 성도들이 죽으면 그 영혼들은 즉시로 육체에서 나와서 하나님이 계신 천국으로 들어가 안식하게 되며 육신은 곧 부패되기 시작하여 흙으로 돌아가게 된다(창 3:19; 욥 34:15; 시 104:29; 전 3:20; 12:7). 그러다가 예수 그리스도께서 영광과 권능으로 다시 재림하실 때 그 영혼들이 그리스도와 함께 다시 내려와 자기의 부패되고 흙으로 돌아간 육체와 재연합(Reunion)하여 부활체로 다시 살아나게 될 것이다(살전 4:16-17). 이것이 부활이다. 부활체는 생적 유기체로서의 영혼과 육신의 재결합체이다.

2. 부활체는 육체적 부활(Bodily Resurrection)

부활체는 육체적(Physical)**이라는 말은 곧 부활체는 영체**(Spiritual Body)**만은 결코 아니라는 의미이다.** 예수께서 부활하신 후에 엠마오로 가는 두 제자들에게 나타나셔서 말씀하시기를 "나를 만져 보아라 영은 살과 뼈가 없으되 너희 보는 바와 같이 나는 있느니라"(눅 24:39)고 하셨다. 부활체는 살과 뼈가 있는 몸이다. 부활 전에 몸이 살과 뼈가 있듯이 부활 후의 몸도 살과 뼈가 있는 몸이다. 부활은 진실로 육체적 부활이다. 그러므로 부활체는 모든 사람이 볼 수 있고, 말하는 것을 들을 수 있고, 먹을 수 있으나 먹을 필요성은 없는, 먹지 않아도 배가 고프지 않는 신기한 몸이다. 부활체는 생명이 있어서 호흡하며, 말하며, 서며, 걸으며, 먹기도 한다(눅 24:41-43).

예수님께서 재림하셔서 이 세상이 그의 나라가 되면(천년왕국) 하나님과 어린양의 보좌로부터 수정과 같이 맑은 생명수 강물이 길 한가운데로 흐르고 강 좌우에는 생명나무가 있어서 달마다 12과실을 맺으며 그 나무 잎사귀들은 만국을 소생시킨다고 하였다(계 22:1-2). 우리는 예수 그리스도의 지상 천년왕국시에 부활체로서 그 과실들을 따먹을 것이다. 이것은 무엇을 뜻하는가? 부활은 육체적 부활을 가리킨다. 사도 요한은 예수 그리스도께서 육체로 오심을 부인하는 1세기 후반기의 마르시온파(Marcion), 2세기의 그노시스파(Gnostics) 이단들을 정죄하고 신자들로 하여금 그들에게 미혹 받지 않도록 경고하였다(요일 4:2; 요이 7). 그 이단들은 예수 그리스도는 사람의 모양으로 나타난 것뿐이라고 하면서 예수 그리스도의 인성(人性) 곧 인적 신체의 실재성(人的身體의 實在性)을 부인하였다.

사두개파 사람들로부터 시작하여 동서고금을 막론하고 그리스도의 육체적 부활을 부인하는 기독교 내의 불신앙의 자유주의자들은 예수 그리스도의 죽으심과 육체적 부활을 그의 육체적 생명(Physical Life)에서 영적 생명(Spiritual Life)으로 옮겨진 것을 뜻한다고 주장하면서 육체적 부활은 부인하고, 소위 부활의 영적 의미만을 강조한다. 그것은 비성경적이다.

부활의 영적 의미는 육체적 부활이라는 역사적 사실에 근거한 신령한 영적 의미여야 한다. 부활체는 육체적 부활이다.

3. 부활체는 물질적인 몸(A Material Body)

부활체가 물질적이라는 말은 물질의 유한성이나 부패성 그리고 비생명체와 같은 개념에서가 아니라, 비물질적 무형체가 아니라는 뜻에서이다. 부활체는 시간과 공간(Time and Space)을 점유하는 물질적(Material), 유형적(Visible) 존재이다. 예수님은 이 세상에 계신 동안 신성(神性)과 인성(人性)을 동시에 공유하고 계셨다. 바로 그 동일한 몸이 부활하신 것이다. 부활체를 카메라로 찍는다면 필름에 나타날 것이다. 그렇기 때문에 우리는 부활체로 변화된 이후에도 이 세상에 사는 동안 사귀어온 사람들을 즉시 식별할 수 있을 뿐만 아니라 인격적 교제를 나누게 될 것이다.

부활체는 물질적인 몸(Material Body)과 비물질적인 영(Non-material Soul)을 모두 소유하고 있다. 부활체는 영체만이 아니다. 현재 우리의 몸도 영혼과 육신을 모두 포함하듯이 부활후의 몸(부활체)도 물질적인 몸과 비물질적인 영으로 구성될 몸이다. 다만 정신적, 육체적 성질에 변화는 있을 것이다.

4. 부활체는 동일한 몸(Same Body)

부활체는 세상 떠나기 전의 몸과 부활한 후의 몸이 동일하다는 뜻이다. 육체적 부활의 개념은 이 세상사는 동안 우리의 육체나 부활 후의 육체가 형체상으로는 동일하다는 것이다.

"몸"이라는 단어는 쏘마(σῶμα; body)로서 이 단어는 "삵스"(σάρξ; flesh; 육체, 살)라는 단어와 같은 의미이며 이 단어들은 상호교대적으로 사용되었다. 그런데 성경은 현재 우리의 몸을 쏘마 라고 하는데 부활 후의 몸도 또한 쏘마라고 하였다(고전 15:44; 빌 3:21). 이것은 부활 전이나 후의 몸이 동일한 몸임을 가리키지 않는가? 부활체는 동일한 몸이므로 우리가 다시 만날 때 서로가 즉각적으로 바로 인식하고 기쁘게 교제를 나누게 될 것이다.

부활체가 동일하다는 말은 부활 전의 형체가 부활 후의 형체와 동일하다는 뜻이다. 물론 부활체의 형체는 정신적, 육체적 변화가 있을 것이므로 부활 전의 몸과 부활 후의 몸이 모든 면에서 100% 같다는 뜻은 아니다. 몸의 형체는 같으나 몸의 성질(Nature of Body)은 변화가 있으므로 상이하다. 지금은 혈기·고집·독선·교만·시기·질투·이기주의·잔인·무정·탐욕·정욕·부패성·연약함…등이 있다. 그러나 부활체로 변화될 때에는 죄의 성질들이 전혀 없는, 옛것을 전혀 찾아볼 수 없는 새로운 피조물들(New Creatures)이 될 것이다. 부활체는 육체의 연약과 부패성으로 인한 질병이나 사망, 범죄로 인한 정신적 번뇌나 고통 등에서부터 완전히 탈피하여 보다 더 고등한 수준에 이른 새로운 피조물이 될 것이다.

5. 부활체는 성질상 변화된 몸(Transformed Body)

사도 바울은 고린도전서 15:42-44에서 성도들의 부활체의 성질에 관하여 언급하기를 부활체는 신체적(physical), 정신적(mental) 변화가 있을 것을 말씀하셨다. 변화된다는 말은 질적으로 그리고 형태적으로 변화(Transform)되는 것을 가리킨다. 따라서 변화는 변화의 대상이 변화되기 전과 변화된 후는 전연 판이하다. 44절에는 부활체는 신령한 몸(Spiritual Body)이라고 하였다. 신령한 몸이란 부활체로서 부활 이전의 몸 즉 죄의 성질과 육신의 부패성이 있는 몸과는 대조적인 의미에서 성질상 신령한 몸이라는 뜻이다.

1) 신령한 몸(부활체)은 성질상 썩지 않는 몸(Incorruptible Body)

현재 우리의 몸은 부패성과 죄의 성질이 있어서 세월이 흐름에 따라 후하고 패한다. 그리고 죽으면 그 순간부터 썩기 시작하는 몸이다.

고린도전서 15:42-44에서는 죽음을 "**심는다**"라고 하였다. 심는다는 단어는 "스페이로"(σπείρω)로서 심는다, 장사지낸다, 땅 속에 묻는다는 뜻이다. 우리의 몸은 부패될 몸, 썩을 몸이다. 그러므로 사람이 죽으면 그 순간부터 부패되기 시작하고 썩기 시작한다. 마르다는 예수님께서 자기의 오라비가 죽은 지가 나흘이 되었으매 벌써 냄새가 나나이다(요 11:39)라고 하였다. 우리는 죄의 값으로 다 한 번은 죽는다. 분명코 썩을 몸으로 심는다.

고린도전서 15:52, "죽은 자들이 썩지 아니할 것으로 다시 살며."

"**다시 살며**"(에겔데손타이, ἐγερθήσονται; shall be raised up; 일어나게 될 것이다)는 에게이로(ἐγειω; to raise up; 일어나다)의 3인칭·단수·미래·수동형이다. 따라서 그리스도 안에서 세상 떠난 사람들은 한 사람 한 사람이 썩지 아니할 몸으로 다시 살아나게 될 것이다.

우리가 전능하신 하나님의 초자연적 능력으로 다시 살아날 때는 지금의 몸과는 전연 반대로 썩지 않을 몸으로 다시 산다. 지금의 몸은 불완전한 몸, 변화무쌍한 몸, 썩을 몸이다. 그러나 이러한 몸이 다시 부활체로 변화될 때는 완전한 몸(Perfect Body), 변치 않는 몸(Constant Body), 변동이 없는 몸(Changeless Body), 해소되기 불가능한 신령한 몸(Spiritual Body)으로 다시 산다.

2) 신령한 몸(부활체)은 성질상 영광스러운 몸(Glorified Body)

욕된 것으로 심고 영광스러운 몸으로 다시 산다. "**욕되다**"는 단어는 "**아티미아**"(ἀτιμία)로서 불명예스러운(Dishonor)이라는 뜻이다. 우리 인생은 음행·간음·더러운 것·호색·우상숭배·술수·원수 맺는 일·분쟁·시기·질투·당 짓는 것·분리·이단·투기·술취함·방탕·간교·비방 등등 만가지 죄들로 얼룩진 부끄러운 불명예스러운 것들로 수를 놓는다(갈 5:9-21). 양심에 손을 얹고 곰곰이 우리의 지난날들을 생각해 보면 불명예스러운 것, 부끄러운 것뿐이다. 나 행한 것 죄 뿐이다. 우리는 짧은 인생 일평생 살아갈 때 부끄러운 것, 수치스러운 것으로 수를 놓아 장식한다.

그러나 이러한 몸들이 다시 살아날 때는 영광스러운 몸으로 다시 산다. "**영광스러운**"이란 단어는 "**엔독소스**"(ἔνδοξος; Glorious, Splendid)로서 영광스러운, 번쩍번쩍하는, 찬란한이라는 뜻이다. 지금은 욕된 몸, 불명예스러운 몸들이지만 부활체로 다시 살아날 때는 번쩍번쩍하는 몸, 하나님의 영광이 반사되는 몸, 찬란한 몸으로 다시 산다. 부활체는 참으로 영광스러운 몸이다.

빌립보서 3:21, "그가 만물을 자기에게 복종하게 하실 수 있는 자의 역사로 우리의 낮은 몸을 자기 영광의 몸의 형체와 같이 변케하시리라."

골로새서 3:3, "우리 생명이신 그리스도께서 나타나실 그 때에 너희도 그와 함께 영광 중에 나타나리라."

요한일서 3:2, "사랑하는 자들아…그가 나타나심이 되면 우리가 그와 같을 줄 아노라."

3) 신령한 몸(부활체)은 강한 몸(Strong Body)

현재 우리의 육신은 매우 연약한 몸들이다. "**약한 것으로**"라는 단어는 "**엔 아스데네이아**"(ἐν ἀσθενείᾳ; in weakness)로서 기운이 전혀 없는, 매우 연약한, 기진맥진한, 한 번 숨쉴 힘도 없는, 탈진상태에 있는, 누가 한 번 약간 건드리기만 해도 곧 쓰러질 것 같은 상태를 가리킨다. 그토록 인간은 약한 것으로 심는다. 사람은 누구나 예외 없이 썩을 것으로, 욕된 것으로, 약한 것으로 조금씩 조금씩 심기 시작하다가 최후에는 완전히 심는 날이 오고야 만다. 이것을 생각할 때 우리의 기력이 더 쇠하기 전에 하나님의 일을 더 많이 하고, 주님 앞에 서도록 힘써야 할 것이다. 우리는 모두 약한 것으로 심는다.

그러나 그와 같은 연약한 몸들이 다시 부활할 때에는 강한 것으로 다시 산다. "**강한 것으로**"라는 단어는 "엔 두나메이"(ἐν δυνάμει)로서 영어로는 다이나마이트(dynamite)로 번역하였다. 다이나마이트는 거대한 암석(rock)을 폭파시키는 강한 위력이 있는 것처럼, 신자들이 다시 부활할 때는 능력의 몸으로, 강한 몸으로 다시 살아나게 된다. 부활체는 다시는 피곤하거나 병들거나 쇠하지 않는 몸으로 인생의 연약함이나 정신적 번뇌나 고통이 다 제외된 정력과 새로운 기능들로 충만한 강한 몸이다.

4) 신령한 몸(부활체)은 성령의 지배를 받는 몸(Controlled Body by the Holy Spirit)

육의 몸으로 심는다는 말씀 중에 육의 몸이란 쏘마(σῶμα)로서 쏘마는 몸(Body)이라는 뜻과 몸의 부패성 곧 죄의 성질(Sinful Nature)이라는 두 가지 의미가 있다. 그런데 본 절에서 육의 몸은 상기 두 가지 의미를 다 포함한 죄의 성질이 있는 몸 즉 자연적 몸(Natural Body)을 가리킨다. 육의 몸은 사실상 죄의 부패성이 있는, 신령하지 못한 몸이다. 우리의 몸들은 날마다 후하고 패하는 몸들이니 속 사람만이라도 새롭게 되기를 위하여 힘쓰며 신령한 몸으로 변화되는 날이 오기를 학수고대한다. 지금 우리의 몸은 사탄의 종으로 죄의 도구(Tools of Sin)가 될 때가 있다. 우리가 지금은 성령의 소욕을 거스리고 육신의 소욕을 따라 행하는 일이 많다. 그러나 부활체로 변화될 때는 온전히 성령 충만한 아름다운 사람들로 변하여 하나님께서 기뻐하시는 뜻대로만 살아드리는 몸이 될 것이다.

"**신령하다**"(Spiritual)는 말은 "퓨뉴마티코스"(πνευματικός로서 신령하다는 의미 이외에도 성령에 속한, 성령이 충만한, 성령에 의하여 지배를 받는다는 뜻이 함축되어 있다. 그러므로 신령한 몸은 비물질적 또는 무형적이라는 말이 아니라, 쇠하지 않는 불멸적, 성령이 충만한, 성령의 지배를 받는 몸을 가리킨다.

6. 부활체는 일종의 초자연적인 몸(Supernatural Body)

사도 바울은 신자의 부활체를 일종의 초자연적인 몸으로 지적하였다.
고린도전서 10:4에는 신령하다는 단어 "**퓨뉴마티코스**"(πνευματικός)를 "**초자연적**"(Supernatural)이라고 해석하였다. 부활체는 초자연적인 몸이다. 초자연적이라는 말은 자연적(Natural)이라는 말과 대조적이다. 자연적인 몸(Natural Body)은 지상의 몸(Earthly Body), 쇠하고 썩어지고 연약하고 유한된 몸인데 반하여 부활체는 신령한·쇠하지 않는·썩지 않는·불멸의·능력이 있는 몸이니 이것이 일종의 초자연적인 몸이 아닌가!

부활체는 시간과 공간을 점령하고 있으면서도 동시에 시간과 공간의 제약을 받지 않는 몸이다. 부활체는 문이 잠긴 방에 들어가 자신을 나타내기도 하며 갑자기 순간적으로 자취를 감추기도 하는 돌연 출몰의 몸이다. 먹을 수도 있으며, 그러나 먹을 필요성은 없는 몸, 참으로 신기한 몸이다(눅 24:31, 36; 요 20:19).

우리는 유한된 피조물이다. 그럼에도 불구하고 우리의 신체는 신기하고 놀라운 몸이 될 것이다. 부활체는 부활 이전의 몸과 비교하여 볼 때 참으로 형언할 수 없는 큰 능력을 가지고 있다. 부활체야말로 어느 정도 이적의 성질(Nature of Miracle)을 가지고 있다. 부활체는 부활체 자체의 성질상 일종의 초자연적 요소와 기능을 가지고 있다. 부활체는 초자연적인 몸이 아니라 일종의 초자연적인 몸이다.

7. 부활체는 불멸적인 몸(Immortal Body)

부활체는 다시는 죽음이 없는 불멸적 존재이다. 부활체는 부패성이 없는 육체를 소유하고 있을 뿐 아니라 불멸적 성질을 소유하고 있다. 불멸(Immortality)이란 아다나시아(ἀθανασία)로서 죽음이 없는 불사(不死, Deathless)를 가리킨다(고전 15:53-54). 그러므로 불멸은 불사의 영생을 가리킬 뿐 아니라, 그 영생 자체가 생명의 품질(Quality of Life)을 나타내는 참으로 복된 삶을 가리킨다. 현재 우리의 몸은 연약하고 쇠하며 죽어 썩을 몸들이나 부활체는 강하며·쇠하지 아니하며·죽음이 없는 불멸의 몸이 될 것이다. 그 이유는 불멸하시는 영(Spirit)이 부활체를 주관하시기 때문이다.

성경은 불신자들도 부활한다고 가르친다. 불신자들의 부활은 악인의 부활, 둘째 부활, 사망에 이르는 부활, 천년왕국 끝에 있을 부활이라고 가리킨다. 불신자들도 부활하면 존재론적 의미에서 불멸적 존재들이 된다.

그러나 신자들의 불멸적인 몸과 불신자들의 불멸적인 몸은 전연 상이하다. 신자들은 부활하면 하나님과 더불어 영원토록 영생복락을 누리는 복된 불멸이요, 불신자들은 지옥에서 사탄과 더불어 영원토록 형벌과 고통이 따르는 고역의 불멸이다.

Ⅳ. 부활의 순서들(The Orders of Resurrection)

고린도전서 15:23-24a, "그러나 각각 차례대로 되리니 먼저는 첫 열매인 그리스도요, 다음에는 그리스도 강림하실 때에 그에게 붙은 자요, 그후에는 나중이니…."

본문은 부활의 순서에 대하여 상세히 그리고 분명히 계시하였다.
"먼저"(아팔케, ἀπαρχή; First Fruit; 첫 열매)…, "그 후에는"(에페이타, ἔπειτα; afterward; 다음에, 그 후에)…, "나중에는"(에이타, εἶτα; then, next; 그리고 나서, 그 다음에는). 이 헬라어 부사들은 확실히 첫째… 둘째… 셋째 등과 동등하다.

일찍이 다니엘은 의인과 악인의 부활을 말씀하셨고(단 12:2), 주님께서도 선한 자의 부활과 악한 자의 부활, 생명의 부활과 심판의 부활을 말씀하셨다(요 5:28-29). 사도 바울은 부활의 삼(3)순서를 언급하였다. 부활의 순서에 있어서 먼저는 예수 그리스도시요, 그 다음에는 신자들의 부활이요, 그 다음에는 불신자들의 부활 순이다. 그리스도는 약 2,000년 전에 이미 부활하셨고, 신자의 부활과 불신자의 부활은 미래에 있을 것이다.

예수 그리스도: 부활의 첫 열매(The First Fruit)

고린도전서 15:20, "그리스도께서 죽은 자 가운데서 다시 살아 잠자는 자들의 첫 열매가 되셨도다."

"잠자는 자들" 성경은 세상 떠난 사람들을 잠잔다(행 7:60; 고전 15:6)라고 말씀하였다. 그 이유는 잠자는 자는 다시 깨어 일어나는 것 같이, 세상 떠난 사람들은 반드시 다시 살아날 것이기 때문이다.

"첫 열매"(아팔케, ἀπαρχή; First Fruit; 첫 열매)는 다음 익을 천만 과일들의 본보기(Sample)이다. 따라서 이 말씀은 신자 부활을 보증한다. 그러므로 골로새서 1:18; 요한계시록 1:5에서는 그리스도를 "**죽은 자들 가운데서 먼저 나신 자**"라고 하였다.

1. 첫째 부활: 신자의 부활(Believer's Resurrection)

고린도전서 15:23, "…다음은 그리스도 강림하실 때에 그리스도께 붙은 자요."

첫째 부활과 둘째 부활의 시기를 바로 아는 것은 그리스도의 지상 1000년 왕국을 이해하는데 매우 중요하다. 본문에서는 죽은 자들 가운데서 먼저 부활할 자들을 그리스도께 붙은 자들이라고 하였다. 그리스도인들은 그리스도께 믿음으로 접붙인(연합된) 자들이다.

1) 신자 부활의 시기(Time of Believer's Resurrection)

이사야서 26:19, "주의 죽은 자들은 살아나고 우리의 시체들은 일어나리라"고 예언한 그 때는 과연 언제일까?

다니엘서 12:2, "땅의 티끌 가운데서 자는 자들 중에 많이 깨어 영생을 얻을 자도 있겠고"라고 예언한 그 때는 과연 언제일까?

요한복음 5:28, "무덤 속에 있는 자들이 다 그의 음성을 들을 때가 오나니라"고 말씀하셨는데 그 때는 과연 언제일까?

성경은 신자 부활의 시기를 "**이 시대의 마지막 날**" 또는 "**그리스도께서 재림하시는 날**"이라고 계시하였다.

① **이 시대의 마지막 날**(The Last Day): 우리 주님 예수 그리스도께서는 "마지막 날에 내가 너를 일으키리라"(요 6:39-40, 44, 54)라고 여러 번 예언 약속하셨다. 마지막 날이란 이 시대의 마지막 날을 가리킨다. 이 여러 성경들의 동일한 말씀들은 신자 부활에 대한 주님의 확고한 의지의 표현들이다. 사도 바울은 천국의 비밀을 계시로 받아 발표하면서 보라! 내가 너희에게 비밀을 말하노니 우리가 다 잠잘 것이 아니요 마지막 나팔에 순식간에 홀연히 다 변화하리니 나팔 소리가 나매 죽은 자들이 썩지 아니할 것으로 다시 살고 우리도 변화하리라(고전 15:51-52)라고 하였다.

② **그리스도께서 재림하시는 날**(The Day of the Second Coming of Jesus Christ): 우리 주님 예수 그리스도께서 하늘로부터 다시 재림하시는 날 신자들이 부활할 것이다(고전 15:23, 살전 4:16). 좀더 구체적으로 말하면 그리스도께서 재림하시는 날에 그리스도 안에서 잠자는 자들을 부활시키고 연이어 공중으로 끌어 올려 공중에서 주님을 영접하게 하실 것이다. 성경은 이 시대의 마지막 날과 예수 그리스도의 재림의 날을 동일시하였다. 왜냐하면 이 시대의 마지막 날에 그리스도께서 재림하시고, 재림하시는 바로 그 날에 신자들이 부활할 것이기 때문이다.

데살로니가전서 4:16-17, "그리스도 안에서 죽은 자들이 먼저 일어나고 그후에 우리 살아 남은 자도…."

"**그리스도 안에서 죽은 자들**"(The Dead in Christ)은 그리스도를 믿다가 세상 떠난 모든 성도들을 가리킨다. 여기에는 구약시대 모든 성도들과 신약시대 모든 성도들이 다 포함된다(단 12:2; 살전 4:16).

"먼저 일어나고"(ἀναστήσονται πρῶτον; will rise again firstly; 첫 번째로 다시 부활할 것이다) 첫 번째로 먼저 부활하는 자들이 있으니 나중에 부활하는 자들도 있을 것이다(계 20:13-14). 그리스도 안에서 세상 떠난 성도들은 분명코 먼저 부활할 것이다.

불신자들의 육체 없는 영혼들은 육체와 다시 결합될 것이며, 개인의 생명의 통합은 다시 이루어질 것이며, 육체들은 그들의 영원한 처소에 적합한 특징들을 부여받은 것이다.

고린도전서 15:22, "아담 안에서 모든 사람이 죽은 것같이 그리스도 안에서 모든 사람이 삶을 얻으리라."

그리스도 안에서 죽은 모든 사람들(살전 4:16)은 그리스도 안에서 모두 살아날 것이다.

요한계시록 20:4-6, 13, "살아서 그리스도로 더불어 1000년 동안 왕 노릇하리니 그 나머지 죽은 자들은 1000년이 차기까지 살지 못하더라 이는 첫째 부활이라 이 첫째 부활에 참예하는 자들은 복이 있도다."

첫째 부활과 둘째 부활은 부활의 대상자·시기·성질 등에 있어서 대조적이며 상반된다. 첫째 부활에 참여하는 자들은 복이 있고 그리스도와 더불어 1000년 동안 왕 노릇하리라고 하였다. 이 말씀은 분명히 첫째 부활은 1000년 왕국 시작되기 전 그리스도께서 재림하실 때 이루어질 부활이 아닌가?

2. 둘째 부활: 불신자 부활(Unbeliever's Resurrection)

첫째 부활이 있으니 또한 둘째 부활이 있을 것은 성경의 계시요 논리적 귀결이다.

고린도전서 15:23, "…그 후에는," **데살로니가전서 4:17**, "…그 후에"(에페이타, ἔπειτα; afterward; 그 후에)라는 말씀은 둘째 부활을 가리킨다. 죽은 자들 가운데서 먼저 일어날 사람들은 첫째 부활에 참여할 사람들이요, 죽은 자들 가운데서 나중에 일어날 사람들은 둘째 부활에 참여할 사람들이다.

골로새서 1:18, "죽은 자들 가운데서 먼저 부활 할 사람들을 제외한 나머지 사람들은 나중에 부활 할 것이다."

데살로니가전서 4:16, "그리스도 안에서 죽은 자들이 먼저 일어나고…." 라는 말씀은 그리스도 밖에서 죽은 자들은 나중에 일어날 것이라는 분명한 부인할 수 없는 암시이다. 죽은 자들이 모두 일시에 즉각적으로 동시에 부활되지 않는한 먼저 부활되는 자들이 있는 반면에 나중에 부활되는 자들도 있게 마련이다. 불신자의 부활은 그리스도 밖에서 죽은 자들의 부활, 악인의 부활, 심판의 부활, 사망에 이르는 부활이다.

요한계시록 20:5, "그 나머지 죽은 자들은 천년이 차기까지 살지 못하더라."

신자 부활이 그리스도의 1000년 왕국 직전에 있을 반면에 불신자들의 부활은 지상 천년왕국 끝 무렵 백보좌 심판 바로 전에 있을 것이다. 즉 **신자 부활과 불신자 부활 사이에는 1000년이란 간격이 있다.** 불신자들은 부활하여 최후 심판을 받고 지옥으로 가 영원한 형벌을 받을 것이다(계 20:11-14). 그러므로 불신자들의 부활을 사망에 이르는 부활이라고 하였다.

V. 신자 부활의 성경적 변증(Apologetics, 고전 15장)

1. 역사적 논증(Historical Argument, 고전 15:1-11)

고린도전서 15:3-4, "내가 받은 것을 먼저 너희에게 전하였노니 이는 성경대로 그리스도께서 우리 죄를 위하여 죽으시고 장사 지낸 바 되었다가 성경대로 사흘만에 다시 살아나사."

성경은 예수 그리스도의 죽으심을 논할 때에는 반드시 그의 부활로 결론을 지었고, 그의 부활을 논할 때에는 반드시 그의 죽음을 논하였다.

상기 구절들은 복음의 심장이요, 핵심(Heart and Core of the Gospel)이다. 그리스도는 우리들의 죄를 위하여 죽으셨다가 다시 부활하셨다. 그리스도는 성경대로 죽으시고 장사 지낸 바 되었다가 성경대로 삼일 안에 다시 부활하셔서 잠자는 자들의 첫 열매가 되셨다(고전 15:20). 그리스도의 부활은 역사적 사건(Historical Event)이다.

"성경대로" 여기서 성경이란 메시아에 관한 구약의 예언의 말씀을 가리킨다(사 53장; 시 16:10-11; 17:15-24; 22장 등). 그리스도의 죽음은 우연한 돌발적 죽음이나 단순한 자연사가 아니라 성경의 예언의 성취이다. 그리스도의 죽음은 우리의 구원을 위한 하나님의 놀라우신 계획의 일부이다.

"우리 죄를 위하여 죽으시고" 그리스도의 죽으심은 택자들의 죄를 사하시기 위한 대리적 속죄의 죽으심이다(사 53장; 요 1:29).

"…다시 살아나사…" 라는 말씀은 에게게타이(ἐγήγεται; He has been raised; 그는 일으키심을 받았다)로서 이 단어는 에게이로(ἐγείρω; raise (up), help to rise; 일어나다, 일어나는 것을 돕다)의 3인칭·단수·완료·직설·수동형이다. **헬라어에 있어서 완료형**(perfect tense)**은 행동의 완료와 완료된 상태의 계속을 강조한다.** 따라서 다시 살아나사라는 말씀은 그리스도께서 부활하신 후, 부활하신 상태 그대로 지금도 살아 계시다는 뜻이다. 부활하신 그리스도는 지금도 살아 계시고, 전에도 계셨고, 장차 오실 자이시다(계1:4, 8, 4:8).

2. 논리적 논증(Logical Argument)

사도 바울은 고린도전서 15:12-19에서 **"만일"**(에이, εἰ; if; 만일, 만약)이라는 가정법을 7번이나 사용하면서 그리스도의 부활을 변증하였다(15:12-17, 19). 가정(假定)이란 사실에 반대되는 추측으로 강한 부정을 강조한다. 그러므로 본문에 **"만일 그리스도께서 다시 사신 것이 없다면"** 이라는 문구는 그리스도는 확실히 다시 사셨다(부활하셨다)는 사실을 강조한다.

고린도전서 15:12, "그리스도께서 죽은 자 가운데서 다시 살아나셨다 전파되었거늘 너희 중에서 어떤 이들은 어찌하여 죽은 자 가운데서 부활이 없다 하느냐?"

사두개인들은 부활이 없다고 부인하였다(행 23:8). 사두개라는 명칭은 사독(Zadok)에서 유래되었으며 사독은 다윗과 솔로몬 시대의 제사장이었으며(대상 18:16; 삼하 8:17), 그 후손들이 제사장 직분을 수행하였다(왕상 4:2). **유대인 사학자 요세푸스**(Josephus)**는 사두개파를 제사장 가문과 동일시하였다.**[2] 사두개파는 산헤드린 공회를 움직였으며, 경제적으로는 부유한 중산층이요, 문화적으로는 헬레니즘(Hellenism)의 영향을 받았으며, 정치적으로는 로마제국 편이었으며, 신앙적으로는 부활·천사·영 등을 부인하고 인간의 자유 의지를 강조한 철저한 자유주의자들이었다.

그러나 본 절에서는 이방인 개종자들이 헬라 철학의 영향을 받아 죽은 자의 부활을 부인하였다. 고린도 교인들 중 일부는 아마도 죽은 자가 다시 살아난다는 것은 믿을 수 없는 유대의 미신으로 비쳤을 것이며, 세상의 지혜를 추구하는 헬라인들에게는 거치는 돌이 되었을 것이다.

그리스도의 부활은 이미 역사적 사건이 되었고, 그를 믿는 자마다 마지막 날에 그처럼 부활될 것이라고 약속하였음에도 불구하고 어찌하여 너희들 중에 어떤 이들은 죽은 자 가운데서 부활이 없다고 하느냐? 라고 사도 바울은 그들의 불신앙을 책망하였다. 오늘날도 수많은 자유주의자들과 불신앙의 사람들은 내세의 부활을 부인한다. 그들은 영적으로 사두개인의 후손들이기 때문이다.

① **고린도전서 15:13-14**, "만일(에이, εἰ; if, 만일) 죽은 자의 부활이 없다면 … 만일(if) 그리스도께서 다시 살지 못하셨으면 우리의 전파하는 것도 헛것이요, 또 너희 믿음도 헛것이며."

"**우리의 전파하는 것**"이란 사도들의 설교를 말한다. 광의적 의미에서는 그리스도의 복음을 전파하는 모든 사람들의 설교를 포함한다. 사도

---

[2] ANT. 18.1.4; 20.9.1.

들은 그리스도의 십자가와 죽으심, 그리고 부활을 증거하였다. 그러므로 그리스도의 부활이 사실이 아니라면 그리고 죽은 자의 부활이 없다면 사도들의 전파도 헛것이 될 것이요, 또 죽은 자의 부활을 믿는 믿음도 헛것이 될 것이다. "**헛것**"이란 텅 빈, 하나의 단순한 망상(케논, κενόν; empty; a mere chimera)이란 뜻이다. 만일 부활이 없다면 부활을 전파하는 일이나 믿는 일도 모두 다 허공에 구름을 잡는 일, 허무한 일, 쓸데없는 일들이 될 것이다. 그러나 본문이 강조하는 말씀은 그리스도께서는 이미 부활하셔서 부활의 첫 열매가 되셨으므로 장차 신자들도 부활하게 될 것이며, 따라서 부활에 대한 전파나 믿음은 결코 헛되지 않는다는 뜻이다.

② **고린도전서 15:15**, "…만일(if) 죽은 자가 다시 사는 것이 없다면…16절 만일(if) 죽은 자가 다시 사는 것이 없다면 … 우리가 하나님의 거짓 증인들(False Witnesses)로 발견될 것이다."

사도 바울은 앞으로 있을 죽은 자의 부활을 현재의 실상으로 간주하고 죽은 자가 다시 살아나리라고 전파하였다. 참으로 믿음은 바라는 것들의 실상이요, 보지 못하는 것들의 증거이다.

만일 전파하는 부활이 사실이 아니라면 거짓 증거자로 발견될 것이다. "**우리가 발견된다**"(휘리스코메다, εὑρισκόμεθα; we are found)라는 단어는 "**휘리스코**"(εὑρίσκω; to find; 찾아내다, 발견하다)의 1인칭·복수·현재·수동형이므로 우리가 발견되다, 폭로되다, 드러나다(we are found, exposed, discovered)라는 뜻이다. 만일 부활이 없다면 부활을 증거하는 자들은 거짓 증인들로 드러나고, 폭로되고, 발각될 것이다. 그러나 본문이 강조하는 말씀은 부활을 증거하는 사람들은 결코 거짓 증인들이 아니라, 참 증인들이라는 뜻이다.

③ **고린도전서 15:17**, "만일(if) 그리스도께서 다시 사신 것이 없다면 너희의 믿음도 헛되고 너희가 여전히 죄 가운데 있을 것이요."

만일 그리스도께서 다시 사신 것이 없다면, 그리스도의 부활을 믿는 우리의 믿음도 "**헛것이요**"(마타이아, ματαία; useless; 소용없는, 쓸모 없는), 믿음의 결과는 열매 없는 것(Fruitless)이 될 것이다. 그리고 그리스도의 부활이 없었다면 인류는 여전히 죄 가운데 그대로 남아 있게 될 것이요, 죄사함을 받지 못할 것이요, 그리스도 안에서 잠자는 성도들도 망할 것이다. 따라서 이 구절의 강조점도 그리스도는 확실히 부활하셨고, 우리의 믿음도 헛되지 않고, 죄 가운데 머물러 있지도 않으며, 죄사함 받으며 망하지 않는다는 말씀이다.

④ **고린도전서 15:19**, "만일(if) 그리스도 안에서 우리의 바라는 것이 다만 이생뿐(in this life)이면 모든 사람 가운데 우리가 더욱 불쌍한 자리라."

만일 우리의 소망이 오직 이 현 세상에만 둔다면, 다시 말해서 우리의 소망을 장차 받을 부활과 누릴 영광에 두지 않는다면 우리의 희망이나 소망은 다 사라질 것이며, 우리는 이 세상에서 가장 불쌍한 사람들, 가장 불행한 사람들, 가장 비참한 사람들이 될 것이다.

"**가장 불쌍하다**"는 말씀은 "**…보다 더 불쌍한**"(엘레에이노테로이, ἐλεεινότεροι; more pitiful (than))이란 비교급으로서 이 단어는 "엘레오스"(ἔλεος; mercy or pity; 자비 또는 불쌍히 여김)에서 인출되었다. 불쌍한 사람들보다 더 불쌍하고, 더 불쌍한 사람들보다 더 불쌍한 사람들이니 그 결국은 가장 불쌍한 자들이다.

만일 우리의 바라는 것이 이 생애뿐이라면 우리는 가장 불쌍한 사람들이 될 것이다. 왜냐하면

① 우리의 유일한 소망, 최대의 소망은 장차 있을 우리 몸의 부활과 구속, 그리고 영생복락이니 만큼 우리의 실망도 그만큼 클 것이기 때문이며,

② 우리의 바라는 것 때문에 이 세상에서의 고통·핍박·환란·궁핍 등도 달갑게 받는데 만일 우리의 바라는 것이 이 세상뿐이라면 우리의 실망도 그만큼 클 것이기 때문이며,

③ 이 세상에서 자원하여 자신을 부인하는 경건 생활이 허무로 돌아갈 것이기 때문이다.

그러나 감사한 것은 우리의 바라는 것은 이 생애가 아니라 내세의 부

활이며, 부활 후 천상에서 영원토록 영생복락을 누릴 것이니 우리는 가장 행복한 자들이다.

3. 신학적 논증(Theological Argument, 고전 15:20-28)

① **고린도전서 15:20**, "그러나 이제 그리스도께서 죽은 자 가운데서 다시 살아 잠자는 자들의 첫 열매가 되셨도다."

"**그러나 이제**"(누니 데, νυνί δέ; but now; 그러나 지금은)는 지금까지의 가정(if)은 사실이 아니라, 사실은 그리스도께서 부활하셨다는 것이다. 그리스도는 죽은 자 가운데서 먼저 살아나셔서(골 1:18) 부활의 첫 열매가 되었다. 첫 열매는 앞으로 맺을 일만 과일들의 본보기이다(출 23:16, 19). 이와 같이 그리스도는 죽은 자들 가운데서 먼저 부활하셔서 앞으로 부활할 신자들의 부활의 본보기가 되었으며, 또 신자들의 부활을 보증한다.

② **고린도전서 15:21-22**, "사망이 사람으로 말미암았으니 죽은 자의 부활도 사람으로 말미암는도다. 아담 안에서 모든 사람이 죽은 것같이 그리스도 안에서 모든 사람이 삶을 얻으리라."

바울은 아담과 그리스도를 대조하면서 신자 부활에 대하여 보도하였다. 아담은 전(全) 인류의 대표이며, 그리스도는 전(全) 신자들의 대표이다. 하나님은 전 인류의 조상이요 또한 대표자인 아담과 행위언약을 맺었었다. 그러나 아담이 범죄함으로 죄가 세상에 들어왔고, 죄로 말미암아 모든 사람이 죽음에 이르게 되었다(창 3:17-19; 롬 5:12).

"**아담 안에서 모든 사람이 죽는 것 같이**" "**죽는다**"(아포드네스쿠신, ἀποθνήσκουσιν; they go on die; 계속 죽고 있다)는 죽다 또는 죽어 나간다 (아포드네스코; ἀποθνήσκω; to die off or out)의 3인칭·복수·현재·직설법이다. 그러므로 본 절에서 "**죽는다**"는 말씀은 "**죽음의 계속적 과정**"(A Continuous Process of Dying)을 의미한다. 따라서 아담 안에서 모든 사람이 죽는다는 말씀은 에덴 동산에서부터 마지막 날까지 모든 사람이 계속 죽어나가고 있다는 뜻이다.

그리스도 안에서 모든 사람이 "**삶을 얻으리라**"(조오포이에데손타이 ζωοποιηθήσονται; will be made alive)는 조오포이에오(ζωοποιέω; to make alive; 살아나게 하다)의 3인칭·복수·미래·직설·수동이니 그들이 살리심을 받을 것이다라는 의미이다. 아담 때로부터 마지막 날까지 사람들은 계속 죽어나가지만, 그리스도 안에서 죽은 모든 사람들은 장차 그 어떤 날, 주님 다시 오시는 날, 즉시로·동시에·단 한번에 살리심을 받을 것이다.

45-49절에서는 첫 아담과 마지막 아담(예수 그리스도)을 계속해서 대조한다. 첫 아담은 땅에서 났으니 흙에 속한 자요, 따라서 육의 몸이요, 자연인(Natural Man)이다. 반면에 마지막 아담은 하늘에서 났으니 하늘에 속한 자요, 따라서 신령한 사람(Spiritual Man)이다. 그런데 그리스도 안에 있는 자들은 마지막 날에 죽지 않을, 썩지 아니함을 입을 것이다(53-54). 그 때에 우리는 사망을 정복할 것이다. 그 때에는 그리스도의 영광의 광채와 같이 빛날 것이다(빌 3:21). 끝으로 사도 바울은 이 부활의 진리와 신앙에 굳게 서도록 성도들에게 강권하였다(15:58).

4. 윤리적 적용(Ethical Implication, 고전 15:30-34)

① **고린도전서 15:30**, "만일 죽은 자들이 다시 살지 못하면 왜 우리가 매시간마다 위험을 무릅써야 하는가?"
만일 부활이 없다면 우리가 그리스도를 위하여 매일 환난·핍박·고통을 받을 이유가 어디 있겠는가?(고후 11:23-29 참조)

② **고린도전서 15:32**, "만일(if) 죽은 자가 다시 살지 못할 것이면 내일 죽을 터이니 먹고 마시자 하리라 하지 않겠는가?"
고린도교회 신자들 중에는 내세와 부활을 부인하고 세상 향락에 젖은 향락 주의자들(Epicureans)이 있었음이 틀림없다. 그러기에 사도 바울은 악한 동무들에게 속지 말고, 깨어 의를 행하고, 죄를 짓지 말라고 권면하

고 경고하였다. 왜냐하면 신자들의 몸이 바로 하나님의 전(temple)이요, 장차 부활의 몸이 될 것이기 때문이다. 죽은 자들이 반듯이 살아나 하나님 앞에서 선악간에 행위의 심판을 받을 것으로 알고 내일 죽을 터이니 먹고 마시자하며 향락주의에 젖을 수 없다.

③ **디모데후서 2:8**, "나의 복음과 같이 다윗의 씨로 죽은 자 가운데서 다시 살으신 예수 그리스도를 기억하라."

사도 바울은 사랑하는 믿음의 아들 젊은 교역자 디모데에게 그리스도의 성육신과 부활을 기억하라고 하였다. "**기억하라**"(μνημόνευε; remember; 기억하라, 다시 생각하라, 회고하라). "**다윗의 씨**"는 예수 그리스도의 인성을, 부활하신 그리스도는 그리스도의 신성을 나타낸다.

로마서 1:3-4 "육신으로는 다윗의 혈통에서 나셨고 성결의 영으로는 죽은 가운데서 부활하여 능력으로 하나님의 아들로 인정되었으니 곧 우리 주 예수 그리스도시라."

④ **히브리서 11:19**, "저가 하나님이 능히 죽은 자 가운데서 다시 살리실 줄로 생각한지라."

아브라함은 신앙이 독실하여 하나님께서 아들 이삭을 죽음에서 실제로 부활시켜 주실 것을 확고히 믿었다. 아브라함이 이삭을 제단 위에 올려놓고 이삭을 제물로 드리려고 하기 바로 직전 하나님께서는 "그 아이에게 네 손을 대지 말라 네가 네 아들 독자라도 내게 아끼지 아니하였으니 …네가 하나님을 경외하는 줄을 아노라"하시고, 하나님께서 미리 준비하신 수양으로 제사 드리게 하였다. 아브라함은 이미 정신과 마음으로는 하나님께 이삭을 바쳤다. 그는 굳건한 부활 신앙의 소유자이었음으로 하나님께서는 양을 준비하여 이삭을 살리셨다(창 22:13).

⑤ **히브리서 11:35**, "여자들은 자기의 죽은 자를 부활로 받기도 하며 또 어떤 이들은 더 좋은 부활을 얻고자 하여 악형을 받되 구차히 면하지 아니하였으니."

인류 역사상 신앙의 영웅들이 많이 있었다. "**어떤 여자들은 자기의 죽**

은 자를 부활로 받기도 하며"이 말씀은 열왕기상 17:23과 열왕기하 4:36 의 말씀의 반영이다. 사렙땅 과부의 아들이 엘리야를 통하여 다시 살아난 것과 수넴여인의 아들이 엘리사를 통하여 살아난 것은 죽은 자를 부활로 받은 것이다. 그러나 신자들 전체 부활은 예수 그리스도께서 재림하실 때 이루워진다.

"악형을 받되 구차히 면치 아니하였으며" 어떤 이들은 신앙을 지키기 위하여 조롱·천대·멸시·채찍·돌로 맞음·투옥·궁핍·환란·칼로 벰·톱으로 짜름 등 형언할 수 없는 악형을 면하기를 거부하고 순교의 길을 택하였다. 이 같은 잔인한 악형은 마카비 독립시대에 안디오커스 에피파테스(Antiochus Epiphanes)의 폭정하에 있었다. **마카비서 6:19, 30**에 의하면 죄수를 툼파논(τυμπανον; drum; 북, 북 모양의 형틀)위에 누이고 쇠창살로 어깨·팔·엉덩이·다리 등을 먼저 고문하고 난 후 죄수의 앞가슴을 북 치듯 쳐서 죽이는 잔인한 악형 이었다. 그때 90세의 노학자 엘리야살(Eleazer)은 수리아 관원이 강요한 돼지고기 먹기를 거부하였음으로 툼파노 형을 받았다. 그는 형 집행 전 돼지고기를 먹는 척하고 다른 고기를 먹고 사형을 면하라는 어떤 이의 권면도 거절하고 "더러운 생명보다 차라리 영예로운 죽음을 환영하기 위해 툼파노를 향해 자진해 나아갔다." 한 어머니는 일곱 아들들과 함께 같은 형을 받았다.[3]

"더 좋은 부활"(A Better Resurrection): 비교할 수 없는, 형용할 수 없는, 영광스럽고도 복된 부활을 가리킨다. 더 좋은 부활은 첫째 부활, 의인의 부활, 영생의 부활, 그리스도 안에서의 부활이다. 이 세상에서 죽기를 무서워하여 짧은 일평생 죄의 종노릇하며 사는 것보다 영원한 내세에서 영생(영원히 복된 삶)을 누리는 편을 택하였다.

요한복음 11:25-26 "예수께서 이르시되 나는 부활이요 생명이니 나를 믿는 자는 죽어도 살겠고 무릇 살아서 나를 믿는 자는 영원히 죽지 아니하리니 이것을 네가 믿느냐."

---

3) II. Mac. 7:1.

Ⅵ. 무천년설의 일반 부활(동시 부활)

어거스틴(Augustine of Hippo, A.D. 354. 11. 13.-430. 8. 28.)
  어거스틴은 중세기 초 라틴 교부(Father)로서 문자적 해석은 본문 내용의 기본적 의미를 지니고 있다고 믿었다. 그럼에도 불구하고 성경의 비유적·은유적 해석에 치중하였다. 어거스틴은 무천년설자들의 상징적·은유적 해석의 기초를 닦아 놓았다. 한 예로 그는 창세기 주해에서 "태초에 하나님이 빛을 창조하시고 빛과 어두움을 분리하셨다"는 말씀(창 1:3-5)을 "우리는 이들(빛과 어두움)을 2천사들의 집단으로 이해한다. 한 천사는 하나님을 기뻐하며, 다른 한 천사는 교만으로 퍼져나간다"고 하였다.

비평(A Critique)
  ① 상징적·은유적 해석은 문자적 의미에 의존하지 않음으로 본래의 의미가 상실된다.
  ② 상징적·은유적 해석은 내용상의 일치나 통일성이 결여된다. 각자의 해석이 분분하기 때문이다. 객관적 진리가 상실될 수밖에 없다.
  ③ 성경 해석의 기본 원리는 본문 중심, 문자 중심, 문법 중심, 역사적 사실 중심이다. 이같은 성경 해석의 기본적 원리는 상징·비유·은유·영적 해석들을 배제하는 것이 결코 아니다.

  무천년설자들은 부활도 단일사건으로 본다. 그들은 주장하기를 첫째 부활은 영적 부활(A Spiritual Resurrection)이요, 영적 부활은 에베소서 2:1, 5-6, 요한일서 3:14을 인용하여 중생(New Birth)이라 하고, 육체적 부활(A Bodily Resurrection)은 의인과 악인이 동시에 일어나는 단일 부활 또는 일반 부활(A General Resurrection)이라고 한다. 따라서 첫째 부활과 둘째 부활 자체를 부인한다.

1. 무천년설자들은 첫째 부활은 영적 부활(중생)이라고 주장한다.

칵스(Cox)는 "두 형태의 부활이 신약에 취급되었다. 그리고 둘다 강조되었다. 하나는 영의 부활이요, 하나는 육체 부활이다. 이들 중 첫째는 중생인 반면에 둘째는 (그리스도)재림 시 일어난다. 모든 그리스도인들은 이미 첫째 부활을 경험하였다: 이것은 사람이 구주와 주님으로서의 그리스도께 자신의 마음을 완전히 굴복(양도)하는 순간에 발생한다. 그때까지는 사람은 죽은 것이다. …너희가 너희 허물과 죄로 죽었느니라"(엡 2:1)…[4]라고 하였다.

"Two types of resurrection are dealt with in the New Testament, and both are stressed. There are both a spiritual resurrection and a bodily resurrection. The first of these is the new birth, while the second is to take place at the parousia. Every Christian has already experienced the first resurrection; this took place the moment he surrendered his heart completely to Christ as Savior and Lord. Until that time the person was dead. You …who were dead in trespasses and sins"(Eph. 2:1).

"한 부활은 현세적이요 다른 부활은 미래적이며, 한 부활은 영적이요 다른 부활은 육체적이며, 한 부활은 신자들에게만 제한되고 다른 부활은 모든 사람들을 다 포함한다. …다시 태어나는 것은 첫째 부활에 참여하는 것이다"

"1. One is present, the other is future. 2. One is spiritual, the other is physical. 3. One is restricted to believers, the other includes everyone.[5] … Thus, to be born again is to have part in the first resurrection."[6]

---

4) William E. Cox, *Biblical Studies in Final Things* (Phillipsburg: Presbyterian and Reformed, 1966), p.133.

5) Ibid., p.135.

6) Ibid., pp.134-135.

"이와 같은 의미에서 그리스도인은 벌써 첫째 부활에 참여하였다. 첫째 부활이 그리스도께 일어난 이래로 모든 진정한 개종자들에게 또한 있어왔다.…첫째 부활이 그리스도의 지상 사역 동안에 이미 일어났으며…둘째 부활은 미래에 있을 것이다"라고 한다.

"In this same sense, the Christian has already had part in the first resurrection. Since the first resurrection has happened to Christ, it has also happened to every genuine convert.… Whereas the first resurrection was to begin taking place during Jesus earthly ministry. This second resurrection is also future from our present day."[7]

무천년설자들은 에베소서 2:1, 5-6과 요한일서 3:14에 언급된 중생을 첫째 부활로 해석한다.

반증(Counter Argument, 反證): 첫째 부활은 중생으로, 둘째 부활은 몸의 부활로 해석하는 것은 해석의 원리에 맞지 않는다. 부활에 관한 본문 자체가 첫째 부활은 중생이고, 둘째 부활은 신자 불신자의 동시 부활이라는 여하한 암시도 허용치 않는다. 부활을 말하는 동일한 구절에서 둘째 부활은 문자적으로 해석하면서 첫째 부활은 영적으로 해석하니 해석의 일치의 원리에도 모순 위배된다. 동일 구절에서 동일한 내용을 논할 때 영적 해석으로 일관하든지 아니면 문자적 해석으로 일관하든지 해석의 일치의 원리에 준하여야 한다. 무천년설은 해석상의 문제가 있다.

2. 무천년설자들은 신자의 부활과 불신자의 부활이 동시에 일어난다고 주장한다.

벌코프(Louis Berkhof)는 언급하기를 "전천년설 자들은 또한 더 좋은 부활(히 11:35), 생명의 부활(요 5:29), 의인의 부활(눅 14:14), 그리스도안에

---

7) Ibid., p.136.

서 죽은 자의 부활(살전 4:16)과 같은 어떤 특별한 표현들에 호소하나 이 모든 성구들은 신자들의 부활만을 언급한다. …이 성구들은 단순히 의인의 부활과 악인의 부활을 구분하는 것을 증명하고, 두 부활이 1000년 기간으로 인하여 서로를 분리될 것이라는 그 무엇도 증명하지 못한다"[8]라고 하였다.

"Premillenarians also appeal to certain specific expressions, such as a better resurrection, Heb. 11:35, the resurrection of life. John 5:29, the resurrection of the just, Luke 14:14, and the resurrection of the dead in Christ. I Thess 4:16, all of which refer to the resurrection of believers only. But these passages merely prove that the Bible distinguishes the resurrection of the righteous from that of the wicked and afford no proof whatsoever that there will be two resurrections, separated from each other by a period of a thousand years."

벌코프는 언급하기를 "전천년설 자들은 이중 부활 즉 의인의 부활은 그리스도의 재림시에 그리고 악인의 부활은 1000년 후 세상 끝에 있을 것이라고 가르친다. 그러나 성경은 두 부활이 동시에 있을 것이라고 말한다(단 12:2; 요 5:28-29; 행 24:15). 그것은 그리스도 재림시 악한 자의 심판과(살후 1:7-10) 마지막 날 의인의 부활을 연결시켰다"(요 6:39-40, 44, 54; 11:24)라고 하였다.

"Premillenarians teach a double resurrection: one of the just at the return of Christ, and another of the unjust a thousand years later, at the end of the world. But the Bible speaks of the resur-rection of both in a single breath. (Dan. 12:2; John 5:28, 29; Acts 24:15, connects the judgment of the wicked with the coming of Christ, II Thess. 1:7-10, and place the resurrection of

---

[8] Louis Berkhof, *Systematic Theology* (Grand Rapids: Eerdmans, 1939), p.725.

the just at the last day, John 6:39-40, 44, 54; 11:24)"[9]

벌코프는 의인의 부활과 악인의 부활, 영생의 부활과 사망에 이르는 부활이 동시에(at the same time) 일어난다고 주장한다. 벌코프은 이중 부활을 부인하기 위하여 다니엘 12:2; 요한복음 5:28-29; 사도행전 24:15; 데살로니가전서 4:16 말씀을 인용하였다.

① **다니엘 12:2**, "땅의 티끌가운데서 자는 자 중에 많이 깨어 영생을 얻는 자도 있겠고 수욕을 받아서 무궁히 부끄러움을 입을 자도 있을 것이며."

무천년설자들은 다니엘서 12:2 말씀을 인용하여 의인의 부활과 악인의 부활이 동시에 일어난다고 주장한다.

반증(Counter Argument, 反證): 이 말씀은 의인의 부활과 악인의 부활을 처음으로 분명히 계시하였으나 두 부활이 동시에 일어난다든지 아니면 시간적 간격을 두고 일어난다든지 하는 분명한 언급은 없다. 의인의 부활과 악인의 부활이 동시에 언급되었다 하여 의인의 부활과 악인의 부활이 동시에 일어나는 사건이어야 한다는 주장은 억설이다. 그러나 부활의 종류에 대하여는 분명히 언급하였고, 두 부활의 시기에 대하여는 시간상 선후가 있을 것은 잠자는 자 중에라는 말씀에서 암시하고 있다. 잠자는 자 중에는 잠자는 자들 전체의 일부분을 가리킨다. 잠자는 자들 중에 많은 사람들(KJV, NIV, RSV)은 영생의 부활을 얻을 것이니 잠자는 자 중에 영생의 부활을 얻지 못하는 또 다른 많은 사람들은 부끄러운 부활을 입을 것이다.

② **요한복음 5:28-29**, "이를 기이히 여기지 말라 무덤 속에 있는 자가 다 그의 음성을 들을 때가 오나니 선한 일을 행한 자는 생명의 부활로, 악한 일을 행한 자는 심판의 부활로 나오리라."

무천년설자들은 "무덤 속에 있는 자가 다 그의 음성을 들을 때가 오나

---

9) Louis Berkhof, *Summary of Christian Doctrine* (Grand Rapids: Eerdmans, 1938, 1983), pp.193-194.

니."라는 말씀을 인용하여 "때"는 그리스도를 따르는 자들이 중생을 얻게 되는 때를 가르친다고 한다. 그리고 생명의 부활, 심판의 부활은 그리스도 재림 시 동시에 일어난다고 한다.

반증(Counter Argument, 反證): 이 말씀에 의하면 영생의 부활과 심판의 부활 사이에 긴 시간이 있는 것 같지 않다. 그러나 "무덤 속에 있는 자가 다 그의 음성을 들을 때가 오리니."라는 말씀은 그리스도께서 음성을 한 번만 발하신다고 생각할 필요는 없다. 그리스도의 첫 음성은 생명의 부활로 나올 자들에게 발할 것이고, 그의 나중 음성은 심판의 부활로 나올 자들에게 발할 것이다. 본 절은 부활의 종류를 말하는 것이지 부활의 시기를 말하는 것이 아니다. "선한 일을 행한 자는 생명의 부활"-그리스도의 공로를 믿음으로 전가 받은 자들은 마치 자신들이 선한 일을 행한 것처럼 하나님은 간과해 주신다. 로마서 6:23, "…하나님의 은사(선물)는 그리스도 예수 우리 주 안에 있는 영생이니라." 그러나 악을 행한 자는 하나님의 공의에 근거하여 심판을 받아 심판의 부활로 나오게 된다. "악"이란 하나님의 아들 예수 그리스도를 영접하지 아니한 죄이다(요 3:36).

③ **사도행전 24:15**, "…의인과 악인의 부활이 있으리라."
무천년설자들은 "의인과 악인의 부활"이라고 할 때 부활이라는 단어가 단수로 된 것(아나스타신, ἀνάστασιν; a resurrection; 부활)을 보니 두개의 부활이 아니라 하나의 부활이라 한다.

반증(Counter Argument, 反證): 다니엘 12:2; 요한복음 5:28-29의 내용과 동일하다,

④ **벌코프**는 전천년설자들이 호소하는 또 다른 한 성구는 데살로니가전서 4:16, "주께서 호령과 천사장의 소리와 하나님의 나팔로 친히 하늘로 쫓아 강림하시리니 그리스도 안에서 죽은 자들이 먼저 일어나고…."
이 구절을 근거로 그들(전천년설자들)은 그리스도 안에서 죽지 않은 자들은 후일에 일어나게 될 것이라고 추론한다. 그러나 "…이 생명은 그리

스도 안에서 죽지 아니한 자들이 일어나리라는 것이 아니라 살아 남아있는 우리들이 그들과 함께 공중에 끌어 올려 주님과 함께 영원히 있으리라는 것이다"라고 하였다.

"Another passage to which the Premillenarians appeal is I Thess. 4:16, For the Lord Himself shall descend from heaven with a shout, with the voice of the archangel, and with the trumpet of God: and the dead in Christ shall rise first. From this they infer that those who did not die in Christ will be raised up at a later date. But it is perfectly clear that this is not the antithesis which the apostle has in mind. The statement following is not, then the dead who are not in Christ shall arise, but, then we that are alive, that are left, shall together with them be caught up in the air: and so shall we ever be with the Lord."[10]

반증(Counter Argument, 反證): 물론 데살로니가전서 4:16은 신자의 부활과 그리스도 재림시 살아 있는 신자들의 휴거를 말한다. 불신자의 부활은 언급하지 않았다. 그러나 무천년설자들은 불신자들도 신자들이 부활할 때 같이 부활한다고 한다. 불신자들도 신자들과 같이 동시에 부활한다면 "그리스도 안에서 죽은 자들이 먼저 일어나고…"라는 말씀대신에 "그리스도 안에서 죽는 자들과 그리스도 밖에서 죽은 자들이 같이 일어나고"라고 했어야 마땅하지 않겠는가? 그들은 말하기를 전천년설자들은 "그리스도 안에서 죽지 아니한 자들은 후일에 일어나게 될 것이라고 추론한다"라고 한다. 그러나 그리스도 안에서 죽지 아니한 자들 곧 그리스도 밖에서 죽은 자들(불신자들)은 후에 부활하게 될 것은 추론(infer)이 아니라, 성경의 계시이다(계 20:11-16; 살전 4:16).

먼저 알아야 할 것은 성경 어느 한 부분이 부분적으로 계시되었음으로 분명치 못할 경우에는 성경의 다른 부분들에서 지원을 받는 것이 성경해석의 원리이다. "성경을 해석하는 무오한 척도는 성경 그 자체이다. 그러

---

10) Berkhof, *Systematic Theology*, p.726.

므로 성경 어느 부분의 참되고 온전한 뜻을 알고자 할 때는 좀더 명백하게 말씀한 다른 부분들에 비추어서 연구하고 깨달아야 한다."[11]

데살로니가전서 4:16-17, "…그리스도 안에서 죽은 자들이 먼저 일어나고 그후에 우리 살아 남은 자도 저희와 함께 구름 속으로 끌어올려 공중에서 주를 영접하게 하시리니…"라는 말씀과 요한계시록 20:4-6, "…살아서 그리스도로 더불어 1000년 동안 왕 노릇하리니 그 나머지 죽은 자들은 그 천년이 차기까지 살지 못하더라."는 말씀만으로도 신자부활과 불신자부활 사이를 1000년의 세월이 개재될 것은 성경적이 아닌가!

⑤ 벌코프는 고린도전서 15:23, "그러나 각각 차례대로 되리니 먼저는 첫 열매인 그리스도요, 다음에는 그리스도 강림하실 때에 그에게 붙은 자요, 그후에는 나중이니…"라는 말씀 중에 그 다음에는 그 후에는 이라는 말씀을 즉각적 연속으로 보고 신자 부활과 불신자 부활이 연이어 동시에 일어난다고 주장한다.[12]

반증(Counter Argument, 反證): 그러나 고린도전서 15:23은 분명히 부활의 순서를 3단계로 밝혔다. 즉 첫번째는 그리스도의 부활이요, 그 뒤에 (에페이타, ἔπειτα; afterward; 그 후에)는 재림시에 있을 성도들의 부활이요, 그후에(εἶτα)는 불신자들의 부활이다. 이 말씀은 신자늘 불신자들 모두가 부활할 것이나 그들이 동시에 부활하는 것은 아님을 분명히 하였다.

"**각각 차례대로 되리니**" "**차례**"(타그마, τάγμα; order; 순서, 차례), "**다음에는**"(에페이타, ἔπειτα; afterward; 뒤에, 그 후에, "그 후에는"(에이타, εἶτα; then; 다음에는)이라는 말의 표현은 시간적인 순서로 보는 것이 합리적이다. 헬라어에 "처음에는", "다음에는", "그 후에는"(ἀπαρχή-ἔπειτα-εἶτα)은 첫째, 둘째, 셋째 등의 순서와 같다.

만일 무천년설자들의 주장대로 그리스도께서 재림하실 때에 악인들의 부활도 포함된다면 "그 후에는 나중이니"라는 말씀은 어떻게 할 것인

---

11) *Westminster Confession of Faith*, Ch. I. 9.
12) Ibid., p.726.

가? 성경은 부활의 순서를 계시하면서 시간적 간격이 있을 것을 분명히 언급하였다.

"먼저는 첫 열매인 그리스도시요" 그리스도는 부활의 첫 열매이지 첫째 부활과 둘째 부활에 있어서의 첫째 부활은 결코 아니다. 그리스도께서는 이미 근 2000년 전 무덤에서 육체로 부활하셨고 지금은 하나님 보좌 우편에 계신다.

"다음에는" 그리스도께 붙은 자들 곧 신자들의 부활은 그리스도 재림하실 때 있을 것이다. 그리스도의 부활과 신자의 부활 사이에 2000년이란 간격이 있어왔다. 이와 같이

"그 후에는 나중이니라" 는 말씀은 신자의 부활과 그후에 있을 불신자 부활 사이에도 상당한 시간적 간격이 있을 것이 아닌가? 그런데 성경은 신자의 부활과 불신자의 부활과의 시간적 간격을 1000년이라고 밝혔다.

⑥ **벌코프**는 "신자들의 부활을 '에크 네크론'(ἐκ νεκρῶν; from ⟨the⟩ dead; 죽음으로부터) 즉, 죽음에서 부활로 빈번히 언급한다. 전천년설 자들은 이 표현을 죽은 자들 가운데서(from among the dead)라고 표현함으로서 아직도 많은 사람들이 무덤에 남아 있는 것으로 말한다. **라잇훗**(Lightfoot) 또한 이 표현을 신자들의 부활이라고 말한다. 그러나 **케네디**(Kennedy)는 "이 결정적 주장을 위한 증거는 결코 없다"고 말하며, **보스**(Vos)박사도 이와 관계된 구절들을 조심히 연구한 끝에 그와 같이 결론지었다. …**크리머-코이겔**(Cremer-Koegel)은 그 표현(에크 네크론)을 죽은 자의 상태로부터(from the state of the dead)라고 해석하였다. 이 해석은 가장 자연적이라고 여겨진다"라고 하였다.

"Great emphasis is placed on the fact that Scripture, while speaking in general of the resurrection ton nekrw"n, that is, of the dead, repeatedly refers the resurrection of believers as a resurrection ejk nekrw"n, that is, out of the dead. Premillenarians render this expression, from among the dead, so that it would imply that many dead still remain in the grave. Lightfoot also asserts that this expression refers to the resurrection of believers, but Kennedy says, there is absolutely no evidence for this definite assertion. This is also the conclusion to which Dr. Vos comes after a careful study of the relevant passages. Cremer-Koegel interprets the expression to mean from the state of the dead, and this would seem to be the most natural interpretation."[13]

반증(Counter Argument, 反證): 먼저 중요 영어성경들은 에크 네크론(ἐκ νεκρῶν; from (the) dead; 죽음에서)이라고 번역하였다(롬 8:11; 10:9; 고전 15:12, 20; 히 11:19; K.J.V., N.A.S.B., N.I.V., R.S.V.등). 영어성경 N.I.V. 골로새서 1:18 등은 from among the dead로 번역되었고, 우리말 성경 고린도전서 15:12; 로마서 8:11; 10:9; 고린도전서 15:20; 히브리서 11:19 등에 죽은 자 가운데서로 번역하였으며, 일부 주경신학자들도 에크 네크론을 죽은 자들 가운데서(from among the dead)로 언급한 것은 사실이다. 그러나 그것이 성경의 의미적 해석과 부활의 교훈에 위배되지 않는다. 첫째 부활에 참여할 자들은 죽은 자 가운데서 먼저 부활할 자들이고, 둘째 부활에 참여할 자들은 죽은 자 가운데서 나중에 부활할 자들이기 때문이다. 만일 모든 사람이 동시에 즉시로 부활한다면 죽은 자 가운데서라는 말을 사용하지 않았을 것이다.

3. 무천년설자들은 요한계시록 20:4-6의 말씀은 세상 떠난 신자들의 영이 천국에서 주님 재림 시까지 살아서 그리스도와 더불어 왕 노릇하는 것을 가리키며 그것을 첫째 부활이라고 한다.

벌코프는 "요한계시록 20:4-6에서의 장면(광경)은 분명히 지상에서가 아니라 천상에서의 장면이다. 그리고 인용된 용어들은 육체적 부활에 대하여 암시하지 않는다. (계시를) 보는 사람은 부활한 사람들이나 몸

---

13) Ibid., p.725.

들을 언급한 것이 아니라, 영들이 살아서 다스린다고 한다. 그리고 그는 그들이 살아서 그리스도와 더불어 다스리는 것을 첫째 부활이라고 불렀다. 성경 어느 곳이나…의인과 악인의 부활을 함께 언급하는(단 12:2; 요 5:28-29; 행 24:15) 양자 사이에 1000년으로 분리된다는 것은 약간의 암시도 포함되어 있지 않다. 반면에 부활은 마지막날 일어날 것이며 즉시로 최후심판이 따를 것이라고 가르친다"(마 25:31-32; 요 5:27-29; 6:39-40, 44, 54; 11:24; 계 20:11-15)라고 한다.

"The scene in the verses 4-6 is evidently laid, not on earth, but in heaven. And the terms employed are not suggestive of a bodily resurrection. The seer does not speak of persons or bodies that were raised up, but of souls which lived and reigned. And he calls their living and reigning with Christ the first resurrection. Wherever the Bible mentions the resurrection of the righteous and the wicked together. as in Dan. 12:2; John 5:28, 29; Acts 24:15, it does not contain the slightest hint that the two are to be separated by a thousand years. On the other hand it does teach that the resurrection will take place at the last day, and will at once be followed by the last judgment. Matt. 25:31, 32; John 5:27-29; 6:39-40, 44, 54; 11:24; Rev. 20:11-15."[14]

안토니 호크마(Anthony A. Hoekema)는 "신자들의 부활과 불신자들의 부활 사이에는 천년 공백이 있고, 또한 두 부활을 분리시키는 일은 특별히 무덤 속에 있는 자가 다 그의 음성을 들을 때가 오나니 선한 일을 행한 자는 생명의 부활로, 악한 일을 행한 자는 심판의 부활로 나오리라(요 5:28-29)는 예수님의 말씀에 의해 도전 받는다. 더욱이 요한계시록 20:11-13에서 묘사되고 있는 부활이 단지 불신자들의 부활이라고 주장하는 것은 증명되지 못한 주장이다. …그러므로 우리는 4절의 살아서(에

---

14) Ibid., pp.726-727.

제san, ἔζησαν)라는 단어는 이미 죽었던 신자들의 영혼들이 지금 하늘에서 그리스도와 함께 살면서 죽음과 부활 사이의 중간기 상태 동안에 그리스도의 왕적 통치에 참여하고 있는 상태를 가리키는 것으로 이해한다"[15]라고 하였다.

반증(Counter Argument, 反證): **"목 베임을 받은 자의 영혼들"** 은 순교자들의 영혼들을 가리킨다. 이들은 짐승의 표를 이마와 손에 받지도 아니하고 그 우상에게 경배하기를 거부한 자들이요, 어린양의 이름을 그 이마에 받은 자들이다(계 6:9-11; 13:12, 15, 16; 14:1).

"살아서" (에제산, ἔζησαν)는 육체적 부활을 가리킨다. 살아서(에제산, ἔζησαν; they lived (again))은 (자오, ζάω; to live, be alive; 살다)에서 인출되었다. 이 단어는 살아 있는 현재 상태를 강조한다. 과거에 죽은 상태와 대조적이다. 그리고 이 단어는 신자들의 부활에도 사용되었다(살전 5:10; 요 5:25; 계 20:4).[16] 따라서 살아서라는 말씀은 순교자들이 죽었다가 다시 살아남 곧 첫째 부활을 가리킨다. 결단코 신체 없는 영의 부활(중생)이 아니다.

"천년 동안 왕 노릇하리로다" (바실류우신, βασιλεύσουσιν; will reign; 다스릴 것이다).

요한계시록 5:10, "저희로 우리 하나님 앞에서 나라와 제사장으로 삼으셨으니 저희가 땅에서 왕 노릇하리로다."

요한계시록 20:6, "이 첫째 부활에 참여하는 자들은 복이 있고 거룩하도다. 둘째 사망이 그들을 다스리는 권세가 없고 도리어 그들이 하나님과 그리스도의 제사장이 되어 천년동안 그리스도로 더불어 왕 노릇하리로다."

순교자들은 물론 첫째 부활에 참여하는 자들을 나라와 제사장으로 삼으셨다(계 1:6; 5:10). 구약에서는 나라와 제사장을 결합하여 **"제사장 나**

---

15) Anthony A. Hoekema, *The Bible and the Future* (Grand Rapids: Eerdmans, 1994), p.233.
16) Vine's *Expository Dictionary of Biblical Words* (Nelson, 1984), p.374.

라"라고 하였으며(출 19:6), 신약에서는 "**왕 같은 제사장**"이라고 하였다 (벧전 2:9). 우리를 나라와 제사장으로 삼으신 이유는 위로 하나님을 섬기며 아래로 백성들을 다스리기 위함이다. 그리고 다스리는 기간은 천년동안이다.

첫째 부활에 참여하는 자들이 누릴 복 3가지
① 둘째 사망이 그들을 다스리는 권세가 없으며
② 제사장이 되어 어떤 중재 없이도 하나님께 직접 기도할 수 있으며
③ 그리스도로 더불어 천년동안 왕 노릇하리라.

이것이 천년왕국에서 구속받은 자들이 향유할 지위와 특권이다. 고린도전서 6:2-3, 성도가 세상을 심판할 것을 너희가 알지 못하느냐? …우리가 천사를 판단할 것을 너희가 알지 못하느냐?. 누가복음 19:17, 19, 네가 열 고을 권세를 차지하리라…너도 다섯 고을 권세를 차지하리라.

4. 무천년설자들은 "부활은 마지막 날 일어날 것이며 즉시로 최후 심판이 따를 것이다"라고 하였다.

(The resurrection will take place at the last day and will at once be followed by the last judgment. 마 25:31; 요 5:27-29; 6:39-40, 44, 54; 11:24; 계 20:11-15).

반증(Counter Argument, 反證): 성경에 말일은 몇 가지 의미로 달리 사용하였다.

① 요한복음 6:39-40, 44, 54; 11:24의 "**말일**"(에스카테 헤메라, ἐσχάτη ἡμέρα; last day)은 구원받은 신자들만의 부활의 날을 가리키며,
② 요한복음 12:48의 "**마지막 날**"은 최후 심판의 날을 가리키며,
③ 디모데후서 3:1; 베드로후서 3:3; 야고보서 5:3; 요한일서 2:18; 유다서 18; 히브리서 1:2등은 말세지말의 어느 정도 긴 기간을 가리킨다. 뻴콥은 신자들만의 부활의 날을 가리키는 요한복음 6: 의 말씀을 인용하

여 불신자들의 부활의 날로 그리고 신자들만의 부활의 날을 최종 심판의 날로 단정하는 것은 큰 오류이다.

성경은 신자들의 부활이 있은지 1000년이 지나서 불신자들의 부활이 있고 곧이어 최후 심판이 있을 것을 가르쳤다. 계시록 20:4-6에서의 장면은 첫째 부활과 둘째 부활 사이에는 1000년이란 시간적 간격이 있음을 분명히 계시한다.

의인의 부활과 악인의 부활은 성질상으로도 구분이 있음과 같이 시기상으로도 구분이 있는 것이 바람직한 정상적 추론이다.

5. 무천년설자들은 이중 부활(Double Resurrection)의 교리는 요한계시록 20:5-13에만 기록되어 있다고 한다.

반증(Counter Argument, 反證):

① 이중 부활 즉 의인의 부활과 악인의 부활은 계시록 20:에만 기록되어 있는 것이 아니다. 다니엘 12:2; 요한복음 5:28-29; 사도행전 24:14-15 등 신구약 여러 곳에 계시되어 있다. 이외에도 이중 부활과 관계된 성구들이 많이 있다.

② 성경 어느 한 곳에만 기록되어 있기 때문에 그 진리를 과소평가 또는 부인할 수 있는가? 빛의 창조를 언급한 구절은 창세기 1:3뿐이며, 예수 그리스도의 동정녀 탄생을 예언한 구절은 이사야 7:14뿐이다. 그렇다고 창조의 대행자(Agent)로서의 빛의 창조와 예수 그리스도의 처녀 탄생을 부인할 것인가? 그렇다고 계시의 원천과 충족 그리고 효능을 부인할 수 있는가?

ESCHATOLOGY

제 7 장

생존 성도의 변화와 휴거
(*Transformation of the Living Saints and Rapture*)

    Ⅰ. 생존 성도의 변화
    Ⅱ. 휴거
        1. 어원적 고찰
        2. 정의
        3. 할파조의 용례들
    Ⅲ. 성도의 휴거
        1. 그리스도 안에서 죽은 자들이 먼저 일어남
        2. 생존 성도들이 변화됨
        3. 참 성도의 휴거
    Ⅳ. 세대론의 휴거설과 이중 재림 문제

Ⅰ. 생존 성도의 변화(Transformation of the Living Saints)

  예수 그리스도의 재림은 또한 생존 성도들(그리스도인들)의 변화를 가져올 것이다. 우리 주 예수 그리스도께서 재림하실 때 살아있는 신자들은 신체적·정신적 변화를 가져올 것이다. 그리스도 안에서 세상 떠난 의인들은 그리스도께서 재림하실 때에 무덤 속에서 썩지 않을·강한·영광스러운·신령한 몸으로 부활하듯이, 예수 그리스도께서 재림하실 때 살아있는 성도들도 신체적·정신적 변화를 가져 올 것이다.

고린도전서 15:51, "우리가 다 잠잘 것이 아니요, … 다 변화하리니"라는 말씀은 신자의 부활과 생존 성도들의 변화를 가리킨다.

우리말 성경에 "우리가 변화하리니"라는 말씀은 "알라게소메다" (ἀλλαγησόμεθα; we shall be transformed or changed; 우리가 변화 또는 변경될 것이다)로서 이 단어는 알라소(ἀλλάσσω; to transform or change)의 1인칭·복수·미래·수동형이다. 따라서 이 말씀의 올바른 뜻은 "우리가 변화 또는 변경될 것이다"이다.

우리는 우리의 몸들을 우리 자신들의 자력으로 능동적으로 변화시킬 수는 없다. 그 이유는 우리는 다 범죄 함으로 말미암아 영적으로는 전적 타락·전적 부패·전적 무능해졌기 때문이다. 여기서 전적 무능(無能)은 영적 무능(Spiritual Inability)을 가르킨다. 오로지 전능하신 하나님만이 부패성이 있는 연약한 몸을 부패성이 없는 신령한 몸·강한 몸·영광스러운 몸으로 변화시킬 수 있다.

그리스도의 재림과 동시에 죽은 자가 부활하고, 산 자가 변화되리라는 사실을 가리켜 사도 바울은 **비밀**(무스테리온, μυστήριον; A Mystery)이라 하였다(고전 15:51).

변화의 필요성(The Necessity of the Transformation)

고린도전서 15:50, "혈과 육은 하나님의 나라를 유업으로 받을 수 없고 또한 썩은 것은 썩지 아니할 것을 유업으로 받지 못하느니라."

이 말씀은 썩은 몸(죽은 사람)과 현재의 몸이 왜 변화되어야 하는가에 대한 매우 단순하면서도 명료하고 충족한 이유(a simple, clear and sufficient reason)를 밝히는 말씀이다.

"**혈과 육**"(삵스 카이 하이마, σὰρξ καὶ αἷμα; flesh and blood; 육과 피)은 문자적으로 생각해서는 안 된다. 혈과 육이란 물질적인 몸(A Material Body), 자연적인 몸(Natural Body), 현재의 몸(Present Body)을 가리킨다. 현재 우리의 몸은 죄의 성질이 있는 죄의 몸, 부패된 몸, 연약한 몸, 병드는 몸, 죽을 몸, 썩을 몸이다. 현대 생리학자들의 발표에 의하면 사람의 몸의 물질적 소립자(Particle)들은 매 7년마다 주기적으로 변한다고 한다. 현재의 몸은 변하는 소립자(원소)들로 구성되어 있다. 이런 몸을 가지고는 하나님의 나라를 유업으로 받을 수 없다. 그 이유는 이런 몸은 하나님의 나라와 그 나라의 성질, 특성과는 전연 맞지 않는 반대되는 몸이기 때문이다.

"하나님의 나라"는 하나님이 계신 곳, 앞으로 구속함을 받은 성도들이 부활체로서 영생 복락을 누릴 천국과 천국의 모든 축복들을 말한다. 현재의 우리의 몸은 하나님의 나라를 유업으로 이어 받을 수 없다.

"받지 못하느니라"(우 두나타이, οὐ δύναται; can not be able to, … 할 수 없다). 이 말씀은 우(οὐ; no; 아니다)라는 부정사가 앞에 나와서 강한 부정을 나타낸다. 즉 인간으로서의 불가능성(Impossibility)을 강조한다. 즉 혈과 육은 하나님의 나라를 유업으로 받기에는 전연 불가능하다. 하나님의 나라를 유업으로 받을 수 있는 몸은 현재 우리의 몸에 정 반대되는 죄의 성질이 없는 몸, 신령한 몸, 강한 몸, 썩지 않을 몸, 영생할 몸이어야 한다.

Ⅱ. 휴거(The Rapture)

데살로니가전서 4:16-17, "주께서 호령과 천사장의 소리와 하나님의 나팔로 친히 하늘로 좇아 강림하시리니 그리스도 안에서 죽은 자들이 먼저 일어나고 그 후에 우리 살아 남은 자도 저희와 함께 구름 속으로 끌어 올려 공중에서 주를 영접하게 하시리니 그리하여 우리가 항상 주와 함께 있으리라."

1. 어원적 고찰(Etymology)

"휴거"란 라틴어 **랍토**(ραπτο; to seize or snatch; 꽉 움켜쥐다, 잡아채다)에서 인출되었으며, 이 단어는 영이나 몸이(Spirit or Body) 한 장소에서 다른 한 장소로 옮기는 것을 뜻한다.

휴거라는 단어가 헬라어에는 데살로니가전서 4:17에 할파게소메다 (ἁρπαγησόμεθα; shall be seized; 잡아 채이게 될 것이다)이다. 이 단어는 **할파조** (ἁρπάζω; to seize, snatch away, catch up, carry off by force; 꽉 움켜쥐다, 잡아채다, 취하여 올라가다, 힘으로 옮기다)의 1인칭·복수·미래·수동형이다. 그러므로 "할파게소메다"의 문자적 의미는 "우리들이 꽉 움켜쥠을 당할 것이다, 잡아 채움을 당할 것이다, 취하여 올라감을 당할 것이다"라는 뜻이다. 휴거는 하나님의 초자연적 능력으로 우리들이 들리어 올리움을 받을 것(being caught up)이다는 뜻이다.

2. 정의(Definition)

휴거란 부활한 신자들과 변화된 신자들이 다 공중으로 들리어 올리움을 받는 것을 뜻한다. 이것을 신학적으로는 참 교회의 휴거(The Rapture of The true Church)라 한다. 여기서 참 교회(True Church)란 주님의 보혈로 구속 받고 중생 된 동서고금의 각각의 모든 참 성도들을 말한다.

성도들의 휴거야말로 이 세상에서 일어나는 모든 사변들 중에 가장 신기하고도, 놀랍고도, 특이한 사변이 될 것이다. 신랑되신 우리 주님 예수 그리스도께서 재림하실 때에는 그리스도 안에 있는 모든 사람들이 공중으로 들려 올리움을 받을 것이며, 그때에 성도들은 에녹이나 엘리야가 경험한 것과 유사한 경험을 하게 될 것이다(왕하 2:11; 히 11:5).

3. 할파조의 용례들(Usage)

할파조(ἁρπάζω)는 휴거 이외에도 여러 가지로 사용되었다. 실례로 이 단어는 씨 뿌리는 비유에서 악한 자가 뿌린 것을 "빼앗는다"(할파제이, ἁρπάζει; seizes; 강탈하다, 탈취하다, 빼앗다)라고 할 때 사용되었으며(마 13:19),

- 이리가 양들을 "강탈한다"(ἁρπάζε)라고 할 때에도 사용되었으며(요 10:12),
- 택자를 아무도 내 손에서 또는 아버지의 손에서 "빼앗을 수 없을 것이다"(우크 할파세이, οὐχ ἁρπάσει; shall not seize)라고 할 때에도 사용되었으며(요 10:28),
- 사도 바울이 삼층천에 들리어 올라간 경험을 말할 때 "헬파게"(ἡρπάγη; he has caught up; 들리어 올리움을 받았다)도 사용되었다.

신자들의 휴거와 관련하여는 마태복음 24:30-31(막 13:26-27)과 데살로니가후서 2:1은 데살로니가전서 4:17의 조명에 비추어 이해되어야 한다.

마태복음 24:30-31에서는 "인자가 나타날 때에(예수 그리스도께서 재림하실 때에) 저가 … 천사들을 보내리니 저희가 그 택하신 자들을 하늘 이 끝에서 저 끝까지 사방에서 모으리라"고 하였다.

여기서 우리는 성도들의 휴거를 위한 천사들의 사역을 엿볼 수 있다. 천사들은 하나님의 심부름꾼들(히 1:14)로서 택한 자들을 위험에서 구출하고 모으는 일을 부여받았다. "모으리라"(에피수낙수신, ἐπισυνάξουσιν; they will assemble or gather; 그들이 모을 것이다)는 에피쉬나고(ἐπισυνάγω; to gather together; 다 함께 모으다)의 3인칭·복수·미래·직설·능동형이다. 그러므로 "모으리라"는 말씀은 천사들이 적극적으로 택자들을 모으리라는 말씀이다. 이는 마치 목자가 양들을 한 우리에 모으듯이 말이다.

데살로니가후서 2:1, "…우리 주 예수 그리스도의 강림하심과" 마태복음 24:31에서처럼, 같은 단어인 "에피쉬나고게스"(ἐπισυναγωγῆς; gathering together; 같이 모으다)가 사용되었다. 이 말씀을 보면 천사들은 그리스도의 명령에 순종하여 택자들의 휴거를 위한 모종의 어떤 큰일을 감당할 것이 틀림없다.

Ⅲ. 성도의 휴거(Rapture of the Saints)

데살로니가전서 4:16, "주께서 호령과 천사장의 소리와 하나님의 나팔로 친히 하늘로 좇아 강림하시리니…."

① **"주께서 호령"**과 "주의 호령"(엔 케류스마티, ἐν κελεύσματι; with a loud command, a shout of command)은 "큰(소리의) 명령으로", "큰 명령의 소리로"라는 뜻이다. 케류스마티(κελεύσματι)는 케류스마(κέλευσμα)의 여격·단수이다. 주님의 호령 곧 주님의 큰 명령의 외침은 그리스도 안에서 죽은 모든 자들을 불러일으키는(살리는) 큰 외침의 명령이다.

요한복음 5:25, "진실로 진실로 너희에게 이르노니 죽은 자들이 하나님의 아들의 음성을 들을 때가 오나니 곧 이 때라 듣는 자는 살아나리라."

요한복음 5:28-29, "이를 기이히 여기지 말라 무덤 속에 있는 자가 다 그의 음성을 들을 때가 오나니, 선한 일을 행한 자는 생명의 부활로…."

② **"천사장의 소리와"**(엔 포네 알크앙겔루, ἐν φωνῇ ἀρχαγγέλου; with a voice of an archangel). 천사장을 알크앙겔로스(ἀρχάγγελος; archangel; 천사장)라고 하는데 이 단어는 천사(ἄγγελος; angel) 앞에 접두어 알케(ἀρχή; first; 처음, 첫째)가 있어서 첫 번째 천사 곧 천사장을 말한다. 천사장은 미가엘이다(살전 4:16; 유 9).

천사들은 지음을 받을 때 그 수가 고정되어 있는데 천사들의 수를 가리켜 천군 천사들, 천만 천사, 만만이요 천천이라고 하였다(시 103:21; 148:2; 히 12:1; 계 5:11). 천사들 세계에도 계급과 직분이 있다(골 1:16; 롬 8:38).

천사장의 소리를 요한계시록 5:2, 12에는 큰 음성(포네 메가레, φωνῇ μεγάλῃ; a loud voice)이라고 하였는데, 메가레(μεγάλη; great, powerful; 큰, 능력 있는)는 메가(μέγα)에서 인출되었다. 영이의 메가톤(megaton)은 헬라어 메가(μέγα)에서 유래된 단어이다. 현대에 한 메가는 숫자적으로는 100만을, 상징적으로는 어마 어마하게 큰 것을 가리킨다. 따라서 천사장의 소리는 어마어마한 상상을 초월하는 큰 소리를 말한다.

마태복음 24:31, "저가 큰 나팔 소리와 함께 천사들을 보내리니 저희가 그 택하신 자들을 하늘 이 끝에서 저 끝까지 사방에서 모으리라." "**택하신 자들**"은 하나님이 택하신 성도들을 가리킨다(엡 1:4; 살전 1:4). 그리고 "**하늘 이 끝에서 저 끝**"까지는 전(全)세계 방방곡곡 모든 곳을 가리킨다. 마태복음 13:39에 추수 때는 세상 끝이요, 천사들은 추수군들이라고 하였다. 주님 재림하실 때 천사장의 큰 소리가 발할 것이며, 천군 천사들은 택한 자들을 하늘 이 끝에서 저 끝까지 전 세계에 있는 모든 성도들을 모으는 역할을 담당할 것이다.

③ "**하나님의 나팔로**"(엔 살피기 데우, ἐν σάλπιγγι θεοῦ; with the trumpet of God). 나팔은 양각(양의 뿔) 또는 놋이나 은으로 만들었다. 회중을 소집할 때 나팔을 불었다(민 10:2-10).

고린도전서 15:52, "마지막 나팔 소리가 나매 죽은 자들이 썩지 아니할 것으로 다시 살고 우리도 변화하리라." 친히 하늘로부터 강림하시리니 주님 자신이 천국에서 직접 재림하실 것이다. 데살로니가전서 1:10, 하나님의 아들 예수 그리스도께서 천국에서 내려오시기 위하여 기다리신다. "아나메네인"(ἀναμένειν; to wait; 기다린다, 고대한다)는 확신과 인내로 학수 고대한다는 뜻이다.

주님 재림하실 때 그리스도 안에서 죽은 자들과 생존 성도들에게는 무슨 일이 일어 날 것인가?

1. 그리스도 안에서 죽은 자들이 먼저 일어남

데살로니가전서 4:16, "…그리스도 안에서 죽은 자들이 먼저 일어나고." 신랑 되신 우리 주 예수 그리스도께서 큰 영광과 권능으로 친히 재림하실 때 그리스도 안에서 죽은 자들이 먼저 부활하게 될 것이다. 그리스도 안에서 죽은 자들은 예수 그리스도를 구주로 믿다가 세상 떠난 사람들을 가리킨다.

고린도전서 15:51과 데살로니가전서 4:14에 의하면 죽은 자들을 "잠자는 자들"이라고 하였다.

"**잠잔다**"(카듀도, καθεύδω; to go to sleep; 잠잔다)는 상징적으로는 죽음을 가리킨다(마 9:24; 27:52; 막 5:39; 눅 8:52; 요 11:11; 행 7:60; 13:36; 고전 7:39; 11:30; 15:6, 18, 20, 51; 살전 4:14; 벧후 3:4).

신약에서 죽는다 또는 잠잔다는 말씀들은 영혼을 가리키지 않고 항상 육체를 가리킨다. 영은 죽지 않기 때문이다. 그리고 죽은 자를 잠자는 자라고 한 것은 잠자는 자는 다시 일어나는 것처럼 죽은 자는 다시 부활할 것이기 때문이다.

"**부활**"이란 헬라어로 아나스타시스(ἀνάστασις; resurrection)로서 이 단어는 전치사 아나(ἀνά; up, again; 위로 다시)와 동사 히스테미(ἵστημι; to raise up, to cause to stand; 일어나다, 일어서다)로 구성된 합성 명사이다. 그러므로 부활의 문자적 의미는 일어나는 것, 일어서는 것을 가리킨다. 성경은 죽은 자가 다시 살아나는 것을 일어나는 것, 일어서는 것으로 표현하였다.

고대 히브리인들의 표현 방식으로는 죽은 사람을 누워 있는 사람이라 하고, 누워있는 사람이 다시 일어나는 것 또는 일어서는 것을 부활이라고 하였다. 즉 부활이란 누워 있는 사람이 다시 일어나는 것, 죽은 사람이 다시 살아나는 것을 뜻한다. 부활은 생명 없는 썩은 시체가 다시 생명을 얻어 산 사람으로 다시 살아나는 것을 말한다. 동서고금을 막론하고 죽은 사람은 다 예외 없이 모두 누워있다. 누워있는 자가 다시 일어나서는 것, 죽은 자가 다시 살아나는 것이 부활이다.

"그리스도 안에서 죽은 자들이 먼저 일어나고"

"**죽은 자들**"(호이 네크로이, οἱ νεκροί; the deads)은 복수로 죽은 자들을 가리킨다; 오래 전에 죽었든지 최근에 죽었든지, 매장하였든지 화장하였든지, 호랑이 밥이 되었든지 상어 밥이 되었든지를 불문하고 그리스도 안에서 죽은 자들은 먼저 일어난다. 그러므로 주 안에서 죽은 자는 복이 있도다(계 14:13).

"일어나고"(아나스테숀타이, ἀναστήσονται; will rise again; 다시 일어날 것이다)는 **아니스테미**(ἀνίστημι; to rise〈from lying〉)의 3인칭·복수·미래·중간태이다. **중간태**(middle voice)는 주어 자체가 관심을 가지고 참여하는 것을 강조한다. 따라서 "일어나고"라는 말씀은 하나님의 초자연적 능력의 역사로 죽은 자들이 살아나고 살아난 자들이 자력(自力)으로 일어서는 것을 뜻한다. 그리스도 안에서 죽은 자들은 남녀노소를 막론하고 산 사람으로 다시 일어나는 이 놀라운 경험을(주님이 재림하시기 전에 세상 떠나면) 친히 경험하게 될 것이다.

성경은 그리스도 안에서 죽은 자들의 부활을 "의인의 부활"(눅 14:13-14), "생명에 이르는 부활"(요 5:28-29), "더 좋은 부활"(히 11:35), "첫째 부활"이라고 하였고, 첫째 부활에 참여하는 자들은 복이 있다고 하였다(계 20:6).

2. 생존 성도들이 변화됨

데살로니가전서 4:17, "그 후에 우리 살아있는 자들도…."

"그 후에"(에페이타, ἔπειτα; then, after that, afterward; 그리고는, 그 후에는)는 곧 뒤이어라는 뜻으로 이는 죽은 성도의 부활과 생존 성도의 변화사이에 시간적 간격이 없음을 말한다. 본 절에 그 후에라는 말은 연대적이라기 보다는 오히려 표현상 선후를 가리킨다고 보아야 할 것이다.

"우리 살아있는 자들"(호이 존테스 호이 페리레이포메노이, οἱ ζῶντες οἱ περιλειπόμενοι; the living remaining; 살아 남아 있는 자들)은 예수 그리스도께서 재림하실 때의 생존 성도들을 가리킨다.

고린도전서 15:51, "보라 내가 너희에게 비밀을 말하노니 우리가 잠잘 것이 아니요, 마지막 날에 순식간에 홀연히 다 변화하리라."

"우리도 다 변화하리라"(판테스 알라게소메다, πάντες ἀλλαγησό μεθα; all we shall be changed; 우리가 다 변화되리라). 알라게소메다는 알라소(ἀλλάσσω; to change, to transform; 변하다. 변화하다)의 1인칭·복수·미래·수동형이다. 따라서 우리는 다 외부의 초자연적 힘 곧 하나님의 전능에 의하여 변화될 것이다.

① **우리의 외면적 변화(Change)가 있을 것이다.** 지금은 몸의 불치의 병이 있거나 또는 신체의 불구일지라도 온전한 몸으로 변화될 것이다.

② **우리의 내면적 본질적 변화(Transform)가 있을 것이다.** 낮고 천한 몸이 존귀한 몸으로, 죄의 성질이 있는 몸이 신령한 몸으로, 연약한 몸이 강한 몸으로, 죽은 몸이 영생할 몸으로, 부끄러운 몸이 영광스러운 몸으로 변화될 것이다(고전 15:42-44). 생존 성도들은 죽음을 맛보지 않고 그의 영광의 몸의 형체와 같이 변케 될 것이다(빌 3:21).

신자의 부활과 생존 성도의 변화의 시간은 얼마나 소요 될 것인가?
죽은 자들의 부활은 순식간에 홀연히 이루어진다고 계시하였다.

고린도전서 15:52, "순식간에"(엔 아토모; ἐν ἀτόμῳ; in a moment; 한순간에)는 분리할 수 없는 시간, 너무나도 순간적이어서 현재·과거·미래로 나눌 수 없는 빠른 순간·찰나(Rapid Moment)를 말한다. 죽은 자들의 부활은 순간적으로 이루어진다.

"홀연히"(엔 리페 오프달무, ἐν ῥιπῇ ὀφθαλμοῦ; in a glance of an eye)는 눈 깜짝할 사이를 말한다. 하나님은 능력이 무한하셔서 이 방대한 우주와 그 가운데 있는 삼라만상을 즉각적으로 창조하신 것 같이 죽은 자들을 살리는 부활의 역사도 눈 깜짝할 사이에 발생될 것이다.

죽은 사람을 살린다는 것, 한 두 사람도 아니고 인류의 조상 아담, 하와시대부터 세상 떠난 모든 사람들을 살린다는 것, 시체들은 이미 화학적 물질들로 분해되어 흙으로 돌아간지 오래 되었는데 이 모든 세상 떠난 허다한 무리들을 순식간에 눈 깜짝 할 사이에 살린다는 것은 참으로 전능하신 하나님의 직접적 초자연적 신비적 역사가 아니고야 상상이나 할 수 있으랴!

3. 참 성도의 휴거

데살로니가전서 4:17, "그 후에 우리 살아 남은 자도 저희와 함께 구름 속으로 끌어 올려 공중에서 주를 영접하게 하시리니."

생존 성도들은 변화되고, 그리스도 안에서 죽은 성도들은 부활하여 저희가 다 함께 구름 속으로 끌어 올려 공중에서 주를 영접할 것이다.

① **공중으로 휴거.** "공중으로 끌어 올려"(할파게소메다 에이스 아에라, ἁρπαγησόμεθα εἰς ἀέρα; shall be seized, shall be caught up; 취하여 올리움을 받는다)는 외부의 초자연적 힘과 능력에 의하여 잡아 채임을 받아 들리어 올라감을 뜻한다. 외부의 초자연적 능력이란 전능하신 하나님의 능력을 가리킨다. 할파게소메다(ἁρπαγησόμεθα)의 원형은 할파조(ἁρπάζω; to seize, capture, snatch, take by force, catch away; 잡아채다, 취하다, 잡아채다, 힘으로 취하다, 잡아채 가다)로, 1인칭·복수·미래·수동형이다. 에녹의 승천(창 5:24), 엘리야의 승천(왕하 2:10-11) 그리고 사도 바울이 삼층천에 올라 간 것(고후 12:2, 4) 등은 장차 있을 성도들의 휴거의 본보기들(Examples)이다.

이 지구상에 거하는 모든 성도들이 어떤 이들은 닭이 우는 새벽에, 어떤 이들은 아침에, 어떤 이들은 정오에, 어떤 이들은 초저녁에, 어떤 이들은 밤에, 어떤 이들은 심야에, 어떤 이들은 새벽제단 쌓다가, 어떤 이들은 밭에서 일하다가, 어떤 이들은 전도하다가 각기 처소에서 공중으로 들리어 올리움을 받을 것이다. 신랑 되신 예수님 다시 오실 때 기도하다가, 밭에 나가 일하다가 기쁨으로 맞이하게 되기를 소원한다. 독수리 날개도 없는데, 젯트기 엔진도 없는데 공중으로 들리어 올리움을 받을 것이다. 신기하고도 놀라운 체험과 경험이 될 것이다.

② **공중에서 주님을 영접.** "공중에서 주를 영접하리니"(에이스 아판테신 투 큐리우 에이스 아에라, εἰς ἀπάντησιν τοῦ κυρίου εἰς ἀέρα; a meeting of the Lord in ⟨the⟩ air; 공중에서 주님과의 만남). "만나다"(아판타오, ἀπαντάω; to meet, to go to meet; 만나다, 나가서 만나다)는 타국에서 귀빈이 올 때 어느

정도까지 마중 나가 정중하게 예의를 갖추고 존경하며 영접하는 것을 말한다. 우리 위하여 피 흘려 죽으셨다가 육체로 부활하시고, 승천하시고, 지금은 하나님 보좌 우편에서 대언 대도하시는 신랑 되신 우리의 주님이 다시 오실 때 신구약 시대의 모든 성도들은 공중으로 들려 올려 공중에서 주님을 뵈올 것이다. 성경은 예수 그리스도의 재림과 성도들의 휴거로 인한 첫 만남의 장소를 공중에서라고 하였다. 다시 말하면 천국에서도 아니며, 지상에서도 아니며, 공중이 될 것이다. 신랑되신 주님을 공중에서 만나게 될 것을 생각하니 벌써부터 마음이 설레이는 구나!

③ **지상**(地上)**으로 즉시 내려 옴.**

그리스도 안에서 세상 떠난 성도들은 신령한 몸으로 부활되고 생존 성도들은 변화되어 들리워 올림을 받아 공중에서 주님을 영접하고 즉시 주님과 함께 지상으로 귀환할 것이다(살전 4:14). 성도의 휴거와 지상으로의 재림은 연속하여 될 것이다.

Ⅳ. 세대론의 휴거설과 이중 재림 문제(The Matter of Rapture and the Return of Jesus Christ by Dispensationalism)

세대론에 의하면 그리스도의 재림을 공중 재림과 지상(地上) 재림으로 양분하고 공중 재림과 지상 재림 사이에 7년의 간격을 둔다.

1. **공중 재림**: 세대론에 의하면 그리스도께서 공중 재림시 세상 떠난(死別) 성도들은 부활되고, 생존(生存) 성도들은 변화되어 공중으로 들려 올림(Rapture: 휴거)을 받을 것이다. 그리고 성도의 공중 휴거를 위한 그리스도의 공중 재림은 비밀이어서 지상 사람들에게는 보이지 않을 것이라고 한다.

공중 휴거: 세대론에 의하면 그리스도께서 공중에 재림하실 때 성도들(교회)은 휴거되어 공중에서 7년 동안 어린 양의 혼인 잔치에 참여할 것

이다. 그들은 요한계시록 4:1, "나팔소리 같은 음성이 가로되 이리로 올라오라…"는 말씀도 공중 휴거로 본다.

  2. **지상(地上) 재림**: 세대론에 의하면 그리스도께서 공중 재림 후 **공중에서 7년**이 지나서 성도들과 함께 지상(地上)에 재림할 것이다. 그들은 스가랴서 14:4, "그 날에 그의 발이 예루살렘 앞 곧 동편 감람산에 서실 것이요", 데살로니가후서 1:7, "…주 예수께서 그의 능력의 천사들과 함께 하늘로부터 불꽃 중에 나타나실 때에"라는 말씀들을 그리스도의 지상 재림의 근거로 삼는다. 그리고 그리스도의 지상 재림은 성도들을 위하여 오심이 아니라 성도들과 함께 오심이요 모든 사람들이 볼 수 있다고 한다. 구약시대 성도들과 7년 대환란 기간에 순교한 성도들은 그 때(지상 재림시)에 부활될 것이라 한다.

  그들은 파루시아(παρουσία; Presence; 임재)를 공중 재림에, 아포칼륩시스(ἀποκάλυφις; Manifestation; 현현)를 지상 재림에 적용한다.

  스코필드 성경주해에 의하면,

  "그리스도의 재림의 첫 단계는 어떤 순간에라도 일어날 수 있는 소위 휴거일 것이다. 이 때에 그리스도께서는 땅 위에 완전히 내려오시는 것이 아니라 공중의 어느 지점까지 내려오신다. 이 때에 모든 참된 신자들의 부활이 일어나게 된다. 이 부활 후에 그 때까지도 여전히 살아있는 신자들은 홀연히 변화되어 영화롭게 될 것이다. 그 때에 모든 하나님의 백성들의 휴거가 일어나게 될 것이다. 즉 죽음에서 일어난 신자들과 변화된 신자들은 구름 속으로 들림을 받아 강림하시는 주님을 공중에서 만나게 된다. 교회라 불리우는 신자들의 이 몸이 이제 그리스도와 함께 하늘로 올라가 그와 함께 7년 동안 어린 양의 혼인잔치를 축하하며 그 기쁨을 나누게 된다.… 이 7년 기간의 마지막 때에 그리스도께서 교회와 함께 영광 중에 다시 이 땅에 오시게 될 것이다. 이 때에 그리스도께서는 완전히 땅 위에 서실 것이다.… 그리고 1,000년 동안 통치하실 것이다."[1]

---

1) C.I. Scofield, *New Scofield Bible*, pp.1161-1162, 1372, 1923.

화인버그(Paul D. Feinberg)에 의하면,

"내가 보기에는 교회는 환난기를 통과하지 않는다. 왜냐하면 이 환난기는 하나님의 진노와 처벌이 시행되는 시기인데 교회는 그러한 하나님의 진노를 그 시기에서든 경험 자체에서든 면하리라는 약속을 받고 있기 때문이다. 또한 교회의 휴거와 그리스도의 재림 사이에는 상당한 시간적 간격이 요청된다.… 마지막으로 성경 본문에서 휴거와 재림 사이에 차이가 있는 점으로 미루어 이 둘은 별도의 독립된 사건으로 이해해야 한다."[2]

이상과 같이 세대론자들은 "성도들을 위하여 오심"은 공중재건으로 "성도들과 함께 오심"은 지상(地上) 재림으로 양분하고, 공중재건과 지상재림 사이에 7년동안 공중에서 어린양의 혼인 잔치가 있을 것이라고 한다.

비평(A Critique)

① 성경은 재림의 단일사건(A Single Event)을 가르친다.

성도들을 위하여 오심(Coming for the Saints)과 성도들과 함께 오심(Coming with the Saints)은 동시에 이루어질 단일 사변으로 성도는 재림하시는 주님을 휴거하여 영접하고 곧 이어 주님은 성도들과 함께 오실 것이다.

데살로니가전서 3:13, "…우리 주 예수께서 그의 모든 성도와 함께 강림하실때에…"(엔 테 포루시아 투 큐리우 헤몬 예수 메타 판톤 투 하기온 아우투, ἐν τῇ παρουσίᾳ τοῦ κυρίου ἡμῶν Ἰησοῦ μετὰ πάντων τῶν ἁγίων αὐτοῦ; coming our Lord Jesus with all his saints).

"성도들과 함께 오심"에서 성도들은 믿다가 세상 떠난 영(영혼)과 함께 오심을 뜻한다. 그리고 즉시로 죽은 육체와 재 연합하여 신령한 몸(부활체)으로 변화될 것이다(고후 5:8).

② 성경은 그리스도의 재림을 공중 재림과 지상 재림으로 양분하지 않는다.

데살로니가전서 4:17, "…구름 속으로 끌어 올려 공중에서 주를 영접하

---

[2] Paul D. Feinberg, *The Rapture Pre-Tribulational* (서울: 요단출판사, 1993), p.104.

여"는 공중에서 주님을 영접할 것이라는 말씀이요, 공중에서 7년 동안 있을 것이라는 여하한 암시도 없다. 공중에 치중하여 공중에서 7년 동안 내려오지 않는다는 것은 내세론적 사고에 많은 혼돈을 일으킨다. 성도의 휴거는 그리스도를 영접함에 있는 것이지 그 영접하는 장소에 있는 것이 아니다.

③ **성경은 환난전 휴거설(Pre-tribulation)을 가리키지 않는다.**
다시 말하면 교회가 대환란이 시작되기 전에 휴거될 것이라고 가리키지 않는다.
세대론자들이 환난전 휴거설로 인용하는 성경 구절들을 고찰할 것이다.
마태복음 24:22, 그 날을 감하지 아니할 것이면 모든 육체가 구원을 받지 못할 것이나 그러나 택하신 자들을 위하여 그 날을 감하시리라

비평(A Critique), "날들을 감하시리라"(days … cut short)
"**감하시리라**"(코로보데손타이, κολοβωθήσονται; will be cut short)는 단축될 것이다라는 말씀이다. 이 단어는 코로보오(κολοβόω; to cut off, shorten; 짜르다, 단축하다)의 미래·수동형이다. 그러므로 감하시리라는 말씀은 대환란을 당하지 않는다는 뜻이 아니고 단축시켜 주신다는 뜻이다.

누가복음 21:36, "이러므로 너희는 장차 올 이 모든 일을 능히 피하고 인자 앞에 서도록 항상 기도하며 깨어 있으라."
대환란전 휴거론자들은 장차 올 이 모든 일 곧 장차 일어날 일들을 대환란으로 보고 그 대환란을 피하는 것(에크푸게인, ἐκφυγεῖν; to escape)은 대환란을 당하지 않는 것이라고 한다.

비평(A Critique), 그러나 주님의 이 말씀은 대환란에 대처할 태도를 말한다. 장차 일어날 대환란은 성도들이 격게 되므로 그 환란을 피하도록 항상 기도하며 깨어 있으라는 말씀이요, 교회의 휴거와는 무관하다.

데살로니가전서 1:10, "…이는 장래 노하심에서 우리를 건지시는 예수시니라."

"장래 노하심"(Wrath to Come)은 앞으로 임할 진노 곧 대환란을 뜻한다. 주님은 앞으로 임할 진노 가운데서 성도들을 구출하여 주신다(루우메논, ῥυόμενον; delivering)는 말씀이다.

데살로니가전서 5:9, "…노하심에 이르게 함이 아니요."

"노하심에 이르게 함이 아니요"(우크 에이스 올겐, οὐκ εἰς ὀργὴν; not into wrath)는 최후 심판 때에 하나님의 진노를 면할 것을 가르치는 말씀이요 대환란을 피하여 공중으로 휴거될 것을 가르치는 말씀은 아니다.

데살로니가전서 2:8, "그 때에 불법한 자가 나타나리니 주 예수께서 그 입의 기운으로 저를 죽이시고 강림하여 나타나심으로 피하시리라."

"피하시리라"(아네레이, ἀνελεῖ; will destroy)는 멸하시리라는 말씀이다. 피하시리라는 오역이다. 이 말씀도 예수 그리스도의 재림은 대환란 후가 될 것을 가리킨다.

요한계시록 3:10, "네가 나의 인내의 말씀을 지켰은즉 내가 또한 너를 지키어 시험의 때를 면케 하리니 이는 장차 온 세상에 임하여 땅에 거하는 자들을 시험할 때라."

"너희를 지켜 시험의 때를 면케 하리라"는 말씀은 오역이다. 이 말씀은 말세에 있을 대환란 가운데서 성도들을 지켜주시겠다(테레소, τηρήσω; will keep)는 약속의 말씀이다.

이와 같은 표현은 요한복음 17:15, "저희를 세상에서 데려가시기를 위함이 아니요 오직 악에 빠지지 않게 보전하시기를 위함이니이다." 주기도문에서 "…우리를 시험에 들지 말게 하옵시고 다만 악에서 구하여 주옵소서"와 갈라디아서 1:4, "이 악한 세대에서의 구출…과 같이 지켜 보호하여 주신다"(keep, protect)는 뜻이다.

④ 그리스도의 재림을 나타내는 신약의 파루시아와 아포칼륩시스 두 단어도 재림의 단일성을 가리킨다.

세대론에 의하면 파루시아(παρουσία; Coming, Arrival, Presence; 오심, 오

심의 결과인 도착 또는 임재)는 그리스도의 공중 재림을, 아포칼룹시스 (ἀποκάλυφις; Manifestation; 현현, 나타내심)는 지상 재림을 가리킨다고 한다.

그러나 이 단어들의 원의미나 사용된 용례들(파루시아; 마 24:3; 고전 15:23; 살전 2:19; 3:13; 4:15; 5:23; 살후 2:1, 8; 요일 2:28, 아포칼룹시스; 고전 1:7; 살후 1:7; 벧전 1:7, 13; 4:13) 그리고 문맥들은 모두 그리스도의 단일 재림을 가리킨다. 그리스도의 재림은 분리할 수 없는 영광스러운 단일 재림이다.

ESCHATOLOGY

제 8 장

예수 그리스도의 왕국
(*The Kingdom of Jesus Christ*)

Ⅰ. 어원적 고찰
Ⅱ. 하나님의 왕국과 하늘의 왕국
Ⅲ. 현재적(영적) 왕국: 심령의 왕국
Ⅳ. 미래적 왕국
Ⅴ. 세대론자들의 왕국관
Ⅵ. 무천년설자들의 왕국관
Ⅶ. 잘못된 왕국관들

"**왕국**"(바실레이아, βασιλεία; Kingdom)은 두 가지 의미를 모두 포함하고 있다. 첫째로 왕국은 영역 또는 영토(Realm or Territory)를 가리키기도 하며 또한 왕적 권세·통치·지배(Royal Power, Reign, Dominion)를 가리키기도 한다. 하나님은 창조하신 모든 세계를 통치하며 지배하신다.

Ⅰ. 어원적 고찰(Etymology)

왕국(Kingdom)은 히브리어로 **마믈라카**(מַמְלָכָה; Kingdom)로서 구약에 146회 나타나는데 그 중 다수는 지상(地上)의 국가적 왕국들에 사용되었으며, 하나님의 왕국에 관하여는 역대기서에 1회, 이사야서에 2회, 시편

에 5회, 다니엘서에 7번 나타난다.[1]

왕국(Kingdom)은 70인역과 신약에는 **바실레이아**(βασιλεία; Kingdom; 왕국)로서, 신약에는 왕국이 161회 나타나는데, 그중 3번은 사탄의 왕국에 대하여(마 12:26; 눅 11:18; 엡 2:2), 7번은 지상(地上) 왕국에 대하여(마 24:7; 막 6:23; 13:8; 눅 21:10; 계 11:15; 16:10; 17:12)사용되었다.

왕국(Kingdom)은 헬라어로 바실레이아(βασιλεία)라는 추상명사로서 주로 하나님의 주권(Sovereignty), 왕적 권세(Royal Power), 지배(Dominion), 통치(Reign)를 뜻한다. 따라서 왕국은 하나님의 통치 또는 지배의 개념이 잘 나타나 있다(눅 1:33; 골 1:13).[2]

왕국의 개념은 하나님의 절대적 주권·권세·통치가 미치는 영역(Realm)이나 또는 영토(Territory)로서, 하나님의 절대적 주권이 민족·국가·사회·교회·가정·개인·사람·이 시대·오는 시대 등 모든 영역에 미치는 것을 의미한다. 하나님의 왕권은 그의 피조물 세계에 미치지 않는 곳이 없다.

예수 그리스도의 왕권은 그의 신성(Deity)에서 발견한다. 그리스도는 성자 하나님(GOD, the Son)이시기 때문에 또한 왕이시다. 예수님 당시 로마 사람들은 가이사(Caesar)를 자기들의 왕과 신으로 생각하였으나, 그리스도인들은 예수그리스도만을 자신들의 왕으로 모시었다.

II. 하나님의 왕국과 하늘의 왕국(The Kingdom of God and the Kingdom of Heaven)

성경에 왕국을 말할 때 "**하나님의 왕국**"이라는 표현과 "**하늘의 왕국**"이라는 표현이 있다. 그러면 하나님의 왕국과 하늘의 왕국은 각기 상이한

---

1) Norman Geisler, *Systematic Theology*, VOL. IV, *Church and Last Things*, Bethany House, Minneapolis, 2005. p.459.

2) Arndt and Gingricz

두 왕국인가? 아니면 동일한 왕국에 대한 상이한 표현들인가? **하나님의 왕국과 하늘의 왕국은 동일한 왕국의 상이한 명칭들이다.** 하나님의 왕국과 하늘의 왕국은 의미상으로 동의어(Synonym)이다.

그런데 "**하나님의 왕국**"이란 명칭은 헬라인들(이방인들)**이 사용하였고,** "**하늘의 왕국**"이란 명칭은 유대인들이 사용했다. 다시 말하면 하나님의 왕국이란 헬라인들의 표현이요, 하늘의 왕국이란 유대인들의 표현이다. 헬라인들에게 있어서 하늘의 왕국이란 표현은 귀에 생소한 말이었다. 반면에 유대인들에게 있어서 "**하나님**"이라는 명칭은 너무나 존엄하고 거룩한 명칭이므로 하나님의 이름을 망령되이 일컫지 않기 위하여(제3계명) 그들은 하나님이라는 명칭을 하늘(Heaven)이라는 명칭으로 대치하여 하늘의 왕국이라고 표현했다. 유대인들은 하나님 이라는 명칭을 말하거나 기록하지도 않았다. 유대인들에게 있어서 하나님이라는 명칭의 가장 일반적인 대체어는 하늘이었다.

하나님의 왕국이란 표현은 구약에는 없고, 신약에서는 일반적 통상 명칭이 아니다. 예를 들면, 탕자가 회개의 기도를 드릴 때 "아버지여 내가 하늘과 아버지께 죄를 얻었사오니"(눅 15:21)라고 하였고, 예수님께서 유대인들에게 질문하실 때 "요한의 세례가 어디로서 왔느냐 하늘로서냐 사람에게로서냐"(마 21:25)라고 했다.

마태복음에는 "**하늘의 왕국**"(헤 바실레이아 톤 우라논, ἡ βασιλεία τῶν οὐρανῶν; The Kingdom of Heaven)이라는 명칭이 33번 나타난다(마 3:2, 4:17, 5:3,…). 마태는 마태복음을 유대인들에게 썼기 때문이다.

반면에 **마가복음, 누가복음, 요한복음, 사도행전**은 이방인 독자들에게 보낸 서신들이므로 "**하나님의 왕국**"(바실레이아 투 데우, βασιλεία τοῦ θεοῦ; The Kingdom of God)이란 명칭만을 사용하였다(막 1:15, 눅 6: 20). 그리고 그 말씀들은 마가복음 15:43; 누가복음 19:11, 23:51; 사도행전 8:12, 28:31을 제외하고는 모두 예수님께서 하신 말씀들이다.

그러나 예수님께서 마태복음 19:23-24에서는 하늘의 왕국과 하나님의 왕국이라는 명칭을 교대로 사용하셨다. "예수께서 제자들에게 이르시되 …부자는 천국(Kingdom of Heaven)에 들어가기가 어려우니라. …약대가 바늘귀로 들어가는 것이 부자가 하나님의 나라(Kingdom of God)에 들어가는 것보다 쉬우니라"고 하셨다.

상기와 같이 유대인들은 하늘의 왕국이라고 불렀는데 예수님은 하나님의 왕국이라 하였다. 그 이유는 예수님은 자신이 바로 제 2위(The Second Person) 이신 성자 하나님(GOD, the Son) 이시기 때문이며, 하나님 이란 명칭을 하늘이란 명칭으로 대체할 필요가 없기 때문이다.

Ⅲ. 현재적(영적) 왕국(The Present Kingdom): 심령의 왕국(Spiritual Kingdom)

일반적으로 하나님의 왕국은 현재적 왕국과 미래적 왕국으로 양분한다. 현재적 왕국은 심령의 왕국을 말하며, 미래적 왕국은 예수 그리스도의 지상왕국과 영원한 왕국을 가리킨다. 현재적 왕국과 미래적 왕국을 일명 왕국의 현재성, 왕국의 미래성이라고도 한다.

예수 그리스도의 영적 왕권은 그의 백성들 위에 행사하시는 왕적 통치(Royal Rule)를 가리킨다. 이것을 영적 왕권이라 칭하는 이유는 이 왕국은 참 기독신자들의 마음과 생활 속에서 통치되는 신령한 왕국이기 때문이다(마 12:28; 눅 17:21; 골 1:13).

또한 이 왕국을 일명 현세적 왕국이라고도 하며, 또는 왕국의 현재성(Present Aspects of the Kingdom)이라고 칭하는 그 이유는 영적 왕국은 시간적인 개념에서 볼 때 예수 그리스도께서 재림하시기 전(前) 즉 이 시대(This Age)의 왕국이기 때문이다.

① 예수님은 한 부자요 유대인의 관원인 니고데모에게 "사람이 거듭나지 아니하면 '**하나님의 나라**'(바실레이안 투 데우, βασιλείαν τοῦ θεοῦ;

Kingdom of God; 하나님의 나라)에 들어갈 수 없느니라…사람이 물과 성령으로 거듭나지 아니하면 하나님의 나라에 들어갈 수 없느니라"라고 하셨다(요 3:3,5). 거듭난 자(중생한 자)만이 심령의 왕국의 일원이 된다.

② 예수님은 산상 보훈에서 "너희는 먼저 '**그의 나라**'(바실레이안 아우투, βασιλείαν αὐτοῦ; His Kingdom; 그의 나라)와 그의 의를 구하라"(마 6:33)고 하셨는데 그의 나라는 하늘의 나라가 아니라 하나님의 나라이다.

③ 예수님께서 바리새인들에게 "**하나님의 나라**"(헤 바실레이아 투 데우; ἡ βασιλεία τοῦ θεοῦ; The Kingdom of God; 하나님의 나라)가 이미 너희에게 임하였느니라라고 하셨다(마 12:28). 이 말씀은 예수 그리스도의 초림으로 천국 복음이 전파되므로 하나님의 나라가 이미 도래하였음을 가리킨다. 이 말씀은 하나님의 나라가 바리새인들에게 임하였다는 뜻이 아니다. 그들은 그리스도를 메시아로 영접하기를 거절한 사람들이다.

④ 바리새인들의 질문에 대한 예수님의 대답은 "하나님의 나라는 볼 수 있게 임하는 것이 아니요, 또 여기 있다 저기 있다고도 못하리니 하나님의 나라는 너희 안에 있느니라"(눅 17:20-21)라고 하였다.

하나님의 나라가 "**너희 안에**"(within you) 있다는 말씀은 하나님의 나라가 예수님을 메시야로 영접하지 아니한 바리새인들의 마음에 있다는 뜻이 아니라, 너희들 가운데(in your midst) 있다는 말씀이다. 이 말씀은 심령의 왕국(Spiritual Kingdom)을 말한다.

⑤ 예수님은 두 아들의 비유에서 세리들과 창기들이 너희들(대 제사장들과 백성의 장로들)보다 먼저 "**하나님의 나라**"(Kingdom of God)에 들어가리라(마 21:31) 하셨고, 포도원 소작인의 비유에서 악한 종들에게 이르시기를 너희는 "**하나님의 나라**"(Kingdom of God)를 빼앗기고 열매 맺는 백성이 받으리라고 하셨다(마 21:43).

1. 현재적(영적) 왕국의 왕: 만왕의 왕 예수 그리스도

메시야에 관한 구약의 예언들은 흔히 메시야를 왕으로 예언하였다(민 24:17; 삼하 7:16; 사9:6, 7; 시 2:6; 45: ; 72: ; 110: ; 단 7:13, 14; 미 5:2; 슥 9:9). 구약시대의 선지자들과 제사장들은 예수 그리스도의 선지직과 제사직의 예표이었던 것과 같이, 이스라엘의 왕들은 그리스도의 왕직의 예표이었다.

신약에서도 예수 그리스도를 왕으로 지칭하였다(눅 1:31-33; 마 3:2; 막 1:14). 또한 예수 그리스도를 교회의 머리로도 호칭되었다. 왕과 머리는 서로 분리할 수 없다. 예수 그리스도는 왕이시요, 교회의 머리이시므로 유기적 영적 방식으로 교회를 다스리신다(엡 1:20-22; 5:23; 시 2:6). 이 왕국의 영적 통치자는 예수 그리스도이시다.

2. 현재적(영적) 왕국의 영역: 참 중생한 신자들의 마음

성령하나님의 초자연적 능력의 역사로 중생함을 받은 참 그리스도인들의 마음 곧 **영혼의 좌소**(Seat of Soul)가 이 왕국의 영역이다.

대제사장들과 백성의 장로들이 예수님을 죽이려고 결박하여 빌라도 총독에게 넘겼다. 이에 빌라도가 "네가 유대인의 왕이냐?"라고 물었을 때 예수님께서 말씀하시기를 나의 나라(왕국)는 이 세상에 있지 않다(요 18:28-36)라고 하셨다.

바리새인들이 예수님을 책잡고자 하나님의 나라가 어느 때에 임하나이까 라고 물을 때 예수님께서 대답하여 가라사대 하나님의 나라가 "여기 있다 저기 있다고 못하나니 하나님의 나라는 너희 안에 있느니라"고 하셨다(눅 17:20-21). 너희 안에 라고 번역한 말씀은 엔토스 휘몬(ἐντός ὑμῶν)으로 **너희들 가운데**(in your midst)있다는 말씀이다. 하나님의 나라가 너희 안에 있느니라(within you)는 말씀은 하나님의 나라가 바리새인들 마음에 임하였다는 뜻이 아니다. 그 이유는 그들은 예수 그리스도를 메시야로 영접하기를 거절한 불신자들이었기 때문이다(17:22).

3. 현재적(영적) 왕국의 시작과 종결

주관적인 면에서 개별적으로 영적 왕국의 시작은 참 그리스도인들의 영혼들이 중생함을 받는 때부터이다. 사람마다 중생의 시기가 각기 상이하므로 현재적(영적) 왕국의 시작도 신자마다 각기 상이하다. 그러므로 이 영적 왕국의 시작은 모든 신자들에게 동시적으로 이뤄지는 것이 아니다. 이 영적 왕국에는 사람이 중생하므로 들어간다. 하나님의 왕국은 하나님의 말씀이 선포됨에 따라서 지금도 지상에서 계속 확장된다(행 8:12; 골 1:13).

이 영적 왕국은 일반적으로는 **예수 그리스도의 재림 때**에 종결될 것이다. 그리고 개인적으로는 **자기 생애의 마지막**이 이 영적 왕국의 종결이 될 것이다.

4. 현재적(영적) 왕국의 특성들

현재적(영적) **왕국은 어떠한 왕국인가?**

1) 현재적(영적) 왕국은 **내면적이고 불가견적왕국**(Internal and Invisible Kingdom)왕국이다. 현재적(영적) 왕국이 내면적이고 불가견적이라는 말은 이 왕국의 영역이 중생한 사람의 마음이요, 마음은 비물질적 요소로서 우리의 육안으로 볼 수 없기 때문이다.

마태복음 5:3, "심령이 가난한 자는 복이 있나니 천국이 저희 것이요"
누가복음 17:21, "…하나님의 나라는 너희 안에 있느니라."

그러나 예수 그리스도의 미래의 왕국, 우주적 왕국은 외면적·가견적(External and Visible)이며 그 왕국의 판도는 갱신된 이 세상이 될 것이다.

2) 현재적(영적) 왕국은 **불완전한 왕국**(Imperfect Kingdom)이다. 사람은 피조물이요 죄의 성질이 있고 사탄의 시험이 계속되므로 영적 왕국 곧 심령의 왕국은 완전한 왕국이 되기 불가능하다. 우리의 마음이 성령님의 지배와 영향을 많이 받을 때도 있으나 때로는 육신의 소욕에 끌리어 성령님을 근심케 할 때도 있다.

반면에 미래적 왕국은 온전히 신령한 몸으로 변화 부활될 몸들이니 완전한 왕국이 될 것이다.

3) 현재적(영적) 왕국은 **점진적으로 확장되는 왕국**(Expansible Kingdom)이다. 현재적 왕국은 불완전한 왕국이므로 완전을 향하여 질적으로 신앙이 장성되며, 양적으로 믿는 자가 증가되는 왕국이다.

그럼에도 불구하고 현재적 왕국은 이 세상에서는 결코 완성이 불가능하다. 사도 바울도 말씀하시기를 내가 다 이루었다 함이 아니라 앞에 있는 푯대를 향하여 달음질친다고 고백하였다(빌 3:12-14). 마태복은 13장의 겨자씨 비유가 교훈하는 바와 같이 현재적 왕국은 확장되어 가는 왕국이다.

그럼에도 불구하고 현재적 왕국의 확장진보 또는 그 결과로 우주적 왕국 곧 미래의 왕국이 건설되는 것은 결코 아니다. 그와 같은 생각은 기독교 내의 사회복음주의자들의 생각, 후천년설자들의 입장, 진화론, 맑스주의의 유토피아(Utopia) 사상과 같은 인본주의 망상들이다.

우주적 왕국은 공중에 뜨인 흰 돌 되시는 예수 그리스도께서 재림하셔서 이 세상 나라들을 다 멸하고 이 땅에 그의 나라를 건설하므로 순간적으로 이루어 질 것이다(단 2:34-35, 44-45).

4) 현재적(영적) 왕국은 **선과 악이 공존하는 왕국**(Coexistance between Good and Evil)이다. 현재적 왕국은 이 시대의 끝날까지 선과 악, 의와 불의, 의인과 악인, 빛과 어둠, 곡식과 가라지, 알골과 쭉정이가 공존한다

(마 13:24-30; 36-43; 고후 6:14-16). 현재적 왕국은 완전한 천국이 아니다. 의인·선의·빛·곡식·알곡은 악인·악·어둠·가라지·쭉정이와 타협하거나 같은 길을 걸어갈 수 없다.

5) 현재적(영적) 왕국은 **전투적 왕국**(Militant)이다. 현재적 왕국은 육신의 부패성·불신앙·배교·사탄의 권세 등등 신앙의 원수들과 싸우는 전투적 왕국이다(약 4:7). 참 교회는 복음을 변호·수호하기 위하여 전투적 입장을 취하여야 한다. 우리의 싸움은 혈과 육이 아니고, 공중에 권세 잡은 사탄과 그의 추종자들과의 싸움 곧 영적전쟁(Spiritual War)이다(엡6:12).

에베소서 6:12, "우리의 씨름은 혈과 육을 상대하는 것이 아니요 통치자들과 권세들과 이 어둠의 세상 주관자들과 하늘에 있는 악의 영들을 상대함이라."

반면 미래적 왕국은 승리적 왕국이 될 것이다.

IV. 미래적 왕국(The Future Kingdom)

미래적 왕국은 "예수 그리스도의 지상 왕국"과 "천상의 영원한 천국"으로 양분한다.

예수 그리스도의 미래 지상(地上)**왕국**(The Future Earthly Kingdom of Jesus Christ)

예수 그리스도의 왕국은 예수 그리스도께서 재림하심으로 이 땅위에 건설될 것이다.

이 왕국의 명칭들은:

① 예수 그리스도께서 친히 통치하시는 왕국이므로 **예수 그리스도의 왕국**(The Kingdom of Jesus Christ) 또는 **메시아 왕국**(Messiah's Kingdom) 이라고 하며,

② 전 세계가 이 왕국의 통치 영역이 될 것이므로 **우주적 왕국**(Universal Kingdom)이라고도 하며,

③ 지상(地上)에 건설될 왕국이므로 **지상 왕국**(Earthly Kingdom)이라고도 하며,

④ 미래에 이루어질 것이므로 **미래적 왕국**(Future Kingdom)이라고도 하며,

⑤ 그 기간이 천년이므로 **천년 왕국**(Millennial Kingdom)이라고도 한다.

1. 미래적(지상, 地上) 왕국의 왕: 예수 그리스도

만왕의 왕 예수 그리스도께서 이 왕국의 왕으로서 통치자가 되실 것이다.

① **왕국시대에 그리스도께서 왕으로 통치하실 것을 구약에 예언하였다**(사 2:4; 9:6-7; 11:1-10; 16:5; 40:1-11; 42:3-4; 52:7-15; 55:4; 단 2:44; 7:27; 미 4:3; 5:2-5; 슥 9:9; 14:16-17).

② 예수 그리스도께서 이 왕국시대에 왕으로서 통치하실 것은 그의 초림 시 천사를 통하여도 선포되었다. 누가복음 1:32-33 저가 큰 자가 되고 지극히 높으신 이의 아들이라 일컬을 것이요 주 하나님께서 그 조상 다윗의 위를 저에게 주시리니 영원히 야곱의 집에 왕 노릇하실 것이며 그 나라가 무궁하리라

③ **성부 하나님께서 성자 예수 그리스도께 하늘과 땅의 모든 권세를 부여하셨다**(마 28:18). 하나님은 그리스도를 지극히 높여 모든 이름들 위에 뛰어난 이름을 주사 하늘에 있는 자들과 땅 위에 있는 자들과 땅 아래 있는 자들로 모든 무릎을 예수의 이름에 꿇게 하신다고 말씀하셨다(히 1:13; 고전 15:27).

빌립보서 2:8-11, "사람의 모양으로 나타나사 자기를 낮추시고 죽기까지 복종하셨으니 곧 십자가에 죽으심이라 이러므로 하나님이 그를 지극히 높여 모든 이름위에 뛰어난 이름을 주사 하늘에 있는 자들과 땅에 있는 자들과 땅 아래 있는 자들로 모든 무릎을 예수에 이름에 꿇게 하시고

모든 입으로 예수 그리스도를 주라 시인하여 하나님 아버지께 영광을 돌리게 하셨느니라."

2. 미래적(지상) 왕국의 백성들: 부활체로 변화된 성도들 및 생존 불신자들

예수 그리스도의 재림시
① 죽음에서 다시 부활되는 모든 성도들,
② 죽음을 맛보지 않고 신령한 부활체로 변화되는 모든 성도들,
③ 불신자들 중 그리스도 재림시 생존자들로 구성될 것이다(눅 14:14; 요 5:29; 고전 15장; 살전 4:16-17; 계 20:6). 예수님을 구주로 영접한 모든 성도들은 예수 그리스도의 의(Righteousness)를 덧입음으로 신분상 의인이 되었을 뿐만 아니라 예수 그리스도 재림시 실제상 성질상으로도 죄의 성질이 없는 신령한 부활체들이 될 것이다. 그때에 의인들은 이 왕국을 유업으로 이어받게 될 것이며(마 25:34), 해와 같이 빛날 것이다(마 13:43).

3. 미래적(지상) 왕국의 영토(Territory): 이 땅(지구)

이 왕국의 장소는 이 땅이 될 것이다. 이 왕국의 영역은 중생한 자들의 심령도 아니요, 내세의 영원한 천국도 아니라, 우리가 살고 있는 이 땅 위가 될 것이다. 예수 그리스도께서는 그의 왕국을 **이 땅 위에 건설**하실 것이다. 이 왕국은 피조 세계 안에서 이루어질 것이며 동시에 신령한 왕국이 될 것이다. 그리스도의 왕국이 이 땅 위에 이루어질 것임에도 불구하고 이 왕국이 신령한 왕국이 될 것은
① 여호와 하나님께서 만물들을 새롭게 하시고(롬 8:19-22),
② 사탄을 무저갱에 가두어 더 이상 세상 만민을 유혹하지 못하게 하시며(계 20:2-3),
③ 이 왕국에 동참하는 사람들을 신령한 부활체로 변화시켜 이 왕국에

들어가게 하실 것이기 때문이다(계 20:12-13).

4. 미래적(지상) 왕국의 기간(Duration): 천년

이 왕국의 기간은 천년이다. 예수 그리스도께서 재림하시므로 이루어질 이 왕국의 기간은 천년이라고 성경은 분명히 가르치셨다(계 20:2-7). 이 왕국의 기간은 신자들의 부활(첫째 부활)과 불신자들의 부활(둘째 부활)사이의 천년이다.

그러나 무천년설자들은 첫째 부활과 둘째 부활이 시간적으로 동시에 일어난다고 주장하며, 예수 그리스도의 지상 천년왕국 자체를 부인한다.

5. 미래적(지상) 왕국의 특성들(Characteristics)

예수 그리스도의 지상(地上) 왕국은 어떠한 왕국일까?

1) 예수 그리스도에 의하여 순간적으로 건설되는 왕국이다.

이 왕국은 예수 그리스도의 초자연적 능력의 역사로 순간적으로 이 땅 위에 건설될 메시야의 왕국이다. 주님께서 "뜻이 하늘에서 이루어진 것 같이 이 땅에도 이루어지이다"(마 6:10)라고 우리에게 가르치신 기도의 내용도 바로 이 메시야의 왕국을 의미한다. 이 왕국은 인간의 노력에 의하여 점차적으로 이루어지는 왕국이 결코 아니라, 인간의 모든 역사를 중단시키고 즉각적으로 건설되는 왕국이다.

바벨론의 느부갓네살 왕 재위 제 2년(B.C 604)에 그는 꿈을 꾸었고 다니엘은 그 꿈을 해몽하였다.

다니엘 2:32-33, "그 우상의 머리는 정금이요 가슴과 팔들은 은이요 배와 넓적다리는 놋이요 그 종아리는 철이요 그 발은 얼마는 철이요 얼마는 진흙이었나이다."

역사적 해석(Historical Interpretation)

① 머리는 정금이요; 바벨론(Babylonian Empire; 605 B.C-539 B.C)를 가리킨다(단 2:38). 바벨론은 메데 파사에 의해 멸망당했다.

② 가슴과 팔은 은이요; 메대 파사(Medo-Persia Empire; 539 B.C. Cyrus 대제가 세움, 330 B.C.).

③ 배와 다리는 놋이요; 헬라(Greek-Macedonian Empire; 알렉산더 대제가 세움, 330 B.C.- 63 B.C.). 헬라는 로마의 봄베이(Pompey) 장군에 의해 합병되었다.

④ 두 다리는 철이요; 로마제국(Roman Empire; 63 B.C.)

⑤ 발과 발가락은 철과 흙; 로마제국의 분열과 멸망

인류의 역사 변천을 바라본다. 나라들이 흥하고 쇠하고 망하고 하기를 예수 그리스도께서 재림하실 때까지 계속될 것이다. 나라들은 금·은·놋·철·흙으로 내려가듯이 점차적으로 쇠약 쇠태해진다. 그럼에도 로마는 제13대 트라쟌 황제(Trajan, 98-117 A.D.) 때 국토를 가장 확장시켰다.

다니엘서 7:4-7의 첫째 짐승은 사자(Lion), 둘째 짐승은 곰(Bear), 셋째 짐승은 **표범**, 넷째 짐승은 **무섭고 놀라운 짐승** 등은 다니엘서 2장의 신상(Image)과 일치한다.

영적으로는 말세에는 혼합시대; 진리와 비진리, 거짓 그리스도와 적그리스도, 종교와 세상 권세의 결탁으로 나타난다.

이 세상 끝날에 예수 그리스도께서 재림하셔서 지상 천년 왕국을 세울 것이다.

다니엘 2:34-35, "또 왕이 보신즉 사람의 손으로 하지 아니하고 뜨인 돌이 신상의 철과 진흙의 발을 쳐서 부숴뜨리매, 때에 철과 진흙과 놋과 은과 금이 다 부숴져 여름 타작마당의 겨같이 되어 바람에 불려 간곳이 없었고 우상을 친 돌은 태산을 이루어 온 세계에 가득하였었나이다."

다니엘 2:44-45, "이 열왕의 때에 하늘의 하나님이 한 나라를 세우시리니 이것은 영원히 망하지도 아니할 것이요 그 국권이 다른 백성에게로 돌아가지도 아니할 것이요 도리어 이 모든 나라를 쳐서 멸하고 영원히 설 것이라, 왕이 사람의 손으로 아니하고 산에서 뜨인 돌이 철과 놋과 진흙과 은과 금을 부숴뜨린 것을 보신 것은 크신 하나님이 장래 일을 왕께 알게 하신 것이라 이 꿈이 참되고 이 해석이 확실하니이다."

① 예수 그리스도께서 재림하신다.

뜨인 "돌"은 예수 그리스도를 가리킨다(시 118:22; 사 8:14, 28:16; 마 21:42; 롬 9:33; 엡 2:20; 벧전 2:6-7). 성경은 예수 그리스도를 뜨인 돌, 모퉁이 돌, 요긴한 돌, 부딪치는 돌이라고 하였다. 다니엘서 7:13-14에서는 인자(Son of Man)가 하늘 구름을 타고 재림하셔서 결코 멸망하지 않을 나라를 세울 것이라고 하였다. 공관복음 기록자들은 다니엘서 7:13-14을 예수 그리스도의 재림으로 말씀하셨다(마 24:30; 막 13:26; 눅 21:27).

② 이 세상 모든 나라들을 다 멸하실 것이다.

"신상을 부숴뜨리고"는 예수 그리스도께서 재림하셔서 이 세상 모든 나라들을 다 폐하고

③ 예수그리스도의 왕국을 세울 것이다.

"사람의 손으로 아니하고" 이 나라는 사람의 손으로 세워지는 나라가 아니다. 사람의 손으로 세워지는 나라들은 다 쇠하고 망하기를 수레바퀴처럼 돌고 돌아 이 세상 끝날까지 계속될 것이다.

2) 만물이 갱신(Renewal)될 것이다.

인류의 시조 아담의 범죄 결과로 만물들도 저주를 받은 바 되어(창 3:18) 허무한데 굴복하며 썩어짐의 종노릇하며 탄식하게 되었다.

로마서 8:19-22, "피조물의 고대하는 바는 하나님의 아들들의 나타나는 것이니, 피조물이 허무한데 굴복하는 것은 자기 뜻이 아니요 오직 굴복케 하시는 이로 말미암음이라, 그 바라는 것은 피조물도 썩어짐의 종노릇 한데서 해방되어 하나님의 자녀들의 영광의 자유에 이르는 것이니

라, 피조물이 다 이제까지 함께 탄식하며 함께 고통하는 것을 우리가 아나니."

"**피조물**"은 "파사 헤 크티시스"(πᾶσα ἡ κτίσις; All Creation)로서 모든 피조물을 가리킨다. 피조물은 지식·감정·의지를 소유한 인격적 존재가 아니다. 그러므로 사람들처럼 탄식할 수 없다. 탄식한다는 말(엔튜카노; ἐντυγχάνω; to make intercession, to make petition)은 간구한다, 탄원한다, 간절히 애원한다는 뜻이다. 그러면 **피조물들도 탄식한다는 말은 무슨 뜻인가?** 그것은 만물을 인격화(Personified)한 하나의 상징적 표현이다.

본문은 만물들이 탄식하는 이유를 2가지로 설명한다.

① **피조물들이 허무한데 굴복하기 때문에 탄식한다.** 피조물들이 허무한데 굴복하는 것은 결코 자기 뜻이 아니라, 굴복케 하는 이 때문에 할 수 없이 굴복하고 있다.

허무는 마타이오스(μάταιος)로서 케노스(κενός)와 구별된다. 케노스는 텅빈 것(empty)을 의미하며, 마타이오스는 의도한 목적을 달성함에 실패하였다는 의미에서 허무(vain)이다. 실로 자연세계의 피조물들은 사람들에게 올바른 봉사를 하며, 하나님의 지혜와 선과 능력을 나타내는 것이 본래의 목적이었다. 그러나 인간의 범죄로 말미암아 자연계도 큰 피해를 입게 되었다(창 3:17). 사람들이 고통 당하는 것은 죄의 보응이니 마땅하나 다른 피조물들이 고통 당하는 것은 우리의 죄 때문이다.

② **피조물들이 썩어짐의 종노릇하기 때문에 탄식한다.** 피조물들이 썩어짐의 종노릇하는 것은 결코 자기 뜻이 아니다.

만물들은 썩어짐의 종노릇하는데서 해방되기를 원하며 탄식한다. 만물들도 "**탄식한다**"(수스테나제이; συστενάζει; groans together). 만물을 하나의 인격화(Personified)하였다. 이는 마치 해산하는 여인이 진통을 겪는 것처럼 만물들도 심한 고통을 당하고 있음을 뜻한다. 그러나 여인의 진통은 해산의 기쁨을 가져오듯이 만물의 탄식은 썩어짐의 종노릇하는데서 해방되는 기쁨을 가져올 것이다.

만물이 허무한데 굴복하거나 썩어짐의 종노릇하는데서 해방되는 유일한 길도 예수 그리스도의 재림이다. 그 이유는 예수 그리스도께서 재림하시면 만물을 새롭게 갱신하실 것이기 때문이다(벧후 3:13; 계 21:1-5).

3) 예수 그리스도께서 직접 통치하는 왕국이 될 것이다.

성부 하나님께서는 왕국의 통치권을 구속사역 성취의 보상으로 성자 예수 그리스도께 위임하셨다(요 5:22). 이 왕국시대의 통치자는 만왕의 왕, 만유의 주되시는 예수 그리스도이시다.

뿐만 아니라 이 왕국에서는 성도들이 그리스도와 함께 다스릴 것이다.

사도 요한은 짐승에게 경배하지 아니한 자들이 "살아서 그리스도와 더불어 천년 동안 왕 노릇하리라"(계 20:4)고 하였고,

사도 바울은 에베소교회 성도들에게 "미쁘다 이 말이여 우리가 주와 함께 죽었으면 또한 함께 살 것이요 참으면 또한 함께 왕 노릇 할 것이요"(딤후 2:11-12)라고 하였고

또한 **고린도교회 성도들에게** 성도가 세상을 판단할 것을 너희가 알지 못하는가?(고전 6:2)라고 하였다. 이 말씀은 계시록 5:10의 약속이 성취된 셈이다. 성도들은 예수 그리스도의 지상왕국 시대에 그리스도와 더불어 왕 노릇하고 주님의 심판권에 참여할 것이다(마 19:28).

요한계시록 5:10, "저희로 우리 하나님 앞에서 나라와 제사장으로 삼으셨으니 저희가 땅에서 왕노릇 하리로다."

요한계시록 20:6, "…그들이 하나님과 그리스도의 제사장이 되어 천년 동안 그리스도로 더불어 왕노릇 하리라"

태초에 하나님은 사람을 하나님의 형상대로, 만물의 영장으로 창조하시고, 사람으로 하여금 우주와 그 가운데 있는 모든 피조물들을 다스리도록 하셨다(창 1:26, 28-30; 시 8:6-8). 그러나 사람이 범죄 타락하므로 영적 면에서 하나님의 형상은 상실되었으며, 피조물들에 대한 지배권도 충분히 행사하지 못하게 되었다. 그러나 예수 그리스도께서 재림하시면 예

수 그리스도로 말미암아 만물의 지배권이 회복될 것이다. 그 때에는 성도들도 그리스도로 더불어 왕 노릇 할 것이다.

4) 평화의 왕국이 될 것이다.

평화는 히브리어 살롬(שׁלום), 헬라어 에이레네(εἰρήνη)로서 전쟁과 환난에 반대되는 안식의 상태(State of Rest)를 가리킨다. 이 왕국은 사탄이 무저갱에 감금되고 거짓 선지자들과 적그리스도의 미혹과 배교가 제거되며(계 19:19-20; 20:1-2), 고통·슬픔·분쟁·전쟁이 없는 평화의 왕국이다. 이 왕국의 왕은 평강의 왕(Prince of Peace)인 예수 그리스도이시다(사 9:6).

이사야 2:4, "그가(여호와) 열방 사이에 판단하시며 많은 백성을 판결하시리니 무리가 그 칼을 쳐서 보습을 만들고 그 창을 쳐서 낫을 만들 것이며 이 나라와 저 나라가 다시는 칼을 들고 서로 치지 아니하며 다시는 전쟁을 연습치 아니하리라"(미 4:3).

호세아 2:18, "…활과 칼을 꺾어 전쟁을 없이 하고…."

미가서 4:3, "…무리가 그 칼을 쳐서 보습을 만들고 창을 쳐서 낫을 만들 것이며 이 나라와 저 나라가 다시는 칼을 들고 서로 치지 아니하며 다시는 전쟁을 하지 아니하고."

그 때에는 부족과 부족, 민족과 민족, 나라와 나라 사이에 분쟁이나 전쟁이 없을 것이다. 그 때에는 이스라엘과 아랍국가들과의 전쟁도 다 사라질 것이다. 그 때에는 생명과 재산 그리고 국토를 수호하기 위한 막대한 국방비도 필요 없게 될 것이다.

5) 공의의 왕국이 될 것이다.

공의는 의가 바로 시행되는 것을 말한다.

이사야 9:7, "그 정사와 평강의 더함이 무궁하며 또 다윗의 위에 앉아서 그 나라를 굳게 세우고 자금 이후 영원토록 공평과 정의로 그것을 보존하실 것이라."

이사야 11:5, "공의로 그 허리띠를 삼으며 성실로 몸의 띠를 삼으리라"

하박국 2:4, "보라 그의 마음은 교만하며 그의 속에서 정직하지 못하니라 그러나 의인은 그 믿음으로 말미암아 살리라"

6) 하나님의 지식이 충만한 왕국이 될 것이다.

지식은 아는 것, 또는 이해(Knowing or Understanding)이다. 이 왕국에는 하나님의 지식이 지면(地面)에 충만할 것이다.

이사야 11:9, "나의 거룩한 산 모든 곳에서 해됨도 없고 상함도 없을 것이니 이는 물이 바다를 덮음 같이 여호와를 아는 지식이 세상에 충만할 것임이니라."

이사야 33:6, "…지혜와 지식이 풍성할 것이니…."

하박국 2:14, "물이 바다를 덮음 같이 여호와의 영광을 인정하는 것이 세상에 가득하리라."

고린도전서 13:12, "우리가 이제는 거울로 보는것 같이 희미하나 그 때에는 얼굴과 얼굴을 대하여 볼 것이요 이제는 내가 부분적으로 아나 그 때에는 주께서 나를 아신 것 같이 내가 온전히 알리라."

이 왕국시대에는 하나님을 아는 지식이 충만한 시대이다. 지금은 우리가 하나님을 아는 지식이 매우 부분적이요 불완전하다. 그러나 이 왕국시대에는 주께서 나를 아신 것 같이 나도 주님을 온전히(fully) 알게 될 것이다.

7) 통일된 언어를 사용할 것이다.

그리스도의 지상 왕국 시대에는 모든 족속들이 다 하나로 통일된 언어를 사용할 것이다. 그러므로 언어의 장벽으로 인한 의사 소통의 어려움이나 고충이 없을 것이다. 이 통일된 언어는 천상의 언어(Heavenly Language)이다.

태초에 하나님께서 사람을 창조하였을 때에는 온 땅의 언어가 하나이었다(창 11:1, 6). 그러나 사람들은 스스로 교만하여 여호와의 이름을 부르는 대신 자기들의 이름을 들어내려 하였고 아담이 시도한 바와 같이 하나님처럼 높아지려고 하였다. 그들은 바벨탑을 쌓아 하늘에 닿게 하려 하였다. 바로 이 이유로 하나님은 그들의 언어를 혼잡케하고, 그들을 온 지면에 흩으셨다. 그 때부터 인류 역사에는 수많은 방언이 탄생하게 되었다.

그러나 그리스도의 지상 왕국이 도래하면 온 지면의 모든 족속들이 다 하나로 통일된 언어 곧 천상의 언어를 사용하게 될 것이다.

요한계시록 7:9-10, "…각 나라와 족속과 백성과 방언에서 아무라도 능히 셀 수 없는 큰 무리가…, 큰 소리로 외쳐 가로되 구원하심이 보좌에 앉으신 우리 하나님과 어린양에게 있도다"(참조 19:1-2).

"**나라·족속·백성·방언**"(Nation, Tribe, People, Language, 계 5:9; 11:9; 13:7; 14:6; 10:11; 17:15); 나라(Nation)는 국가를, 족속(Tribe)은 인종을, 백성(A Mass, Crowd)은 무리(군중)를, 방언(Tongues, Language)은 언어를 가리킨다. 그러므로 나라·족속·백성·방언은 국가별·인종별·집단별·언어별로 본 전 세계 모든 사람들을 가리킨다. 전 세계 모든 성도들이 영원한 형벌과 사망에서 구출 구원해 주신 하나님과 어린양께 찬양을 드린다.

요한계시록 19:1-2, "이 일 후에 내가 들으니 하늘에 허다한 무리의 큰 음성 같은 것이 있어 이르되 할렐루야 구원과 영광과 능력이 우리 하나님께 있도다 그의 심판은 참되고 의로운지라 음행으로 땅을 더럽게 한 큰 음녀를 심판하사 자기 종들의 피를 그 음녀의 손에 갚으셨도다 하고."

8) 장수가 회복 될 것이다.

그리스도의 지상 천년 왕국시대에는 불신자들의 수명이 장수할 것이다. 범죄한 후에도 원시인들은 상당한 기간 동안 장수하였다. 인류의 조상 아담은 930세, 아담의 아들 셋은 912세, 셋의 아들 에노스는 905세, 에노스의 아들 게난은 910세, 게난의 아들 마할랄렐은 895세, 마할렐랄의 아들 야렛은 962세, 에녹의 아들 므두셀라는 969세, 므두셀라의 아들 라멕은 777세를 향유하였다(창 5:).

그러나 세월이 흐름에 따라 인간의 수명은 점차 감소되었다. 그런데 이 감소된 인간의 수명이 그리스도의 지상 왕국시대에는 다시 회복될 것이다. 본래 장수와 행복과 번영은 하나님의 축복이었으며, 신약시대에도 하나님의 일반적 축복이다.

이 왕국시대에 불신자들 중에 일부는 일찍 죽는 자들도 있을 것이다.

이사야 65:20, "거기는 날 수가 많지 못하여 죽는 유아와 수한이 차지 못한 노인이 다시는 없을 것이라 곧 백세에 죽는 자가 아이겠고 백세 못되어 죽는 자는 저주 받은 것이리라."

1,000년 가까이 산 아담이나 처음 조상들의 수명에 비하면 100세에 죽는 사람은 아이가 죽었다고 말할 수 있다. 지금은 80세에 세상 떠나는 것이 장수하는 것이라면 8세에 죽는 사람은 아이가 죽었다고 말할 수 있지 않겠는가?

9) 동물 세계에도 대(大) 변화가 있을 것이다.

이사야 11:6-9, "그 때에 이리가 어린양과 함께 거하며 표범이 어린 염소와 함께 누우며 송아지와 어린 사자와 살찐 짐승이 함께 있어 어린 아이에게 끌리며, 암소와 곰이 함께 먹으며…, 젖먹는 아이가 독사의 구멍에서 장난하며…, 나의 거룩한 산 모든 곳에서 해됨도 없고 상함도 없을 것이니 이는 물이 바다를 덮음 같이 여호와를 아는 지식이 세상에 충만할 것임이니라."

인구 증가 문제(Populating in the Millennial Kingdom)
그리스도의 지상 천년 왕국시대에도 인구가 증가 될 것인가?

① **신자들**(부활체)**의 경우: 자녀를 낳지 않는다.**

마태복음 22:30, 부활 때에는 "장가도 아니가고 시집도 아니가고 하늘에 있는 천사들과 같으니라"(막 12:25; 눅 20:35). 이 말씀은 주님께서 육체의 부활을 믿지 않는 사두개인들에게 하신 말씀이다. 부활체는 천사들과 같다는 말씀은 존재·신분·직분에 있어서 천사들과 동일하다는 뜻이 아니라 성질상 천사들과 같다는 뜻이다. 천사들은 죽음이 없고 결혼하지 않음과 같이 부활체는 죽음이 없고 육체적 성생활(Sexual Life)을 하지 않는다. 따라서 신자들(부활체)의 경우에는 자녀를 낳지 않는다. 이 세상에서의 결혼 생활은 가정의 행복과 인류의 번식을 위한 하나님의 축복이다. 그러나 성생활은 그리스도께서 재림하시기 전, 신자들이 부활체로 변화되기 전에만 존재한다.

② **불신자들의 경우: 자녀를 낳을 것이다.**

그리스도께서 재림하실 때 생존 불신자들도 신자들과 같이 자동적으로 그리스도의 지상 왕국의 백성이 될 것이다. 그러나 그들은 아직 부활체로 변화되지 않음으로 결혼 생활을 계속하며 자녀를 낳을 것이다(렘 30:2; 겔 47:22). 이 왕국 시대에는 장수가 회복 될 것이니 상당한 기간동안 자녀들도 계속 낳을 것이다. 따라서 이 지상 왕국 시대에도 인구는 계속 증가될 것이다.

요한계시록 20:8에 의하면 그리스도의 지상천년 왕국 시대 끝 무렵 사탄이 잠시 놓임을 받아 곡과 마곡을 미혹하여 성도들을 해하려 할 것이라고 하였는데 그 때에 "그 수가 바다 모래 같으리라"는 말씀을 보면 1,000년 왕국시대에 인구가 기하급수적으로 증가될 것을 알 수 있다.

이는 마치 **초기 원시시대에**
아담은 130세부터 800년 동안 더 살면서 자녀들을 낳았고,
셋은 105세부터 807년 동안 더 살면서 자녀들을 낳았고,
에노스는 90세부터 815년 동안 더 살면서 자녀들을 낳았고,
게난은 70세부터 840년 동안 더 살면서 자녀들을 낳았고,
마할랄렐은 65세부터 830년 동안 더 살면서 자녀들을 낳았고,
야렛은 162세부터 800년 동안 더 살면서 자녀들을 낳았고,
에녹은 65세부터 300년 동안 더 살면서 자녀들을 낳았고,
므두셀라는 187세부터 782년 동안 더 살면서 자녀들을 낳았고,

라멕은 182세부터 595년 동안 더 살면서 자녀들을 낳은 것과 같이, 그리스도의 지상 왕국시대에 불신자들은 장기간 계속 자녀들을 낳을 것이다(창세기 5:3-31).

구원문제(Salvation in the Millennial Kingdom)
그리스도의 지상(地上) 천년 왕국에는 그리스도 재림시 생존 불신자들도 자동적으로 편입이 될 것이다. 그리고 그들은 아이들을 낳을 것이다. 그들은 죄의 성질을 가지고 태어남으로 죄인들이며 따라서 구원이 필요하다. 그렇다면 이 왕국시대에도 불신자들 중에 구원받을 자들이 있을 것인가? 에 대하여는 성경에 계시된바 없음으로 단언하기 어렵다. 다만 하나님의 속성과 작정 그리고 그의 구원 사역에 비추어 볼 때 그리스도의 지상 왕국 시대에도 구원받을 자들이 있을 것이라고 추론한다. 인류 창조이래 구약시대와 신약시대에 예정된 택자들이 있어서 예수 그리스도를 개인의 구주로 믿음으로 구원받음과 같이, 그리스도의 지상(地上) 천년 왕국시대에도 구원받기로 예정된 사람들이 있다면 그들은 모두 구원을 받을 것이다. 구원은 하나님의 은혜와 사랑에 근거하므로 주님의 지상 왕국 시대에도 유대인들을 포함한 상당수가 주님을 영접하고 구원을 받을 것이라고 생각한다.

V. 세대론자들의 왕국관(Millennialism of the Dispensationalists)

1. 세대론자들은 천년왕국 시대에는 민족적 이스라엘이 다시 재건되리라고 한다.

호이트(Hoyt)는 "…이 왕국은 역사적인 다윗 왕국이 부활된 것이며 그 계속인 것이다(암 9:11; 행 15:16-18). 충성되고 중생한 이스라엘의 남은 자들이 이 왕국의 핵심 인물들이 될 것이며 따라서 다윗과 맺은 하나님

의 계약이 성취될 것이다"(미 4:7-8; 렘 33:15-22; 시 89:3-4, 34-37).[3]

비평(A Critique)

① 신약은 이스라엘 민족만을 독립적으로 대상하고 있지 않다. 신약은 이스라엘이 미래에 하나의 국가로 회복된다고 예언하지 않았다. 예수님은 결코 구약의 신정국(神政國)을 재건할 것을 염두에 두지 않았으며 구약 왕국이 단지 모형에 지나지 않았던 영적인 실재의 소개를 염두에 두셨다 (마 8:11-12, 13:31-33, 21:43; 눅 17:21; 요 18:36-37).

② 신약 시대에는 구약의 신정(神政)은 회복되지 않고 교회가 설립되었다. 천년왕국은 이스라엘 민족의 왕국으로 볼 것이 아니라 우주적 왕국으로 보아야 할 것이다.

갈라디아서 6:15-16, "할례나 무할례가 아무 것도 아니로되 오직 새로 지으심을 받는 것만이 중요하니라 무릇 이 규례를 행하는 자에게와 하나님의 이스라엘에게 평강과 긍휼이 있을지어다."

"**무릇 이 규례**"(카노니, κανόνι; by this rule)를 따르는 모든 자들은 유대인이나 헬라인이나 예수 그리스도 안에서 새로운 피조물이 된 모든 자들이다. 이들이 참 이스라엘이다.

베드로전서 2:9, "그러나 너희는 택하신 족속이요 왕 같은 제사장들이요 거룩한 나라요 그의 소유가 된 백성이니 이는 너희를 어두운데서 불러내어 그의 기이한 빛에 들어가게 하신 이의 아름다운 덕을 선포하게 하려 하심이라."

구약에서 이스라엘을 묘사하는데 사용된 표현들을 신약 교회에 적용시키고 있다. 이 말씀은 이사야서 43:20에서 이스라엘 백성에게 적용된 말씀이다.

---

3) Herman A. Hoyt, *Dispensational Premillennialism*, edited by Robert G. Clouse, *The Meaning of the Millennialism*, pp.101-102, 104.

2. 세대론자들은 천년왕국 시대에는 성전제사가 회복된다고 주장한다.

성전제사가 중단된 이후에 출생한 사람들이나 천년왕국 시대에 태어난 사람들은 그리스도의 고난과 죽으심을 상기시키기 위하여 성전제사가 다시 회복된다는 것이다.

펜티코스트(Pentecost)는 "천년왕국 시대의 예배는 천년왕국의 성전에서 그리스도의 죽으심을 기념하는 생축의 제사가 행해질 것이다"[4]라고 하였고,

디이센(Thissen)은 "더 나아가서 우리는 성전 및 성전제사가 회복되리라는 것을 주목한다(겔 37:26-28, 40-46; 슥 14:16-17)…그러나 제사는 모형(Type)임과 같이 또한 기념적이 될 수 있다는 것을 기억할 때 우리는 이 예언을 또한 문자적으로 해석하지 못할 이유가 없다고 본다"[5]라고 하였다.

비평(A Critique)

① 천년왕국 시대에 예수 그리스도의 죽으심을 기념하기 위하여 성전제사가 다시 회복된다면 안식일마다, 달마다, 절기마다, 해마다 제사드리기 위하여 온 세계 만방에서 다 예루살렘 성전으로 가야할 것이니 그것은 천년왕국의 영성에도 모순된다.

② **구약 시대 성전제사들은 예수 그리스도의 구속의 예표들이요 모형들이요 그림자들이었다.** 따라서 그리스도께서 오셔서 십자가 상에서 자신을 온전한 희생의 제물로 드리심으로 더 이상 생축의 제사가 필요없게 되었다.

히브리서 7:27, "저가 저 대제사장들이 먼저 자기를 위하고 다음에 백성의 죄를 위하여 날마다 제사드리는 것과 같이 할 필요가 없으니 이는 저

---

4) J. Dwight Pentecost, *The Kingdome Come*, p.317.
5) Henry C. Thiessen, *Lectures in Systematic Theology*, p.398.

가 단번에 자기를 드려 이루었음이니라."

구약 시대 레위 제사장들은 온 해 동안 매일 제사를 드렸다(출 29:36-42). 먼저는 자기 자신의 죄를 위하여 다음에는 백성들의 죄를 위하여 계속 짐승의 제사를 드렸다. 그러나 예수 그리스도는 죄가 없음으로 자신을 위하여는 속죄의 제사를 드릴 필요가 없고, 다만 죄인들의 죄를 대속하기 위하여 자신을 희생의 제물로 단번에 드리셨다.

"**단번에**"(에파팍스, ἐφάπαξ; once for all)는 제사의 완전성과 최종성을 나타낸다. 레위 제사장들은 짐승들만을 희생의 제물들로 계속 드려 왔었다. 그러나 우리의 대제사장이신 예수 그리스도는 자신을 완전한 희생의 제물로 한 번 드리셨다. 그러므로 히브리서 9:12에서 그리스도께서는 염소와 송아지의 피로 아니하고 오직 자기 피로 영원한 속죄를 이루사 단번에 성소에 들어갔느니라라고 하였다.

히브리서 9:26, "…자기를 단번에 제사로 드려 죄를 없이 하셨도다."

그리스도께서 도성인신하셔서 자신을 단번에 희생의 제물로 드리신 이유와 목적은 죄인들의 죄를 사하여 주시기 위함이다. 죄를 "**없이 하셨도다**"(에이스 아데테신, εἰς ἀθέτησιν; to put away sin, cancel, annul)는 문자적으로는 죄를 치워버렸다, 취소하였다, 무효화하였다, 폐지하였다라는 뜻이다.

히브리서 9:28, "이와 같이 그리스도도 많은 사람의 죄를 담당하시려고 단번에 드린바 되셨고…."

"**많은 사람**"은 그리스도 안에서 구원 받기로 예정된 모든 사람을 가리킨다(요 6:37, 39, 17:2; 롬 5:18, 8:32; 고전 15:22; 딤전 2:6; 히 2:9).

히브리서 10:10, 12, "…이 뜻을 좇아 예수 그리스도의 몸을 단번에 드리심으로 말미암아 우리가 거룩함을 얻었노라 오직그리스도는 죄를 위하여 한 영원한 제사를 드리시고…는 한 번을 강조한다."

히브리서 10:14, "저가 한 제물로 거룩하게 된 자들을 영원히 온전케 하셨느니라."

"온전케 하셨느니라"(하기아조메누스, ἁγιαζομένους; being sanctified)는 계속 거룩해져가는 과정(progress)을 나타낸다.

③ 예수 그리스도의 죽으심을 기념하기 위하여는 생축의 제사를 회복하는 것이 아니라 성찬식을 거행하는 것이다.

성찬은 예수 그리스도께서 성육신하시고 십자가 상에서 죽으심으로 성취하신 구속사역을 기념하는 것이다(마 26:28; 눅 22:19; 고전 11:24-26).

고린도전서 11:24-26, "떡을 가지고 축사하시고 떼어 가라사대 이것은 너희를 위하는 내 몸이니 이것을 행하여 나를 기념하라 식후에 또한 이와 같이 잔을 가지시고 가라사대 이 잔은 내 피로 세운 새 언약이니 이것을 행하여 마실 때마다 나를 기념하라 너희가 이 떡을 먹으며 이 잔을 마실 때마다 주의 죽으심을 오실 때까지 전하는 것이니라."

성찬식에서 떡과 포도즙은 예수 그리스도의 살과 피를 상징하는 외적 표(Sign)이며, 믿음으로 수납하는 인(Seal)이다. 바꾸어 말하면 외적, 감각적 표를 가지고 그것이 의미하는 신령한 영적 진리를 믿음으로 인치는 것(확인)이다. 즉 우리는 성찬식에서 떡을 떼며 포도즙을 마실 때마다 우리를 죄에서 구속하시기 위하여 희생의 제물로 돌아가신 예수 그리스도의 대리적 속죄의 죽으심에 대한 의미를 계속 반복적으로 기념하는 것이다.

현재 미국에서 세대론은 보수적 침례교단들과 달라스신학교(Dallas Theological Seminary, 3909 Swiss Ave., Dallas, Tx. 75204, Tel.(214)824-3094, Fax.(214)841-3625)

탈봇신학교(Talbot School of Theology, 13800 Biola Ave., La Mirada, Ca. 90639-0001, Tel.(562)903-4816, Fax. (562)903-4759)

멀트노마신학교(Multnomah Biblical Seminary, 8435 N.E. Glisan St. Portland, Or.97220, Tel.(503)255-0332, Fax. (503)254-1268) 등이 주장한다.

Ⅵ. 무천년설자들의 왕국관(Millennialism of the Almillennialists)

1. 무천년설자들은 왕국의 기간은 예수 그리스도의 초림부터 재림 때까지 두 강림 사이 교회 시대를 가리킨다고 한다.

따라서 그들의 주장에 의하면 지금 우리는 영적 왕국 시대에 살고 있는 것이다.

2. 무천년설자들은 예수 그리스도의 문자적 천년왕국 자체를 부인한다.

따라서 그들은 요한계시록 20:1-6도 영적·상징적 해석(Spiritual and Symbolical Interpretation) 입장을 취한다.

벌코프(Berkhof)는 "무천년기적 견해는 그 명칭이 지적하듯이 순전히 부정적이다. 그것은 천년기의 기대에 대한 충분한 성경적 근거가 없다. 성경은 하나님의 왕국의 현재 시대는 그의 완성적이고 영원한 형태의 하나님 나라가 즉시로 뒤따를 것이라고 굳게 확신한다"[6]라고 하였다.

콕스(Cox)는 "무천년주의는 요한계시록 20:1-10을 우리 주님의 두 강림 사이(초림으로부터 재림까지)의 **장기간으로** 해석한다. 즉 예수님의 초림으로 시작하여 재림으로 끝나는 기간을 말한다. 그들은 천년왕국을 교회 시대와 동일시 한다. 다시 말하면 무천년설자들은 이 구절(계 20:1-10)을 그의 백성들의 마음 속에서 이미 시작된 그리스도의 영적 통치를 가리킨다"[7]라고 하였다.

호크마(Hoekema)는 "무천년설자들은 문자적 천년 지상(地上) 통치를

---

6) L. Berkhof, op. cit., p.708.
7) William E. Cox, *Amillennialism Today*, pp.8, 64.

믿지 않는다(p.55). 계시록 20장의 1,000년은 미래가 아니라 지금 현재의 과정이다.…그러나 만일 우리가 요한계시록 20:1-6을 그리스도의 초림으로 시작하여 교회의 전(全) 역사에 일어난 것으로 보면(p.156), 계시록 20:4-6의 천년 통치는 그리스도의 재림 후가 아니라 재림 전에 일어날 것이다…(p.160). 1,000년은 완전한 기간의 표현으로 매우 긴 장기간이다"(p.161, *The Meaning of Millennialism*)라고 하였다.

비평(A Critique)

① **1,000년기를 하나의 막연한 장기간**(예수 그리스도의 초림에서 재림시까지의 전기간)**으로 해석하는 것은 지나친 영해**(靈解)**이다.**

요한계시록 20:1-6에 1,000년이라는 말씀이 6번이나 나타난다.

요한계시록 20:2, 3, 7에는 사탄의 결박에 대하여

㉮ 1,000년 동안 결박하여

㉯ 1,000년이 차도록

㉰ 1,000년이 차매

요한계시록 20:4-6에는 성도들의 통치기간에 대하여

㉱ 1,000년 동안 왕노릇 하리니

㉲ 1,000년이 차기까지

㉳ 1,000년 동안 그리스도로 더불어 왕노릇하리로다

이상과 같이 동일한 숫자가 동일한 문맥 속에 6번이나 기록되었음에도 불구하고 상징적 의미로 재해석하는 것은 전례(실례)가 없다. 성경의 일부를 문맥에 따라서 영해할 수 있으나 그 전부를 영해할 수는 없지 않는가?

성경 해석의 원리는 문자적·문법적·역사적 해석(Literal, Grammatical, Historical Interpretation)**이며, 이 기본적 해석 원리에 근거하여 본문에 내포되어 있는 신령한 뜻을 영적·상징적으로 행해하는 것이 옳다. 성경에 분명한 언어 마저 상징적으로 해석하는 것은 바른 해석이 아니다.**

1,000년기를 하나의 막연한 상징적 기간으로 돌리는 것은 성경 본문이나 성경 해석의 원리를 등한시하고 교리적 학설이나 상징적 해석에 더 치우치는 결과를 초래하게 된다. 무천년설자들은 성경 해석의 원리를 잘못 택하였다.

② **장차 되어질 일들에 과거사를 포함시키는 과오를 범하였다.**

계시록은 말세의 예언이다. 그러므로 계시록에는 "**반드시 속히 될 일**"(계 1:1), "**장차 될 일**"(계 1:19), "**이 후에 마땅히 될 일**"(계 4:1), "**결코 속히 될 일**"(계 22:6)이라고 하였다.

사도 요한이 계시를 받아 기록한 연대는 A.D. 95-96년 경이었다. 그런데 1,000년 기는 예수 그리스도의 초림부터 시작되었다니 시간상으로도 모순된다.

③ 고(故) **박형룡 박사와 박윤선 박사도 계시록의 1,000년기를 문자적으로 해석하였다.**

박형룡 박사는 천년기 전(前) 재림론에 의하면 그리스도의 재림은 즉시 영원 세계로 도입할 것이 아니라 먼저 지상(地上)에 그리스도와 그의 성도들의 지상통치를 설립하여 영원 세계의 전주곡(前奏曲)을 울린 후에 최종 부활, 최종 심판을 지나, 최종 상태에 도달할 것을 목적으로 한다. 재림으로부터 최종 부활과 최종 심판까지는 천년의 세월이 개재될 것이다[8]라고 하였다.

박윤선 박사는 "나는 요한계시록 20:4-6이 재림 후의 일을 가리킨다고 확신한다. 나는 천년기전설(전천년설)이 옳다고 생각한다"[9]라고 하였다.

---

8) 『박형룡 박사 저작전집 Ⅶ』 (서울: 한국기독교교육연구원, 1978), pp.219-20.
9) 박윤선, 『계시록』, pp.330-31, 323.

3. 무천년설자들은 성도들이 "그리스도와 함께 1,000년 동안 왕 노릇 하리라…"(계 20:4, 6)는 말씀도 죽은 성도들의 영혼들이 그리스도와 함께 하늘에서 통치한다고 한다.

벌코프(Berkhof)는 "요한계시록 20:4-6의 장면은 분명히 지상에서가 아니라 천상에서의 장면이다. 그리고 인용된 용어들은 육체적 부활에 대하여 암시하지 않는다. 계시를 보는 사람은 부활한 사람들이나 몸들을 언급한 것이 아니라 영들이 살아서 다스린다. 그리고 그는 그들이 살아서 그리스도와 더불어 다스리는 것을 첫째 부활이라고 불렀다…"[10]라고 하였다.

호크마(Hoekema)는 "…그러므로 우리는 4절의 살아서"(에제산, ἔζησαν; they lived)라는 단어는 이미 죽었던 신자들의 영혼들이 지금 하늘에서 그리스도와 함께 살면서 죽음과 부활 사이의 중간기 상태 동안에 그리스도의 왕적 통치에 참여하고 있는 상태를 가리키는 것으로 이해한다… 요한계시록 20:6은 "죽은 신자들의 영혼들이 그들의 죽음과 그리스도의 재림 사이 동안 하늘에서 그리스도와 더불어 왕 노릇하며 통치하고 있는 것을 묘사하고 있다"[11]라고 하였다.

헨드릭슨(Hendricksen)은 "첫째 부활은 영혼이 죄악 세상에서 하나님의 영광스러운 천국으로 옮겨지는 것을 말한다. 육체가 영화롭게 되는 것은 그리스도의 재림 때 일어나는 둘째 부활에서이다"[12]라고 하였다.

비평(A Critique)
① 무천년설자들은 첫째 부활은 영의 부활, 둘째 부활은 육체의 부활로 구

---

10) Berkhof, op. cit., pp726-7.
11) Hoekema, *The Bible and the Future* (Grand Rapids: Eerdmans 1979, 1944), p.233. 237).
12) W. Hendricksen, op. cit., p.237.

분하였다. 그러나 요한계시록 20:4의 첫째 부활은 영의 부활, 둘째 부활은 육체의 부활이라는 여하한 암시도 발견하지 못한다.

무천년설자들은 "살아서"는 이미 세상 떠난 신자들의 영혼들이 지금 하늘에서 그리스도와 함께 살면서 죽음과 부활 사이의 중간기 상태 동안에 그리스도의 왕적 통치에 참여하고 있다고 한다. 실제상 **살아서**(에제산, ἔζησαν; they lived again)는 죽음 이후의 어떠한 영적 부활에도 결코 사용된 바 없다.

② **첫째 부활은 영적 부활이요, 둘째 부활은 육체의 부활이라면 언어의 참된 의미는 상실될 수밖에 없다.** 성경은 첫째 부활과 둘째 부활로 부활의 순서를, 의인의 부활과 악인의 부활로 부활의 종류를 계시하였을 뿐이다.

고(故) **박형룡** 박사님은 "이중 부활을 부인하기 위하여 첫째 부활을 영해함에 있어 마치 첫째 사망이 몸의 사망이고 둘째 사망이 영의 사망 즉 지옥의 영벌이듯이 첫째 부활은 영이 몸에서 떠나가서 영광 중에 그리스도와 함께 다스리는 것이고 둘째 부활은 몸의 부활과 그 영광의 재합(再合)이다 라고 말하는 것은 극한 변해(辯解)임에 틀림없다"[13]라고 하였다.

현재 미국에서의 무천년론은 260만 신도를 가진 루터교-미조리대회(The Lutheran Church-Missouri Synod)와 14만의 신도를 가진 기독교개혁교(Christian Reformed Church)와 1만 8천의 신도를 가진 정통장로교(The Orthodox Presbyterian Church) 등이며 그들의 신학교들인

콘콜디아신학교(Concordia Theological Seminary, 6600N. Clinton St. Ft. Wayne, In. 46825-4996, Tel.(219)452-2100, Fax. (209)452-2121)

칼빈신학교(Calvin Theological Seminary, 3233 Burton St. S.E. Grand Rapids, Mi. 49546-4387, Tel. (616)957-6036, Fax. (616)957-8621)

웨스트민스터신학교(Westminster Theological Seminary, Chestnut Hill, P. O.

---

13) 박형룡, op. cit., p.236.

Box 27009, Philadelphia, Pa. 19118. Tel. (215)887-5511, Fax. (215)887-3459) 등이 주장한다.

Ⅶ. 잘못된 왕국관들(Wrong Views of Millennialism)

1. 예수 그리스도의 지상 왕국은 사회복음(Social Gospel)에 의하여 건설되는 것이 아니다.

사회복음은 19세기초 북미(미국과 카나다)와 영국 그리고 유럽(불란서, 독일, 이태리, 스위스등)등지에서 인본주의자들로부터 탄생한 이원론·자연론·진화론·무신론 등은 암처럼 독버섯처럼 퍼지게 되었다. 분명히 이들 사상체계들은 오늘날 자유주의 신신학이라 일컫는 불신앙의 토양과 씨앗들이 되었다. 신(神)중심(Theocentricity)에서 인간중심(Anthropocentricity)으로 전환되었다.

산업혁명의 여파로 급속한 경제적 변화가 일어나게 되었고, 이 급속한 경제적 변화는 분배의 불균형과 빈부격차의 심화로 이어지면서 심각한 사회문제로 대두되기 시작하였다.

기독교내의 급진적 자유주의자들은 이러한 심각한 사회문제들을 개혁하여야 할 필요성을 느끼고 지상에서의 하나님의 왕국(The Kingdom of God on Earth)건설을 주장하기 시작하였다. 그리하여 그들은 정치적 사회주의(Political Socialism)를 포용하였다. 사회주의란 자본주의(개인 소유권과 자유기업)에 반대하여 생산과 이익과 분배등을 모두 공유(共有)하는 공산주의이다. 그러나 그들의 이론과 이상은 정반대의 결과를 가져왔다.

• 미국에서 사회복음주의의 대표적 인물들은 윌리암 블리스(William D. P. Bliss), 죠지 헤론(George D. Herron), 비다 스쿠더(Vida D. Scudder), 죠시아 스트롱(Josiah Strong), 리챠드 엘리(Richard T. Ely)등이다. 이들은 회중

교, 감독교, 침례교, 감리교, 장로교 목사들이었으며 특히 워싱톤 글래든(Washington Gladden)은 회중교회 목사로 사회복음의 원조라고 할 수 있다. 그는 노동자들과 그들의 고용주들(Working People and Their Employers)이라는 책을 썼다.

- **프랑스에서는** 라멘나이스(H.F.R. Lamennais), 쎄인트 시몬(C.H Saint Simon),
- **이태리에서는** 메찌니(Giuseppe Mezzini),
- **스위스에서는** 커터와 라가즈(Hermann Kutter and Lonhard Ragaz),
- **독일에서는** 위첸, 나우만, 하낙(J.H. Wichern, Friedrick Naumann, Adolf Von Harnack),
- **영국에서는** 킹슬리(Kingsley)와 마우리스(Maurice)등이 사회복음주의의 선구자들이었다.

1890년대 가장 영향력 있는 사회복음주의자는 미국 뉴욕주 로체스타 침례교신학교 교수였으며, 1886년에는 뉴욕시 제2독일 침례교 목사였던 **월터 라우젠부쉬**(Walter Rauschenbusch, 1861-1918년)였다. 그는 뉴욕주 소재 로체스터신학교(Rochester Theological Seminary)의 교회사 교수로(1902-1918년) 사회복음의 원조로 알려져 있다. 그는 기독교와 사회적 위기(Christianity and the Social Crisis, 1907년), 사회 계명을 위한 기도(1910년), 기독교화 하는 사회질서(1912년), 사회복음 신학(The Theology of Social Gospel, 1917년)등을 썼다. 그는 뉴욕의 사회주의자 **헨리 죠지**(Henry George, 1839-1897년)와 연대의식을 갖고 교회의 사회 참여를 통한 인간사회를 지상천국으로 만들자고 주장하였다.

- **미국에서의** 사회복음주의자들은 1908년에 **미국 연방교회협의회**(F.C.C.= Federal Council of Churches)를 조직하였는데 이 단체는 미국 자유주의 교회들의 연합단체인 미국교회협의회(N.C.C.C. in U.S.A.)의 전신(前身)이다. 미국연방교회협의회는 1912년에 교회의 사회신조(Social Creed of the Church)를 채택하였으며, 이때에 다수의 자유주의 신학교들은 사회복

음과 사회윤리학등을 과목으로 채택하여 가르치기 시작하였다.

• 로마 천주교에서도 1887년에 기본스(James Cardinal Gibbons)가 처음으로 전국노조를 결성하였으나 로마 교황청에서는 정죄 하였다. 교황 레오 13세(Pope Leo XIII)는 카톨릭교도들이 노동자들의 권익을 지원하도록 권장하였다. 리얀 사제(priest, John A. Ryan)는 사회복음을 발전시킨 지도자였다.

사회복음은 이 땅에 정치적 경제적 사회주의를 실현하므로 지상에서의 하나님의 왕국을 실현하고자 하는 철저한 인본주의 자유주의이다. 그러나 사회복음으로는 이 땅에 영원히 하나님의 왕국을 실현할 수 없다.

2. 예수 그리스도의 지상왕국은 마르크스주의의 유토피아 사상 (Utopia on Earth; 지상 낙원)에 기초하여 건설되는 것이 아니다.

독일의 사회주의 철학자요 경제학자였던 칼 맑스(Karl Marx, 1818-1883)는 공산당 선언, 임금·노동·자본·가치·이윤, 역사적 유물사관, 자본, 독일인 이념 등을 썼다. 맑스주의 유토피아 사상에 의하면 개인 소유권과 자유기업을 폐지하고, 이윤을 공동 분배하고, 빈부의 격차가 없는 계급없는 사회(A Classless Society)를 건설하여 다 잘 살수 있는 지상 낙원을 건설하여야 한다고 주장한다. 그러나 맑스주의 사상은 비성경적이며 실패한지 이미 오래 되었다.

3. 예수 그리스도의 지상왕국은 남미의 해방신학(Liberation Theology), 한국의 민중신학(Min Joong Theology) 사상에 기초하여 건설되는 것이 아니다.

해방신학이란 기독교의 옷을 입은 맑스주의이다.
페루의 천주교 신부 귀티에르즈(Gustavo Gutierrez),

알젠티나의 감리교 신학교 교수 **보니노**(Jose Miguez Bonino),
멕시코 대학의 **미란다**(Jose Miranda),
브라질의 천주교 신학자 **아스만**(Hugo Assman),
우루과이의 천주교 신학자 **세건도**(Juan Luis Segundo),
콜롬비아 국립대학교 교목 **토레스**(Camilo Tores),
브라질의 에큐메니칼리스트 **카스트로**(Emillio Castro), 브라질의 천주교 신부 **보프**(L. Boff), 브라질의 의식화 주창자 **후리에레**(Paulo Freire)등의 주장에 의하면 이 세상의 가난한 자들과 착취당하는 자들이 하나가 되어 억압과 빈곤을 가져오는 자본주의의 정치적 구조를 폭력적 혁명으로 전복하고 만민이 평등하게 잘 살 수 있는 지상낙원을 건설할 것을 주장한다.

4. 예수 그리스도의 지상 왕국은 진화론이나 유신 진화론 사상에 의하여 건설되는 것이 아니다.

1) 진화론(The Theory of Evolution)

창조냐, 진화냐? 이 문제는 성경과 과학 사이에 매우 중요한 문제이다. 이 중요한 문제에 대하여 무관심하거나 타협하는 것은 큰 과오이다. 특히 미국은 영국과 유럽 대륙에서 청교도들이 신앙의 자유를 찾아 북미 대륙으로 건너가 건설한 나라이고, 학교에서는 수세기 동안 성경의 창조론을 가르쳤으나, 지금은 불신앙의 자유주의자들과 인본주의자들의 득세로 교육법을 개정하여 초등학교에서 대학원에 이르기까지 모든 공립학교에서는 진화론만을 가르치고, 창조론을 가르치는 것은 불법으로 되어 있다. 진화론만큼 종교계와 과학계에 지대한 악 영향을 미치는 것은 역사상 드물다고 본다.

진화론은 무신론적 특성을 가지고 있다.

헨리 모리스(Henry Morris)는 "진화론은 사회주의, 공산주의, 무정부주의 그리고 다른 많은 좌경 운동들을 위한 이론적 근거로 주장되어 왔다.

맑스·레닌·스탈린은 열렬한 진화론자들이었고, 헤겔·니체·히틀러 등도 그러했다. …어떤 형태의 무신론, 범신론 또는 점성술(강신술)은 필연적으로 진화론에 근거를 두고 있다(p.40). 운명론, 실존주의, 행동주의, 프로이드 학설, 기타 부도덕한 심리적 체제들은 진화적 이론에 근거하고 있다"[14]라고 하였다.

(…evolution has been claimed as the scientific rationale for socia-lism, communism, anarchism, and many other leftwing movements. …Marx, Lenin, and Stalin were ardent evolutionists but so were Hegel, Nietzsche, and Hitler. …Any form of atheism or pantheism or occultism must necessarily be based on evolution. Determinism, existentialism, behaviorism, Freudianism, and other such amoral psychological systems are grounded in evolutionary theory).

진화론은 창조의 사역을 미완성으로 본다. 진화론은 영원히 스스로 존재하는 그 어떤 물체가 수백억 년 전부터 계속해서 서서히 진화, 변화된다고 주장함으로써 창조의 사역을 미완성으로 본다. 그리고 그 무엇이 다음 단계의 그 무엇으로 진화, 발전되기까지는 천문학적 세월이 소요되므로 진화 또는 진화 과정의 연구란 짧은 인생들로서는 영원히 불가능하다.

2) 유신 진화론(Theistic Evolution)

유신 진화론은 성경이 계시한 창조의 교리와 진화론자들의 진화론을 조화시켜 진화의 방법에 의한 창조론을 주장한다. 즉 하나님께서 세계를 창조하신 것은 사실이나, 그 방법에 있어서는 진화적이었다는 것이다. 유신 진화론은 하나님께서 세계와 그 가운데 있는 모든 것을 창조함에 있어서 자연적 진화의 과정을 지시하고, 사용하고, 지배하셨다고 한다. 그리하여 점진적 발전 과정에 의해서 현상 세계가 형성되었다고 한다. 유신 진화론에 의하면 현재 세계로의 변화에 수백만 년이 요구되었으며, 하나님은 식물과 동물의 여러 종을 창조하여 각기 종류대로 생식케 하지 않으셨으

---

14) Henry M. Morris, *Science and the Bible* (Moody Press, 1951, 1979, 1986), pp.40-41.

며, 사람은 적어도 그 육체적 방면에서 짐승의 후예여서 자기의 행적을 심히 낮은 수준에서 시작했다고 한다.

일반적으로 유신 진화론자들은 창세기 1장의 날들(days)을 장기적인 년들(years)이라고 한다. 그리고 지구의 창조, 아담의 창조는 상당히 오래되었다고 한다. 이 점에 있어서 유신 진화론은 장기설과 맥락을 같이한다.

우리의 신학적 입장(Our Theological Position)

고(故) **박형룡** 박사님은 "대한예수교장로회의 신학적 전통은 역사적 전천년기 재림론이다. 구(舊) 평양신학교에서 오랜 세월 동안 조직신학을 가르친 **이눌서**(W.D. Reynolds)박사가 역사적 전천년기 재림론을 강의하였다. 8.15 광복 후 남한의 장로회신학교와 총회신학교(현 총신대학교)에서 여러 해 동안 조직신학을 강의한 필자도 역사적 전천년기 재림론을 전하였다."[15]

고(故) **박윤선** 박사님도 "…나는 천년기전설(역사적 전천년)이 옳다고 생각한다"[16]라고 했다.

그러나 금일 미국의 가장 작은 교파들인 기독교개혁교(Christian Reformed Church [신도 수: 135,994명, 2002년도]와 칼빈신학교, 미국의 정통 장로교(Orthodox Presbyterian Church, 신도 수: 17,914명, 2002년도)와 웨스트민스터신학교 등의 무천년설이 한국의 신학계와 교계에 신학적 대 혼돈을 초래하고 있음은 매우 가슴 아픈 일이다.

---

15) 박형룡, 『박형룡 저작전집』 Ⅶ, p.278.
16) 박윤선, 『계시록』, pp.330-31, 323.

ESCHATOLOGY

제 9 장

최후 심판과 상벌
(*The Final Judgment, the Rewards and the Punishments*)

Ⅰ. 심판주: 성자 예수 그리스도
Ⅱ. 심판의 조력자들
Ⅲ. 심판의 근거
Ⅳ. 심판의 날·수·시기·장소·심판석
Ⅴ. 신자들의 상급
Ⅵ. 심판의 대상자들
Ⅶ. 심판날의 중요성

공의로우신 하나님 선악상벌의 하나님은 범죄한 개인·가정·교회·사회·민족·국가에 시시때때로 선악상벌의 심판을 하신다.

이스라엘 민족의 역사를 보면 하나님은 이스라엘 백성에게 여러 번 징계하셨다. 이스라엘 백성은 하나님의 심판을 받아 여러 번 이방 나라들의 포로 생활을 하였다. 북쪽 이스라엘은 앗수르에 포로로 잡혀갔고, 남쪽 유다는 바벨론에 포로로 잡혀갔다(왕하 17:23-26 이하). 그리고 주후 70년에는 로마의 디도 장군에 의하여 이스라엘 나라는 드디어 멸망되고, 이스라엘 민족은 고토(古土)를 떠나 전 세계에 흩어져서 유랑 생활을 하여 왔던 것이다.

교회 역사를 보면 교회가 세속화되어 범죄 타락할 때 하나님은 교회를 징계하셨다. 신자 개개인도 범죄 타락할 때 하나님은 신자를 징벌하시고 회개케 하신다. 이와 같이 하나님께서는 신자 개인·가정·교회·사회·국가가 범죄할 때 그들을 바로 세우기 위하여 징계하곤 하셨다.

구약시대의 참된 선지자들이나 세례 요한, 예수님 그리고 신약시대 사도들도 회개와 심판에 관하여 계속 역설하였다.

그런데 지금까지의 하나님의 징계와 심판들은 다 부분적이고 또 미완성적이었다. 그러나 인류 역사의 마지막 종말을 고할 때 즉 최후심판 때에는 온 세상 산자와 죽은 자, 신자, 불신자를 막론하고 모든 사람들을 최종적으로 다 심판하실 것이다.

사도신경의 고백과 같이 그리스도께서는 산 자와 죽은 자를 심판하러 오실 것이다(From thence He shall come to judge the quick and the dead). 최후 심판은 분명히 있을 것이다. 최후 심판은 의인들에게는 축복들과 더불어 좋은 것들을 상급으로, 악인들에게는 형벌을 보응으로 주실 것이다. 최후 심판의 선고는 의인들과 악인들의 영원한 운명이 결정되는 것이다. 의인들은 그들을 위하여 예비 된 영원한 천국으로, 그리고 악인들은 사탄과 그 추종자들을 위하여 예비 된 영원한 지옥에 들어가게 될 것이다. 그리하여 의인들은 영생에, 악인들은 영벌에 들어갈 것이다.

마태복음 25:34, "그때에 임금이 그 오른편에 있는 자들에게 이르시되 내 아버지께 복 받을 자들이여 나아와 창세로부터 너희를 위하여 예비된 나라를 상속받으라."

마태복음 25:41, "또 왼편에 있는 자들에게 이르시되 저주를 받은 자들아 나를 떠나 마귀와 그 사자들을 위하여 예비된 영원한 불에 들어가라."

마태복음 26:46, "그들은 영벌에, 의인들은 영생에 들어가리라 하시니라."

웨스터민스터 신앙고백서 제 33장 1, 3, "하나님은 예수 그리스도로 말미암아 의로 세상을 심판하실 한 날을 정해 놓으셨다. 그에게는 모든 심판하는 권세가 성부(God the Father)로부터 주어졌다. 그 날에 **배교의 천사들**

이 심판을 받을 뿐만 아니라 이 땅에 살았던 모든 사람이 그리스도의 심판대 앞에 나타나 자기들의 생각들과 말들과 행동들의 전말을 밝히고 그들이 선악간에 몸으로 행하여 온 것들에 따라서 보응을 받게 될 것이다"

※ "배교의 천사들"은 타락한 천사들(Fallen Angels) 곧 사탄(Satan)을 두목으로 마귀들(Devils)과 귀신들(Demons)을 가리킨다.

Ⅰ. 심판주(The Judge): 성자 예수 그리스도

최후의 심판은 누가 시행하실 것인가? 하나님은 모든 사람들의 심판자이시나(벧전 1:17; 살후 1:5; 히 11:6; 전 2:23), 그의 심판은 예수 그리스도를 통하여 시행하실 것이다.

요한복음 5:22, "아버지께서 아무도 심판하지 아니하시고 심판을 다 아들에게 맡기셨으니."

요한복음 5:27, "또 인자됨을 인하여 심판하는 권세를 주셨느니라."

아버지는 성부 하나님을 가리킨다. 하나님 아버지께서 온 세상 만민을 심판하시는 권세를 독생자 예수 그리스도께 맡기심은 그가 구속주(主)로서 우리의 죄를 속량 하시고, 중보자로서 하나님과 피택 된 죄인들을 화목케 하시고, 왕으로서 찬송과 존귀와 영광과 능력을 세세토록 받으시기에 합당하시기 때문이다. 그러므로 성경에 하나님의 심판이라는 말씀은 하나님이 독생자 그리스도를 통하여 심판하신다는 뜻이다.

사도 바울은 하나님의 심판과 그리스도의 심판을 구별하지 않았다. 그러므로 로마서 14:10에는 "하나님의 심판대"라고 하였고, 고린도후서 5:10에는 "그리스도의 심판대"라고 하였다.

그리스도는 심판주로서 산 자와 죽은 자(The Living and the Dead)**를 심판하실 것이다.** 산 자와 죽은 자는 모든 사람 곧 인류 전체를 가리킨다.

사도행전 10:42, "우리에게 명하사 백성에게 전도하되 하나님이 살아 있는 자와 죽은 자의 재판장으로 정하신 자가 곧 이 사람인 것을 증언하게 하셨고."

베드로전서 4:1, "하나님 앞과 산 자와 죽은 자를 심판하실 그리스도 예수 앞에서 그의 나타나실 것과…."

베드로전서 4:5, "그들이 산 자와 죽은 자를 심판하기로 예비하신 이에게 사실대로 고하리라."

디모데후서 4:1, "하나님 앞과 살아 있는 자와 죽은 자를 심판하실 그리스도 예수 앞에서 그가 나타나실 것과 그의 나라를 두고 엄히 명하노니."

디모데후서 4:8, "주 곧 의로우신 재판장이 그 날에 내게 주실 의의 면류관."

Ⅱ. 심판의 조력자들(The Assistants)

천사들과 성도들이 그리스도의 심판에 참여할 것이다. 여기에 천사들은 타락하지 아니한 선한 천사들을 가리키며, 성도들은 부활한 성도들과 변화된 생존 성도들을 가리킨다. 천사들과 성도들로 하여금 심판의 조력자들로 동참케 함은 그리스도의 능력이 부족해서가 아니라 하나님의 능력을 맛보게 하기 위함이다.

1. 천사들 (Holy Angels)

① 심판 때에는 그리스도께서 천사들을 보내어 신자·불신자 모두를 모을 것이다. 천사들은 하늘 이 끝에서 저 끝까지 전세계 만방 여러 곳에 흩어져 있는 택자들을 모을 것이다.

마태복음 24:31, "저가 큰 나팔소리와 함께 천사들을 보내리니 저희가 그 택하신 자들을 하늘 이 끝에서 저 끝까지 사방에서 모으리라."

마가복음 13:26-27, "또 그때에 저가 천사들을 보내어 자기 택하신 자들을 땅 끝으로부터 하늘 끝까지 사방에서 모으리라."

"**하늘 이 끝에서 저 끝까지**"와 땅 끝에서 하늘 끝까지는 같은 뜻이나 마태의 표현은 보다 더 정확하고, 마가의 표현은 보다 더 시적(Poetical)이라 하겠다. 그것은 전 세계 구석구석을 빠짐없이 가리키는 히브리어 용법이다.

"**모으리라**"는 시제는 복수·미래·직설·능동이다. 그러므로 모으리라(에피수낙수신, ἐπισυνάξουσιν; They will assemble)는 천사들이 모을 것이다, 소집할 것이다, 집합시킬 것이다 라는 뜻이다.

마태복음 13:41-43, "인자가 그 천사들을 보내리니 그들이 그 나라에서 모든 넘어지게 하는 것과 또 불법을 행하는 자들을 거두어 내어 풀무 불에 던져 넣으리니 거기서 울며 이를 갈게 되리라 그때에 의인들은 자기 아버지 나라에서 해와 같이 빛나리라 귀 있는 자는 들으라."

② **천사들은 목자가 양과 염소를 구별하듯이 의인들과 악인들을 분리하여 의인들은 오른편에 악인들은 왼편에 세울 것이다**(마 13:49-50, 25:32-33). 오른편은 위치를 말하는 것이 아니라 귀한 자리(장소)를 말한다(엡 1:20; 행 2:25, 35).

③ **천사들은 불법을 행하는 자들을 풀무 불에 던져 넣을 것이다.**

마태복음 13:41-42, "인자가 그 천사를 보내리니 저희가 그 나라에서 모든 넘어지게 하는 것과 또 불법을 행하는 자들을 거두어 내어 풀무 불에 던져 넣으리니 거기서 울며 이를 갊이 있으리라."

"**불법을 행하는 자**"란 시편 6:9의 인용이다. 불법을 행하는 자란 불신자의 별명이다. 불법은 율법을 어기는 것이다. "**풀무 불**"(Fiery Furnace)은 지옥을 가리키는 수식 형용이다.

2. 성도들 (Believers)

영화롭게 된 성도들도 그리스도와 더불어 심판하는 일을 활발히 조력(助力)하게 될 것이다. 성도들은 심판자들로서 천사들보다 높은 권위의 위치에 있게 될 것이다.

성도들이 심판 시에 어떤 임무들을 구체적으로 담당하게 될 것인가? 우리는 언급하기 어렵다. 그 이유는 성도들의 구체적인 임무에 대해서는 설명되어 있지 않기 때문이다. 그러나 분명한 것은 성도들은 선한 천사들과 더불어 주님의 심판에 조력한다는 사실이다. 주님은 성도들을 그만큼 높이시는 것이다. 이것은 하나님이 우리를 사랑하시기 때문이다.

마태복음 19:28, "예수께서 가라사대 내가 진실로 너희에게 이르노니 세상이 새롭게 되어 인자가 자기 영광의 보좌에 앉을 때에 나를 좇는 너희도 열 두 보좌에 앉아 이스라엘 열 두 지파를 심판하리라"(눅 22:30).

"**인자**"(Son of Man)는 예수 그리스도의 자아 호칭이며, 영광과 권능의 보좌에 앉을 때에 주님의 제자들도 영광과 권능의 보좌에 앉아 악인들을 심판하는 일에 조력할 것이며, 구속함을 받은 자들을 통치하고 다스릴 것(Governing and Ruling)이다.

요한계시록 20:4, "또 내가 보좌들을 보니 거기 앉은 사람들이 있어 심판하는 권세를 받았더라…."

본문에 "**보좌들**"(드로노스, θρόνος; Throne, a Seat of Authority; 보좌, 권좌)은 하나님의 보좌가 아니다. 그 이유는 보좌들과 거기에 앉은 자들이 복수이기 때문이다. 그 보좌들은 심판하는 권세를 받은 자들이 앉는 보좌들이다. 그렇다면 그리스도와 더불어 왕 노릇하며, 천사들까지도 판단할 자들은 성도들 뿐이다. 본문의 보좌들은 성도들의 보좌들이다.

고린도전서 6:3, "우리가 천사를 판단할 것을 너희가 알지 못하느냐 그러하거든 하물며 세상일이랴."

성도들은 천사들도 판단할 것이다. 그런데 여기 천사들은 타락한 천사들을 가리킨다(벧후 2:4, 9; 유 6; Chrysostom, Theodoret, Erasmus, Bengel, Hodge, Poole, Walvoord…). 본래 타락한 천사들은 하나님과 인간 사이의 중간 존재로 높은 위치를 차지하였으나 하나님과 같이 되고자 하는 욕망과 교만으로 타락한 천사(사탄)가 되었고, 따라서 하나님의 심판의 대상이 되었다.

Ⅲ. 심판의 근거(The Ground of Judgment)

최후 심판의 근거는 하나님께서 각 사람에게 그 행한 대로 보응하신다. 사람이 이 세상에서 사는 동안 생각·사상·성격·행위 등에 따라서 상벌이 결정될 것이다.

시편 62:12, "주여 인자함도 주께 속하였사오니 주께서 각 사람이 행한 대로 갚으심이니이다."

전도서 12:14, "하나님은 모든 행위와 모든 은밀한 일을 선악간에 심판하시리라."

예레미야 17:10, "나 여호와는 심장을 살피며 폐부를 시험하고 각각 그 행위와 그 행실대로 보응하나니."

마태복음 12:36, "…사람이 무슨 무익한 말을 하든지 심판 날에 이에 대하여 심문을 받으리라."

사도행전 17:31, "이는 정하신 사람으로 하여금 천하를 공의로 심판할 날을 작정하시고 이에 그를 죽은자 가운데서 다시 살리신 것으로 모든 사람에게 믿을 만한 증거를 주셨음이니라 하니라"

로마서 2:6, "하나님께서 각 사람에게 그 행한대로 보응하시되"

고린도후서 5:10, "…각각 선악간에 그 몸으로 행한 것을 따라 받으려 함이라."

베드로전서 1:17, "외모로 보시지 않고 각 사람의 행위대로 판단하시는 자를 너희가 아버지라 부른즉 너희의 나그네로 있을 때를 두려움으로 지내라."

요한계시록 2:23, "…내가 너희 각 사람에게 행한 대로 갚아주리라."

요한계시록 20:12, "…죽은 자들이 자기 행위를 따라 책들에 기록된 대로 심판을 받으니."

신자들은 예수 그리스도의 대속의 은총을 입었으므로 죄사함 받았다. 따라서 그리스도 안에 있는 자에게는 결코 정죄함이 없다(롬 8:1). 그러나 신자들이 죄를 범할 때마다 그 죄가 정신적 심리적이든, 육체적 행위적이든, 대소경중을 막론하고 모두 숨김없이 낱낱이 생명록에와 하나님의 전지성에와 우리 자신들의 정신에 입력 기록될 것이다. 그리고 그 입력된 죄의 항목들과 내용들은 우리 각자가 그리스도의 심판대 앞에 설 때 변명할 수 없는 증거물들로 제소될 것이다. 진실하지 않는 생활, 자갈 물리지 않은 혀나 몸, 불결한 정욕들 그리고 앙심 깊은 적개심들은 모두 하나님 앞에서 고발 당할 것이다.

1. 생명책(Book of Life)에 기록될 것이다.

생명책에는 그리스도의 보혈로 구속받은 신자들만이 그들의 이름들과 그들의 지상 생활에서의 행적들이 낱낱이 숨김없이 상세하게 그대로 기록될 것이다. 그리고 그리스도의 심판의 날에는 생명책이 개봉되고 그 안에 들어있는 내용들이 신자들을 심판자 그리스도께 직고 할 것이다. 신자들은 생명책에 기록된 대로 심판을 받을 것이다(계 20:12, 21:27).

2. 하나님의 전지성(Omniscience of God)에 기록될 것이다.

하나님의 속성들 중 하나는 전지성이다. 하나님은 전지하셔서 현재와 과거와 미래의 모든 일들을 동시에 완전히 아신다(시 139:1-16; 겔 11:5;

요 21:17; 히 4:13). 신자들의 지상 생활에서의 행적들은 낱낱이 상세하게 하나님의 전지성의 기억에 그대로 기억될 것이다. 사람은 죄를 짓고 잊어버릴 수 있으나 전지하신 하나님의 기억에는 영원히 기억되어 있을 것이며, 심판 날에 심판자 앞에 직고할 것이다. 인간의 재판은 엄격하게 조사의 과정이다. …그러나 최후의 심판에서는, 재판장은 전지하시기 때문에 증거가 필요 없다. 그는 자기 앞에 서 있는 각 사람의 성격과 역사에 대하여 완벽한 지식을 가지고 재판을 진행하신다. …이 위대한 날은 재판이라기 보다는 선고와 집행의 날 일 것이다.

3. 신자들의 기억(Memory of Believers)에 기록될 것이다.

신자 자신들이 행한 언행심사의 내용들이 생명책과 하나님의 전지성의 기억에 입력될 뿐만 아니라 신자들 자신의 정신에도 기억될 것이다. 현대 정신과학은 매우 발달하여 사람이 약 75세 까지 산다면 사람의 정신의 기억에는 150억의 사건들이 입력된다고 한다.[1] 그리고 그 사건들은 사람의 정신의 기억에 지워지지 않고 계속 저장되어 있다고 한다. 그리고 검침기로 점검하면 몇 살 때 어디서 무슨 생각이나 말이나 행동을 하였는지 밝히 드러난다고 한다. 따라서 신자들의 최후 심판도 자신들의 행적에 따라서 결정될 것이다.

우리 각 사람의 성격·생각·언어·행위 등은 먼저 자신이 알며, 주위의 사람들도 알며, 특별히 전지하신 하나님이 다 아신다. 사람은 스스로 속일 수도 있으며, 다른 사람들은 잘못 인식할 수도 있으나, 전지하신 하나님 앞에서는 아무 것도 숨길 수도, 속일 수도 없다.

---

1) O.T. Spence 박사의 특강 중에서.

IV. 심판의 날·수·시기·장소·심판석

1. 심판의 날(The Day of Judgment)

심판의 기간이 얼마나 지속 될 것인가에 대한 대답은 "그 날"(마 7:22; 살후 1:10; 딤후 1:12), "**심판의 날**"(마 11:22; 12:36; 행 17:31), "**진노의 날**"(롬 2:5; 계 11:18)이라고 하였다.

"그 날"(헤 헤미라, ἡ ἡμέρα; the day; 그날)은 앞에 관사 헤(η)가 있어서 특별한 날을 가리킨다. 그날은 종말론적 의미를 지닌 날, 곧 심판의 날을 가리킨다.

심판의 기간을 심판의 날이라고 하였으니, 전능하신 하나님께서 24시간 하루인 한 날을 생각할 수 있을 것이다.

반면에 일부 영해하는 사람들처럼 날을 막연한 장기간으로 해석한다면 심판의 날이 상당한 장기간으로 추측할 수도 있을 것이다. 그러나 우리가 그렇게까지 생각할 필요가 없음은 창세기에 계시된 천지창조의 한 날도 일반적 원리로 24시간 하루로 믿기 때문이다. 뿐만 아니라 하나님은 전지 전능하시므로 사람들이 세상 법정에서 재판하는 것 같이 그렇게 장기간을 요하지 않을 것이다. 세대론자들은 신자들에 대한 심판은 공중재림이, 불신자들에 대한 심판은 1000년기 직후에 있을 것이라고 한다.

2. 심판의 수(The Number of Judgment)

최후 심판은 몇 번 있을 것인가? 단 한 번일까? 몇 번일까? 성경은 앞으로 있을 최후 심판을 **단 일회 사건**으로 계시하고 있다. 즉 "**그날**"(마 7:22; 딤후 4:8), "**진노의 날**" 곧 하나님의 의로우신 심판이 나타나는 그 날(롬 2:5)이다. 뿐만 아니라 최후 심판 시에 의인들과 악인들이 동시에 심판을 받으리라고 성경은 분명하게 가르친다.

로마서 2:5-7, "하나님의 의로우신 판단이 나타나는 그 날."

요한계시록 11:18, "이방들이 분노하매 주의 진노가 임하여 죽은 자를 심판하시며 종 선지자들과 성도들과 또 무론 대소하고 주의 이름을 경외하는 자들에게 상주시며 또 땅을 망하게 하는 자들을 멸망시키실 때로소이다 하더라."

요한계시록 20:11-15, "또 내가 크고 흰 보좌와 그 위에 앉으신 자를 보니 땅과 하늘이 그 앞에서 피하여 간데 없더라 또 내가 보니 죽은 자들이 무론 대소하고 그 보좌 앞에 섰는데 책들이 펴 있고 또 다른 책이 펴졌으니 곧 생명책이라 죽은 자들이 자기 행위를 따라 책들에 기록된 대로 심판을 받으니 바다가 그 가운데서 죽은 자들을 내어 주고 또 사망과 음부도 그 가운데서 죽은 자들을 내어 주매 각 사람이 자기의 행위대로 심판을 받고 사망과 음부도 불못에 던지우니 이것은 둘째 사망 곧 불못이라 누구든지 생명책에 기록되지 못한 자는 불못에 던지우더라."

3. 심판의 시기(The Time of Judgment)

심판의 시기는 이 세상 마지막이 분명하다. 최후 심판은 주님 재림 이후 천년왕국 시대를 지나서 둘째 부활(악인의 부활)이 있은 직후 신천신지 직전에 있을 것이다(벧후 3:7, 13; 마 13:40-43; 살후 1:7-10).

최후 심판은 이 세상 끝 날에 이루어질 심판으로 의인과 악인이 동시에 심판을 받을 것이다. 이것은 역사적 전천년실주의자들이나 무천년주의자들이나 후천년주의자들도 일치한다.[2]

세대주의자들은 구약의 성도들과 환난기의 성도들과 생존 유대인들과 생존 이방인들은 대환란 끝 재림시에, 성도들은 휴거와 재림 사이에(공중 재림 기간), 그리고 사탄과 타락한 천사들과 불신자들은 1,000년 왕국 끝

---

2) William E. Cox. *Biblical Studies*, p.148.

에 심판을 받을 것이라고 주장한다.[3)]

세대주의자들이 심판의 대상자들을 성질상으로 구분하는 것은 이해가 가나 심판의 시기를 3번으로 달리 분류하는 것은 성경의 지원을 받지 못한다.

4. 심판의 장소(The Place of Judgment)

최후 심판이 어디에서 거행될 것인가? 분명히 공간을 점령할 어떠한 장소를 말한다. 그러나 그 심판의 장소가 천당이나 지옥은 아니다. 그 이유는 천당과 지옥은 최종 심판 후에 심판 받은 자들이 가는 영원한 처소이기 때문이다. 뿐만 아니라, 천국에서 죄인들을 또는 지옥에서 의인들을 심판하실 이유가 없다. 그렇다면 이 **지상**(地上)이 **그리스도의 심판의 장소가 아니겠는가!** 그러나 공중 혼인 잔치를 7년으로 주장하는 세대론에 의하면 상급 수여의 장소는 공중이라고 한다.[4)]

5. 그리스도의 심판석(The Judgment Seat of Christ)

고린도후서 5:10, "그리스도의 심판석"(The Judgment Seat of Christ; 그리스도의 심판석), 로마서 14:10에는 하나님의 심판석(The Judgment Seat of God)이라고 기록되어 있다.

위(person, 位; 성부·성자·성령)는 동등하므로 하나님의 심판석 또는 그리스도의 심판석이라고 교대적으로 사용할 수 있다. 사도 요한은 그리스도의 심판석을 큰 백보좌(A Great White Throne)라고 불렀다.

심판석을 헬라어 신약 원문에는 **베마**(βῆμα; Judgment Seat, 재판석)라고 하는데 베마는 문자적으로는 계단(a step)을 뜻하며, 계단에서 올라가 높

---

3) Charles C. Ryrie, *Basic Theology*, (Victor Books, 1987), pp.512-16, Lewis Sperry Chafer, *Systematic Theology*, 1988, pp.501-504.

4) Pentecost, op. cit., p.221.

은 좌석을 가리키게 되었고, 이 낱말은 곧 재판석을 뜻하게 되었다.

로마의 풍속은 재판관이 재판을 할 때에는 반드시 법의를 입고 재판석에 올라가 앉아서 재판하였다. 로마의 식민지 통치시대의 재판관은 각 관할지역의 총독들이었다. 실례로 빌라도의 재판석(마 27:19; 요 19:13), 갈리오의 재판석(행 18:12, 16-17), 베스도의 재판석(행 25:6, 17)등이다. 사도 바울은 이 동일한 단어인 베마(재판석)를 하나님의 심판대(롬 14:10), 그리스도의 심판대(고후 5:10)에도 사용하였다.

6. 심판날의 중요성(The Importance of Judgment Day)

1) 이 세상의 역사는 끝없이 계속되는 시간의 연속이 아니라 이 모든 시대들을 지나서는 더 이상 시대들이 계속되지 않는, 인류 역사의 종말을 고하는 최후의 시대, 최후의 날이 올 것이다.

2) 인류 역사의 종말을 고하는 최후의 날은 곧 최후 심판의 날이다. 최후 심판의 날에는 우리 모두가 예수 그리스도의 심판대 앞에 서서 각자가 살아온 행적들(생각, 말, 행실)에 대하여 행위의 심판을 받을 것이다.

3) 신자들은 행위대로 상급들을 받을 것이다. 각 사람은 선악간에 그 몸으로 행한 대로 상급들을 받을 것이다(롬 14:10; 고후 5:10).

4) 심판 날은 하나님의 구속사역에 있어서 최종적 승리를 가져오는 날이다.

5) 그러므로 최후 심판은 우리로 하여금 자신들의 행적들에 대하여 책임을 지도록 도덕적 경건 생활에로 인도한다.

V. 신자들의 상급(The Rewards to Believers)

상급이란 선한 일을 행한데 대한 보상(Compensation)이다. 하나님은 공의의 하나님이시요, 동시에 은혜의 하나님이시므로 선한 일을 행한 자에게는 상급을, 악한 일을 행한 자에게는 형벌을 내리신다. 하나님은 선악상벌의 하나님이시다. 의인들이 받을 상급에 있어서 등급이 다르며, 같은 등급 안에서도 차이가 있을 것이다. 상급과 등급들은 신자들이 이 세상에 사는 동안 예수 그리스도를 위한 헌신과 봉사에 따라서 결정될 것이다. 그것이 곧 적게 심는 자는 적게 거두고 많이 심는 자는 많이 거두는 진리이다(고후 9:6).

상급과 구원은 구별되어야 한다. 구원은 하나님께서 값없이 주시는 은혜의 선물(Free Gracious Gift; 롬 6:23; 엡 2:8-9)이요, 인간의 공로가 개입되기 불가능하다. 그리고 구원은 신자들이 현재 동일하게 소유하고 있다(눅 7:50; 요 5:24). 반면에 상급은 성도들이 지상(地上)에서 사는 동안 예수 그리스도와 그의 복음을 위한 헌신과 봉사에 따라서 행위로 이루어진다(마 10:42; 눅 19:17; 고전 9:24-25; 딤후 4:7-8). 그러므로 성도의 상급에 있어서는 엄청난 차이가 있을 것이다. 물론 선한 일을 행하는 자가 이 세상에서도 보상을 받는 것은 일반 통상 원리이다.

신자들의 심판을 은혜의 심판이라 하고, 불신자들의 심판을 진노의 심판이라고 한다. 그 이유는 신자들의 심판은 공심판(지옥가는 심판)이 없고, 행위의 심판은 행위의 정도에 따라 상급을 하사하기 때문이다. 그러므로 신자들은 심판 날을 두려워하지 말고 그 날을 대망하여야 할 것이다. 그 이유는 신자들에게는 정죄함이 없으며 반면에 상급들이 있을 것이기 때문이다.

1. 은혜의 심판(The Judgement of Grace)

1) 신자들에게는 공심판(지옥으로 가는 심판)이 없다.

신자들(의인들)은 예수 그리스도의 보혈 공로로 사죄와 칭의를 받았음으로 공심판을 받지 않는다. 그러나 신자들이 그리스도의 심판대 앞에 설 이유는 죄 사함은 받았으나 지은 죄에 대한 고백과 선행에 따라서 얼마만큼의 상급을 받기 위함이다.

요한복음 3:18, "저를 믿는 자는 심판을 받지 아니할 것이요…."
요한복음 5:24, "내가 진실로 진실로 너희에게 이르노니 내 말을 듣고 또 나 보내신 이를 믿는 자는 영생을 얻었고 심판에 이르지 아니하나니 사망에서 생명으로 옮겼느니라."

독생자 예수 그리스도를 자신의 구주로 믿는 자는 믿음으로 이미 구원을 얻었음으로 심판에 이르지 않는다. 그 이유는 예수 그리스도는 자신을 구주로 믿는 자의 죄를 담당하시고 십자가상에서 대신 형벌을 받았기 때문이다. 그러므로 믿는 자는 지옥에 이르는 심판을 받지 않을 뿐만 아니라 구원 영생을 얻었다. 영원 지옥 형벌 받아 마땅할 죄인이 구원 영생 얻는 유일한 비결은 예수 그리스도를 구주로 영접하는 길뿐이다.

로마서 8:1-2, "그러므로 이제 그리스도 예수 안에 있는 자에게는 결코 정죄함이 없나니 이는 그리스도 예수 안에 있는 생명의 성령의 법이 죄와 사망의 법에서 너를 해방하였음이라."

"**그러므로**"(아라, ἄρα; then, therefore; 그러면, 그러므로)는 7:25 상반절 우리 주 예수 그리스도와의 관계를 강조한다. 즉 예수 그리스도로 말미암아 죄와 사망의 법에서 해방되었음으로 다시는 정죄함이 없다는 말씀이다.

"**이제**"(눈, νῦν; now; 지금)는 과거와 현재를 대조하여 구원의 현 상태를 강조하고 있다. 아봇-스미스(Abbott-Smith)는 말하기를 이제(지금)는 과거나 또는 미래에 반대되는 현재(시간)를 가리킨다고 하였다(p.306)

"그리스도 예수 안에 있는 자"는 바울 신학의 특징이다. 그리스도 안에 있는 자는 그리스도를 구주로 믿는 자이며, 그리스도와 영적·신비적으로 연합된 자이며, 그리스도의 속죄 공로로 죄 사함 받은 자이며, 믿음으로 의롭다 함을 받은 자이며, 영생을 소유한 자이다.

"**정죄함**"(카타크리마, κατάκριμα; Condemnation; 정죄). 정죄라는 단어는 매우 강한 어조(표현)이다. 원래 정죄(크리마, κρίμα; Judg-ment; 심판)는 심판이란 뜻이다. 그런데 본 절에 정죄(κατάκριμα)는 크리마(κρίμα)앞에 전치사 카타(κατά)가 접두어로 붙어서 단어의 뜻을 더욱 강화시킨다. 카타크리마는 재판의 결과로 오는 정죄를 말한다(롬 5:16, 18).

"**없나니**"(우덴, οὐδέν no; 없다, 아니다): 헬라어에 있어서 우덴(οὐδέν)은 강한 어조(표현)이다. 따라서 데니(Denny)는 우덴은 어조가 강한 단어이다. 정죄란 어떤 면에서도 의문시 될 수 없다고 하였고(2:644), 웨스트(Wuest)는 정죄란 단 한 작은 부분도 없다 고 하였다(p.127). 신자들은 예수 그리스도의 보혈 공로로 인하여 심판을 면하였다.

2) 신자들에게는 행위의 심판이 있다(상급).

성경은 최후의 심판은 각자의 행위에 따라 집행될 것이라고 선언하였다.

로마서 4:10, "우리가 다 하나님의 심판대 앞에 서리라." 가슴이 부들부들 떨리는 마음으로 그리스도의 심팜대 앞에 설 것이다.

고린도후서 5:10, "이는 우리가 다 반드시 그리스도의 심판대 앞에 드러나 각각 선악간에 그 몸으로 행한 것을 따라 받으려 함이라."

"**우리가 다**"(판타스 헤마스, πάντας ἡμᾶς; we all; 우리 모두)는 신자들 전체를 가리킨다. 유대인이나 이방인이나, 늙은이나 젊은이나, 자유인이나 종이나, 부자나 가난한 자나, 남자나 여자나 한 사람도 예외 없이 전체가 모두 심판을 받을 것이다.

① **우리가 다 심판대 앞에 설 것임**: 그리스도의 심판대 앞에 "**드러나**"(파네로데나이, φανερωθῆναι; to be manifested, 나타나게 된다)는 그리스도의 심

판대 앞에 출두하여 심판자 앞에 나타나야 한다(must appear)는 뜻이다.

② **우리가 다 자백할 것임**: 로마서 14:11-12, "…모든 혀가 하나님 앞에 자백하리라 우리 각인이 자기 일을 하나님께 직고하리라."

"직고하리라"(엑소몰로게세타이, ἐξομολογήσεται; will confess, acknowledge; 고백하리라, 인정하리라)는 직설·중간태이다. 따라서 각인이 행한대로 고백하고 고백한 후의 영적 기쁨과 결과(상급)에 관심을 갖는 것을 나타낸다.

③ **우리가 다 행위대로 상급을 받을 것임**: 로마서 14:10, "…각각 선악간에 그 몸으로 행한 것을 받으려 함이라", 고린도후서 5:10, "이는 우리가 다 … 그 몸으로 행한 것을 따라 받으려 함이라" 몸으로 행한 것들이란 우리의 생각들과 말들과 행위들이 다 포함된다. 그러므로 사도 베드로는 베드로전서 1:17에서 외모로 보시지 않고 각 사람의 행위대로 판단하시는 자를 너희가 아버지라 부른즉 너희의 나그네로 있을 때를 두려움으로 지내라라고 권면하였다.

한 사람 한 사람이 그 행한 대로 행위의 심판을 받을 것이다. 몸으로 행한 것을 따라 보응하는 것은 공정하고 적절한 보응이다. 선한 일을 행한 자는 하나님께로부터 칭찬과 상급을 받을 것이요, 악한 일을 행한 자는 하나님께로부터 책망과 어떤 형태의 부끄러움을 받을 것이다(눅 14:14; 롬 2:5-6; 고전 4:5; 엡 6:8; 골 3:25).

그러나 신자들이 심판을 두려워하지 않는 이유는 신자들의 죄와 허물들은 이미 예수 그리스도의 보혈로 말미암아 용서받은 죄들로서 심판 때 드러나게 될 것이기 때문이다. 죄 사함 받은 성도들이 어떠한 상급을 받을 것인가에 대하여는 비교적 상세하고도 분명하게 계시되었으나 죄를 범한데 대하여는 구원은 얻되 불 가운데서 얻은 것 같으니라(고전 3:15)고 만 계시하시고 어떤 책망이나 어떤 형태의 부끄러움을 받을 것인지는 구체적 언급이 없다.

신자들이 선악간에 지상 생활에서 몸으로 행한 대로 보응을 받을 것이니 우리의 행위는 우리가 책임을 지도록 되어 있다. 따라서 우리는 신자들의 행위의 원리에 입각하여 행동하여야 한다. 신자들의 행위의 원리는 하나님의 계명이다. 신자들의 지상생활(地上生活)에 있어서 하나님의 영광, 하나님의 나라, 하나님의 의를 위하여 행한 일들은 다 선한 일들로서 상급을 받을 것이다. 신자들이 상급 받기 위하여 선한 일을 행함이 아니라, 하나님의 자녀들로서의 특권이요 임무이기 때문에 선한 일을 행함이다.

신자가 아무리 하나님의 일, 선한 일에 헌신 봉사할지라도 그것이 하나님의 영광을 위한 것이 아니고 자신의 명예와 유익을 위한 것이라면 그 모든 일들은 하늘의 상급을 가져오지 못할 것이다. 그 이유는 선한 일의 동기와 목적이 성경적이 아니기 때문이다. 이것을 고린도전서 3:15에서는 누구든지 공력이 불타면 해를 받으리니 그러나 자기는 구원을 얻되 불 가운데서 얻은 것 같으니라. 라고 함과 같다.

2. 상급의 정도(The Degree of Rewards)

하나님은 사랑의 하나님이시며 동시에 공의의 하나님이시다. 그러므로 하나님은 또한 선악 상벌의 하나님이시다. 선을 행한 자에게는 상급을, 악을 행한 자에게는 형벌을, 선을 많이 행한 자에게는 더 좋은 상급을, 적게 행한 자에게는 적은 상급을 하사하실 것이다. 신구약 성경에 기록된 신앙의 열조들과 기독교 역사 2000년 동안에 나타난 신앙의 영웅들이 받을 상급들이 어찌 같을 수 있으랴!

성도들의 상급의 기준과 척도는 성도들의 지상 생활(地上生活)에서 예수 그리스도와 그의 복음을 위한 헌신 봉사 및 이웃에 대한 선행의 정도에 따라서 결정될 것이다. 또한 같은 종류의 상급이라도 대소(大小)의 차이가 있음을 성경은 암시한다.

누가복음 14:14, "…이는 의인들의 부활시에 네가 갚음을 받겠음이니라."

고린도전서 4:5, "그러므로 때가 이르기 전 곧 주께서 오시기까지…그때에 각 사람에게 하나님께로부터 칭찬이 있으리라."

고린도전서 15:40-42a, "하늘에 속한 자의 영광이 따로 있고 땅에 속한 자의 영광이 따로 있으니 해의 영광도 다르며 달의 영광도 다르며 별의 영광도 다른데 별과 별의 영광도 다르도다 죽은 자의 부활도 이와 같으니."

"**하늘에 속한 형제들**"(쏘마타 에프라니아, σώματα ἐπουράνια; heavenly bodies)해, 달, 별들 등 천체(天體)들을 말한다.

"**땅에 속한 형제들**"(쏘마타 에피게이아, σώματα ἐπίγεια; earthly bodies)은 산들과 산맥들, 망망한 바다들, 늘 푸른 봉우리들, 거대한 협곡들과 계곡들, 넓은 들판들 등을 말한다.

본절에서 "**…따로 있고, …다르매**"(헤테라…알로스, ἑτέρα⟨other⟩…ἄλλος⟨differ⟩)는 종류상 항이함과 같은 종류 안에서도 정도의 차이가 있음을 나타낸다. 이와 같이 성도들이 받을 상급들도 상이하다.

성경은 하늘에 속한 형체들의 크기와 모양, 색상들과 미(美)가 각각 상이함과 같이 그리고 땅에 속한 형체들의 크기와 모양, 색상들과 미가 각각 상이함과 같이 성도들이 받을 상급들도 상이함을 분명히 계시하였다.

먼 동이 틀 때 붉게 타오르는 태양, 석양 노을의 찬란함과 황홀함, 밤에 구름 사이로 비춰는 초생달·반달·둥근 달, 창공에 빛나는 무수한 별들, 그리고 소낙비 내린 후 햇빛 날 때 나타나는 무지개 빛들(금 빛, 은 빛, 자주 빛, 파랑 빛, 흰 빛, 검은 빛, 오랜지 빛)은 참으로 휘황찬란하다.

고린도전서 3:11-15, "이 닦아 둔 것 외에 능히 다른 터를 닦아 둘 자가 없으니 이 터는 곧 예수 그리스도라 만일 누구든지 금이나 은이나 보석이나 나무나 풀이나 짚으로 이 터 위에 세우면 각각 공력이 나타날 터인데 그 날이 공력을 밝히리니 이는 불로 나타내고 그 불이 각 사람의 공력이 어떠한 것을 시험할 것임이니라 만일 누구든지 그 위에 세운 공력이 그대로 있으면 상을 받고 누구든지 공력이 불타면 해를 받으리니 그러나 자기는 구원을 얻되 불 가운데서 얻은 것 같으리라."

"**이 터는 곧 예수 그리스도**"라 예수 그리스도는 우리의 구원의 터이시다. 그러므로 이 터 위에 집을 짓는 자는 구원을 받은 자이다. 그러나 어떤 신자는 금으로, 어떤 신자는 은으로, 어떤 신자는 보석으로, 어떤 신자는 나무로, 어떤 신자는 풀로, 어떤 신자는 짚으로 집을 짓는다. 이것은 상징적 표현들이다.

"…그 날에 불로 …시험할 것이라."

"**그 날**"(헤 헤메라, ἡ ἡμέρα; the day; 그 날)은 날 앞에 관사 헤(ἡ; the)가 있어서 특별한 날을 가리킨다. 그 날은 종말론적 의미를 지닌 날 곧 심판의 날이다(고후 5:10).

"**불**"(퓨리, πυρί; fire)은 하나님의 말씀을 가리킨다(렘 5:14; 요 12:48).

"**시험할 것이니라**"(도키마세이, δοκιμάσει; will prove)는 증명할 것이라는 뜻이다. 하나님의 말씀이 심판의 표준이 될 것이다. 금으로 집을 짓는 자는 금 상을, 은으로 집을 짓는 자는 은 상을, 보석으로 집을 짓는 자는 보석 상을 받을 것이다. 그러나 나무나 풀이나 짚으로 집을 짓는 자는 그 날에 그 공력들이 다 불타 구원은 얻되 불 가운데서 얻는 것 같을 것이다. 성경은 상급 받을 자와 상급 받지 못할 자, 그리고 상급에도 정도의 차이가 있을 것을 분명히 하였다.

3. 상급의 종류(The Types of Rewards)

요한계시록 22:12, "보라 내가 속히 오리니 내가 줄 상이 내게 있어 각 사람에게 그의 일한 대로 갚아 주리라."

성경은 상급을 면류관으로 표현하였다. "**면류관**"(스테파노스, στέφανος; Crown, 면류관)은 승리자가 받는 "**월계관**"(Victors Crown)이다. 이것은 특히 마라톤 경주(Marathon Race)에서 선두 주자에게 주는 상이다(고전 9:25; 딤후 2:5). 성경에 의하면 상급의 종류가 다양하고 또 상이함을 가르친다. 사도 바울은 신자들의 상급과 관련하여 말씀하시기를 해·달·별들의 영광이 다르고, 별과 별들의 영광이 각각 다르다고 하였다(고전 15:40-41).

1) 썩지 아니할 면류관(The Incorruptible Crown)

고린도전서 9:25, "…우리는 썩지 아니할 면류관을 얻고자 하노라."

썩지 아니할 면류관은 **복음 증거에 충실하고 인내로 신앙생활을 잘한 자들에게 하사하는 상급이다**. 이 면류관은 경주하는 자가 경주에 승리하여 트로피(Trophy)를 받는 것과 같이, 예수 그리스도를 섬기는 일에 경주하는 자처럼 달음질하여 썩지 아니할 면류관을 받을 것이다.

옛날 로마시대에 올림픽 때 경주의 승리자에게는 감람나무 잎으로 만든 월계관(Victor Crown)을 씌워주곤 하였다. 자연히 뜨거운 날에 그 월계관은 메말라 버리게 된다. 그와 같이 썩어 없어질 면류관이 아니고 시들지 않을 면류관, 썩지 아니할 면류관이다. 우리도 복음 증거에 충실하고 인내로 신앙생활을 잘 하여 썩지 아니하고 쇠하지 아니하는 면류관을 받아써야 할 것이다.

2) 의의 면류관(The Crown of Righteousness)

디모데후서 4:7-8, "내가 선한 싸움을 싸우고 나의 달려갈 길을 마치고 믿음을 지켰으니 이제 후로는 나를 위하여 의의 면류관이 예비되었으므로 주 곧 의로우신 재판장이 그날에 내게 주실 것이니 내게만 아니라 주의 나타나심을 사모하는 모든 자에게니라."

의의 면류관은 **선한 싸움을 잘 싸우고 믿음을 지킨 자들에게 하사하는 상급이다**. 의의 면류관은 사도 바울이 받기를 원한 면류관이다. 바울이 디모데에게 쓴 마지막 편지에 죽음을 앞에 놓고 고백하기를 예수께서 재림하실 것을 대망하면서 예수님 재림하실 때에 의의 면류관 받기를 소원하였다. 또 이 면류관은 예수의 나타나심을 사모하는 모든 자들에게 주실 면류관이다. 우리도 선한 싸움, 달려갈 경주 그리고 믿음을 잘 지켜 의의 면류관을 받아 써야 할 것이다.

3) 생명의 면류관(The Crown of Life)

요한계시록 2:10, "네가 장차 받을 고난을 두려워 말라 볼지어다 마귀가 장차 너희 가운데서 몇 사람을 옥에 던져 시험을 받게 하리니 너희가 십일 동안 환난을 받으리라 네가 죽도록 충성하라 그리하면 내가 생명의 면류관을 네게 주리라."

생명의 면류관은 예수 그리스도를 위하여 생명을 바친 **순교자들에게 하사하는 면류관이다**. 그러므로 생명의 면류관은 순교자들을 위한 면류관이라고도 한다. 또 이 면류관은 예수님을 위하여 시험·환난을 끝까지 이기고 승리하는 자에게 하사하는 면류관이다(약 1:12). 야고보서는 우리가 핍박을 받을지라도 생명을 내걸고 믿음을 지키고 진리를 증거하기를 원한다고 하였다.

4) 영광의 면류관(The Crown of Glory)

베드로전서 5:4, "그리하면 목자장이 나타나실 때에 시들지 아니하는 영광의 면류관을 얻으리라."

영광의 면류관은 하나님의 말씀을 진리 그대로 순수하게 전파하고, 삶의 본이 되고, 양떼들을 이리들로부터 보호하고, 하나님의 말씀으로 **양들을 잘 목양한 충성된 교역자들에게 하사하는 특별한 면류관이다**. 하나님의 종들은 주님의 보혈로 값 주고 산 양떼들을 잘 목양하여 영광의 면류관을 받아 써야 할 것이다.

5) 기쁨의 면류관(The Crown of Rejoicing)

데살로니가전서 2:19, "우리의 소망이나 기쁨이나 자랑의 면류관이 무엇이냐 그의 강림하실 때에 우리 주 예수 앞에 너희가 아니냐."

모든 성도들은 이 면류관을 받아야 하겠다. **이 면류관은 충성된 증인들**(충성되이 복음 전한 자들)**에게 주어지는 면류관이다**. 우리가 천국에서 기쁨의 면류관을 받기 전에 그리고 또 받기 위하여 이 세상에서 신자들의 생활이 기쁨이 충만한 또 열매맺는 생활이 있어야 할 것이다.

6) 황금의 면류관(The Crown of Gold)

요한계시록 4:4, "또 보좌에 둘려 이십 사 보좌들이 있고 그 보좌들 위에 이십 사 장로들이 흰옷을 입고 머리에 금 면류관을 쓰고 앉았더라."

요한계시록 4:10-11, "이십사 장로들이 보좌에 앉으신 이 앞에 엎드려 세세토록 살아 계시는 이에게 경배하고 자기의 관을 보좌 앞에 드리며 이르되 우리 주 하나님이여 영광과 존귀와 권능을 받으시는 것이 합당하오니 주께서 만물을 지으신지라 만물이 주의 뜻대로 있었고 또 지으심을 받았나이다 하더라."

장로들은 왕관을 사양하면서 이르기를 우리 "주 하나님이시여! 영광과 존귀와 능력을 받으시기에 합당하나이다"라고 찬송하였다.

구속함을 받은 성도들 중에 **신앙생활 잘 한 사람들은 황금 면류관을 상급으로 받을 것이다.**

지금까지 열거한 썩지 아니할 면류관, 의의 면류관, 생명의 면류관, 영광의 면류관, 기쁨의 면류관, 금 면류관 등 이 고귀한 면류관들을 하나님께서 우리를 위하여 예비해 두셨다. 우리는 면류관 받기에 합당한 신앙생활을 하여야 할 것이다.

마태복음 25:14-28까지는 달란트(탈란톤, $\tau\alpha\lambda\alpha\nu\tau\alpha$; a talent; a sum of money; 돈의 총액)비유가 되어있다. 하나님은 자신의 선하시고 기뻐하시는 뜻대로 어떤이에게는 1달란트, 어떤이에게는 2달란트, 어떤이에게는 5달란트, 어떤이에게는 10달란트를 주셨다.

2 달란트 받은 자는 충성하여 2달란트를 남기고(배),

5 달란트 받은 자는 충성하여 5달란트를 남기고(배),

1 달란트 받은 자는 악하고 게으른 자가되어 땅에 감추어 두었다가 그대로 주인에게 돌려 드리므로 "이 악하고 게으른 종아"라고 엄히 책망받고 "이 무익한 종을 바깥 어두움에 내어 쫓으라 거기서 슬피 울며 이를 갊이 있으리라"고 하셨다.

VI. 심판의 대상자들(Parties that Will be Judged)

심판은 선한 천사들을 제외한 모든 인격적 피조물들에게 집단적으로가 아니라 개별적으로 임할 것이다. 성경은 적어도 악한 천사들(타락한 천사들)과 전 인류가 심판의 대상들이라고 분명히 제시한다.

1. 사탄과 그의 추종자들(Satan and His Followers)

사탄과 그 추종자들인 마귀들과 귀신들이 심판 날에 심판대 앞에 설 것이다. 사탄·마귀들·귀신들은 모두 타락한 천사·악한 천사들이다. 그들이 최종 심판의 대상이 될 것이다. 그리고 불못(Lake of Fire)에 던지움을 받아 거기서 영원한 형벌을 받게 될 것이다(계 20:10).

베드로후서 2:4, "하나님이 범죄한 천사들을 용서치 아니하시고 지옥에 던져 어두운 구덩이에 두어 심판 때까지 지키게 하셨으며."

"**범죄한 천사**"들은 타락한 천사들을 가리킨다. 타락한 천사들은 그들의 두목 사탄이 타락할 때 같이 타락한 천사들 곧 마귀들과 귀신들(Devils and Demons)을 가리킨다(겔 28:15).

"**지옥**"(탈타로사스, ταρταρώσας; Hell, 지옥)은 신약에 이곳 뿐으로 하나님이 범죄한 천사들 중 얼마를 먼저 지옥에 던져 심판 때까지 감금한 곳이다. 그런데 성경은 그 이유는 밝히지 않았다. 탈타루스(ταρταρυς는 형벌의 처소 곧 지옥을 가리킨다.

"**던져**"(탈타로오, ταρταρόω; cast into hell)는 지옥에 던지는 것을 말한다. 하나님은 사탄의 추종자들인 타락한 천사들 중의 얼마를 먼저 어두운 구덩이(지옥)에 던져 최후 심판 때까지 감금시켰다. 그리고 나머지는 공중에 권세 잡은 사탄과 더불어 하나님과 그의 자녀들을 대항하여 맹활약을 하고 있다.

예수님은 누가복음 10:18에서 사탄이 하늘로서 번개 같이 떨어지는 것

을 내가 보았노라고 말씀하셨고,

사도 요한은 요한계시록 12:7-9에서 천사장 미가엘과 그의 천군들이 사탄과 그의 무리들과 싸워 사탄과 그의 무리들도 내어쫓겼다고 하였다.

유다서 1:6, "또 자기 지위를 지키지 아니하고 자기 처소를 떠난 천사들을 큰 날의 심판까지 영원한 결박으로 흑암에 가두셨으며."

하나님은 천사들을 창조하시고 그들에게 각기 다른 임무들과 그 임무들을 수행할 수 있는 능력들과 권한들을 부여하였다. 천사들의 사역들은 하나님께 예배드리는 행위이다. 천사들은 주야로 하나님께 영광을 돌리며(사 6:3; 눅 2:14; 계 4:8-9), 하나님을 섬기며(히 1:7), 하나님의 일을 수행한다.

그러나 불행하게도 천사들은 이러한 특권을 받았음에도 불구하고 천사들 중 얼마는 자기의 지위를 지키지 아니하고 하나님께 반역하였다. 그러므로 하나님은 이 타락한 천사들 중 얼마는 결박하여 지옥에 던져 큰 날 곧 최후심판의 날까지 흑암(지옥)에 가두어 두었다.

선한 천사도 심판을 받는가? 선한 천사들은 범죄한 일이 전혀 없고 이들은 행위언약으로 의롭다 함을 받은 자들이니 범죄한 자들에게 임할 심판에 참여할 이유가 없다. 선한 천사들은 행위언약을 통하여 의롭다 함을 받았으며 죄와 관계가 없으므로 심판을 받지 않는다. 더욱이 선한 천사들은 그리스도의 심판의 조력자들로 봉사할 것이니 심판의 대상자가 될 수 없지 않는가!

2. 적그리스도들과 거짓 그리스도들(Antichrists and False Christs)

모든 시대 모든 적그리스도들과 거짓 그리스도들은 사탄의 추종자들이요, 도구들인바 최후 심판 시에 심판을 받을 것이다.

요한계시록 19:20, "짐승이 잡히고 그 앞에서 이적을 행하던 거짓 선지자도 함께 잡혔으니…." 이 둘이 산채로 유황불 붙는 못에 던지우고, 짐승은 적그리스도를(계 13:1, 11), 거짓 선지자는 거짓 그리스도를, 유황불 붙는 곳은 지옥을 가리킨다(계 20:10, 14-15, 21:8).

3. 불신자들(Unbelievers): 행위의 심판

불신자들은 그들의 그리스도에 대한 불신(不信)과 악한 생각과 언행심사에 따라서 심판을 받을 것이다. 하나님의 심판은 불신자들에게 집중되어 있으며, 불신자들에 대한 심판은 진노의 심판이다.

1) 불신자들에게는 공심판(지옥으로 가는)이 있다.
요한복음 3:18, "저를… 믿지 아니하는 자는 하나님의 독생자의 이름을 믿지 아니하므로 벌써 심판을 받은 것이니라."

"**저를 믿지 않는 자**"는 예수 그리스도를 개인의 구주(Personal Saviour)로 믿지 않는 불신자들을 가리킨다. 불신자들은 하나님의 독생자 예수 그리스도를 구주로 믿지 않음으로 벌써 심판을 받았다.

불신자들이 정죄를 받는 이유를 요한복음 3:19에서는 하나님의 아들이 이 세상에 빛으로 왔으나 빛보다 어두움을 더 사랑하는 인간의 악한 행위와 불 신앙 때문이라고 하였다. 불 신앙은 죄 중에 가장 큰 죄이다.

하나님이 독생자 예수 그리스도를 이 세상에 내 보내신 이유와 목적은 사람들을 정죄하기 위함이 아니요, 죄와 사망에서 구원하시기 위함이다. 그러나 불신자들은 하나님의 독생자 예수 그리스도를 개인의 구주로 믿지 아니하므로 아담 안에서 정죄 받은 원죄(아담의 죄와 죄의 결과로 나타나는 죄의 성질)와 자신이 짓는 자범죄를 사함 받을 길이 없으므로 정죄에 이르게 되었다.

2) 불신자들에게는 행위의 심판이 있다.
요한계시록 20:12-15, "또 내가 보니 죽은 자들이 무론대소하고 그 보좌 앞에 섰는데 책들이 펴 있고 또 다른 책이 펴졌으니 곧 생명책이라 죽은 자들이 자기 행위를 따라 책들에 기록 된대로 심판을 받으니, … 각 사람이 자기의 행위대로 심판을 받고, 불 못에 던지우더라."

"**책들**"(비블리아, βιβλία; Scrolls; 두루마리 책)은 불신자들의 행적들이 기록되어 있는 책들이며, 다른 책(알로 비브리온, ἄλλο βιβλίον; an-other scroll)은 신자들의 행적들이 기록된 책이다. 불신자들의 행적들을 기록한 책들을 복수로 명시한 것은 저들의 불신앙적 행적들이 엄청나게 많기 때문이라고 생각된다. 신자 불신자를 막론하고 행위에 따라 가감 없이 책들에 기록 된 내용들 그대로 심판을 받을 것이니 책들에 기록 된 내용들은 또한 심판의 근거들이 될 것이다.

3) 형벌의 처소는 불못(지옥)이다.

"**불못**"(림네 투 퓨로스, λίμνη τοῦ πυρός; Lake of Fire). 사도 요한은 지옥을 영원한 형벌의 장소로서 불못이라고 하였다(계 19:20, 20:10, 14-15, 21:8). 예수님은 지옥을 꺼지지 않는 불이 타는 곳(막 9:43, 48), 지옥불(마 5:22), 풀무불(마 13:42, 50), 고통받는 곳(눅 16:28)이라고 하였다. 어떤 사람들은 추측하여 제안하기를 불못이란 고통의 장소를 상징하는 것뿐이라고 한다. 그러나 성경은 분명히 고통 당하는 실재적 장소가 있음을 가르친다. 불못(지옥)은 고통을 당하는 곳이다. 불못은 불신자들(악인들) 뿐만 아니라 마귀와 그의 타락한 천사들도 영원토록 고통 당하는 곳이다(마 25:41).

Ⅶ. 심판날의 중요성(Significance of the Day of Judgment)

호크마(Anthony A. Hoekma)는 심판날의 중요성을 4가지로 요약하였다.

1. 세계의 역사는 무의미란 원형의 끝없는 연속이 아니라(not an endless succession of meaningless cycles) 목표를 향하여 나아가는 운동이다(a movement toward a good).

2. 심판의 날은 최종적으로 나타날 것이며, 구원과 영원한 축복은 각

사람이 그리스도 예수와 어떤 관계인가? 에 달려있다.

3. 심판의 날은 피할 수 없다는 사실은 우리로 하여금 우리의 삶에 대한 책임을 지게하며, 특별히 그리스도인의 삶은 각 사람의 도덕적 노력을 권고한다.

4. 심판의 날은 하나님의 최종적 승리와 그의 구속사역의 최종적 승리를 의미한다.[5]

---

5) Anthony A. Hoekema, *The Bible and the Future* (Grand Rapids: Eerdmans, 1979), p.264.

제 10 장

천국(*Heaven*)
영생 복락의 장소
(*The Place of Eternal Life*)

   Ⅰ. 어원적 고찰
   Ⅱ. 세 하늘
   Ⅲ. 천국은 어떠한 곳인가?
   Ⅳ. 천국의 거주자들
   Ⅴ. 천국에서의 활동들
   Ⅵ. 천국의 장소

Ⅰ. 어원적 고찰(Etymology)

  히브리어나 헬라어 원문은 첫째 하늘, 둘째 하늘, 셋째 하늘 모두 동일한 단어를 사용하고 있다. 히브리어는 샤마임(שָׁמַיִם; heavens; 하늘들)이고, 헬라어는 우라노스(οὐρανός; air, sky, heaven; 창공, 하늘, 천국)라는 동일한 단어를 사용하였다. 그러므로 우라노스가 무엇을 가리키는가에 따라서 대기권(창공)이냐 하늘(태양계)이냐 천국이냐를 결정할 것이다.

  첫째 하늘을 가리킬 때에는 **대기권**(창공)으로,
  둘째 하늘을 가리킬 때에는 **외기권**으로,
  셋째 하늘을 가리킬 때에는 **천국**으로 생각하여야 할 것이다.

Ⅱ. 세 하늘 (Three Heavens)

성경은 세 하늘(Three Heavens)을 가르치고 있다.

첫째 하늘은 대기권을, 둘째 하늘은 외기권 은하수 별 세계를, 셋째 하늘은 천국을 가리킨다. 하나님은 셋째 하늘(천국)에 거하신다.

1. 첫째 하늘(우라노스, οὐρανός; Heaven; 하늘, 창공, 공중)

첫째 하늘은 대기권, 궁창(Atmosphere, Firmament) **하늘을 가리킨다.** 이 첫째 하늘은 땅의 모든 사람들과 피조물들 주변의 대기권 하늘이다. 이 첫째 하늘에는 구름이 하늘을 덮으며(시 147:8), 눈·비가 내리며(사 55:10; 약 5:18), 바람이 불며, 천둥번개가 치며(삼상 2:10), 새들이 날아다니는(창 1:20; 마 6:26, 8:20; 행 10:12, 11:6), 대기권 하늘(Atmospheric Heaven)이다. 이 대기권 하늘은 지상(地上)에서 약 6마일(miles: 9.6Km)정도까지 확장된다.[1]

마태복음 6:26, "공중의 새를 보라"

마태복음 8:20, "예수께서 이르시되 여우도 굴이 있고 공중의 새도 거처가 있으되…."

마태복음 16:2, "너희가 저녁에 하늘이 붉으면 날이 좋겠다 하고(눅 12:56)"

사도행전 10:12, "…공중에 나는 것들이 있는데…(11:6)."

야고보서 5:18, "다시 기도한즉 하늘이 비를 주고…."

위의 "공중"이나 "하늘"은 같은 뜻으로서 모두 첫째 하늘을 가리킨다. 이 지구상에 있는 모든 생명체들에게 필요한 비·눈·바람·서리 등은 모두 첫째 하늘에서 내려 주시는 하나님의 은혜의 선물들이다.

---

1) Paul Enns, *The Moody Handbook of Theology*, p.372.

2. 둘째 하늘(Stellar Spaces; 천체 공간)

둘째 하늘은 외기권, 별들의 세계(Outer Space or Stellar Space)를 가리킨다. 이 하늘은 해·달 그리고 무수한 별들이 떠있는 은하수계를 말한다. 이 하늘에는 무수한 별들과 천체들(Stars and Planets)이 있다. 하나님은 이 방대한 둘째 하늘 공간에 별들을 창조하시고 별들로 하여금 별들의 사명들을 감당케 하신다(창 1:14-17; 시 33:6; 겔 32:7-8).

창세기 15:5, "…하늘을 우러러 뭇 별을 셀 수 있나 보라."
마태복음 24:29, "…별들이 하늘에서 떨어지며 하늘의 권능들이 흔들리리라"(막 13:25, 31; 계 6:14).
히브리서 11:12, "…하늘의 허다한 별들과…."
요한계시록 10:6, "하늘과 그 가운데 있는 물건이며…."
요한계시록 20:11, "하늘과 땅이…."
위의 하늘들은 모두 둘째 하늘을 가리킨다.

둘째 하늘은 거의 무한대에 가까운 공간이다. 천문학에 의하면 지구는 태양을 중심으로 공전하고 있으며 지구와 태양과의 거리는 약 1억 5천 킬로미터이다. 그리고 지구가 속한 태양계는 "우리 은하"(The Galaxy; 은하계)의 핵을 중심으로 회전하고 있다. 태양계는 "우리 은하" 중심에서 약 3만 광년(light year)이라니 상상할 수 없는 천문학적 거리이다. 그리고 태양계가 "우리 은하"를 중심으로 공전하는 주기는 약 2억 5천만 년 정도로 추정된다고 한다.

빛이 별에서 지구까지 도달하기는 약 200광년이 걸리니 그 거리는 약 1,000,000,000,000,000,000,000,000,000(ten quintillion miles)마일로 추정된다.[2]

첫째 하늘과 둘째 하늘은 하나님의 창조의 첫째 날 창조되었다.

---

2) John C. Whitecomb, *The Early Earth*, (Barker, 1986), p.60.

3. 셋째 하늘(Heaven; 천국)

① **셋째 하늘은 천국(Heaven)을 가리킨다**(고후 12:2). 사도 바울은 하나님이 거하시는 천국을 셋째 하늘이라고 하였고 낙원이라고도 하였다(고후 12:2, 4). 첫째 하늘이 공간을 점유하듯이 그리고 둘째 하늘도 공간을 점유하듯이 셋째 하늘인 천국도 공간을 점유한 장소이다. 천국은 하나님의 영원한 처소이다(Eternal Dwelling Place).

② **천국은 실제적인 장소이다.**
마태복음 5:16, "저희로 너희 착한 행실을 보고 하늘에 계신 너희 아버지께 영광을 돌리게 하라"고 분부하셨는데 이 하늘은 천국을 가리킨다(마 6:9). 그러므로 "**하늘에 계신 너의 아버지**"란 "천국에 계신 너의 아버지"를 가리킨다.

마태복음 10:32-33, "…하늘에 계신 내 아버지 …하늘에 계신 내 아버지…."

마태복음 12:50, "…하늘에 계신 내 아버지…."

요한계시록 3:12, "…하늘에서 내 하나님께로부터 내려오는…."

요한계시록 11:13, "…영광을 하늘의 하나님께 돌리더라."

요한계시록 16:11, "…하늘의 하나님을 훼방하고…."

위의 하늘들은 모두 셋째 하늘(천국)을 가리킨다.

천국은 위에 있는가? 우리가 살고 있는 이 땅(지구)은 무생명체임에도 불구하고 공중에 떠서 보이지 않는 일정한 궤도로 하루에 한 번씩 자전(Rotation)하며, 자전하는 속도는 초당 463미터이다. 또한 지구는 태양을 중심으로 보이지 않는 일정한 궤도로 1년에 한 번씩 공전(Revolution)하며 그 속도는 초당 29.8킬로미터이다. 따라서 동시에 자전과 공전을 하는 이 땅(지구) 위에 거하는 사람으로서 천국의 위치를 방향적으로 위에 있다 또는 아래에 있다라고 말할 수 없다. 그러므로 천국은 위에 있다거나 또는 천국으로 올라간다는 등의 표현들을 곧 천국은 가장 높은 곳에 있는 가장 좋은 곳임을 나타내는 상징적 표현이다.

③ **천국은 그리스도께서 도성인신하시기 전 "이전 있던 곳"이다**(요 6:62). 이전 있던 곳은 천국을 가리킨다. 그리스도께서는 천국에서 내려오셨다(엡 4:10). 천국은 그리스도께서 다시 승천하신 곳이다(요 6:62; 14:2; 16:10,17; 막 16:19; 눅 24:50-51; 행 1:11; 엡 4:10; 벧전 3:22; 히 4:14; 8:1; 9:24).

에베소서 4:10, "내리셨던 그가 곧 모든 하늘 위에 오르신 자니 이는 만물을 충만케 하려 하심이니라."

본 절에서 "모든 하늘 위에 오르신 자니"(one ascending far above all the heavens; 모든 하늘들 보다 훨씬 먼 위에 오르신 자)는 예수 그리스도를, "모든 하늘들"은 하늘이 하나 이상임을, "천국"은 이 하늘들 보다 훨씬 먼 위에 있음을 가리킨다.

히브리서 4:14, "그러므로 우리에게 대제사장이 있으니 승천하신 자 곧 하나님의 아들 예수시라."

여기 "하늘들"은 복수로 한 하늘 이상임을 지적한다. "승천하신 자 곧 하나님의 아들 예수 그리스도"는 하늘들 곧 첫째 하늘과 둘째 하늘을 지나서 셋째 하늘로 올라가셨다.

천국에는 거할 곳이 많이 있다.

요한복음 14:2, "내 아버지 집에는 거할곳이 많도다"(In My Father's house are many dwelling places).

④ **신자들은 천국을 유업으로 받을 것이다**(고전 15:50). 천국은 지금까지 침노를 당하나니 침노하는 자는 빼앗느니라(마 11:12).

III. 천국은 어떠한 곳인가?(The Description of Heaven)

천국은 사람들이 환상적으로 생각하는 것보다는 훨씬 더 찬란하고 아름다운 곳이다. 우리가 천국에 들어갈 때까지는 천국에 관한 어떤 부분들은 상세히 보도되었음으로 어느 정도 이해를 하지만 직접 천국에 들어가야만 완전히 그리고 밝히 알 수 있다.

요한계시록 21:4, "모든 눈물을 그 눈에서 씻기시며 다시 사망이 없고 애통하는 것이나 곡하는 것이나 아픈 것이 다시 있지 아니하리니 처음 것들이 다 지나갔음이니라."

① **천국은 영원한 곳이다.** 천국은 영생을 얻은 사람들이 거할 영원한 거처요(요 14:2), 영원한 기업(An Eternal Inheritance)이다(히 9:15).

② **천국에는 죽음이 없다.** 요한계시록 21:4, "…다시 사망이 없고…" 그 이유는 사망은 그리스도의 부활로 멸망 받았기 때문이다(고전 15:26). 뿐만 아니라, 죽음이란 분리를 뜻하는데 천국에는 분리가 없다. 그 이유는 하나님께서 우리와 영원히 같이 하실 것이기 때문이다.

고린도전서 15:54, "이 썩을 것이 썩지 아니함을 입고(clothed), 이 죽을 것이 죽지 아님함을 입을 때에는 사망이 이김의 삼킨바 되리라"(death is swallowed up in victory).

③ **천국에는 눈물이 없다.** 눈물이 없다는 말은 더 이상 슬픔이 없다는 뜻이다. 왜냐하면 하나님께서 그들의 눈에서 모든 눈물을 씻어 주실 것이기 때문이다.

요한계시록 7:17, "… 하나님께서 저희 눈에서 모든 눈물을 씻어주실 것이다. 거기에는 슬픔도 울음도 고통도 없을 것이다. 왜냐하면 이런 것들은 다 지나 갔기 때문이다"(계 21:4). 천국에는 기쁨이 충만하다.

④ **천국에는 곡하는 것이 없다.** "곡"(크라우게, κραυγή; crying)은 크게 소리내어 우는 것으로 흔히 가까운 사람이 죽었을 때 곡한다. 천국에는 죽음이 없으니 곡하는 것이 없다(계 21:4).

⑤ **천국에는 아픔이나 고통이 없다.** 아픔이나 고통은 정신적 또는 육체적 질병으로 인하여 오는 것인데 천국에는 그런 것들이 없다(계 21:4).

이사야 29:18, "그 날에 못 듣는 사람이 책의 말을 들을 것이며, 어둡고 캄캄한 데에서 맹인의 눈이 볼 것이며."

이사야 35:5-6, "그 때에 맹인의 눈이 밝을 것이며 못 듣는 사람의 귀가 열릴 것이며, 그때에 저는 자는 사슴같이 뛸 것이며, 말 못하는 자의 혀는 노래하리니 이는 광야에서 물이 솟겠고 사막에서 시내가 흐를 것임이라."

⑥ **천국은 저주가 없다.**

창세기 3:17-19, "아담에게 이르시되 네가 네 아내의 말을 듣고 내가 네게 먹지 말라 한 나무의 열매를 먹었은즉 땅은 너로 말미암아 저주를 받고 너는 네 평생에 수고하여야 그 소산을 먹으리라 땅이 네게 가시덤불과 엉겅퀴를 낼 것이라 네가 먹을 것은 밭의 채소인즉 네가 흙으로 돌아갈 때까지 얼굴에 땀을 흘려야 먹을 것을 먹으리니 네가 그것에서 취함을 입었음이라 너는 흙이니 흙으로 돌아갈 것이니라 하시니라."

인류의 시조 아담과 하와가 선악과를 따먹음으로 범죄하였다. 땅은 아담으로 인하여 저주를 받고, 너는 종신(일생)토록 수고(Painful Toil)하여야 먹으리라고 저주를 받았다.

그러나 천국에는 다시는 저주가 없다(no longer will there be any curse)(계 22:3).

⑦ **천국은 기억의 곳이다.** 천국에서는 과거에 얻어진 기억마다 완전히 기억될 것이다. 베드로, 야고보, 요한은 천국에 있는 모세와 엘리야를 인식하였다(막 9:4-5). 우리는 아브라함, 이삭, 야곱과 더불어 천국에 앉으리라(마 8:11). "우리가 지금은 거울로 보는 것같이 희미하나 그 때에는 얼굴과 얼굴을 대하여 볼 것이요, 이제는 내가 부분적으로 아나 그 때에는 주께서 나를 아신 것같이 내가 온전히 알리라"(고전 13:12). 사람들은 서로 인식하고 서로 알 것이다(마 17:3-4).

IV. 천국의 거주자들(The Inhabitants of Heaven)

천국은 하나님의 영원한 처소일 뿐만 아니라, 천사들, 구원받은 성도들의 영원한 처소이기도 하다.

1. 3위 1체 하나님(The Triune God)

천국은 하나님의 3위의 각 위(Person, 位)의 영원한 처소이다.
요한계시록 4:2, "하늘에 보좌를 베풀었고 그 보좌 위에 앉으신 이" 본 절에서 **"하늘"**(οὐρανός; Heaven)은 천국을, **"보좌에 앉으신 이"**는 성부 하나님을 가리킨다. 사도 요한은 천국 보좌 위에 앉으신 하나님을 보았다.
요한계시록 5:6, "또 내가 보니 보좌와 네 생물과 장로들 사이에 어린양이 섰는데…" 본 절에서 **"어린양"**은 예수 그리스도를 가리킨다(요 1:29, 36). 사도 요한은 예수 그리스도께서 보좌와 네 영물과 장로들 사이에 서신 것을 보았다.
요한계시록 14:13, "또 내가 들으니…성령이 가라사대 그러하다 저희의 행한 일이 따름이라 하시더라." 본 절에서 사도 요한은 성령이 하시는 말씀을 들었다(22:17).

2. 천군 천사들(Angels)

천사들은 지음을 받은 영적 존재들(Spiritual Beings)이다.
요한계시록 5:11, "내가 또 보고 들으매 보좌와 생물들과 장로들을 둘러선 많은 천사의 음성이 있으니 그 수가 만만이요 천천이라."
많은 천사들(Many Angels) 중에는
하나님의 제단에 봉사하는 스랍들(Seraphims, 사 6:1-7; 히 1:14),
하나님의 보좌 앞에서 봉사하는 그룹들(Cherubim, 창 3:24; 출 25:18; 시 18:10; 80:1; 99:1; 계 4:4-5),

기쁜 소식을 전하는 가브리엘(Gabriel, 단 1:16; 8:16; 9:21; 눅 1:19, 26; 계 8:2), 하나님의 원수들과 싸우는 미가엘 천사장(Michael, 단 10:31, 21; 12:1-2, 21; 유 9; 계 12:7)등 천군 천사들이 있는 곳이다.

3. 24장로(Elders)

요한계시록 4:4, "또 보좌에 둘러 24장로들이 있고 그 보좌들 위에 24장로들이 흰옷을 입고 머리에 금 면류관을 쓰고 앉았더라"(5:6, 11).

24장로들에 관한 많은 해석들
① 월브드(Walvoord)는 24장로는 "휴거된 성도들"을 가리킨다고 하였다.
② 스콧(Scott), 아이론사이드(Ironside)는 24장로는 "구속함을 받은 전체 무리들"을 가리킨다고 하였다.
③ 싸이즈(Seiss)는 24장로는 "휴거된 성도들의 대표자들"이라고 하였다.
④ 뉴웰(Newell)은 24장로는 알려지지 않은 24개인들(사람들이라고만 할 필요는 없음)이라고 하였다.
⑤ 디 웨테(De Wette), 스웨트(Swete), 바클레이(Barclay) 등은 24장로는 "유대인과 이방인들의 구속함을 받은 전 교회의 대표들"이라고 하였다.
⑥ 에왈드(Ewald), 레우스(Reuss), 스피타(Spitta) 등은 24장로는 "천상의 제사장인 천사장들"을 가리킨다고 하였다.
⑦ 링크(Rinck), 호프만(Hoffmann)은 24장로는 "천사들"을 가리킨다고 하였다.
⑧ 클락(Clarke), 리스트(Rist)는 24장로는 "구약시대 이스라엘의 장로들"을 가리킨다고 하였다.
⑨ 워즈월즈(Wordworth)는 24장로는 "유대인 교회"를 가리킨다고 하였다.
위의 여러 학설들 중 ①②가 가장 유력한 학설이다.

4. 신자들(Believers)

신자들은 예수 그리스도를 구주로 믿는 자들, 생명책에 기록된 자들, 짐승의 우상에게 경배하지 않는 자들, 영생 복락을 누릴 자들이다.

요한계시록 7:9, "이 일 후에 내가 보니 각 나라와 족속과 백성과 방언에서 아무라도 **능히 셀 수 없는 큰 무리**가 흰옷을 입고 손에 종려가지를 들고 보좌 앞과 어린양 앞에서 서서"(5:9; 11:9; 13:7; 14:6).

"**족속과 방언과 백성과 나라**"는 인종별, 언어별, 집단별 및 국가별로 본 모든 성도들을 가리킨다(계 4:10, 22:5).

"**능히 셀 수 없는 허다한 큰 무리**"(a great multitude)는 태초로부터 이 세상 끝 날까지 예수 그리스도의 보혈로 구속함을 받는 아무도 능히 그 수를 셀 수 없는 천문학적 숫자를 말한다.

요한계시록 21:27, "무엇이든지 속된 것이나 가증한 일 또는 거짓말하는 자는 결코 그리로 들어오지 못하되 오직 어린양의 생명책에 기록된 자들뿐이라." 생명 책에는 그리스도의 보혈로 구속함을 받은 신자들만이 기록되어 있다.

V. 천국에서의 활동들(The Activities in Heaven): 천국에서의 생활

사람들은 흔히 천국에서는 편히 쉬는 것만 생각하기 쉽다. 그러나 천국은 많은 건설적 생산적 활동들을 하는 곳이라는 사실이다. 그러면 성도들은 천국에서 어떤 활동들을 할 것인가?

1. 거룩하고 의로운 생활(A holy and righteous life)

천국에서 성도들은 그리스도의 보혈로 죄 사함 받고, 그리스도의 의를 믿음으로 의롭다함을 받고, 성화와 부활로 죄의 성질이 없는 온전케 된 자들이다. 티나 주름잡힌 것이나 이런 것들이 없이 거룩하고 흠이 없는 자들(엡 5:27)이다. 따라서 천국에서의 생활은 죄의 성질이 전연 없는 변화 된 성도들의 생활이므로 생각이나 마음의 의도나 말이나 행동 모든 면에 거룩한 생활을 한다. 성도들의 천국 생활은 거룩한 삶, 의로운 생활이다.

2. 친교의 생활(A Life of Fellowship)

친교는 생각·인식·경험·활동·취미 등을 같이 나누는 것(Sharing)을 말한다.

① **성도들은 성부 하나님과 구속주 예수 그리스도와 더불어 친교의 기쁨을 나눌 것이다.**

요한일서 1:3, "…우리의 사귐은 아버지와 그 아들 예수 그리스도와 함께 함이라" 지금 지상에서 그리스도와의 친교는 그리스도의 고난, 죽으심, 부활에 영적(신비적)으로 동참하므로 친교를 나눈다. 그러나 천상에서 그리스도와의 친교는 보다 더 직접적·실제적·신령한 친교가 이루어 질 것이다(요일 1:3; 계 3:21, 21:3).

고린도전서 13:12, "우리가 이제는 거울로 보는것 같이 희미하나 그 때에는 얼굴과 얼굴을 대하여 볼 것이요(We shall see face to face)…."

요한일서 3:2, "…그가 나타나심이 되면 우리가 그와 같을 줄 아는 것은 그의 계신 그대로 볼 것을 인함이니…."

② **성도들은 천군 천사들과도 교제를 나눌 것이다.** 천사장 미가엘, 기쁜 소식을 전하는 가브리엘, 하나님께 수종들며 찬양하며 영광 돌리는 스랍들, 그룹들, 천군 천사들과도 친교를 나누게 될 것이다.

히브리서 1:14, "모든 천사들은 섬기는 영으로서 구원 받을 상속자들을 위하여 섬기라고 보내심이 아니냐."

베드로전서 1:12, "…천사들도 살펴보기를 원하는 것이니라"

③ **성도들은 성도들 상호간의 친교도 나눌 것이다.** 지상(地上)에서의 성

도들 상호간의 친교는 어디까지나 제한적 범위 안에서 서로 교통하고, 봉사하고, 위로하고 하나님께 예배드리는 데서 친교를 나눈다. 그러나 천상에서 성도들 상호간의 친교는 제한과 구속 없는 신령한 친교가 될 것이다. 우리는 지상에서 친애하던 사람들을 천상에서도 즉시 인식하고 서로 반가이 함은 물론 초면의 성도들과도 사랑 충만한 친교가 이루어질 것이다. 뿐만 아니라 현세에서 역사를 통하여 알았던 왕들, 제사장들, 선지자들, 사도들 그리고 모든 성도들과도 중개인의 소개 없이 그리고 차별 없이 화기에 찬 친교를 나눌 것이다. 아담, 에녹, 므두셀라, 노아, 아브라함, 모세, 여호수아, 기드온, 다윗, 엘리야, 다니엘, 세례 요한, 베드로, 요한, 야고보, 바울, 에스더, 미리암, 기생 라합, 사렙다 과부, 마리아, 엘리사벳, 루디아, 뵈뵈, 폴리캅, 칼빈, 루터, 요나단 에드워즈, 칼 맥킨타이어, 스펜스, 주기철, 손양원, 박형룡 박사님 등과도 교제를 나누며 멋있는 말씀들도 들을 것이다.

3. 예배의 생활(A Life of Worship)

예배는 하나님께 기도와 찬양, 신앙고백, 뜻과 정성이 담긴 헌신, 감사의 예물을 통하여 존귀와 영광을 하나님께 드리는 새생명의 활동이다. 진정한 예배는 마음으로부터 시작하여 외적 행위로 나타난다. 진정한 예배는 하나님을 경외하므로 섬기며 봉사하는 행위이다(계 22:3). 천국에서는 오늘날 타락된 교회들의 난장판 예배(열린 예배)는 상상할 수도 없다.

주님은 그의 사역 초기에 말씀하시기를, "아버지께서는 자기에게 예배하는 자들을 찾으시느니라"(요 4:23)고 하셨다. 하나님께서는 하나님의 자녀들이 지상에 있는 동안 자기에게 예배드리기를 원하시며, 천국에 이르렀을 때에도 자신의 뜻을 변하지 않을 것이다.

요한계시록 4:8-10, "네 생물은 각각 여섯 날개를 가졌고 그 안과 주위에는 눈들이 가득하더라 그들이 밤낮 쉬지 않고 이르기를 거룩하다 거룩하다 거룩하다 주 하나님 곧 전능하신 이여 전에도 계셨고 이제도 계시고 장차 오실 이시라 하고 그 생물들이 보좌에 앉으사 세세토록 살아 계시는 이에게 영광과 존귀와 감사를 돌릴 때에."

요한계시록 19:1, "이 일 후에 내가 들으니 천국에서 수많은 사람들의 큰 음성을 들으니 가로되 할렐루야! 구원과 영광과 존귀와 능력이 주 우리 하나님께 있도다."

히브리어 "할렐루야"(הַלְלוּ־יָהּ)는 주 하나님께 찬양하다, 영광돌리다 (praise the Lord or glory to the Lord)라는 뜻이다.

4. 봉사의 생활(A Life of Service)

천국에서의 봉사 생활은 성도들이 하나님께 예배드리며, 하나님을 섬기는 것이다. 천국에서 성도들의 최상의 특권과 기쁨은 주 하나님을 온전히 섬기는 일이다.

요한계시록 7:15, "성전에서 주야로 그를 섬기리라." 주야(Day and Night)는 시간의 중단 없는 계속을 말한다.

요한계시록 22:3, "…그의 종들이 그를 섬기리라 여기에 섬기다"(라트류오, λατρεύω; to worship, serve to God and Christ; 예배드리다. 하나님과 그리스도께 봉사하다)는 예배드린다는 말씀이다(마 4:10; 눅 1:74). 하나님을 섬기는 것이 곧 하나님께 예배드리는 것이다.

"라트류오"는 둘류오(δουλεύω; to serve as a servant; 종(노예)으로서 섬기다)와는 상이하다. 성도가 과거에는 사탄·육신·죄의 종이었으나 지금은 사탄·육신·죄로부터의 자유함을 얻어 하나님의 영적 자녀들이 되었다.

5. 안식의 생활(A Life of Rest)

안식의 생활은 편안히 쉬는 생활을 말한다. 참된 안식은 정신적·감정적·육체적인 면을 모두 포함한다. 지상에서는 눈물과 고통의 생활이나 천국에서는 눈물과 고통이 없는 안식의 생활이다.

요한계시록 14:13, "또 내가 들으니 하늘에서 음성이 나서 가로되 기록하라 자금 이후로 주안에서 죽는 자들은 복이 있도다 하시매 성령이 가라사대 그러하다 저희 수고를 그치고 쉬리니 이는 저희의 행한 일이 따름이라 하시더라."

본 절에 "**수고**"(코포스, κόπος; wailing, grief, toil, labour, effort)는 통곡·슬픔·고생·수고·노력을 가리킨다(요 4:38; 고전 3:8; 15:58; 고후 6:5; 10:15; 11:23,27). 진리를 전파·변호·수호하기 위하여, 영혼 구원을 위하여, 선행을 위하여, 이 세상에서 받는 슬픔·고통·고생·수고가 이제는 그치고 안식의 상태로 들어갔음을 뜻한다. 잠시 받는 환란은 장래의 축복과 족히 비교할 수 없다.

"**쉬리니**"(에크 아나파에손타이, ἐκ ἀναπαήσονταί; they shall rest from; 에크, ἐκ; from)는 이 세상의 수고가 완전히 끝난 후 누리게 될 참된 안식과 평안을 가리킨다.

6. 영광의 생활(A Life of Glory)

골로새서 3:4, "우리 생명이신 그리스도께서 나타나실 그 때에 너희도 그와 함께 영광 중에 나타나리라."

로마서 8:18, "생각건대 현재의 고난은 장차 우리에게 나타날 영광과 족히 비교할 수 없도다."

고린도후서 4:17, "우리의 잠시 받는 환난의 경한 것이 지극히 크고 영원한 영광의 중한 것을 우리에게 이루게 함이니."

7. 성장의 생활(A Life of Growth)

천상의 생활은 성장의 생활이다. 우리의 모든 인격적·지적·도덕적·영적 진보(Progress)와 성장(Grow)은 무한한 완전을 향하여 계속될 것이다. 하나님에 관하여, 우리의 영적 성장은 계속될 것이다. 그러나 무한한 완전에는 이를수 없다. 만일 피조물인 사람이 무한한 완전에 이르게 된다면 신(神)의 영역을 침범할 뿐만 아니라 그것은 불가능하다.

A. A. 핫지(A.A. Hodge)는 "우리의 모든 지적이며 도덕적인 기능들의 완전한 발달과 조화가 영원토록 진행될 것이다"[3]라고 하였다.

버즈웰(Buswell)은 요한계시록 22:11 "'…의로운 자는 그대로 의를 행하고, 거룩한 자는 그대로 거룩되게 하라'는 말씀은 도덕적 그리고 영적 생활의 동력적 발전적 성질(the dynamic progressive nature of the moral and spiritual life)을 지적한다. '…**더 거룩하게 된다**'는 관념은 무죄성의 관념과 충돌되지 않는다. 그 이유는 거룩은 단순히 소극적 개념이 아니기 때문이다. 이것은 죄의 포기를 포함하나 또한 하나님을 닮아가는 적극적 성장(Positive Growth)을 포함한다. 이 적극적 의미에서 의인은 영원히 거룩을 발전시킬 것이다"[4]라고 하였다.

스트롱(Strong)은, "우리가 천국에 들어감과 동시에 진보(발달, Progress)가 중단된다는 것은 가능하지 않다. 오히려 간섭받지 않는 진보가 시작될 것이라는 점은 참이다. 거기서 진보는 향하여 나아가는 것이 아니라 안에서(not toward but within) 무한의 영역에서이다.…우리가 천국에 들어갈 때에 우리는 죄로부터 자유할 것이라는 의미에서 우리는 완전할 것이다. 그러나 우리는 보다 더 크며 더 완성된 존재라는 의미에서 그 후에 더 큰 완성을 향하여 자라갈 것이다"[5]라고 하였다.

그러나 천국에서의 영적 진보와 성장을 부인하고 반대하는 자들은
· 천국은 완전한 곳이므로 영적 진보와 성장은 없다.
· 천국은 안식처이요, 배우고 성장하기 위하여 분투하는 곳이 아니라고 한다.

---

3) A. A. Hodge, op. cit., p.578.

4) Oliver Buswell, *A Systematic Theology of the Christian Religion*, p.525.

5) A.H. Strong. *Systematic Theology*, p.1,031.

Ⅵ. 천국(Heaven)의 장소

천국의 현재 위치는 지구로부터 극히 먼 거리에 있을 것이다. 사도 바울은 천국을 가리켜 셋째 하늘(삼층천) 또는 낙원이라고도 하였다(고후 12:2, 4).

첫째 하늘은 지구를 둘러싼 대기층이요,
둘째 하늘은 무수한 별들이 있는 외기층이요,
셋째 하늘은 천국을 가리킨다.

첫째 하늘은 지상(地上)에서 약 6마일(9.6km) 정도까지이며, 둘째 하늘은 거의 무한대에 가까운 공간이다. 천문학에 의하면 지구는 태양을 중심으로 공전하고 있으며 지구와 태양과의 거리는 약 150,000,000km이다. 그리고 지구가 속한 태양계는 "우리 은하"(The Galaxy: 은하계)의 핵을 중심으로 회전하고 있다. 태양계는 "우리 은하" 중심에서 약 30,000광년(light year) 떨어져 있다. 빛의 속도는 초당 약 30만km인데 3만 광년이라니 상상할 수 없는 천문학적 거리이다. 그리고 태양계가 우리 은하를 중심으로 공전하는 주기는 약 2억 5천만 년 정도로 추정된다고 한다.

빛이 별에서 지구까지 도달하기는 약 200광년이 걸리니 그 거리는 약 1,000,000,000,000,000,000,000,000(ten quintillion miles)마일로 추정된다.[6]

천국은 첫째 하늘과 둘째 하늘을 지나서 있을 것이니 천국의 현재 위치는 이 곳 지구에서 극히 먼 거리에 있을 것이다.

천국은 위(上)에 있는가?

에녹과 엘리야는 죽음을 맛보지 않고 승천하였으며(창 5:24, 히 11:5, 왕하 2:11), 예수 그리스도는 십자가에 못박혀 죽으셨다가 3일 만에 다시 부

---

6) Whitecomb, *The Early Earth*, Barker, 1986, p.60.

활하시고 그로부터 40일 후에 승천하셨다(막 16:19; 눅 24:51; 요 6:62; 행 1:9).

천국은 위(上)에 있는가? 우리가 살고 있는 이 땅(지구)은 무생명체임에도 불구하고 공중에 떠서 보이지 않는 일정한 궤도로 하루에 한 번씩 자전(Rotation)하며, 자전하는 속도는 초당 463m이다. 또한 지구는 태양을 중심으로 보이지 않는 일정한 궤도로 1년에 한 번씩 공전(Revolution)하며 그 속도는 초당 29.8km이다. 따라서 동시에 자전과 공전을 하는 이 땅(지구) 위에 거하는 사람으로서 천국의 위치를 방향적으로 위에 있다 또는 아래에 있다라고 말할 수 없다. 그러므로 천국은 위에 있다거나 또는 천국으로 올라간다는 등의 표현들은 곧 천국은 가장 높은 곳에 있는 가장 좋은 곳임을 나타내는 상징적 표현이다.

이 세상에 사는 동안 주님의 일에 힘쓰고,
썩을 장막 떠날 때 주의 얼굴 뵈오리!
빛난 하늘 그 집에서 주의 얼굴 뵈오리!
한량없는 영광중에 주의 얼굴 뵈오리!

주님 계신 곳으로!
바람아, 나를 실어
주 계신 곳으로 데려가 다오
파도야 나를 태워
주 계신 곳으로 데려가오
구름아 나를 안아
주 계신 곳으로 데려가오
비둘기야 내 사랑을
주님 계신 곳에 보내다오.

- 무명시

ESCHATOLOGY

제 11 장

지옥(Hell)
영원 형벌의 장소
(The Place of Eternal Punishment)

   I. 지옥의 명칭들
   II. 지옥: 영원한 형벌의 장소
   III. 지옥 형벌의 기간
   IV. 형벌의 정도
   V. 지옥의 특성들
   VI. 지옥의 거주자들

요한계시록 21:8, "그러나 두려워하는 자들과 믿지 아니하는 자들과 흉악한 자들과 살인자들과 행음자들과 술객들과 우상 숭배자들과 모든 거짓말하는 자들은 불과 유황으로 타는 못에 참예하리니 이것이 둘째 사망이라."

  사람은 누구든지 형벌의 처소인 지옥에 관하여 실제적으로 언급하기를 원치 않는다. 그러나 지옥은 하나님의 영원한 계획의 하나로 악인들이 거하는 영원한 처소 즉, 공간을 점령하는 장소이다. 지옥은 마귀들의 운동장도 아니며, 지상에서의 형벌의 처소도 아니다. 지옥은 실제 장소로서 악인들이 영원토록 거할 처소이다. 여기서 악인들이란 예수그리스도를 구주로 믿지 않는 불신자들을 가리킨다. 다시 말하는 예수 그리스도 안에 있지 아니한 모든 자들을 가리킨다.

불신앙의 무리들과 이단들은 지옥의 처소와 영원형벌을 부인한다. 자유주의 신학자들은 지옥에 관한 성경적 교리에 시시로 조롱과 비난을 보낸다. 그들은 말하기를 지옥은 옛사람들의 미신이요, 실제로 존재하는 장소가 아니라 한다. 그들은 지옥이 있다면 어찌하여 예수 그리스도께서 우리를 위하여 오래 참으시고 한 사람도 멸망치 않기를 원하였겠는가? 지옥에서의 영원한 형벌이란 하나님의 속성들인 사랑·자비·긍휼·은혜의 성질들에 모순·위배된다고 주장하면서 영원한 형벌의 장소인 지옥을 부인한다.

그러나 한 부자가 그의 가족을 위하여 깊은 관심을 가진 기사에서 우리는 지옥의 처소와 참혹상을 깨달을 수 있다(눅 16:27-28). 우리가 지옥에 관하여 좀 더 상세하게 그리고 좀 더 깊게 깨달으면 깨달을수록 우리는 우리의 사랑하는 사람들의 영혼들을 사랑하는 뜨거운 열정이 따르게 마련이다. 만일 우리가 사후(死後)의 형벌에 관한 진리를 확실히 믿는다고 하면 우리는 불쌍한 영혼들을 위하여 기도와 전도를 하지 않을 수 없다.

Ⅰ. 지옥의 명칭들(The Names of Hell)

성경은 지옥의 특성에 비추어 스올·하데스·게헨나·불못·무저갱·둘째 사망·무덤 등 몇 가지 상이한 명칭들을 사용하였다. 이 상이한 명칭들은 지옥의 특성들을 잘 묘사한다. 지옥은 악인들의 영원한 형벌의 장소이다. 악인들은 세상을 떠나면 그 영혼들이 즉시로 지옥에 갈 것이다(계 20:14). 그리고 최후 심판시에는 지옥에 간 영혼과 화학적 원소들로 분해되었던 육체가 다시 재결합하여 부활체로 변화되어 최후 심판을 받은 후 다시 지옥으로 가서 영원 형벌 받을 것이다.

지옥에서의 영원 형벌은 사탄과 그 부하들인 마귀들과 귀신들, 적그리스도의 무리들, 거짓 그리스도의 무리들을 위시하여 모든 악인들이 다

받을 것이다. 여기서 악인들이란 불신앙 자들을 가리킨다.

1. 스올(שְׁאוֹל; Hell, 지옥)

구약성경에 지옥이라는 말의 통상적 술어는 스올이다. 스올은 무덤(Grave)이라는 뜻이다. 킹 제임스 성경(KJV)에서는 스올을 지옥(Hell)이라고 31번 번역하였으며, 무저갱(Pit)이라고 3번 번역하였다.

스올은 악인들이 세상 떠난 후에 거하는 곳이다.

시편 9:17, "악인이 음부로 들어감이여 하나님을 잊어버린 모든 열방이 그리하리로다."

본절에서 악인들이란 예수 그리스도를 구주로 믿지 않는 불신자들을 가리킨다. 먼저는 악인이 죽는 즉시 영(靈)이 가서 사는 곳이요, 최후 심판 후에는 영과 육이 재결합하여 부활체로 가서 사는 곳 즉 지옥을 말한다. 스올(지옥)은 천국에 반대되는 곳이다.

2. 하데스(ᾅδης; Hell, 지옥)

히브리어의 스올은 헬라어에 하데스로 번역되었다. 따라서 스올과 하데스는 모두 지옥을 가리킨다. 신약에서는 구약에서 보다 지옥에 관하여 좀 더 상세하게 계시되었다. 지옥(하데스)은 먼저 불신자가 죽어서 그 영혼들(Souls)이 가는 곳이며, 그 곳에서 최후 심판 때에 육체와 재결합하여 둘째 부활에 참여하고, 심판대 앞에 나아와 최후 심판을 받은 후 다시 지옥으로 가서 영원 형벌 받는 곳(눅 16:26; 마 11:23; 계 20:13-14)이다.

지옥(하데스)은
① 불붙는 곳이요(Burning)
② 분리와 고독이요(Separation/Loneliness)
③ 목마른 곳이요(Thirst)

④ 타락한 곳이요(Falling)
⑤ 악취를 풍기는 곳이다(Stench)

부자와 거지 나사로의 기사에서 부자는 건널 수 없는 방대하고도 깊은 구렁(카스마 메가, χάσμα μέγα; a great chasm, gulf)이 자기와 구원받은 자들의 거하는 처소와의 사이에 가로 놓여 있음을 인식하였다(눅 16:26). 분명히 지옥과 천국은 상이한 장소이다. 지옥에서 천국을 볼 수 있다든지 지옥에서 불신자들의 고통 당하는 것을 볼 수 있느냐의 질문에는 침묵을 지키고 있다. 다만 분명한 사실은 지옥에서의 사람들은 고통을 면할 길이 없다는 것이다. 그리고 지옥에 있는 영혼들은 지상에서의 생존 가족에게 여하한 경고도 보낼 수 없다는 사실이다.

3. 게헨나(게엔나, γέεννα; Hell; 지옥)

성경은 지옥을 게헨나라고도 하였다. 게헨나는 신약성경에 12번 나타나는데 지옥(Hell)으로 번역되었다. 마태복음에 7번, 마가복음에 3번, 그리고 누가복음과 야고보서에 각각 1번씩 나타난다. 그 중에 11번은 예수 그리스도께서 사용하셨다. 게헨나는 힌놈의 골짜기(Valley of Hinnom)와 관계가 있다. 힌놈의 골짜기는 예루살렘성 남쪽 깊고 협소한 계곡(골짜기)으로서 이스라엘 사람들이 자기 자녀들을 암몬족의 몰록(Molech)신(god)에게 제물로 드렸던 곳이다. 악하고 타락한 아하스왕과 므낫세 왕은 몰록 신을 기쁘게 하기 위하여 실제로 그의 아들을 불구덩이에 인간 제물로 바쳤다(왕하 16:3, 21:6; 대하 28: 1-4, 33:6; 렘 32:35).

고고학자들은 증명하기를 몰록은 가나안의 종교의 신(神)으로서 금송아지(Golden Calf)이었다. 이 금송아지는 황소의 머리와 편 팔들이 있는 우상이다. 이 우상의 배에서 불을 때고 이 우상의 편 팔 위에 어린아이를 올려놓고 불사르므로 제사를 드렸다. 이와 같은 야만적이고도 잔인한 우상 숭배의 일들을 요시아 왕이 개혁할 때에 중단시켰다(왕하 23:10).

그런데 "힌놈의 골짜기"는 후일 예루살렘성에서 버리는 쓰레기터가 되었으며, 예수님 당시에는 그 곳에서 쓰레기를 소각시켰다. 그 결과 힌놈의 골짜기는 영원한 고통의 장소를 상징하게 되었다. 그리하여 주님께서는 게헨나라는 말을 형벌의 장소를 묘사하는 말로 사용하였다.

마태복음 5:29-30, "온 몸이 지옥에 던지우지 않는 것이 유익하니라."
"**지옥**"(게엔; γέεν; Gehenna) 온 몸과 영혼 전체가 지옥에 들어가 영원토록 고통 받는 것

게헨나야 말로 각종 더러운 쓰레기의 장소요, 연기와 고통의 장소요, 불과 죽음의 장소이다. 예수님께서는 게헨나를 구더기도 죽지 않는 곳, 불도 영원히 꺼지지 않는 곳(불못)이라고 하였다. 구더기도 죽지 않는 곳이란 상징적 표현이다. 이 말씀은 이사야 66:24의 말씀이다.

4. 불못(림네 투 퓨로스, λίμνη τοῦ πυρός, Lake of Fire)

사도 요한은 지옥을 영원한 형벌의 장소로서 불못이라고 하였다(계 19:20, 20:10, 14-15, 21:8).
예수님은 지옥을
꺼지지 않는 불이 타는 곳(막 9:43, 48),
지옥불(마 5:22),
풀무불(마 13:42, 50),
고통받는 곳(눅 16:28)이라고도 하였다.
성경은 분명히 고통 당하는 실제적 장소가 있음을 가르친다. 불못(지옥)은 고통을 당하는 곳이다. 불못은 불신자들(악인들) 뿐만 아니라 사탄과 그의 타락한 천사들도 고통 당하는 곳이다(마 25:41).

5. 무저갱(아브소스, ἄβυσσος; Abyss, Bottomless Pit, 무저갱)

무저갱은 단순히 보이지 않는 세계(Unseen World)를 뜻한다. 지옥은 우리

의 육안으로 볼 수 없는 세계이다. **무저갱은 하계**(下界, Under World)로서 로마서 10:7에는 죽은 자들의 처소(Abode of the Dead)로, 누가복음 8:31에는 귀신들의 처소(Abode of Demons)로 언급되었다. 무저갱은 누가복음에 1번, 계시록에 7번 사용되었다(눅 8:31; 계 9:1-2, 11, 11:7, 17:8, 20:1, 3).

조아김 예레미아(Joachim Jeremias)는 "신약에서 무저갱은 영들을 위한 감옥으로 생각된다(계 9:1, 20:1, 3)…하계의 왕자(계 9:11), 귀신들(눅 8:13) 그리고 전갈들(계 9:3이하)도 있을 곳이다. 사탄은 그리스도 재림 후 1000년 왕국 기간 동안 무저갱에 갇혀 있을 것이다"[1]라고 하였다.

6. 둘째 사망(호 다나토스 호 듀테로스; ὁ θάνατος ὁ δεύτερος; The Second Death)

불못을 둘째 사망(두 번째 죽음)**이라고 표현하였다.** 첫 번째 죽음은 육체의 일시적 죽음이요, 두 번째 죽음은 영육의 영원한 죽음이기 때문이다(계 20:14, 21:8).

성경에서는 죽음이란 항상 분리를 말하며 존재의 없어짐을 말하는 것이 아니다. 죽음이라는 말의 개념은 하나님으로부터의 영원한 분리를 뜻하는 것이요 허무로 사라져 없어지는 것을 뜻하는 것이 아니다. 이런 의미에서 육체적인 죽음은 사랑하는 자들과 이별이요, 영적 죽음은 하나님과의 분리이다. 불신자들의 두 번째 죽음이란 하나님과의 분리를 뜻한다.

7. 무덤(Grave)

구약성경 여러 곳에 스올(שְׁאוֹל)**을 무덤**(Grave)**으로 묘사하였다**(창 37:35; 42:38, 삼상 2:6; 왕상 2:6; 욥 14:13, 17:13). 다윗, 솔로몬 그리고 선지자들도

---

1) TDNT, 1:10.

지옥을 무덤이라고 하였다(시 6:5; 사 38:18-19). 무덤은 장사 지낸바 된 후에는 시체가 보이지 않고(Unseen) 또 무덤은 죽음·흑암·공포·두려움의 상징이기 때문에 지옥을 무덤으로 묘사하였다.

8. 탈타로사스(ταρταρώσας; Hell; 지옥)

이 단어는 베드로후서 2:4에만 나타난다. 이 단어는 하나님께서 타락한 천사들 일부를 먼저 지옥으로 던져 버렸다(cast into hell)라고 할 때 사용된 단어이다. 타락한 천사들은 그들의 두목 사탄이 타락될 때 같이 타락한 천사들 곧 마귀들과 귀신들을 가리킨다. 하나님께서 타락한 천사들 일부를 먼저 지옥으로 던져 버린 이유에 대하여는 말씀하시지 않으셨다.

우리 주님 예수 그리스도는 지옥에 관하여 마태복음 5:29-30, 10:28, 11:23, 13:40-41, 13:49-50, 22:13, 23:15, 33, 25:41; 마가복음 9:43-48; 누가복음 12:5, 16:19-31 등에서 말씀하셨다.

II. 지옥: 영원한 형벌의 장소(The Place of Eternal Punishment)

지옥은 공의로우신 하나님의 최후 심판 후 영원한 형벌의 장소, 고통의 장소이다. 믿지 않는 자들에 관하여 예수님께서는 저희는 영벌에 들어가리라(마 25:46)라고 하셨다. 성경을 지옥을 영원한 형벌의 장소로 제시하면서도 그 위에 관하여는 명시하지 않았다.

신약성경 전반에 걸쳐서 지옥의 존재에 관하여 말씀하고 있다(살후 1:7-9; 히 9:27; 벧후 2:4, 9; 유 6:12-13; 계 2:11, 14:10-11, 19:20, 20:10, 11-15, 21:8)

Ⅲ. 지옥 형벌의 기간(Duration)

성경은 악인들의 지옥에서의 형벌 기간을 시간적으로 끝없는 영원한 기간이라고 가르친다(계 14:11, 20:10). 영원이라는 말은 구약성경에서 히브리어 올람(עוֹלָם)이며 신약성경에서 헬라어 아이오니오스(αἰώνιος)로 기록되어 있다. 그런데 이 두 단어는 모두 하나님과 관계된 단어이다. 즉 하나님을 영원한 하나님이라고 성경은 가르친다. 그러므로 하나님의 영원성만큼 지옥도 영원히 존재할 것이다(Hell will last as long as God does). 영원이라는 개념은 시작도 끝도 없으며 과거나 현재나 미래도 없으며 측량할 수 없는 기간이다. 성경에 사용된 영원(아이오니오스, αἰώνιος; eternal)은 유한한 장기간을 말하는 것이 아니다.

성경은 의인들이 천국에서 영원토록 영생복락을 누릴 것에 관하여 악인들이 지옥에서 영원토록 형벌 중에 고통받을 것과 대조적으로 진술하고 있다. 의인들의 최후 상태가 영원적이니 만큼 악인들의 최후 상태도 영원적임이 당연하다 (마 18:8, 25:41).

Ⅳ. 형벌의 정도(The Degree of Punishment)

하나님은 사랑의 하나님이시며 동시에 공의의 하나님이시다. 그러므로 하나님은 또한 선악상벌의 하나님이시다. 하나님은 선을 행하는 자에게는 행한 정도에 비례하여 상급을 하사하심과 같이, 악을 행한 자에게는 악을 행한 정도에 비례하여 형벌을 내리실 것이다.

고린도후서 5:10, "이는 우리가 다 반드시 그리스도의 심판대 앞에 드러나 각각 선악간에 그 몸으로 행한 것을 따라 받으려 함이라."

죄를 모르고 무의식적으로 짓는 자와 죄인줄 알고도 의도적으로 죄를 짓는 자, 경죄를 범한 자와 중죄를 범한 자, 강요에 의하여 죄를 범한 자와 자원하여 죄를 범한 자들이 받는 형벌이 어찌 같을 수 있으랴(마 11:22, 24; 눅 12:47-48, 20:47).

V. 지옥의 특성들(The Characteristics of Hell)

지옥은 어떠할까? 어떤 사람들은 성경이 계시한 이상으로 지옥을 상상으로 묘사하고 있으며, 반면에 어떤 사람들은 지옥을 부인한다. 그러나 우리는 성경이 교훈하는 지옥의 성질·상태·특성을 성경의 계시 한도 내에서 숙고하여야 한다.

1. 고통(Torment)

고통은 괴롭고 아픔을 말한다. 지옥의 고통은 정신적·육체적인 면을 다 포함한다. 따라서 지옥의 고통은 육체의 부활을 전제로 한 영혼과 육체 위에 내려지는 고통들이다. 지옥의 고통은 죄의 형벌로 받는 끝없는 의식적 고통들(Unending Conscious Torments)이다.

댑니(Dabney)는, "몸이 부활할 때에 이 적극적 형벌들(Positive Penalties)은 어떤 육체적 고통들을 포함할 것이며 아마도 주로 그것들로 구성될 것이니 그렇지 않으면 육체가 부활할 필요가 왜 있겠는가? 그리고 우리가 순간적으로 상상하여 보더라도 죄인들이 불의의 지체들로 변한 그 지체들을 통하여 하나님이 그들을 형벌하시는 정당성은 너무나 명백하여 그가 이 일을 생략할 수 없다. …악자들의 신체들이 제외된다고 추측하는 것은 불가능하다. 그러나 그들의 육체들이 문자적 불과 유황으로 불탈는지는 추측하기 불가능하다. …그러니 이것은 다 비유적 표현이다. 그러나 그것은 아무리 그럴지라도 그 표상들은 반듯이 올바른 수사(Rhetoric)의 분명한 규칙들에 따라서 해석되어야 한다. …죄는 자연적 고통으로 형벌됨과 아울러 극렬하고 무서운 신체적 고통들(Extreme and Terrible Bodily Torments)로 형벌될 것이다."[2]

성경은 지옥에서의 고통을 극렬한 풀무불의 고통이라고 묘사하였다. 지옥은 고통의 장소이다.

예수님은 지옥에 관하여 마태복음 13:42, "풀무불에 던져 넣으리니 거기서 울며 이를 갊이 있으리라"(막 9:48)라고 하셨고,

세례 요한은 마태복음 3:12에서 "꺼지지 아니하는 불"이라고 하였으며,

한 부자는 누가복음 16:24에서 "내가 이 불못 가운데서 고민하나이다"라고 하였으며,

사도 요한은 요한계시록 20:10에서 "세세토록 밤낮 괴로움을 당하는 곳"이라고 하였다.

2. 기억(Memory)

기억은 잊지 않고 외워둠이다. 기억은 잠재의식 가운데 있는 과거의 경험들이 머리 속에 다시 되살아나는 정신 작용이다.

아브라함이 지옥에 있는 부자에게 한 말은 육체적 고난보다 훨씬 더 큰 고통을 말하였다.

누가복음 16:25, "이제 저는 위로를 받고 너는 고통을 받으리라"고 하신 말씀을 기억하라. 그들은 그들의 모든 불의와 죄를 다 기억할 것이다. 그들은 성령님의 역사를 거절할 때마다 모든 상황들을 기억할 것이다.

3. 기갈함(Thirst)

지옥의 거주자들 모두가 가장 고통스러운 것들 중의 하나는 목마름이라 하겠다. 물 한 방울도 축이지 못하는 고통이 어떠하랴?

---

2) Dabney, *Lectures in Systematic Theology*, pp.853-854.

누가복음 16:24, "나사로를 보내어 그 손가락 끝에 물을 찍어 내 혀를 서늘하게 하소서"

만일 우리가 며칠 동안만 물 없이 산다고 상상을 해 보라. 기갈함의 상태가 여하할 것인가?

요한복음 7:37, "예수께서 서서 외쳐 가라사대 누구든지 목마르거든 내게 와서 마시라 영원히 갈하지 아니하는 생수를 마시라고 하셨다."

4. 분리(Separation)-고독(Loneliness)

지옥은 하나님으로부터의 떨어짐 즉 분리를 가르친다. 지옥과 천국은 연결될 수 없는 거대한 만(Gulf)이 놓여 있다.

누가복음 16:26, "너희와 우리 사이에 큰 구렁이 끼어 있어 여기서 너희에게 건너가고자 하되 할 수 없고, 거기서 우리에게 건너 올 수도 없게 하였느니라."

어떤 사람들은 지옥에는 친구가 많으므로 있을 만한 곳이라고 근거 없이 변명하나 그것은 큰 오류이다. 성경은 어느 한 곳도 사람들이 천국에서 친교(Fellowship)를 갖는 것처럼 지옥에서도 두 사람이 또는 그 이상이 교제를 나눈다고 하는 구절을 찾아보지 못한다.

5. 어둠(Darkness)

성경에서의 어두움은 지적이고 영적인 어두움(Intellectual and Spiritual Darkness) 곧 무지(Ignorance)를 가르친다. 성경은 지옥을 어두움으로 묘사하였다. 지옥에 거하는 자들은 영적으로 무지하여 신령한 세계에 관하여는 아무 것도 알지 못한다(마 8:12, 22:13).

베드로후서 2:4, "하나님이 범죄한 천사들을 용서치 아니하시고 지옥에 던져 어두운 구덩이에 두어 심판 때까지 지키게 하셨으니."

마태복음 25:30, "이 무익한 종을 바깥 어두움에 내어 쫓으라 거기서 슬피 울며 이를 갊이 있으리라."

6. 소망없음(Hopelessness)

소망은 원하는 것이 이루어지기를 바라는 욕망(Desire)과 기대(Expectation)인데 지옥에서는 바라는 욕망이나 기대란 있을 수 없다. 지옥은 악한 자들을 위한 일시적인 장소가 아니라, 영원한 거주지이다. 지옥에서 사는 사람들은 영원히 소망 없는 가운데 살게 될 것이다. 소망 없는 삶은 삶의 가치가 없는 삶, 마지못해 사는 비참한 삶이다.

지옥 형벌의 교리는 예수 그리스도를 구주로 믿음으로 구원받은 자들에게 이 같이 큰 구원을 귀중히 여겨야 할 것을 가르친다(히 2:2). 뿐만 아니라 지옥으로 질주하는 불쌍한 영혼들을 구원하기 위한 전도의 긴급성과 열정을 가열시킨다.

로마서 10:14, 17, "그런즉 저희가 믿지 아니하는 이를 어찌 부르리요 듣지도 못한 이를 어찌 믿으리요 전파하는 자가 없이 어찌 들으리요…그러므로 믿음은 들음에서 나며 들음은 그리스도의 말씀으로 말미암았느니라."

Ⅵ. 지옥의 거주자들(The Inhabitants of Hell)

요한계시록 20:15, "누구든지 생명책에 기록되지 못한 자는 불못에 던지우리라."

요한계시록 21:8, "두려워하는 자들과 믿지 않는 자들과 흉악한 자들과 살인자들과 행음자들과 술객들과 우상 숭배자들과 모든 거짓말하는 자들은 유황으로 타는 못에 참예하리니 이것이 둘째 사망이라."

요한계시록 22:15, "개들과 술객들과 행음자들과 살인자들과 우상 숭배자들과 및 거짓말을 좋아하며 지어내는 자마다 성 밖에 있으리라."

마태복음 25:41, "또 왼편에 있는 자들에게 이르시되 저주를 받은 자들아 나를 떠나 마귀와 그 사람들을 위하여 예비된 영영한 불에 들어가라."

위의 불못, 유황불, 성 밖 등은 모두 지옥에 대한 별명들로 지옥을 가리킨다. 그리고 그 모든 죄인들은 예수 그리스도를 구주로 믿지 않는 죄인들이다.

지옥의 거주자들:
(1) 사탄(Satan; 욥 1:6, 눅 10:18, 롬 16:20, 계 20:2,7)
(2) 마귀들(Devils, 마 4:1,5,8,11, 요 13:2, 계 12:9,12, 20:2,10)
(3) 귀신들(Demons; 마 17:18, 고전 10:20,21, 계 9:20, 16:14, 18:2)
(4) 적그리스도들(The Antichrists; 요일 2:18,22, 4:3, 요이 7)
(5) 거짓 그리스도들(The False Christs; 마 24:5,24, 막 13:6,22, 눅 21:8)
(6) 모든 불신앙의 죄인들(All Sinners; 계 21:8, 20:15)

우리는 지옥과 무서운 형벌에 대하여도 분명히 외쳐야 한다.

히브리서 2:1-3, "그러므로 우리는 들은 것에 더욱 유념함으로 우리가 흘러 떠내려가지 않도록 함이 마땅하니라 천사들을 통하여 하신 말씀이 견고하게 되어 모든 범죄함과 순종하지 아니함이 공정한 보응을 받았거든 우리가 이같이 큰 구원을 등한히 여기면 어찌 그 보응을 피하리요 이 구원은 처음에 주로 말씀하신 바요 들은 자들이 우리에게 확증한 바니."

ESCHATOLOGY

부록

인물 소개
(*Profiles*)

1. 박형룡 박사
2. 가이슬러
3. 구티에레즈
4. 그루뎀
5. 댑니
6. 디센
7. 랄프
8. 루터
9. 칼 맥킨타이어
10. 존 머레이
11. 메이첸
12. 바빙크
13. 반틸
14. 반하우스
15. 버즈웰
16. 벌코프
17. 쉐드
18. 스트롱
19. 스펜스
20. 어거스틴
21. 오리겐
22. 제임스 오르
23. 요세푸스
24. 워필드
26. 차녹
27. 카이퍼
28. 칼빈
29. A. A. 핫지
30. 찰스 핫지
31. 안토니 후크마

1. 박형룡 박사(1897. 3. 28[음력] – 1978. 10. 25. 6시)

한국이 낳은 세계적 칼빈주의 신학자. 정통보수신앙과 신학의 변호자. 경건하신 하나님의 사람.

- **탄생지** : 박형룡 박사는 1897년 3월 28일(음)에 평안북도 벽동읍에

서 태어났다. 백동읍은 북쪽은 압록강, 남쪽은 동서로 뻗은 높은 준령을 이루고 있다. 기후는 만주 대륙에 접한 내륙부에 위치하여 기온의 교차가 심한 전형적 대륙성 기후로, 겨울에는 평균 영하 1,415도를 오르내리는 매우 추운 지방이다.

- **탄생시의 역사적 배경**: 이때는 우리나라 고종 황제가 보위에 등극하여 대한제국을 창건한 광무(光武) 원년이었다. 기독교 역사는 이 땅에 언더우드(Underwood) 선교사가 복음을 전해 온 지 13년째 되는 해이다. 이 해에 평양에는 숭실학교가 개교되고, 선천읍교회(평북), 안악읍교회(황해), 김포읍교회(경기), 철산읍교회(평북), 중화읍교회(황해), 순안읍교회(평남), 고양읍교회, 사리원 서부교회(황해), 진남포 비석리교회(평남), 서울 광희문교회들이 설립되는 뜻깊은 해였다. 또 순교자 주기철 목사님이 탄생하신 해이기도 한다.

- **학문에 전념한 청년 시절**: 유년 시절부터 배움의 길에 힘쓰던 중

1913 4월-1916년 3월 평북 선천 신성중학교 졸업
1915년 구정 선천북교회에서 양정백 목사(평양신학교 1회 졸업)로부터 세례를 받음
1916년 3월-1920년 3월 평양숭실대학 졸업
1920년 4월-1921년 2월 숭실대학 전도대를 이끌고 순회전도 도중 목포에서 피검되어 옥고를 겪음
1921년 9월-1923년 7월 중국 남경 금릉대학 수학(문학사)
1923년 9월-1926년 5월 미국 프린스턴 신학교 졸업(신학사 신학석사)
1926년 9월-1927년 5월 미국 켄터키주 루이빌 시 소재, 남침례교 신학교 졸업(철학박사)

- **젊은 시절의 열정적 목회**

1927년 미국 유학에서 금의환국
1927년 8-12월 신의주 제일교회 전도사 시무
1928년 1월 평양 산정현교회 전도사 시무

1929년 5월 평양 노회에서 목사 안수

1929년 5월-1930년 8월 산정현교회 동사 목사

　동시에 숭실중학교 성경 교사와 모교인 숭실대학교와 평양신학교 강사로 나가시는 중에 신학교 기관지인 신학지남에 변증학 논문을 게재하였다.

- **일평생 후진 양성에 전력**

1928년 4월 1일부터 평양신학교 임시 교수로 취임

1931년 4월 1일 교수로 취임

1934년 9월-1938년 9월 정교수

신학교 폐문과 만주 망명·귀국

- 일본제국주의자들이 한국 기독교를 말살하기 위하여 신사참배(神社參拜)를 강요하므로 신학교를 폐문하게 되었다. 일부에서는 신사참배를 하면서라도 학교를 계속하자는 주장도 있었으나 박 박사의 강력한 반대로 폐문하였다.
- 1938년 7월-1942년 8월 일본 동경에서 표준주석위원으로 고린도서, 전도서 저술
- 1942년 9월-1947년 7월 중국 만주로 건너가시 만주, 봉천신학교를 세우시고 교수직과 교장직을 맡아 본국에서 망명해 오는 신학생들을 교육
- 1947년 10월-본국에서 당시 고려파 마산 문창교회 시무하시던 송상식 목사께서 박형룡 박사님을 공산주의 만주 땅에서 극적으로 탈출시켜 귀국하셨다.
- 1947년 10월-1948년 5월 고려신학교 교장(부산에서)

1948년 6월-1951년 7월 장로회신학교 교장(대구에서)

1951년 9월 18일-1972년 2월 총회신학교(현 총신대학교) 조직신학, 변증학 교수, 교장, 대학원장 역임(서울에서)

1972년 3월 명예대학장 추대

- 1975년 10월 서울 노회에서 공로목사로 추대. 12월 추대식 거행

  현직에서 은퇴하신 후에도 서울시 관악구 봉천동 자택에서 저작집 출간을 위하여 계속 원고정리와 연구를 하시다가 1978년 10월 25일 오전 6시 고요히 하나님의 부르심을 받아 천국 본향으로 가셨다. 슬하에는 장남 박아론 박사와 차남 박모세 군이 있다.

- **저서들** : 『교의신학』(조직신학; 서론, 신론, 인죄론, 기독론, 구원론, 교회론, 말세론), 『기독교 변증학』, 『험증학』, 『신학난제 선평상·하』, 『비교종교학주석』(고린도서, 전도서), 설교집(신앙을 지키라, 영혼의 피난처, 남겨둔 백성), 신학논문 1·2권, 회고록 등 주옥같은 다수의 저서들과 번역서『개혁주의 예정론』(로레인 뵈트너 저)과 소논문들이 있다.

- 이 불초(不肖)가 박형룡 박사님의 문하생으로 그분의 인격, 신앙, 경건, 깊은 학문, 그리고 정통보수신앙과 신학을 수호 변호하기 위한 교훈들을 8년 동안(1958. 3.~1967. 12.) 친히 배우게 된 것은 하나님의 크신 섭리와 은혜였다.

2. 가이슬러(Norman L. Geisler)

기독교변증학자. 조직신학자.

윗튼대학(Wheaton College, B. A., M. A.)

윌리암 틴데일 대학(William Tyndale College, Th. B.)

로욜라대학교(Loyola University)

미국남부복음주의신학교(Southern Evangelical Seminary) 총장

저서들 : 조직신학 총 4권, 몰몬교, 여호와의 증인, 뉴에지 등 40권 이상의 저서들과 많은 논문들을 저술하였다.

When Cultits Ask, Baker Book, 1997.

Systematic Theology, Vol. I. *Introduction and Bible*, Bethany Hause, 2002.

Systematic Theology, Vol. 2, *God Creation*, Bethany Hause, 2003.

Systematic Theology, Vol. 3: *Sin Salvation*, Bethany Hause, 2004.
Systematic Theology, Vol. 4: *Church Last Things*, Bethany Hause, 2004.

3. 구티에레즈(Gustavo Gutierrez, 1928년 6. 8.-)

남미 페루의 신부. 제3세계 해방신학자. 마르크스주의자. 그의 해방신학은 한국의 민중신학과 좌경세력에 큰 영향을 끼쳤음.

- 구티에레즈는 처음에는 의사가 되기 위하여 리마(Lima)에 있는 산 마르코스 대학교(San Marcos Univ.)에서 의학을 공부하면서 동시에 칼 마르크스(Karl Marx)의 저서들을 탐독하고 페루의 사회적, 경제적 불균형을 반대하는 기독교 단체운동에 적극 가담하였다. 후에 그는 신학에 관심을 가지고 신학을 공부한 후 1959년 사제(Priesthood)가 되었다.
- 구티에레즈는 칠레의 산티아고에서 신학을 마친 후에 루베인(Louvain)에서 철학과 심리학 분야의 학위를 받았고, 1959년에는 프랑스 리옹(Lyon)대학교에서 신학 분야의 철학박사(Ph. D.) 학위를 받았다. 그는 위의 두 유럽의 대학 시절에도 계속 칼 마르크스를 연구하였다.
- 구티에레즈는 페루로 귀국하여 1960년대 초 리마 교구의 신부(Priest)로, 또 리마 대학교의 신학과와 사회과학과에서 강사(Instructor)로, 전국 천주교 학생연맹의 교목(Chaplain)으로 활동하였다.
- 구티에레즈는 1960년대 후반기부터는 가난한 자와 억압받는 자들의 희망으로 해방신학을 제시하였고, 1968년에는 콜롬비아의 메델린(Medellin)에서 개최되었던 라틴 아메리카 감독회의의 신학고문으로 참석하여 가난하고 억압받는 자들의 해방을 외쳤다.
- 구티에레즈는 또 1973년 칠레에서 있었던 "사회주의를 위한 기독

인 대회"(Christian for Socialism)에서 연설하였고, 1975년에는 미국 디트로이트(Detroit)에서 개최된 "아메리카에서의 신학"(Theology in America) 대회에서 연설하였고, 1976-1977년에는 미국 뉴욕에 있는 유니온(Union)신학교에서 객원교수로 강의하였다. 1978년부터는 미국을 자주 방문하였다.

- 구티에레즈는 그의 해방신학에서 마르크스주의의 사회분석법(Social Analysis)을 도입하여 정치적으로 억압받는 자, 경제적으로 가난한 자, 사회적으로 저변에 있는 자들을 기존 정치적, 경제적, 사회적 구조와 체제 그리고 집단들로부터 해방시키기 위하여는 계급투쟁에 적극 참여하여야 하며 해방은 참여행동으로 쟁취할 수 있다고 주장하였다.

그의 생애 대부분은 리마에서 가난한 자, 억압받은 자들을 위하여 보냈다.

저서들 : 『해방신학』(*A Theology of Liberation*), 1971, 영문 번역판 1973. 1985-12판; 한국어 번역(허병섭 역, 미래출판사, 1986. 8. 30), 『해방의 실천과 기독교 신앙』(*Praxis of Liberation and Christian Faith*, 1974), 『해방의 희망』(*The Hope of Liberation*, 1976)

4. 그루뎀(Wayne A. Grudem)

미국 Trinity Evangelical Divinity School에서 성경과 조직신학을 가르치고 있다.

Harvard University(B.A.), Westminster Theological Seminary(M.Div.), Cambridge University(Ph.D.)에서 학위를 받았다.

저서들 : 신약에 있어서 『예언의 은사』, 『베드로전서 주석』(Tyndale N.T. 주석), 『성경적 남성과 여성 회복』(John Piper와 공저), *The Gift of Prophecy in the N. T. and Today, the First Epistle of Peter*등이다.

5. 댑니(Robert Louis Dabney, 1820-1898년)

미국 남장로교 대표적 근본주의 신학자. 교육가.

- 댑니(Dabney)는 1820년 3월 5일 미국 버지니아주 루이사 카운티 남 안나 강변(South Anna River in Louisa County, Va.)에서 6남매 중 4남으로 태어났다. 그의 부친 찰스 댑니(Charles Dabney)는 농장주로서 장로교의 장로였다. 댑니는 가정에서도 성경과 웨스트민스터 소요리문답을 배웠다. 그는 시골에서 그의 형과 다른 선생들로부터 라틴어, 헬라어, 산수, 기하 등을 배우고 일주일에 한 번씩은 어머니의 목사님이셨던 토마스 와리(Thomas Wharey) 박사에게 가서 수학을 배웠다.
- 댑니는 햄프덴-시드니 대학(Hampden-Sydney College)에서 수학, 물리학, 라틴어, 헬라어 등 전 과목을 우등과 모범생으로 공부하였다 (1836-1837년). 그는 1837년 9월 교내 부흥회에서 회심하고 "그 기간 중에 나에게 있어서 가장 중요한 사건은 그리스도를 믿는 나의 신앙고백이었다"(Johnson, Life and Letters, pp.42-43)라고 했다. 그는 계속해서 버지니아대학교(Charlottesville 소재, 1842. 7. 5. M.A.)와 유니온(Union)신학교(Richmond, Va. 소재, 1844. 11-1846)를 졸업하였다.
- 댑니는 남장로교 서부 하노버 노회(West Hanover Presbytery)에서 목사 안수를 받은 후 시골에서 목회사역을 시작하였으나 곧 명성이 높아져 팅클링 스프링 교회(Tinkling Spring Church)에 부임하여 목회하였으며(1847-1853년), 1853년에는 모교인 햄프덴-시드니 대학으로부터 명예박사 학위를 받았다. 그리고 그는 모교인 버지니아주의 유니온(Union) 신학교 교회사 교수로 초청받아 1853년부터 1883년까지 교수하였다. 동시에 햄프덴-시드니 대학교회 협동목사로 시무하였다.

댑니는 존경받는 하나님의 사람으로 1870년에는 남장로교 총회장에도 피선되었다.

1883년에는 건강상의 이유로 버지니아를 떠나 텍사스주 어스틴(Austin)으로 가서 텍사스(Texas) 대학교 철학교수로 교수하면서(1883-1894년), 어스틴 신학교(Austin Theological Seminary)를 설립하는 일을 도왔으며 또한 교수로 있었다(1884-1895년).

1890년에는 건강이 더욱 쇠약해졌고 시력을 완전히 상실하였다.

- **댑니**는 시민전쟁(Civil War, 1861-1865년) 이전에는 남부 11개 주가 북부와 분리하는 것을 반대하였으나 곧 남부 진영에 가세하였다. 남북전쟁이 일어났을 때 댑니는 군목(Chaplain)으로 복무하였으며 (1861년), 1862년에는 잭슨 장군(T. J. Jackson) 휘하의 전투병과 장교로 복무하였다.

- **댑니**는 남북전쟁 문제에 있어서는 남부의 주장이 옳다는 데 대하여 추호도 흔들림이 없었으며 남장로교 내에 어느 교회도 북장로교와 재연합하는 것을 반대하였다.

- **댑니**는 시민전쟁이 끝난 후 톤웰(J. H. Thornwell)과 함께 남장로교의 칼빈주의 보수신학의 지도자가 되었다. 그는 웨스트민스터 신앙고백서와 대·소요리문답에 담겨 있는 칼빈주의를 주장하였다. 북장로교에서 핫지(C. Hodge)가 큰 영향을 발휘한 것처럼 남장로교에서는 댑니가 큰 영향을 발휘하였다. 그러나 그의 영향력이 남부의 영역에서 벗어나지는 못하였다.

- **댑니**는 능력 있고, 참신하였다. 그는 종교적인 문제, 신학적 문제, 실제적 문제들에 대하여 깊은 관심을 가지고 해결하려고 힘썼다. 그러기에 어떤 이들은 댑니의 조직신학이 핫지의 조직신학보다 심오하다고도 한다. 그러므로 후일 핫지와 쉐드(A. A. Hodge and G. T. Shedd)는 댑니를 미국에서 가장 위대한 신학자라고 평하였다.

워필드(Warfield)는 "댑니는 영향력 있는 그리고 능력 있는 철학자, 신학자인 동시에 헌신하는 그리스도인"이라고 했다(The Princeton Theological Review, 1905).

저서들 : 『잭슨 장군의 생애와 활동』(*Life and Campaigns of Lieut. General Thomas Jackson*, 1866), 『버지니아 방어』(*A Defence of Virginia*, 1867), 『수사학』(*Sacred Rhetoric*, 1870), 『조직신학』(*Systematic Theology*, 1871)

『19세기 Sensualist 철학』(*The Sensualist Phylosophy of the 19th Century*, 1875), 『우리의 대속자 그리스도』(*Christ Our Penal Substitute, 19th Century*, 1897), 『실천 신학』(*The Practical Theology*, 1897), 『논단』(*Articles* 4권-다양한 주제) 등 10여 권

댑니는 1858년에는 햄프덴-시드니 대학 학장으로, 1860년에는 뉴욕 제5교회 목사로, 동년에 프린스턴 신학교 교수로 청빙을 받았으나 이 모든 기회를 사양하였다.

6. 디센(Henry C. Thiessen, 1883-1947)

세대론적 복음주의. 신약, 조직신학자, 교수

디센은 1883년 미국 네브라스카주 해밀턴(Hamilton, Nebraska) 시에서 태어났으며

1909-1916년 오하이오주 판도라(Pandora) 침례교 목사

1916-1923년 홀트웨인성경학교(Fort Wayne Bible School) 교사로

1919-1923년 홀트웨인성경학교(Fort Wayne Bible School) 교장으로

1925년 북침례신학교 졸업 신학사(Th. B.)

1925-1926년 북침례신학교 조교수

1927년 노스웨스턴대학교 문학석사(Northwestern Univ. A. B.)

1928년 북침례신학교(Northern Baptist Theological Seminary, B. D. 신학사)

1927년 남침례신학교(Southern Baptist Theological Seminary)에서 유명한 헬라어 학자인 로버트슨(A. T. Robertson) 박사 밑에서 교육받고 철학박사(Ph. D.) 학위 취득

1929-1931 뉴저지주 복음주의대학교 신과대학장

1931-1935 달라스신학교(Dallas Theological Seminary) 대학원 교수부장

저서들 :

『신학개론』(*Introduction to the N.T.*, 1943.)
『조직신학 강의』(*Lectures in Systematic*, 1949.)

7. 얼 랄프(Earle Ralph)

헬라어 학자.

학력: 미국 동부 나사렛 대학(B.A.), 보스턴 대학교(M.A.), 골든 신학대학(B.D. and Th.D.), 하버드, 에딘버그 대학교에서 연구
1933-1945년 동부 나사렛 대학 성경문학 교수(Wollaston, Mass.)
1945년부터 나사렛 신학교 원로 교수(Kansas City, Mo.)

저서들 : *Word Meanings in the N.T.*, one volume, Baker Book House, 1986.

8. 루터(Martin Luther, 1483-1546년)

위대한 종교개혁자. 신학자. 설교자. 시인. 저술가. 찬송작곡가.

- **루터의 탄생**: 루터는 1483년 11월 10일 색소니(Saxony)의 아이스레벤(Eisleben)에서 태어났다. 색소니는 그 당시 300개 이상의 지역구들 중의 한 곳으로 오늘날은 동부 독일지역이다.

- **루터의 가정**: 루터의 아버지는 건강한 광부였으며, 어머니는 신앙이 독실한 부인이었다. 그는 천주교 가정에서 태어나, 성장하고, 교육을 받았다.

- **루터의 교육과정**: 루터는 로마 천주교 학교에서 공부하였다. 그는 1501년(당시 18세)에 엘푸르트(Erfurt) 대학교에 입학하여 1502년 학사학위(B.A.)를 받고, 1505년에는 석사학위(M.A.)를 받았다. 이 학교

는 당시 독일에서 유명한 대학으로서 스콜라학파 사상과 인문학파 사상이 교류하는 곳이었다.

루터는 스콜라철학이나 라틴 고고학을 아무리 열심히 탐구하여도 마음에 사상적 일치를 갖지 못하였다.

- **법학 공부의 시작과 중단** : 1505년 5월에 루터는 그의 아버지의 소원대로 법학을 공부하기 시작하였다. 루터 자신은 신학을 공부하기 위하여 수도원에 들어가기를 원하였으나 그의 아버지는 루터가 신부(Monk)가 되는 것보다 Lawyer가 되는 것이 가문에 더 도움이 된다고 믿었다. 그러나 루터는 법학 공부를 2개월 후 1505년 7월 2일에 갑자기 포기하였다. 그렇게 된 직접적인 동기는 그의 한 친구가 갑자기 세상을 떠난 일과 또 하나는 길 가다가 만난 심한 천둥, 번개, 벼락치는 소리, 심한 태풍이 그의 마음을 동요시킨 것이라고 한다. 그때 두려워 떨면서 루터는 부르짖기를 "성 안나(St. Anna)여! 나는 수도사(Monk)가 되겠습니다"라고 맹세했다고 한다. 그리하여 루터는 1505년 어거스틴수도원(Augustian Monastery)에 들어갔다. 루터의 수도원 생활은 가장 헌신적 수도생활이었다. 그리고 1507년 수도사 사제(A Monk, a Priest)가 되었다.

사제가 된 후에 루터는 연구, 기도, 그리고 성례집행에 헌신하였다. 루터 자신은 기도, 금식, 수면 제약 등의 고행으로 자신의 죄에 대해 벌을 가하였다. 그러나 그것이 자신을 만족케 하거나 죄 문제를 해결하여 주지는 못하였다.

수도원장인 스타우피즈(Johanes Von Staupitz)는 루터에게 더 공부하도록 권면하였다. 스타우피즈는 루터의 지적 재능과 개혁자로서의 자격을 인정하였다.

- **사제와 교수**(Priest and Teacher)

루터는 1507년 사제가 되었다. 그리고 수도원장 스타우피즈가 추천하여 1502년에 설정된 비텐버그대학교와 엘푸르트대학교(Univ. of Wittenberg and Erfurt)에서 1508-1511년까지 논리학과 물리학을 가르쳤다.

1511년부터 그 이듬해에 걸쳐 로마에 가서 성당들의 온갖 허위를 돌아본 후에 돌아왔다. 1512년 스타우피즈의 권고로 모교인 엘푸르트 대학교에서 신학박사 학위를 받았다. 당시 그의 나이는 29세였다.

그리고 1512년 Wittenberg 대학교로 돌아와서 신학교수가 되었다. 이 대학교에서 그는 성경에 관한 강의를 시작하게 되었다. 1513-1515년에는 시편을, 1515-1516년에는 로마서를, 1516-1517년에는 갈라디아서를, 1517-1518년에는 히브리서를 가르쳤다. 이 하나님의 말씀들이 루터에게 종교개혁을 하게 한 근본적 동력들이었다.

루터는 학자요, 저술가요, 동시에 설교가였다. 루터는 1516년, 비텐버그에서 사람들에게 일상적으로 설교하는 임무를 부여받았다. 그는 학교에서의 신학 강의와 교회에서의 설교로 명성을 떨치게 되었고 개혁을 향한 의지가 확고하게 되었다.

루터는 오랫동안 영적 고뇌 끝에 "하나님의 의"를 이해하게 되었다. 그리하여 전통에 의한 모든 신학을 거부하고, 하나님의 말씀에 대한 개인의 이해를 강조하였다. 즉, 우리가 의롭게 된 것은 우리의 행위로가 아니라 믿음으로만 의롭게 된다는 이신칭의의 진리를 깨달았다.

- **95개 항목의 논제**(95 Theses)

루터는 면죄부(Indulgences) 판매, 고해성사, 연옥설, 성현들 숭배, 교황의 권위, 7성례 등이 잘못되었으므로 반대하였다. 그리고 그 항의문은 라틴어로 인쇄되어 전 유럽으로 확산되었다.

교황은 연옥(Purgatory)에 있는 영혼들이나 생존하고 있는 사람들의 죄를 면제하는 권한을 가지고 있다고 한다. 면죄부를 파는 사람들은 면죄부를 사는 사람들의 죄나 다른 사람들의 죄를 사함 받는 것으로 인식하도록 주력하였다.

목사로서, 그리고 신학자로서 루터는 이것들을 강하게 반대하고 95개 항의 논제를 비텐버그(Wittenburg)에 있는 교회문에 붙였다.

- **루터**가 95개항의 논제를 교회문에 붙인 것은 반역도 아니요, 급진적 과격한 행동도 아니다. 그것은 문제시되는 Issue들을 토론하기 위하여 학문을 하는 사람들을 초청하는 전통적 방식이었다. 그는 물론 95개항의 논제를 복사하여 그의 감독에게 보냈다. 그렇게 함으로 천주교의 물질적 부패나 영적 타락상에 대하여 각성을 일으키고자 하는 것이 그의 관심이었다.

1517년 12월 메인즈(Mainz)의 감독은 로마 교황청에 루터에 대한 불만과 반대를 표시하였으나, 루터의 신앙적 입지는 더욱 견고해졌다. 루터는 아우구스부르크에 있는 카제탄(Cajetan) 추기경과 정면 대결하였다.

- 1518년 로마 천주교는 루터를 체포하라는 영장을 발부하였다. 루터는 피신하여 체포되지는 않았으나 천주교 당국자들의 압력은 더욱 증가되었다.

1519년 7월 라이프지(Leipzig)에서 독일의 천주교 신학자 엑크(Johann Eck)와의 논쟁에서 엑크와 그의 추종자들은 루터를 궁지에 몰아넣고 매장하려 하였으나 오히려 패배의 잔을 마셨다. 루터는 교황의 지상권(至上權; Supremacy)를 반대하고 신앙적, 신학적 입지를 더욱 분명히 했다.

1520년 6월에 교황 레오 10세(Leo X)는 교서(Bull)를 내려 출교의 위협을 가(加)하면서 루터에게 95개 조항을 취소하도록 압력을 가하였다.

1521년 1월 25일 제1차 의회를 열고 루터를 출교시켰다.

1521년 3월에 웜스(Wörms) 성에서 개회되는 왕정의회와 찰스 5세(Charles V) 앞에 출두하도록 소환명령을 받았다. 그리하여 루터는 웜스로 가고 오는 신변의 안전을 보장받고 떠났다. 웜스로 가는 도중 수많은 사람들로부터 대환영을 받았으며 황제의 행차처럼 기세등등하게 입성하였다.

- 1521년 4월 17일에 황제와 왕정의회에 출두하였다.

2가지 질문을 받았다:
① 25권의 저서를 본인의 것으로 인정하는가라는 질문에, 본인의 저서라고 대답하고

② 그것을 취소하겠는가라는 질문에는 다음날까지 여유를 달라하고 취소하지 않았다. "나는 취소할 수 없다. 나는 이 자리에 서 있다. 하나님이여! 나를 도와주소서 아멘" 했다.

황제는 칙령을 발표하고 루터의 저서를 읽거나 배부하는 것을 금하고, 나라의 죄인으로 정죄하고, 루터를 돕는 자는 누구든지 생명과 재산을 압수하겠다고 했다. 그러나 루터는 세상의 군왕과 세속화된 교회의 세력 앞에 굴복하지 않았다.

- **루터**는 그 시(市)를 떠날 것을 허락받고 4월 26일 웜스를 떠나 비텐베르크로 가는 도중 정체를 알 수 없는 기마병에 납치되어 비밀리에 왈트베르그 성(Wartburg Castle)으로 이송되었다. 이것은 색소니의 후레드릭(Frederick of Saxony) 공의 계획이었다. 루터는 그곳에서 무사처럼 변장하고 신약을 독일어로 번역하였다. 루터의 독일어 성경 번역은 영어의 K.J.V.에 버금가는 번역이다. 왈트베르그 성은 루터의 피난처요, 하나님의 귀한 사역을 이룬 곳이었다.

8개월 후 1522년 3월에 비텐베르크으로 돌아온 루터는 미사 형태의 예배에서 탈피하고, 설교, 성찬 그리고 회중 찬송을 강조하였다.

- **루터**는 인문주의학자 에라스무스(Erasmus)와의 논쟁에서 구원은 전적으로 하나님의 주권에 달려 있다고 주장하였다. 에라스무스는 인간의 자유의지를 강조하고, 『자유의지의』(*A Diatribe on free Will*, 1524)를 썼고, 이에 대응하여 루터는 『의지의 노예』(*Bondage of the Will*, 1525)를 썼다.

루터는 어거스틴의 입장을 취하여 사람의 올바른 행위와 구원에 관한 인간의 의지는 아무 능력도 가지고 있지 않고, 전적으로 하나님의 손에 달려 있다고 주장하였다.

- **루터**는 성찬에 관하여는 "이것이 내 몸이라"(This is my body)는 말씀 중에 is(…이다)라는 말씀을 강조하여 공재설을 주장한 반면에 츠빙글리는 기념설을 주장하였다.

1530년에 루터는 멜랑톤이 초안한 아욱스부르크 신앙고백서(Augsburg Confession)를 승인하였다.

1537년에 루터는 많은 루터교 신학자들이 서명한 교리 성명서 Schmalkald Articles를 썼다. 그의 마지막 팜플렛은 "마귀에 의하여 제정된 로마 교황권에 반대하여!"(Against the Roman Papacy, instituted by the Devil)이다.

- 이신칭의(Justification by Faith)

마틴 루터는 "사람이 어떻게 하나님 앞에서 의인이 될 수 있을까" 하고 고민번뇌도 많았고, 인간의 행위로 의인이 되려고 수도원에서의 고행도, 생활에서 노력도 많이 했다. 그러나 노력하면 할수록 하나님 앞에서 점점 더 부족과 무능을 깨닫게 되고 인간의 노력과 행위로는 의인이 될 수 없다는 고민에 빠지게 되었다. 마침내 루터는 로마서 1:17과 씨름하다가 복음의 진수를 발견하였다. 그것은 곧, 의인은 믿음으로 살리라는 말씀이다. 이것이 복음이요, 복음은 기쁜 소식이다.

또한 시편 71편을 강의하다가 이신칭의의 진리를 깨달았다. 사람은 율법이 필요하다. 율법은 사람의 죄와 무능을 깨닫게 하고 회개의 필요성을 깨닫게 한다. 그런데 율법이 요구하는 것은 우리가 행할 수 없으니 사람 편에서는 절망이다.

로마서 1:17은 율법이 요구하는 것을 하나님이 해결하여 주신다고 계시하신다. 즉, 우리의 의는 예수 그리스도이시다. 예수 그리스도의 의를 하나님이 주신다고 깨달았다. 그러면 우리가 하나님의 의를 어떻게 받을 수 있는가? 믿음으로 그리스도의 온전한 의를 받는다. 뿐만 아니라 구원도 믿음으로 받는다(갈 3:22, 27; 2:16).

칭의와 성화는 엄격히 구별하여야 한다. 칭의는 그리스도의 의를 우리가 덧입는 것이요, 성화는 성령님의 능력을 힘입어 온전한 거룩을 향하여 나아가는 의로운 행위이다.

이신칭의의 교리는 성경 전체를 바로 깨닫는 열쇠요, 원리이다. 기독교는 은혜의 종교이지 행위의 종교는 아니다. 이 세상 모든 이방 종교는 행위의 종교요, 인본주의 사상에 근거한 종교이다.

마틴 루터는 광부의 아들로 태어나 이신칭의의 보화를 성경의 광맥에서 발굴하였다.

- 1525년 6월 13일(41세) 루터는 카타리나 본 보라(Katharina Von Bora)라는 수녀와 결혼하였다. 그녀는 수녀원에서 도피하여 루터의 보호를 받았다. 그녀와 결혼을 약속하였던 남학생이 변심한 후, 루터는 그의 친구를 중매하였으나 보라가 거절하고, 후에 루터와 결혼하게 되었다. 루터는 3남 3녀를 두었다.
- 그는 매일 3시간 이상 기도하였다. 기도의 사람이었다.

루터는 청소년 때부터 성경을 많이 읽고 암송하였다. 그러므로 성경에 어떤 내용이 어디에 있는지 곧 찾아낼 수 있었다.

- 신약전서의 독일어 번역판은 1521년 11월 또는 12월에 착수하여 그 다음해 3월에 원고를 끝냈으며, 1534년까지 16회 수정판이 나왔다. 또한 구약전서 전체를 독일어로 번역하여 1534년 출판하였다. 루터의 성경 번역은 하나님의 말씀 보급과 독일의 국어(國語) 결정에 지대한 공을 세웠다.
- **루터**는 조직신학 교재는 쓰지 않았으나 갈라디아서 주석, 시편 주석, 교리문답(1529)과 여러 논쟁의 쟁점이 되는 문제들을 썼다.

그는 시도 많이 썼다. 37편의 시는 찬송가로! 그중에서도 "내 주는 강한 성이요"(Our God is a Mighty Fortress)는 가장 유명하다.

식사 후에는 자녀들, 친구들과 함께 노래 부르고, 피리를 불고, 이야기하고 그림도 좋아하였다. 이솝의 이야기도 번역하였다.

- **루터**는 가끔 학생들을 집으로 초대하여 친교를 나누었다. 그는 나그네 대접을 잘했다. 후에 학생들은 루터 교수와 가진 여러 이슈들을 모아 『루터의 식탁 대화』(Luther's Table Talk)라는 책을 출판하였다.
- **루터**는 그가 태어난 고향 아이스레벤(Eisleben)에서 그의 나이 63세로 세상을 떠났다(1546. 2. 18.). 그는 하나님의 종으로 일평생 기

도와 성경 묵상, 저서 집필, 설교와 강의, 그리고 불신앙을 반대하며 진리 수호를 위하여 헌신하였다.

그의 말기 약 15년간은 여러 가지 병들로 인하여 몸이 쇠약해짐에도 불구하고 매우 활동적이며 생산적인 생활을 했다.

9. 칼 맥킨타이어(Carl McIntire, 1906. 5. 17-2002. 3. 19.〈향년 95세 소천〉)

세계적 근본주의 지도자. 세계적 반공주의자. 성경적 성별주의자.

칼 맥킨타이어는 미시간주의 웁실란티(Ypsilanti)에서 당시 (북)장로교 찰스 커티스 맥킨타이어(Charles Curtis McIntire)의 4형제 중 맏이로 태어났다. 목사의 아들로 태어났다. 맥킨타이어는 매우 경건한 교역자의 가정에서 태어났다. 그의 아버지는 옛 프린스턴 신학교를 졸업한 근본주의 목사요, 유타주 쏠트 레이크(Salt Lake)에서 목회하였으나, 정신병원에 입원하였고, 어머니는 홀로 두란트(Durant)에서 자식들을 키웠다. 그의 어머니는 잠언서를 완전히 암송한 경건한 여성도로서 맥킨타이어를 매우 엄하게 그리고 경건하게 키웠다. 어려서부터 웨스트민스터 신앙고백서, 소요리문답을 암송하였다. 그는 어린 시절에 오클라호마주 듀란트(Durant)로 이사가 그곳에서 소년 시절을 보내며 성장하였다.

맥킨타이어는 Durant 고등학교를 졸업하고, 남동 오클라호마주립대학(Southeastern Oklahoma State University)에 입학하였고, 졸업반에서는 총학생회장직을 맡았다. 학창시절에는 오클라호마주 카도 카운티(Caddo County)에서 청소 일을 하였고, 농가 가가호호 방문하면서 지도(maps)를 팔았다.

1931년 5월 Southeastern에서 같이 공부하던 Faivy Eunice Davis와 결혼하였다. 그는 신학교를 졸업할 때까지는 고등학교 영어 교사였다.

슬하에 세 아들을 두었고, 1992년 사모가 소천한 후 Alice Goff(여러 해 동안 사무실 비서)와 재혼하였다.

① 칼 맥킨타이어와 프린스턴신학교, 웨스터민스터신학교

맥킨타이어는 1927년 미주리주 파크빌(Parkville)에 있는 파크대학(Park College)을 졸업(B.A.)하고, 1928년 그의 나이 22세 때 프린스턴(Princeton)신학교에 입학하여 메이첸 박사의 수제자가 되었다. 1920년대는 (북)장로교 교단과 신학교가 자유주의와 근본주의 사이의 신앙적, 신학적 논쟁들로 온통 영적 전쟁이 절정에 이르렀을 때였다. 그는 학생으로서 즉시 현대주의자들과 근본주의자들의 신앙적, 영적 전쟁에 직접 개입하기 시작하였다.

그러나 미국(북)장로교의 자유주의자들과 정치세력들이 야합하여 프린스턴 신학교 실행 이사회를 재구성하고 자유주의 교수들이 득세하게 됨에 따라 메이첸과 윌슨(Robert Dick Wilson), 알리스(Oswald T. Allis), 반틸(Cornelius Van Til) 교수 등이 주축이 되어 옛 프린스턴을 떠나 필라델피아에 웨스트민스터(Westminster) 신학교를 설립하게 되었다. 그때에 맥킨타이어는 보수근본주의 신약학자 메이첸 박사의 든든한 지원자가 되었다. 그리하여 웨스트민스터 신학교는 근본주의 교수들을 따라 프린스턴을 떠난 약 50명의 학생으로 시작하였다. 이 학생들 중에는 후에 근본주의 운동에 세계적 지도자가 된 칼 맥킨타이어 박사와 신복음주의의 원로인 해롤드 오켄가(Harold Ockenga)도 있었다. 맥킨타이어는 1931년 그의 나이 25세 때 웨스트민스터 신학교를 졸업(Th.B.)하였다.

② 칼 맥킨타이어와 미국(북)장로교

칼 맥킨타이어(북)장로교로부터 파면당함.

칼 맥킨타이어는 프린스턴 신학교에 입학한 후 곧이어 1931년 뉴저지주 아틀란틱시 첼시아 장로교(Chelsea Presbyterian Church)에서 사역하기 시작하였으며, 1933년 10월 그의 나이 27세 때부터는 뉴저지주에서 가장 큰 콜링스우드(Collingswood) 장로교회에서 시무하기 시작하였다(1,600명의 신도들). 그때 그는 메이첸이 설립한 장로교 독립 해외 선교부(I.P.M.)에 적극 참여하였으며, 맥킨타이어를 반대하는 노회원들은

1935-1936년 메이첸, 맥킨타이어, 그외 7인을 노회에 6가지 죄명을 들어 탄핵할 것을 노회에 상소하였다.

　6항목의 상소 내용들
　　㉮ 장로교의 권징과 정치에 불복, 무시, 도전하다.
　　㉯ 교회의 평화를 소란케 한 죄
　　㉰ 교회 내의 형제들을 반역한 죄
　　㉱ 복음의 사역자로서 합당치 않음
　　㉲ 교회의 헌법적 권위를 반대하여 반역을 도모함
　　㉳ 안수서약 위반

총회는 위의 6항목의 상소들 중 ㉮, ㉯, ㉳ 항목을 적용시켜 1935년 그의 나이 29세 때에 목사직에서 파면시켰다. 그리고 그 결정을 1936년 6월 1일 공포하였다(1936년 총회록, pp.92-93). 이는 마치 마틴 루터(Martin Luther)가 로마 천주교와의 위대한 성전(Holy War)에서 파면당한 것과 같다(1936년 총회록, pp.92-93).

맥킨타이어와 그가 시무하는 콜링스우드 장로교회는 1936년 6월 15일 총회의 불법 판결을 거부하였다. 그리고 성경장로교(B.P.C.)를 설립하였다.

③ 칼 맥킨타이어와 콜링스우드 성경 장로교회

맥킨타이어는 27세 때부터 담임 목사로 시무하기 시작하였다.

그러나 1938년 3월에 세상 법정에서는 총회 탈퇴를 반대한 8명에게 그 큰돌로 지은 교회를 넘겨주었다. 개(個)교회 재산이 교단 재단 법인에 등록되어 있기 때문이다. 1938년 마지막 주일에 성별된 성도들은 나와서 텐트(tent)를 치고 예배드리기 시작하였다. 새 교회는 콜링스우드 성경 장로교회(Collingswood Bible Presbyterian Church)로서 반세기 동안 전 세계 수많은 교단들, 교회들 선교부들을 자유주의 배교와 불신앙으로부터 보호하여 왔다. 그 교회의 헌금의 절반은 전 세계를 향한 선교, 구제 등으로 사용하였다.

④ 칼 맥킨타이어와 성경 장로교(B.P.C.)

메이첸과 맥킨타이어는 (북)장로교에서 탈퇴한 후 1936년 그의 나이 30세 때에 아메리카 장로교(P.C.A.=Presbyterian Church of America)를 설립하였다. 메이첸은 1937년 1월 1일 갑자기 폐렴으로 세상을 떠났다.

배교와 불신앙을 반대하고 나와서 따로 조직된 교단 내에는 두 가지 신앙적 흐름이 있었다. 그 한 부류는 주초문제에 관용하며, 무천년설을 주장하며, 독립 장로교 해외 선교부를 총회가 관할하기를 주장한 사람들과 또 다른 한 부류는 주초문제를 위시하여 악은 모양이라도 버리고 경건 생활에 힘쓸 것과 전천년설을 주장하며, 총회가 선교부를 관할하는 것을 반대하였다. 1937년 총회에서는 칼 맥킨타이어를 중심으로 한 성별주의자들이 패하자 새로운 교단 성경 장로교를 창립하게 되었다.

제1차 창립 총회가 1938년 그의 나이 32세 때에 칼 맥킨타이어 목사가 시무하는 뉴저지주 콜링스우드에서 개최되었다. 제1차 총회(대회, Synod라 칭함)는 미국(북)장로교 총회에서 결의한 사항들(메이첸과 맥킨타이어 파면, 해외 선교부 불인정…)은 모두 무효라고 선언했다. 새로운 교단은 우리 주님이 영광 중에 나타나실 때까지 지속될 것이며, 웨스트민스터 신앙고백서를 신앙고백으로 받되 천년설과 관계된 제32장, 33장은 개정하여 채용하기로 결의하였다. 독립 해외선교부와 훼이스(Faith) 신학교를 인준하였다.

새 교단을 창립하는 목적은
㉠ 성도의 진정한 교제를 위하여
㉡ 우리 주 예수 그리스도의 증거를 위하여
㉢ 미국(북)장로교의 배교 때문에
㉣ 미국(북)장로교가 역사적 기독교 신앙에서 떠났기 때문이다.
총회(대회)는 다음과 같은 사항들을 채택한다.
㉠ 신·구약 성경을 신봉함을 선언
㉡ 웨스트민스터 신앙고백서와 요리문답들을 재확인

㉰ 성경의 전천년 교훈이 모호한 곳은 수정(정정)하기로 제안하다.
㉱ 장로교 정치를 재확인하다.

⑤ **칼 맥킨타이어와 훼이스신학교**(Faith Theological Seminary)

메이첸 박사가 별세하고, 신앙과 행위 문제로 성별한 맥킨타이어는 맥크레이(Alan A. MacRae, 고고학의 제1인자, A.B. A.m. Th.B. Ph.D.), 버즈웰(Buswell, 조직신학의 제1인자), 브럼버(Roy T. Brumbaugh, 타코마 제1성경 장로교 목사, 독립 장로교 해외선교부 및 훼이스신학교 창립 멤버) 등과 더불어 1937년 9월 그의 나이 32세 때 22명의 학생으로 세계적 보수신학의 전당 훼이스신학교를 개교했다. Faith 신학교는 지금까지도 명맥을 이어가고 있는 실정이다.

신학교의 이념과 노선은
㉠ 독립적
㉡ 전천년
㉢ 성별된 생활
㉣ 웨스트민스터 신앙고백서 등이다.

※ 여름성경학교를 1주일이 아니라 1개월 계속 강조
1년에 성경 1독 강조

사도신경, 니케아 신조, 칼빈의 기독교강요, 웨스트민스터 신앙고백서와 대소요리문답을 신앙의 표준으로 성별을 강조,

고린도후서 6:17, "그러므로 너희는 그들 중에서 나와서 따로 있고 부정한 것을 만지지 말라 내가 너희를 영접하여"

WCC, NAE…반대, WCC 총회 때마다.

⑥ **칼 맥킨타이어와 독립 장로교 해외 선교부**(I.P.M.)

1934년 메이첸 박사가 중심이 되어 독립 장로교 해외선교부를 조직할 때 메이첸의 초청으로 적극 가담하였으며, 메이첸 박사가 별세한 후 창립멤버 중의 한 사람인 칼 맥킨타이어 박사가 계승하여 전 세계에 선교 활동을 해 오고 있다. 1933년에 창설된 이후 동선교부 선교사들은 세계

만방에 파송되어 선교, 봉사, 구제에 많은 업적을 쌓아 왔다.

특히 한국에는 동 선교부에서 파송받은 홀드크로프트(J. Gordon Holdcroft, 1903-1905년 한국), 마두원 선교사 부부(Dr. & Mrs. Malsbery), 후렌 선교사 부부(Dr. & Mrs. Flenn), 라보도 선교사 부부(Dr. & Mrs. R. S. Rapp), 고든 선교사 부부(Dr. & Mrs. Gordon), 그리고 한국계 미국 시민인 조영엽 선교사(Dr. Youngyup Cho) 등이 교육, 전도, 구제 등 다방면의 선교 활동을 해 왔다. 특히 홀드크로프트 선교사의 주일학교 공과지, 마두원 선교사의 강원도 지방선교(성경학교, 제이드 병원, 개척 교회들), 라보도 선교사의 신학교육, 조영엽 선교사의 보수 근본주의 신앙을 위한 변호는 열매가 컸다.

⑦ 칼 맥킨타이어와 크리스천 비콘지(Christian Beacon)

칼 맥킨타이어는 1936년 그의 나이 30세 때부터 콜링스우드에서 크리스천 비콘지(주간; weekly)를 50년 이상 발행해 왔다. 이 기관지는 그가 창설한 아메리카기독교연합회(A.C.C.C.)와 국제기독교연합회(I.C.C.C.)의 대변지로서 전 세계 자유주의 교회들의 연합단체인 세계기독교연합회의 기관지(W.C.C.'s E.P.S.와 Ecumenical Review), 미국의 자유주의 교회들의 연합단체인 미국기독교연합회(N.C.C.C.'s Chronicles), 신복음주의의 대변지 Christianity Today 등을 대항하여 40년 이상 역사적 기독교 신앙을 변호, 수호해 왔다.

⑧ 칼 맥킨타이어와 20세기 종교개혁의 시간

(20 Century Reformation Hour)

칼 맥킨타이어는 1955년 그의 나이 51세 때부터 "20세기 종교개혁의 시간"(20th Century Reformation Hour)을 매일 아침 반 시간씩 600개 이상의 라디오 방송국 망을 통하여 40년 가까이 미국 전역으로 방송해 왔다. 그리고 단파를 이용하여 전 세계에 방송해 왔다. 그는 전 세계 어느 나라를 가든지 방송 시간이 되면 심지어는 국제 전화선을 연결하여서라도 방송을 쉬지 아니하였다.

⑨ 칼 맥킨타이어와 아메리카기독교연합회
　　(American Council of Christian Churches)

칼 맥킨타이어는 미국 전역에 편만해 있는 기독교의 근본교리들을 신봉하는 교회(교파)들로 1941년 9월 17일 그의 나이 35세 때 아메리카기독교연합회(A.C.C.C.)를 조직하였다. A.C.C.C.는 미국이 자유주의 교회들의 연합체인 미국연방교회연합회(Federal Council of Churches, 1908년)와 자유주의 교회들과 타협하는 신복음주의 단체인 전국 복음주의 협의회(National Association of Evangelicals)에 반대하여 배교와 불신앙으로부터 교회의 순수성과 역사적 기독교 신앙을 수호하고자 하는 근본주의 교회들의 연합체이다.

※ F.C.C.는 1950년 11. 28.12. 1.부터 명칭을 N.C.C.C.로 변경하였다.

⑩ 칼 맥킨타이어와 국제기독교연합회
　　(I.C.C.C.=International Council of Christian Churches)

칼 맥킨타이어는 그의 나이 42세 때 네덜란드의 암스테르담(1948년 8월 11일)에서 세계교회협의회(W.C.C.)를 반대하여 I.C.C.C.를 창설하였다. 이는 전투적 입장을 취하는 전 세계 보수교회(교파)들의 연합단체이다.

I.C.C.C.가 처음 탄생된 곳은 영국 개혁교회(English Reformed Church)였다. 원래 이 교회는 1419년 10월 19일 천주교 성당으로 헌당 되었던 교회였다. 그런데 이 교회당은 영국의 청교도들이 스크루비(Scrooby)를 떠나 네덜란드로 건너와 이 교회를 매입하고 개신교 예배에 맞도록 내부 구조를 개조하고 1607-1619년에 예배드린 교회당이다.

I.C.C.C. 제1차 창립총회는 "성경의 그리스도"(The Christ of the Scriptures)라는 표어 아래 26개국의 39개 교단 150명의 대표들이 모여 20세기 종교개혁의 횃불을 밝혔다. 대표 총대들 이외에도 7개 교파에서 온 선교단체 대표들, 6개 기독교 교육기관들 그리고 많은 회중들이 참석하였다.

그 후 I.C.C.C.는 4-5년에 한 번씩 세계대회를 개최하고 100여 나라의 500여 교단들이 가입되어 있다. 1963년에는 미국 뉴저지주 케이프 메이(Cape May) 해변에 위치한 큰 Admiral Hotel을 구입하여 성경집회, 세계대회 등을 개최하는 기독교 수양관으로 사용해 왔으며 그곳에 Shelton College를 세웠다. 또한 1971년에는 플로리다주 케이프 캐나베랄(Cape Canaverrel)의 힐튼호텔을 구입하여 역시 성경집회, 세계대회 등을 여는 기독교 수양관으로 사용해 오고 있다.

⑪ **칼 맥킨타이어와 아메리카기독교연합회**(A.C.C.C.)

맥킨타이어는 1952년 미국 자유주의 교회들의 연합단체인 N.C.C.C. in USA가 개정 표준성경(Revised Standard Version=R.S.V.)을 출판하였을 때 "성경으로 돌아가자!"(Back to the Bible)는 기치를 내걸고 전국적으로 대집회들을 열었다. 아메리카기독교연합회는 미국의 자유주의 교회들의 연합단체이며, R.S.V. 성경은 그들의 판권 소유로 미국뿐 아니라 전 세계의 자유주의 교회들이 경전으로 사용하고 있다.

⑫ **칼 맥킨타이어와 한국전쟁, 월남전쟁**

맥킨타이어는 세계적 반공주의자(Anti-Communist)로서 세계평화에 큰 기여를 해 왔다. 그는 1950년대 미국 국가안보 위원회(National Security Council)의 일원이었으며, 1950년 한국전쟁 당시 미군과 유엔군을 한국전에 파병하도록 미국 정부와 국민에게 호소하기도 했다. 그는 또한 월남전 당시에는 미국의 수도 워싱턴 D.C.에서 "승리를 위한 행진"(March for Victory)을 했으며(40만 명 이상이 참여), 한국의 이승만 대통령과 대만의 장개석 총통과는 친밀한 사이였다. 그러므로 장개석 총통 장례식에는 직접 참석하였다.

"자유는 각 사람의 비지네스이다. 당신의 비지네스, 나의 비지네스, 교회의 비지네스이다. 자신의 자유를 수호하기 위하여 자신의 자유를 사용하지 않는 사람은 자기의 자유를 보존하지 못한다."

"Freedom is everybody"s business, your business, my business, the Churche"s business, and Who will not use his freedom to defend his freedom, does not deserve his freedom."

⑬ 칼 맥킨타이어와 한국교회

1959년 9월 총회에서 보수주의 교회들(합동측)과 자유주의 교회들(통합측)이 비성경적 연합운동(Unbiblical Ecumenical Movement) 문제로 분열된 후 1960년부터 한국을 방문하고 한국의 교회들을 영적, 신앙적 그리고 경제적 다방면으로 지원해 왔다. 합동측, 대신측, 호헌측, 성결교, 예수교 감리회, 침례교 등 여러 교파들과 합동측 총회 신학교(현 총신대학교), 대한 신학교, 성경 장로교 신학교, 성경 신학원 등에 재정을 지원하였으며, 전국 농어촌 미자립 교회들, 고아원들, 병원들, 군목들에게 원조와 보조비를 다년간 지원해 왔다.

특히 장로교 보수진영(합동측)이 통합측과 분열된 후 신학교 교사가 없을 때 신학교육 시설자금으로 당시 10만 달러의 거액을 지원하였으며(그 자금으로 용산역 근처의 빌딩을 구입하고 신학교로 사용하다가 현 사당동으로 이전), 현 대한 신학교 건물(서울역 뒤)도 구입하도록 지원하였다.

칼 맥킨타이어 박사는 미국 동부 뉴저지주 캄덴 할리아 공동묘지(Harligh Cemetery, Camden, N.J.)에 2002. 4. 19. 향년 95세로 소천하였다.

10. 존 머레이(John Murray, 1898-1974년)

미국 장로교 개혁주의 신학자. 웨스트민스터신학교 조직신학 교수.

- 존 머레이는 영국 스코틀랜드의 서덜랜드(Southerland)에서 태어나 엄격한 자유 장로교(Free Presbyterian Church) 가정에서 성장하였다. 그는 어렸을 때 웨스트민스터 신앙고백서 소요리문답을 배웠고, 글라스고 대학교(Univ. of Glasgow)를 졸업한 후(1919-1923년, M.A.), 미국의 프린스턴(Princeton) 신학교를 졸업하였다(Th.M., 1927년). 다시 영국으로 돌아가 에딘버그(Edinburgh)에서 계속 공부하던 중 당시 프

린스턴 신학교 조직신학 교수였던 핫지(Casper Wistar Hodge)로부터 초청을 받아 1년간(1929-1930년) 조교수로 가르쳤다. 그는 프린스턴 신학교 재학 시절 워필드와 게하더스 보스의 영향을 많이 받았다.
- **머레이**는 프린스턴 신학교가 자유주의로 넘어가자 스승인 메이첸, 앨리스, 윌슨 교수 등을 따라 반틸과 함께 웨스트민스터 신학교를 설립할 때 합류하였고, 1930년부터 1966년 은퇴할 때까지 핫지(C. Hodge)와 워필드(Warfield)의 신학적 전통을 이었다. 은퇴 후에는 세상 떠날 때까지 영국 전역에서 설교와 강의를 했다. 메이첸 박사가 소천한 후(1937. 1. 1.) 머레이 박사는 웨스트민스터신학교의 상징적 인물이 되었다. 그는 그가 속한 미국 정통장로교(O.P.C.)에서 1961년 총회장을 역임한 보수 신학자, 설교자였다. 그는 20세기 중엽 가장 영향력이 있는 개혁주의 신학자들 중 한 사람이었다(I. H. Murray, "The life of John Murray" in Collected Writings of John Murray, Vol. 3. 1976).

저서들 : 『구속론』(*Redemption, Accomplished and Applied*, 1955), 『로마서』(*The Epistle to the Romans*, 2권, 1959, 1965), 『존 머레이의 선집』(*Collected Writing's of John Murray*, Vol. Ⅰ, Ⅱ; 조직신학 Ⅰ, Ⅱ)

11. 메이첸(J. Gresham Machen, 1881-1937년)

미국 장로교 근본주의 신학자. 변증가. 교육가. 옛 프린스턴 신학교 신약학 교수. 웨스트민스터 신학교 설립자 및 초대 교장. 미국독립장로회 해외선교부 설립 및 초대 회장.

- **메이첸**은 미국 메릴랜드주 발티모어(Baltimore)에서 부유한 변호사의 3형제 중 2남으로 태어났다. 그의 어머니도 남부 조지아(Georgia)주의 저명한 가문의 딸이었다. 메이첸은 그의 생애에 부모의 영향을 크게 받았다.
- **메이첸**은 사립학교에서 교육을 받은 후, 존스 홉킨스 대학교(Johns

Hopkins Univ.)를 졸업하고(고전문학 전공, 1901년) 난 후에도 1년간 더 유하면서 당시 미국의 저명한 고전문학자 길더슬리브(Basil L. Gildersleeve)의 지도를 받으면서 대학원 과정을 밟았다.

그는 그 다음 해(1902년)에 프린스턴 신학교(Princeton Theo. Sem.)에 입학하여 신학사(B.D.) 과정을 마치는 동안(1905년) 한편 프린스턴 대학교에서 철학석사(M.Ph.) 학위를 취득하였다. 그는 프린스턴 신학교 재학시절, 특히 워필드 교수(B. B. Warfield)와 패튼 교수(Francis Patton)로부터 칼빈주의 보수신앙에 대한 많은 영향을 받았다. 그는 또 헬라문학에도 관심이 많았으므로 졸업반 시절에는 신약학 교수 암스트롱(William Park Amstrong)의 신약(선택과목)을 선택하였다. 메이첸의 재능과 실력을 인정한 암스트롱 교수는 메이첸에게 독일로 유학을 다녀올 것을 권유하였고 메이첸은 1905년 가을 신학을 더 연구하기 위하여 독일로 떠났다.

- 메이첸은 마르부르크대학교(Marburg Univ.)에서 바이스(Johannes Weiss), 쥘리허(Adolf Jülicher), 헤르만(Wilhelm Hermann) 교수들의 자유주의 신학에 잠간 매료되었고, 괴팅겐(Göttingen) 대학에서는 부셋(W. Bousset) 같은 자유주의자들 밑에서 공부하였다. 그러나 독일에서 받은 자유주의 신앙사조를 떨쳐버리기 위하여는 8년이란 세월이 걸렸다. 점차 종교적 자유주의와 정통 기독교와는 거리가 먼 것을 확인하게 되었고, 종교적 자유주의에 반대하여 근본주의에 굳게 설 것을 결심하게 되었다.

- 모교인 프린스턴에 돌아온 메이첸은 1906-1914년에 신약학 강사로 강의하였다. 그는 자신이 맡은 일에 전적으로 헌신하여 탁월한 신학자, 교수, 설교자로 점점 각광을 받게 되었다. 그는 신학교 강사로 있으면서도 안수는 1914년에 가서야 받았다.

그때에는 미국의 많은 교회들(교파들)이 종교적 자유주의자들과 역사적 기독교 신앙을 수호하는 보수주의자들과의 사이에 영적, 신앙적, 신학적 논쟁이 심한 때였다. 물론 장로교와 장로교의 대표적 신학교였던 프린스턴도 예외는 아니었다.

- 1914년 스티븐슨(J. Ross Stevenson)이 신학교 교장으로 취임한 이후부터는 점점 자유주의자들이 득세하게 되었다. 장로교 내의 자유주의자들은 세월이 갈수록 점점 득세하여 드디어는 기독교의 근본교리들도 담대히 부인하는 지경에까지 이르렀다. 그러므로 총회는 1910, 1916, 1923년 총회시에 기독교의 근본교리들을 재확인하였다. 그러나 1,274명의 자유주의자들은 1924년 기독교의 근본교리들은 하나의 학설(theory)이요, 교리(doctrine)가 아니라고 주장하면서 소위 어번확약서(Auburn Affirmation)를 발표하게 되었다. 이러한 불신앙과 배교가 활개를 칠 때 메이첸은 『기독교와 자유주의』(Christianity and Liberalism, 1923)라는 책을 썼고, 기독교의 정통신앙을 변호하였다. 그는 종교적 자유주의와 정통 기독교는 전적으로 다른 종교이며, 자유주의는 기독교가 아니라고 단정하였다. 1926년 신학교 이사회에서 메이첸을 변증학 교수로 청원하였으나, 스티븐슨(Stevenson) 교장이 이끄는 재단 이사회에서 반대하였다. 드디어 이사회는 폐지되고 재단 이사회만이 학교를 완전히 지배하게 되었다.
- 신앙적, 신학적 논쟁들은 교단과 신학교들에서 계속 심화되면서 대세는 점점 자유주의자들에게로 유리하게 기울어졌다. 1929년 총회는 신학교를 보다 더 포괄적 신학체제로 재구성하도록 결의하였고, 이에 반대하는 메이첸, 앨리스, 윌슨, 반틸, 머레이 등 보수주의 핵심 교수들은 6월 프린스턴 신학교를 떠나 동년 가을 웨스트민스터 신앙고백서와 옛 프린스턴 신학교의 정신을 계승하여, 필라델피아에 웨스트민스터 신학교를 설립하게 되었다.
- **메이첸**은 새로 설립한 학교의 초대 교장과 신약학 교수로 그리고 교단과 선교부의 일에도 헌신하였다. 교단의 많은 교회들과 신학교들도 자유주의화되니 해외에 나가 있는 선교사들 중에도 다수가 자유주의 노선에 가담하게 되었다.
- **메이첸과 보수주의 목사들**은 1933년 6월 27일 여러 나라에 파송되어 바른 복음을 전하는 보수주의 선교사들을 위하여 '독립장로회 해외

선교부'(Independent Board for Presbyterian Foreign Missions)를 조직하고 초대 회장에 메이첸을 추대하였다. 반면에 그 이듬해인 1934년 총회는 새로 조직된 선교부를 인정하지 않고, 1935년에는 메이첸을 면직하였다. 메이첸과 그의 수제자 칼 맥킨타이어를 위시한 보수주의자들은 1936년에 새로운 교단(미국 장로교, Presbyterian Church of America - 후에 정통 장로교⟨O.P.C⟩로 개칭)을 창립하고 초대 회장에 메이첸을 추대하였다. 메이첸은 새 교단을 형성하기 위하여 노스 다코다주 비스마르크(Bismark, N.D.)로 가는 도중, 1937년 1월 1일 폐렴으로 소천하였다.

- **메이첸**은 역사적 기독교 신앙을 변호하고자 그의 생애를 불태웠다. 그는 그리스도에 대한 헌신과 깊은 열망 때문에 양심상 교회 내의 신앙, 교리, 생활 문제 등에 있어서 방관하거나 타협하거나 양보가 있을 수 없었다. 그는 교회의 생명과 순수성을 보존하기 위하여 온 심혈을 기울였다. 그는 결단코 진리를 위하여 우유부단함이나 약함을 허용치 아니하였다. 웨스트민스터 신학교에서 메이첸의 뒤를 이어 신약학을 교수한 스톤하우스(Ned B. Stonehouse)는 "만일 이제까지 고결하고 관대하고 온화하며 상냥하고 인정이 많은 사람이 있다면 그 사람은 바로 메이첸이었다"[1]라고 했다. 메이첸이야말로 인간의 양면을 모두 겸비한 하나님의 사람이었다.

저서들 : 『초보자들을 위한 신약 헬라어』(*N.T. Greek for Beginners*), 『바울 종교의 기원』(*The Origin of Paul's Religion*, 1921), 『기독교와 자유주의』(*Christianity and Liberalism*, 1923), 『신앙이란 무엇인가?』(*What is faith?*, 1925), 『그리스도의 동정녀 탄생』(*The Virgin Birth of Christ*, 1930), 『현대 세계에서의 기독교 신앙』(*The Christian Faith in the Modern World*: 세상 떠나기 전 방송설교 모음)

---

[1] Ned B. Stonehouse, J. Gresham Machen: *A Biographical Memoir*, Grand Rapids, 1955. p.327

한국의 메이첸 : 메이첸 박사님의 수제자이시요, 불초 저자의 스승이셨던 고(故) 박형룡 박사님(프린스턴 신학교 졸업, 1926년)은 한국의 메이첸이었다. 이 영적 흑암의 시대에 박형룡 박사님의 인격·신앙·사상·사명의식을 이어받은 제2, 제3의 박형룡이 나오기를 소망한다. 이 불초가 한국계 및 미국시민으로서 메이첸 박사님이 설립하고, 맥킨타이어 박사님이 계승한 독립장로교회의 선교부(I.P.M.) 선교사로 봉직하게 된 것은 하나님의 크신 은혜요 섭리였다고 생각한다.

12. 바빙크(Herman Bavinck, 1854-1921년)

네덜란드 개혁주의 신학자.

바빙크는 네덜란드 드렌테(Drenthe) 루이 호그벤(Hoogeveen)에서 1854년 12월 13일 태어났다.

네덜란드의 개혁 교단 신학교인 캄펜 신학교(Kampen Theo. Sem.)와 레이덴 대학교(Leiden Univ. Ph.D. 1880)를 나왔다.

- 졸업 후 후레인커(Franeker)에서 잠시 목회사역(1881-1882년)을 하고 1882년 1월 10일(29세)부터 1920년까지 모교인 캄펜 신학교에서 교수로 있었고, 1902년부터 1921년 생애를 마칠 때까지 암스테르담에 있는 자유대학교(Free Univ.)에서 아브라함 카이퍼의 후임으로 조직신학 교수로 있었다. 바빙크는 종교, 사회, 정치, 문화 등 사회 전반에 걸쳐서 큰 영향력을 발휘하였다. 특히 네덜란드 개혁교(Refermed Church)와 미국의 개혁교(C.R.C.), 남아프리카 공화국의 개혁교 등에서는 그의 신학적 영향력이 매우 크다.
- 바빙크는 신학, 심리학, 교육학, 윤리학(가정, 여성, 전쟁) 분야의 여러 저서들을 출간하였으며, 왕립학술원의 일원으로, 네덜란드 정부의 상원(1911년)으로도 활약하였다.

저서들 : 『개혁파 교리학』(Gereformeerde Dogmatic, 4권, 1895-1901)은 대표적 작품이다. 그중 제1권은 근본 변증학, 제2권은 신론이다. 『하나님의

큰일』(*Magnalia Dei*, 1907), 『우리의 이성적 신앙』(*Our Reasonable Faith*), 『계시의 신앙과 철학의 확실성』(*The Certainty of Faith and Philosophy of Revelation*, 1953) 등이다.

이 저서들 중 『개혁파 교리학』과 『하나님의 큰일』은 한국어로도 번역되었다.

13. 반틸(Van Til, 1895-1987)

기독교 변증가. 옛 프린스턴 신학교, 웨스트민스터 신학교 변증학 교수.
반틸은 화란의 그루테가스트(Grootegast)에서 태어나 기독교개혁교도인 그의 부모를 따라 1905년 미국으로 이민갔다.
- 반틸은 미국 미시간주 그랜드 래피즈(Grand Rapids)에 있는 칼빈대학과 칼빈신학교를 졸업하고, 미국 프린스톤신학교와 프린스톤대학교에서 공부하고

1927년 기독교 개혁교에서 안수를 받았다.

그리고 미시간에서 잠시 목회하고, 1929년 웨스트민스터 신학교가 설립되기 전까지 프린스톤신학교에서 1년간 변증학을 강의하였다.

반틸은 1936년 미국정통장로교(O.P.C.)에 가입하고,

1975년 그의 나이 80세 은퇴시까지 교수직에 있었다.

- 반틸의 변증학의 대부(代父)는 존 칼빈과 직접적으로는 네덜란드 신학자 아브라함 카이퍼와 헤르만 바빙크 그리고 미국 프린스턴 신학교의 탁월한 칼빈주의 신학자 찰스 핫지와 워필드이다.

그는 카이퍼와 바빙크의 저서들을 탐독한 후 기독교 변증학에 있어서 사람은 인간의 이성(reason)이나 또는 어떤 중립적 입장으로 출발할 것이 아니라, 하나님은 반드시 존재하시다는 것과 사람은 하나님께 책임이 있다는 것과 이 하나님에 관한 정확한 정보(information)는 영감된 성경뿐이라는 것을 전제하여야 한다는 것을 더욱 확신케 되었다. 이 대가정

(presupposition)이 반틸의 변증학의 시작이요, 근간이다. 반틸은 "신학은 반드시 변증적 공격을 가져야 하며, 변증학은 반드시 신학을 해설하여야 한다"고 했다.

저서들 : 『신앙의 변호』(*The Defense of the Faith*, 1955, 1963), 『기독교 신학』(*A Christian Theology of Knowledge*, 1969), 『조직신학 서론』(*An Introduction to Systematic Theology*, 1974) 등 20여 권의 저서와 많은 논문을 썼다.

14. 반하우스(Donald Grey Barnhouse, 1895-1960년)

미국 장로교 목사. 신복음주의 신학자. 성경 주석가. 기독지 편집인. 라디오 설교자.

- 반하우스는 캘리포니아주 왓슨빌(Watsonville)에서 태어나 17세에 로스앤젤레스성경학교(Biola)에 입학하여 부흥사 토레이(R. A. Torrey)로부터 세대론 신학을 배웠고(1913-1915년), 시카고 대학교를 잠시 거쳐서 프린스턴(Princeton)신학교에 입학하였다가(1915년), 군 통신부대(Army Signal Corps)에 입대하기 위하여 학교를 떠났다(1917년). 그리고 미국 북장로교 뉴저지주 몬마우스(Monmouth) 노회에서 목사 안수를 받고 선교사와 교사로서 프랑스와 벨기에에 가서 '벨기에 복음 선교부'(Belgian Gospel Mission in Brussels, 1919-1921년)에서 봉사하였다. 동시에 프랑스 알프스(Alps)에 있는 두 개혁교회들에서도 목회하였다. 그는 1922년 여선교사 룻 티파니(Ruth Tiffany)와 결혼하고, 1923년에는 미국 달라스에 있는 복음주의 신학교에서 명예 신학박사(D.D.) 학위를 받았다. 1925년 미국으로 돌아와 필라델피아에 정착하고 그곳에서 펜실베이니아 대학교(Univ. of Pennsylvania) 대학원 과정을 밟았으며, 은혜 장로교회(Grace Presbyterian Church)에서 목회했다. 한편 동부 침례 신학교를 졸업하였다(1926-1927년).
- 반하우스는 1927년 필라델피아 제10교회에 부임하여 소천할 때까지

목회하면서 1928년부터는 라디오 방송을 시작하였으며, 1931년부터는 월간지 "Revelation"를 발간하기 시작하였다(1950년부터는 "Eternity"로 개칭). 그는 그의 생애 동안에 로마서 외 10여 권의 책들을 썼으며 많은 테이프(audiotapes)를 녹음하였다.
- **반하우스**는 당시 동료들이 북장로교가 자유주의화되므로 교단을 떠났으나 자신은 그대로 머물러 있으면서 근본주의자들을 자유주의자들에게 행한 것처럼 비판하였다. 그러므로 근본주의자들에 의하여 비난을 받고 자유주의자들로부터 멸시를 받았다. 그러므로 그는 신복음주의의 지도자들 중 한 사람이었다.

15. 버즈웰(James Oliver Buswell, 1895-1977년)

미국 장로교 근본주의 신학자. 교육가.

미국 위스콘신주 멜론(Mellon)에서 태어나 미네소타대학교(Univ. of Minnesota, A.B., 1917), 매코믹신학교(McCormick Sem., B.D., 1923), 시카고대학교(Univ. of Chicago, M.A., 1924), 뉴욕대학교(Univ. of New York, Ph.D., 1949)를 졸업했다. 그는 1918년 미국(북)장로교에서 안수받고 군목으로 복무하고(1918-1919년), 밀워키(Milwaukee)장로교회(1919-1922년)와 브룩클린(Brooklyn)에 있는 개혁교회(1922-1926년)에서 시무하였다.
- **버즈웰**은 메이첸이 추진하는 독립 장로교 해외선교부(I.P.M.= Indepen-dent Board for Presbyterian Foreign Mission) 설립에 적극 가담하였기 때문에 당시 미국(북)장로교에서는 버즈웰을 파면하였다. 이때에 칼 맥킨타이어도 자신이 속한 노회에서 파면되었다.
- **버즈웰**은 일리노이주 윗튼에 있는 윗튼 대학(Wheaton College)의 학장으로 재직시(1926-1940년) 학교를 높은 수준의 학문 전당으로 그리고 근본주의 센터로 올려놓았다.

※ 미국에서의 근본주의는 한국에서의 보수주의이다.

- 버즈웰은 메이첸이 세상을 떠난 후(1937년 1월 1일) 칼 맥킨타이어가 성경 장로교(B.P.C)를 창설할 때 깊이 참여하였고, 그 교단 신학교인 훼이스 신학교(Faith Theo. Sem., 1940-1947년)와 쉘튼 대학교(Shelton College, 1941-1955년)에서 교수하였다. 물론 위의 두 학교는 근본주의(보수주의)의 세계적 지도자 칼 맥킨타이어 박사가 운영한 학교들이다.
- 1956년부터는 복음주의 장로교(Evangelical Presbyterian Church-1937년 미국 정통 장로교(O.P.C.))에서 탈퇴하여 새로 조직한 작은 교단 지도자들의 주축으로 설립한 커버넌트대학(1956-1964년)과 신학교(Covenant Theological Seminary)에서 조직신학을 교수하였다(Covenant Seminary Review, 2:1-12, 1976).
- 버즈웰은 11권의 저서와 많은 논문들을 썼는데 그의 대표적 저서는 『기독교 조직신학』(A Systematic Theology of the Christian Religion, 2 vols., 1962-1963)이며 그의 조직신학 저서는 신학계에서 큰 비중을 차지한다.

16. 벌코프(Louis Berkhof, 1873-1957년)

미국 개혁주의 조직신학자.

네덜란드의 드렌테 지역 엠멘(Emmen, Drenthe)에서 1873년 10월 13일에 출생하였다. 벌코프의 아버지는 개혁교회의 한 분파인 경건주의 정통파(Seceder)에 속한 사람이었다. 1882년 벌코프의 나이 8세 때에 그의 가족은 미국 미시간주 그랜드 래피드(Grand Rapids, MI.) 시(市)로 이민 했다. 그는 일생을 그곳에서 보냈다.
- 벌코프는 청소년 시절 그랜드 래피드에서 조직된 개혁주의 청년 면려회 제1대 총무로 활약하였고, 19세 되는 9월에 기독교 개혁교(C.R.C) 대학(후에 Calvin 대학)에 입학했다.

그는 1900년 9월 16일 미시간주 알렌데일(Allendale)의 개혁교단에서 목사 안수를 받았다.

1902-1904년 프린스턴 신학교에서 석사과정을 마치고 신학사(B.D.) 학위를 취득했다.

1904년 8월 그랜드 래피드 오크데일 파크 교회(Oakdale Park Ch.) 목사로 부임했다.

- 1906년에는 모교인 그랜드 래피드 신학교(Grand Rapids Seminary 후에 Calvin 신학교로 개칭)에 교수로 임명되어 1944년 은퇴할 때까지 38년 동안 교수로, 나중 13년은 교장으로 조직신학, 신약개론, 신구약사, 히브리어, 헬라어, 신구약 주해, 기독교 교육, 현대 신학 사상, 기독교 교육, 전도 선교 등 다양한 과목들을 강의하였다.
- **벌코프**는 1944년 은퇴 후에도 계속 저서들을 출판하면서 특강, 특별집회들을 인도하였다. 1920년대에는 세대론적 전천년설, 현대 고등비평, 자유주의를 비평하였다.
- **벌코프**는 네덜란드의 헤르만 바빙크(Herman Bavinck)의 교의신학 (1906-1911년), 미국의 프린스턴 신학교의 성경신학 교수였던 게할더스 보스(Gerhardus Vos, 1862-1949년)의 영향을 많이 받았다. 그는 주장하기를 신학의 유일한 원천(source)은 성경뿐이요, 인간의 이성, 경험, 또는 교회의 전통 등은 결코 신학의 원천에 부가될 수 없다고 했다. 그의 신학의 순수성과 건전성을 여기서 엿볼 수 있다.
- **벌코프**는 워필드, 핫지, 카이퍼, 바빙크 등의 별세 이후 개혁주의 신학자로서의 그의 명성은 더욱 두드러졌으며 그의 저서들은 여러 나라 언어들로 번역되어 개혁주의 신학 전수에 크게 공헌되고 있다. 그러나 벌코프는 개혁주의 신학의 대신학자이면서도 배교와 불신앙에 대한 전투적 입장을 취하지 않았으며 특히 종말론에 있어서는 무천년설을 주장하였다. 그러므로 우리나라의 보수신학의 대변자 고 (故) 박형룡 박사는 그의 조직신학의 분류를 대부분 벌코프의 순서를 따랐으나 신학의 사상적 흐름은 찰스 핫지, 메이첸, 워필드 등의 노선을 밟았다. 그분의 문하생인 저자도 그러하다.

저서들 : 『조직신학』(*Systematic Theology*, 1932, 1939), 『기독교 교리 요약사』(*A Summary of Christian Doctrine*, 1938), 『기독교 교리사』(*The History of Christian Doctrines*, 1949), 『성경해석의 원리』(*Principles of Biblical Interpretation*, 1950), 『자유주의의 양상』(1951), 『하나님의 왕국』(*The Kingdom of God*, 1951), 『그리스도의 재림』(*The Second Coming of Christ*, 1953)

17. 쉐드(William Greenough Thayer Shedd, 1820-1894년)

미국 칼빈주의 신학자. 교회사가.

쉐드는 미국 북동부 메사추세츠 청교도들의 16대손으로, 버몬트(Vermont) 대학교와 앤도버(Andover) 신학교를 졸업하였다. 그는 대학 학창시절 철학 교수 제임스 마쉬(James Marsh)의 영향을 깊이 받았다. 그러므로 그는 유럽의 낭만주의(Romanticism)에 관심이 컸다.

- 쉐드는 앤도버 신학교를 졸업한 후, 버몬트주 브랜든(Brandon)에 있는 회중교회 목사로 잠시 시무하고 그 후 뉴욕시 교회에서도 잠시 시무하였다. 그의 목회생활은 다 합하여 4년뿐이다. 그의 생애 대부분은 교수하는 일이었다: 7년간은 버몬트 대학에서 영문학을, 2년간은 어번(Auburn) 신학교에서 수사학(sacred rhetoric)을, 8년간은 앤도버 신학교에서 교회사를 강의하였으며, 1863년부터는 뉴욕에 있는 유니온(Union) 신학교에서 28년간 계속 강의하였다. 특히 1874년부터는 헨리 보인튼 스미스(Henry Boynton Smith) 교수의 뒤를 이어 조직신학 교수로 봉직하였다. 그는 구파(Old School) 장로교도로서 웨스트민스터 표준문서의 개정을 반대하였다.

저서들: 『기독교 교리사』(*A History of Christian Doctrine*, 1863), 『교의신학 3권』(*Dogmatic Theology*, 3vol. 1888-1894)

18. 스트롱(Augustus Hopkins Strong, 1836-1921년)

미국 북침례교 대표적 신학자. 신복음주의자.

뉴욕주 로체스터(Rochester) 시에서 부유한 신문사의 아들로 태어났다.

1857년 예일 대학 졸업

1859년 로체스터 신학교(Rochester Seminary) 졸업

- 스트롱은 매사추세츠주 하버힐(Haverhill) 침례교와 오하이오주 클리브랜드(Cleveland) 침례교에서 잠시 시무한 후 1872년에는 고향 로체스터로 돌아와 모교인 로체스터 신학교에서 40년간 교장과 조직신학 교수로 보냈다. 이 기간 동안에 그는 미국 침례교 해외 선교부 회장(1892-1895년), 북미 침례교 총회장(1905-1910년)을 역임하였다. 그는 1885-1910년까지는 미국 북침례교에서 가장 영향력 있는 신학자들 중의 한 사람이었다. 그의 저서 『조직신학』(*Systematic Theology*)은 1876년에 처음으로 출간된 이래 30회 이상 인쇄되었다. 그러나 그의 가장 창조적 작품은 1899년판 *Christ in Creation and Ethical Monism*이다.
- 스트롱은 보수주의와 자유주의의 신앙적, 신학적 논쟁이 절정에 이르렀을 때에도 신학적 논쟁을 피하였다. 그러므로 어떤 이들은 그를 자유주의자로 혼동하기도 했다. 따라서 그의 입장은 신복음주의적이다. 그는 유신 진화론을 주장하였다.

19. 스펜스(O. T. Spence, 1926. 6. 29.-2000. 7. 17.)

근본주의 신학자. 종교 음악가. 경건주의자.

- 스펜스 박사는 미국 워싱턴 D.C.(Washington, D.C.)에서 경건한 목사의 아들로 태어나 해군으로 군복무를 마치고, 피바디 음대, 밥 존스 대학교 대학원, 임마누엘 신학교, 조지 워싱턴 대학교, 옥스퍼드 대학교 등에서 기독교 음악, 신학, 고고학, 원어(히브리어, 헬라어) 등을 전

공하였다.

- 스펜스는 펜실베이니아주, 워싱턴 D.C., 버지니아주 등에서 12년간 목회하고, 두 개의 신학대학을 설립하고 최근(1999년)까지 구약, 신약, 헬라어, 히브리어, 교회 음악, 변증학, 신학 등을 강의해 왔다.
- 스펜스는 남아메리카, 멕시코, 북아일랜드, 한국, 싱가폴, 필리핀 등에서 강의, 세미나, 설교 등을 계속해 왔으며, 에딘버그, 스코틀랜드, 마닐라, 싱가폴, 미국의 밥 존스 대학교 등에서 개최된 근본주의세계대회(World Congress for Fundamentals)의 주요 연사로 연설하였다.
- 스펜스는 1975-1976년에는 미국 기독교계의 탁월한 인물상인 Who's Who in Religion상을 받았으며 현재까지 근본주의세계대회 국제위원, 파운데이션 학교(Foundation Schools초등, 중등, 고등, 대학, 신학대학원)의 창설자, 교장, 화운데이션 성경교회 목사, 라디오 방송 설교자로 봉직하면서 한 달에 100회 이상 강의, 설교 등을 강행해 왔다 (Foundation Bible College and Seminary, Dunn, N.C. 28334, U.S.A.). 그는 42권 이상의 저서들을 출간, 저술하였으며, 300곡 이상의 성곡들을 작곡하였다.
- **저서들**:『기독교 순수성을 위한 탐구』(*The Quest for Christian Purity Flutauviel*),『은사주의』(*Charismatism*),『하나님, 은혜, 그리고 은사들』(*God, Grace, and Gifts*),『헬라어 신약 어휘 해설』(*The Lexi-Chord of the Greek N.T.*),『성경적 성별』(*Scriptural Separation*),『사탄: 은신처 또는 체계?』(*Satan: Sanctuary or System?*),『화운데이션의 청교도관』(*The Foundation Pilgrim View*),『모세 5경 주석』(*The Pentateuch*) 등이 있다.
- 스펜스는 이 책의 저자인 본인의 저서에 추천서를 쓰셨고 한국에 약 15회 방문하여 강의, 설교 등을 통하여 많은 영적 각성을 불러일으켰다. 이 불초가 스펜스 박사님의 강의·설교·집회 등에 통역을 맡아 봉사한 것도 하나님의 크신 섭리라고 생각한다.

20. 어거스틴(Augustine of Hippo, A.D. 354. 11. 13-430. 8.28)

중세 초 라틴교부, 정통신학의 대부(大父), 위대한 저술가.

- 어거스틴은 A.D. 384. 11.13. 북아프리카의 북쪽(오늘날 알제리아) 해안가 한 작은 마을 누미디아의 타가스터(Tagaste of Numidia)에서 이교도의 하급관리인 파트리시우스(Patricius)와 경건한 그리스도인 모니카(Monica) 사이에서 태어났다. 아버지는 화를 잘 내고, 다른 여자와 간통도 하고, 종종 아내를 구타하기도 하였다. 그러나 모니카는 남편을 위하여 그리고 아들 어거스틴을 위하여 항상 기도하며 선행을 보였다.
- 어거스틴은 신앙이 독실한 어머니의 신앙적 교육을 받아 어렸을 때 예비신자(Catechuman)가 되었다. 그러나 그의 참회록에서 밝힌 바와 같이 어거스틴은 방탕한 생활, 종교적 철학적 번뇌 등으로 상당한 세월이 흘러서 387년 그의 나이 34세 부활절에야 비로소 밀라도의 감독 성 암브로스(St. Ambrose)로부터 세례를 받았다.
- 어거스틴은 마다우라(Madaura)에서 초등교육을 받은 후, 부모의 희생적 교육정신으로 373년 17세에 이르러는 칼타고(Carthage)로 가서 수사학 학교에서 공부하였다.

카르타고는 죄악의 도시로 어거스틴은 여러 해 동안 방황의 생활을 하게 되었다.

뿐만 아니라 마니교(Manicheism)에 빠져서 9년이란 세월을 보냈다. 마니티즘이란 216년 바벨론에서 태어난 마니(Mani)가 주장한 주의로 빛(선)과 어두움(악)이 공존하여 때로는 선이 이기고, 때로는 악이…이긴다는 영원적 이원론(eternal dualism)의 개념이다. 절대적인 선은 없고 선과 악이 대립한다는 것이다. 마니교에서는 금욕주의를 강조했다.

- 어거스틴은 그의 어머니와 함께 384년 밀란(Milan)으로 가서 감독 암브로스의 설교의 영향을 많이 받았다. 그리고 회심케 되었다.

그는 밀란의 한 정원에서 집어 "읽어 보라"는 한 어린아이의 노래 소리를 듣고 로마서 13:13-14절 "낮과 같이 단정히 행하고 방탕과 술 취하지 말며, 음란과 토색하지 말며 쟁투와 시기하지 말고 오직 주 예수 그리스도로 옷 입고 정욕을 위하여 육신의 일을 도모하지 말라"는 말씀을 보고 회개하기에 이르게 되었다.

- 어거스틴은 어머니가 세상을 떠난 이듬 해 388년 이태리를 떠나 히포로 돌아가서 열심히 수도생활을 하고, 히포의 주교(감독)가 되었으며(395) 그 이후로 일평생 히포의 교회와 북아프리카의 교회들을 위하여 헌신 봉사하고, 난민들을 돌보아 열병으로 430년 8월 28일 세상을 떠나 영원한 안식처로 들어가셨다.
- 어거스틴은 교부시대 이레니우스, 터틀리안, 암브로스와 같은 초기 서방 신학자들의 신학사상을 계승하였으며, 중세교회와 개신교의 신학의 토대를 놓은 위대한 신학자이었다.

어거스틴의 신학
신론(God)
- 하나님의 자존성(C G= 하나님의 도성⟨The City of God, XI.5⟩)

비물질적, 영적(C G.Ⅷ.6.)

영원(Trinity: 3위1체 XIV.25. 21)

- 불변성(C G. XI. 10, Ⅶ. 1.)
- 단순성(C G Ⅷ. 6, XII. 1.)
- 전지(C G Ⅶ. 30.)
- 전능(C G V, 10.)

창조론(Creation)
- 창조는 영원적이 아니다(Confessions : 참회록 XI. 13. 15.)
- 무에서 창조(C G, 12.1. Confessions= C. XII. 7. 7.)
- 창세기의 날들(days)은 아마도 장기간(C G XI. 6-8)

- 영혼: 각기 영혼은 출생시 창조된 것이 아니라 부모를 통하여 계승된다(On Immortality of Soul: 영혼의 불멸 33), 영혼의 기원에 대하여 유전설을 취하였다.

성경(Bible)

- 신적(The Enchiridion = E. 1. 4.)
- 무오하며(C G. XI. 6.)
- 성경만이 최고의 권위(C G. XI. 3.)
- 기독교 교리에 대하여(Christian Doctrine = C D. VII. 6. 8.)
- 원문에는 오류 없고, 사본에 오류(Letters. 82. 3)
- 외경 중 11권은 정경의 일부로 포함. 그 이유는 70인역에 포함되어 있으므로(C D.: On Christian Doctrine), 순교자들의 놀라운 기사들이 포함되어 있으므로(C G. XVII. 42)
- 성경은 신약사도들로 마감됨(C G. XXXIX. 38)

죄론(Sin)

- 인간의 자유의지에 기인. 자유의지는 악을 행할 능력(ability to do evil, (G. XII. 6.)을 허용
- 죄는 자발적(TR. XIV. 27.), 강제적이 아님
  자아 결정적 행동(Free Will= F W III. 17. 49)
- 2 영혼들에 대하여(On Two Souls=T S X, 12)
- 타락한 인간은 하나님의 은총이 없이는 선을 행할 능력을 상실(E. 106), 그럼에도 불구하고 하나님의 은총을 받아드릴 자유선택의 능력을 보존(L. 215, 4. GFW. 7.), 참된 자유는 죄를 범하는 것이 아니라 선을 행하는 능력이다(C G. XIV. 11.) – 구속함을 받은 자들만이 소유(E. 30),

인간론(Man)

- 사람은 죄 없는 무죄인으로 하나님이 직접 창조(On the Nature of God, 하나님의 성품에 관하여. 3.),

- 모든 인류는 아담으로부터(C G. XII. 21.),
- 아담이 범죄하므로 모든 사람이 죄 가운데 있게 됨(C G. XII. 21),
- 사람은 영혼과 육체로 구성(On the Morals of the Catholic Church = 가톨릭교회의 도덕성에서. M C C. 4. 6.),
- 하나님의 형상은 영혼에(C D. I. 22. 20.),

타락은 비록 죄로 말미암아 부패되었지만이 형상을 지우지 못함(S L. 48),(Against the Epistle of Manichaeus)

- 마니교에 반대하여 (XXXIII. 6.),
- 인간생명은 잉태 시부터 시작(Letter= E. 85.),
- 사람의 영혼은 육체보다 높고 더 좋다(CG. XII. 1.),

영혼은 육체에 영향을, 육체는 영혼에 영향을 줌(interpenetration)

- 모든 사람은(의로운 자, 불의한 자) 육체적 부활이 있을 것(E. 84. 92.),

의인은 천국에서 영생, 악인은 지옥에서 형벌

그리스도론(Christ)
- 그리스도는 완전한 사람(On Faith and the Creed= F C; 신앙과 신조에서 IV. 8),
- 죄 없으신 사람(E.24.),
- 그리스도의 인성은 처녀의 몸에 잉태시 부터(F C. IV. 8.),
- 동시에 본체는 영원부터 성부와 동일하심(T. I. 6. 9.),
- 그리스도는 1위(3위의 제2위)(E. 35.),
- 신성과 인성은 구별되며, 도성 인신이 신성이 된 것 아님(T. I. 7.14),

구원론(Salvation)
- 구원의 근원은 하나님의 영원적 작정에 있음(C G. XI. 21.),
- 불변하시며(C G. XXII. 2.),
- 예정은 사람의 자유선택에 의한 하나님의 전지와 일치(C G. V. 9),
- 선택자와 불택자 모두 예정(double-predestination)(SO IV.16),
- 구원은 오직 죄 없으신 예수 그리스도의 대리적 속죄의 죽음으로

만(E. 33.),
- 믿음으로만 받음(E. 31.), 보편적 만인구원론을 반대(E. 99.),

윤리(Ethics)
- 사랑은 최상의 법(C G. XV. 16)
- 사랑으로 모든 덕을 정의(M C C. XII. 53)
- 하나님은 정당한 전쟁시에는 정당방위로 Killing을 허용.(C G. XIX. 7.),

저서들
- 『행복한 삶』(*The Happy Life*, A. D. 386)
- 『영혼의 불멸에 대하여』(*On Immorality of the Soul*, 387)
- 『자유의지에 대하여』(*On Free Will* = F W 388-95)
- 『참회록』(*The Confessions* =T C. 397-401)
- 『마니교에 반대하며』(*Against the Manichean*, 398)
- 『3위 1체에 대하여』(*On the Trinity* = T. 400-416)
- 『공로와 면죄에 대하여』(*On the Merits and Remission Sins* = MRS, 415-12),
- 『그리스도의 은총과 원죄에 대하여』(*On the Grace of Christ and On Original Sin*, 418)
- 『은총과 자유의지에 대하여』(*On Grace and Free-Will* = G F W., 426)
- 『성도의 예정에 대하여』(*On Predestination of the Saints*, 428-29)
- 『하나님의 도성』(*The City of God* = C G. 413-26)
- 『재고록』(*Retractions*, 426-27)

후에는 옆에 2명의 속기사를 두고 자신의 말을 받아 기록하도록 했다. 300이상의 논제들을 저술하였다.

어거스틴은 신학과 철학 그리고 일반 학문을 같이 연구하는 중세 스콜라 학문과 교회와 신학의 토대를 놓은 위대한 신학자이었다.

21. 오리겐(Origen, A.D. 185-254년경)

- **오리겐**은 A.D. 185년경 애굽의 알렉산드리아에서 기독교 가정의 7 남매의 맏아들로 태어났다. 당시 알렉산드리아는 철학, 역사, 문학, 상업, 무역, 해상교통, 헬라 문명의 중심지였다.
- **오리겐**은 알렉산드리아의 클레멘트(Clement, 약 A.D. 150-215년)으로부터 헬라 철학인 플라톤주의(Platonism)와 성경을 해석하기 위하여 히브리어를 공부하였다.
- **오리겐**의 성경해석은 기독교 교리와 헬라 철학 등의 혼합으로 이루어진 상징적, 은유적 해석(Symbolical and Allegorical Interpretation)이다.
- **오리겐**은 영혼의 선재, 만인구원설, 기독교 교리와 헬라 철학의 혼합주의 성경해석 등으로 아다나시우스, 제롬, 갑바도기아 신학자들, 안디옥 신학자들에 의하여 철학적, 비(非)성경적, 반(反)역사적, 독자적이라고 정죄를 받았다.
- 오랜 세월 후 3세기가 지나서 제2차 콘스탄티노플공의회(Constantinople Ⅱ, A.D. 553)에서 이단으로 정죄받았다. 오리겐의 은유적 해석은 무천년설자들의 해석의 기본이 되었다.

오리겐은 A.D. 220년에서 230년 사이 알렉산드리아에서

① 제일 원리에 대하여(On First Principles)
하나님, 그리스도, 성령, 영혼, 천사들, 인간, 물질세계, 자유의지, 구원, 성령 등을 체계적으로 기록한 첫 조직신학이었다.

② 셀수스에 반대하여(Against Celsus)
셀수스는 이방 철학자로서 영혼의 선재와 만인구원설을 신봉하였다. 셀수스는 기독교인들은 비밀리에 모이고, 로마제국을 지지하지 않고, 예수를 하나님의 아들이라고 가르치고, 덮어놓고 믿기만 하라고 주장하기 때문에 기독교를 반대하였다. 따라서 오리겐은 셀수스의 기독교에 대한 비평에 반박하는 글을 썼다.

③ 헥사플라(Hexapla)

구약 히브리어 성경을 70인역(헬라어로 번역한 구약성경)과 대조하여 글을 썼다. 이 저서는 초대교회 성경연구에 크게 이바지하였다.

- **오리겐**은 알렉산드리아 감독 데메트리우스(Demetrius)의 시기와 적개심 때문에 팔레스타인의 가이사랴로 떠나게 되었으며, 팔레스타인 방문시 가이사랴 감독으로부터 성직 안수를 받았다. 이에 격분한 알렉산드리아 감독은 오리겐은 교회법상 불법안수를 받았다고 공격하였다. 오리겐은 남은 여생을 가이사랴에서 살면서 여행도 많이 하였다.
- **오리겐**은 A.D. 254년 데키우스(Decius) 황제의 핍박으로 심한 상처를 입고 세상을 떠났다.

① **칼빈**은 "하나님 안에 삼위가 계시다(The three persons in God…). 하나님의 본체는 단일하시며, 분할할 수 없다(The essence of God is simple and undivided).

『기독교 강요』(Institutes), Ⅰ. 13;2, "실로 성부, 성자, 성령이라는 말은 실제적인 구별을 의미한다. …이것은 구별이지 분할이 아니다(but a distinction, not a division).

『기독교 강요』(Institutes), Ⅰ. 13;17, "참으로 성경을 통하여 이미 충분히 입증된 한 하나님의 본체는 단일하시며, 분리되지 않는다는 것, 이 본질은 성부, 성자, 성령에 다같이 속한다는 것을 믿는다."

『기독교 강요』(Institutes), Ⅰ. 13;22, "우리는 위격(persons)을 본체에서 분리시키는 것이 아니고 오히려 그 본체 가운데 있는 위격들을 구별하되 그 각자가 본체 안에 그대로 머물러 있다는 사실이다."

22. 제임스 오르(James Orr, 1844-1913년)[2]

스코틀랜드 칼빈주의 신학자, 기독교 변증가

- 오르(Orr)는 대부분 글라스고대학교(Glasgow University)에서 공부하면서 기독교 철학과 신학에 두각을 나타내기 시작하였다. 그는 17년 동안 목회 사역 후에 『하나님과 세계에 대한 그리스도인의 관점』(*The Christian View of God and the World*, 1893)이라는 저서를 출판하였다.
- 오르는 당시 스코틀랜드 연합자유교회(United Free Church of Scotland)의 연합장로교회(United Presbyterian Church)의 지도적 칼빈주의 보수 신학자였다.

오르는 신학적, 신앙적 다방면의 도전에 직면했을 때 역사적 기독교 정통보수 신앙을 지키기 위하여 강의, 설교, 저술 활동에 총력을 기울였다.

- 1897년 알버트 릿출(Albrecht Ritschl)의 자유주의 신학을 비평하여 『릿츨 신학과 복음주의의 신앙』(*The Ritschlian Theology and the Evangelical Faith*)을 저술하였으며, 이 저서에서 릿츨 신학은 정통 기독교에 정면 위반된다는 것을 비평하였으며,
- 1905년 줄리어스 웰하우젠(Julius Wellhausen)의 모세오경 비평에 대하여 『구약의 문제에서』(*In the problem of the O.T.*)를 저술하여 웰하우젠의 모세오경 비평을 반박하였으며,
- 1905년 찰스 다윈(Charles Darwin)의 진화론을 반대하여 『사람 안에 있는 하나님의 형상에서』(*In God's Image in Man*) 사람의 기원에 대한 기독교 교리를 변증하였다.
- 1907년 『예수 그리스도의 처녀 탄생』(*The Virgin Birth of Jesus Christ*)을 저술하여 성령님의 잉태와 처녀 탄생에 대하여 변호하였다.
- 1910년 아돌프 하낙(Adolf Harnack)의 신(新)신학을 비평하여 『계시와 영감』(*Revelation and Inspiration*)을 저술하여 축자영감(Plenary

---
[2] Sinclair B. Ferguson, op. cit., pp.482-483.

Inspiration)을 변호하였다.
- 1910-1915년 12권의 『근본주의자들』(*The Fundamentals*)에도 크게 공헌하였다.

오르는 1915년 『국제표준성경백과사전』(*ISBE=The International Standard Bible Encyclopedia*)의 편집인으로 위대한 공적을 남겼다.

23. 요세푸스(Josephus Falvius, A.D. 37-97년)

유대인 군장교, 사학가(역사가)

요세푸스의 생애

- 요세푸스는 A.D. 37년 예루살렘에서 여호야립(Jehoiarib, 대상 24:7)의 계보를 따라 유명한 제사장 맛디나의 아들로 태어났으며 2세기 초에 별세하였다.
- 요세푸스는 일찍이 교육을 많이 받았다. 그는 유대인의 율법과 헬라 문학에 지식이 깊었다. 그는 당시 유대교의 세 주류파들인 사두개파, 바리새파, 에세네파의 가르침에 대하여 연구하였으며, 18세 때에 바리새파에 합류하였다.
- 요세푸스는 A.D. 64년 바리새파의 일부 유대 제사장들의 석방을 탄원하기 위하여 바리새파의 대사로서 로마를 방문하고 로마제국의 권력에 깊은 감명을 받고 예루살렘으로 돌아왔다.
- 유대인들은 로마를 반대하여 폭동(revolt)을 일으켰는데 당시 산헤드린공의회는 요세푸스를 갈릴리지역 군사령관으로 임명하였다. 그는 군을 잘 지휘하였으나 갈릴리요새 요타파타(Jotapata)에서 6주간 치열한 전투 끝에 베스파시안(Vespasian) 로마 장군의 포로가 되어 A.D. 64년 로마에 포로로 끌려갔다.
- 요세푸스는 베스파시안이 장차 황제가 될 것이라고 예언하였고, 베스파시안은 A.D. 69년에 황제가 되었다. 요세푸스는 석방되고 베스

파시안이 성(性)인 훌라비우스(Flavius)를 따라 요세푸스 훌라비우스로 개명하였다.
- 요세푸스는 A.D. 70년 로마의 디도(Titus) 장군이 예루살렘을 침공할 때 통역관으로 입성하였으며 수차례에 걸쳐 유대인들이 항복할 것을 권유하였다.
- 요세푸스는 예루살렘 멸망한 후 다시 로마로 가서 로마 시민권을 취득하였고, 보상도 받고 죽을 때까지 로마에서 살면서 자유로이 여러 권의 역사서들을 집필하였다.

요세푸스는 동족 유대인들에게 반역자라는 씻을 수 없는 죄를 씻으려고 노력도 많이 하였다.

요세푸스의 저서들

① 유대전쟁사(The Jewish War, A.D. 77-78년, 7권)

이 책은 유대인의 전쟁사(The history of Jewish War)로서 B.C. 168년 안디오커스 에피파네스의 침공 때부터 A.D. 66년 로마제국이 침공하여 예루살렘성 멸망 후까지의 역사적 개요이다.

② 유대고대사(The Jewish Antiquites, A.D. 93년, 20권)

이 책은 유대인의 역사를 처음부터 A.D. 66년까지 기술하였다.

③ 아비온 반박(Against Apion, Book 1.2.2권)

이 책은 알렉산드리아의 교사 아비온의 반(反)유대(Anti-Semitic)에 대한 글을 반박하고 유대인과 율법을 변호하였다.

④ 자서전(Life,)

이 책은 요세푸스가 갈릴리 지역 군사령관으로서 당시의 활동들을 기술한 자서전이다.

이 저서들은 1세기 예루살렘 성전, 당시 유대교 종파들, 창조로부터 마사다와 그곳에서 일어난 대량학살 등 당시 정치·종교·인물·역사·문화 등 여러 배경을 기술한 것들로 역사적 연구에 최고의 가치가 있다. 이 저서들은 구약과 신약 사이 중간사와 신약사를 연구하는 데 절대 필요한 문헌들이다.

24. 워필드(Benjamin Breckenridge Warfield, 1851-1921년)

미국의 칼빈주의 신학자. 기독교 변증학자.

워필드는 미국 켄터키주 렉싱톤(Lexington) 근교에서 태어났으며, 뉴저지대학(New Jersey College—후에 프린스턴 대학교로 개칭)을 최우등생으로 졸업하고(1871년), 프린스턴(Princeton)신학교에서 찰스 핫지의 문하생으로 졸업(1876년)하였다. 곧이어 유럽을 여행하며 Leipzig 대학교에서 공부하고(1876-1877년) 귀국하여, 발티모어(Baltimore) 제일 장로교회에서 시무(1877-1878년)하고, 1878년부터는 펜실베이니아주 알레게이니(Allegheny, 피츠버그 근교)에 있는 서부 신학교(Western Seminary)에서 강사로 신약 헬라어와 문학을 가르치기 시작하였고, 그 다음 해인 1879년에는 정교수로 승진하였다.

- 1887년 A. A. 핫지(A. A. Hodge)가 세상을 떠난 후 워필드는 프린스턴 신학교의 초청을 받고 세상 떠날 때까지 변증학 교수로서 6,000명 이상의 학생들에게 수준 높은 칼빈주의 정통신학을 교수하였다.
- 워필드는 20년 이상(1890-1903년) 프린스턴 신학교 기관지인 *The Princeton Review*의 편집인으로 재직하면서 10권 이상 분량의 논문들을 정기간행물, 신문, 잡지, 사전 등에 기고하였다. 그는 물밀듯 밀어닥치는 자유주의자들의 신신학에 대항하여 경건하게 살면서 개혁주의 신학을 변호하였다.
- 워필드는 기독교의 정통교리들에 의심(doubt)을 품거나 부인(denial)하거나 재해석(reinterpretation)하는 종교적 자유주의자들의 불신앙을 폭로, 책망하였다.

워필드는 모든 지식은 주관적, 상대적이므로 결코 객관성이 없다고 주장하는 주관주의(Subjectivism)를 반대하고 하나님과 성경의 절대성을 변증하였다.
- **워필드**는 성경의 영감과 무오성을 변호하였다. **브릭스**(A. A. Briggs)와 스미스(Henry P. Smith) 같은 자유주의자들을 반대하여 성경의 영감, 무오, 원죄, 예정, 제한적 속죄 등 기독교의 핵심 교리들을 변호하였다. **브릭스**는 뉴욕의 유니온(Union) 신학교 구약학(히브리어) 교수로서 성경의 영감과 무오를 부인하여 당시 북장로교 총회는 그를 목사직에서 파면하였으나(1893년) 신학교에서는 그를 계속 교수하게 했다.

스미스는 뉴욕의 유니온(Union) 신학교 교수로서(1913-1925년) 성경의 무오성과 모세 5경의 저작권을 부인하면서 동료 교수 브릭스를 변호함으로써(1891년) 당시 북장로교 신시내티 노회(Cincinnati Presbytery)에서는 그를 목사직에서 파면하고(1892년), 1894년 총회에서는 그를 유죄 판결하였다.

- **워필드**는 기독교의 독특성을 파괴하는 불신앙과 회의주의(Skepticism)를 반대하고 엄격한 칼빈주의 신학의 입장에서 성경적 세계관을 변증적 방법으로 변호하였다. 그는 어거스틴의 신앙고백을 신앙 양심의 모델(model)로, 칼빈을 정통 보수 신학자로 존경하고, 웨스트민스터 신앙고백서를 전폭 신봉하였다.
- **워필드**는 독일의 자유주의 신학자 슐라이어막허(F. Schleiermacher, 1768-1834년)의 경험론을 반대하고 하나님의 계시를 변호하였다.
- **워필드**는 영국의 진화론자 다윈(C. Darwin, 1809-1882년)의 진화론을 반대하고 성경의 창조론을 변증하였다.
- **워필드**는 독일의 튀빙겐 학파의 자유주의 불신앙을 공격하고 성경의 진리를 옹호하였다. 독일의 튀빙겐 학파(Tübingen School) 바우어(F. C. Baur, 1792-1860년)는 바울의 사도직과 바울의 에베소서, 빌립보서, 골로새서, 데살로니가전·후서, 디모데전·후서, 디도서, 빌레몬서 등의 저자임을 부인하였다. 바우어의 제자인 스트라우스(D. F. Strauss, 1808-1874년)는 하나님의 존재, 예수 그리스도의 이적을 부인하였다.

- **워필드**는 독일의 교회사가인 하르낙(Adolf Harnack, 1851-1930년)의 기독교와 세상 문화의 동화를 반대하여 기독교의 순수성을 옹호하였다.
- **워필드**는 부셋(Wilhelm Bousset)의 『종교란 무엇인가?』(*What is Religion?*, 1907)에서 주장한 비교 종교학을 반대하고, 기독교와 다른 종교들을 동일시할 수 없으며, 기독교는 인간의 상상물이 아니라고 변증하였다. 그는 웰하우젠(Julius Wellhausen, 1844-1918년, 독일 성경비평 신학자)이 성경의 영감과 모세오경의 저작권을 부인하는 것을 반대하였다.
- **워필드**는 매킨토쉬(William Mackintosh)의 이적 부인, 제베르크(Reinhold Seeberg)의 성경의 권위 부인, 바이스(Johannes Weiss, 1863-1914년)의 양식비평(Form Criticism)을 비판하였다.

저서들 : 『계시와 영감』(*Revelation and Inspiration*, 1927), 『칼빈과 칼빈주의』(*Calvin and Calvinism*, 1931), 『완전론주의』(*Perfectionism*, 1931-1932), 『성경의 영감과 권위』(*The Inspiration and Authority of the Bible*, 1948)

25. 차녹, 스테펜(Charnock, Stephen, A.D. 1628-1680년)[3]

영국 청교도 신학자, 저술가, 설교자

영국 임마누엘 대학(Immanuel College), 캠브리지대학(Cambrige College)을 졸업하고 옥스퍼드대학교(Oxford University)에 진학하였다.

1654년에는 크롬웰(Cromwell, Oliver)이 주도하는 새 대학의 사감(proctor)으로, 크롬웰 사후에는 런던으로 돌아가 학문 연구에 몰두하며 가끔 설교도 하였다.

1675년 이후로는 왓슨(Watson, Thomas) 목사와 함께 런던장로교회의 동사 목사로 시무하였다.

---

3) Douglas, *Who's who in Christian History*, p.155.

1680년 차녹의 사후 그의 추종자들 중 아담스(Adamas)와 빌(Veal)은 차녹의 글들을 몇 권의 저서들을 편찬하였다.

『신적 섭리에 대한 설교』(*A Discourse on Divine Providence*), 『십자가에 못 박힌 그리스도에 대한 설교』(*A Discourse on Christ crucified*), 『하나님의 존재와 속성들에 관한 설교』(*A Discourse upon the Existence and Attributes of God*, 1682년) 등이다.

26. 카이퍼(Kuyper, Abraham, A.D. 1837-1920년)

화란 개혁주의 신학자, 정치인, 교수, 교육가, 저술가, 언론인.

- 카이퍼는 1837년 화란의 마아스루이스(Maassluis)에서 개혁교의 목사 아들로 태어났다.
- 1855-1862 레이덴(Leiden) 대학교에 입학하여 1862년 신학박사 학위를 받았다. 대학교에 입학하여는 자유주의 신학과 그 당시 자유주의 신학자들의 견해들을 받아들였다. 그러나 그가 비스드(Beesd)에서 처음 목회하기 시작한 때로부터는 경건한 목회자들의 영향을 받아 화란의 전통적인 칼빈주의 신앙과 신학으로 돌아서기 시작하였으며, 그후로 쥬리히, 암스텔담, 그리고 타지역에서도 성공적인 목회를 하게 되었다.
- 1870년대부터는 정치에 깊이 관계하기 시작하였고, 1874년 카이퍼는 새로 창당한 반(反)혁명당(Anti-Revolutionary Party)의 대표로 의회에 진출하였다. 정치활동의 시작이다. 이 정당은 화란에서 처음 정당이었다.
- 1875-1925년까지 카이퍼는 국가와 교회에 새로운 칼빈주의 운동을 펴나갔다.
- 1886년에는 1618년 시작된 화란개혁교회(Dutch Reformed Church-State Church, 국가교회)에서 나와서 화란개혁교회(Reformed Churches in Netherlands)를 창립하고, 캄펜신학교(Kampen)를 교단 신학교로 하고,

1902년 자신과 밀접한 관계에 있는 헤르만 바빙크(H. Bavinck)를 조직신학 교수로 청빙하였다.

카이퍼는 두 신문사를 창간 운영하였다.
- 일간지 De Standaard - 정치사회
  주간지 De Heraut(The Herald) - 교회
- 1900년 반(反)혁명당에 출마하여 1901년부터 1905년까지 4년간 수상직을 수행했으며, 1908년 다시 화란 의회에 진출하여 별세 전까지 정치활동을 계속하였다. 카이퍼는 전체독재주의의 위험성을 바로 인식한 자유민주주의 찬동자이었다.
- **카이퍼**는 신학·철학·정치학 그리고 사회의 현안들에 대하여 신문 지상에 많은 글들을 게재하였으며, 다수의 대회 연설과 설교를 하였으며, 1898년 신학백과사전, 1899년 칼빈주의, 1900년 성령의 역사 등을 편집·저술하였다.
- 카이퍼는 화란에서 미국으로 이민 온 북미의 개혁교회(C.R.C. = Christian Reformed Church)를 성장·발전시키는 일에 크게 공헌하였다. 그러나 지금 미국의 개혁교회는 깊이 타락되었다.

27. 존 칼빈(John Calvin, 1509-1564년)

종교개혁자. 위대한 정통 신학자. 정치가.

존 칼빈은 프랑스 파리에서 동북쪽으로 약 58마일 떨어진 피카디 성 노욘(Noyon, Picady)에서 1509년 7월 10일 5남매 중 둘째로 태어났다. 당시 노욘은 북유럽의 로마 천주교의 중심지였다. 칼빈의 아버지 제랄드 칼빈(Gerard Calvin)은 조직적이고 독립성이 강한 사람으로 감독의 비서 및 법률가였고, 어머니 제니 칼빈(Jeanne Calvin)은 신앙심이 깊은 경건한, 존경받는 부인이었다.
- **칼빈**은 한 번 본 것은 잊지 않고, 한 번 배운 것은 거의 기억하는 천재적 재질과 종교적 경건심을 지닌 것은 선천적으로 받은 은사에 근

거한 자신의 헌신이었다. 그가 어렸을 때에는 그 성(城)의 귀족인 맘모르 가정의 아이들과 함께 교육을 받았다.
- 1521년 5월 19일, 그의 나이 12세 때 칼빈은 벌써 일종의 장학생으로 노욘의 사제직을 위한 수업을 받을 수 있는 자격을 얻었다.

1523년 8월, 그의 나이 14세 때에 그의 아버지는 칼빈을 장차 성직자가 되게 할 목적으로 파리에 있는 드라·마르쥬 고등학교에 입학시켰다. 같은 해에 몬테규(Montaigu) 고등학교로 전학시켰다. 그는 이 학교에서 개혁주의의 선구자인 레 페레스의 영향을 많이 받았다. 또, 개혁주의 사상가 콜듀라는 교수는 칼빈을 진심으로 지도하였다. 그곳에서 칼빈은 개혁운동을 일생 같이한 파렐(William Farel)을 만났다.
- 그러므로 칼빈은 후에 데살로니가전서 주석을 스승 콜듀에게 드리는 것으로 했다. 그는 그의 글에서 "제가 선생님의 문하에서 배우게 된 것은 후에 하나님의 교회에 매우 유효하게 봉사하기 위한 가장 훌륭한 준비였습니다"라고 했다.
- **칼빈**은 1527년 말, 또는 1528년 초에 몬테규 고교를 졸업하고, 1528년 2월 그의 나이 19세 때 그의 아버지는 칼빈에게 법학을 공부하게 했다. 그리하여 올리안스(Orleans) 대학에 입학하였고, 그 다음 해(1529년)는 불제(Bourges) 대학으로 전학하였다. 이 학교에서는 헬라어 교수이며, 복음주의자 오르만 교수에게 지도를 받아 고전문학과 성경 연구에 진력하였다. 그 결과, 건강이 쇠약해졌다. 그는 교수가 결강시에는 대신 강의하는 위치에 있었다. 칼빈은 위의 두 대학에서 많은 것을 배웠다. 칼빈이 루터보다 조직적이고, 체계적이고, 신학적으로 개혁을 할 수 있었던 것이 이해가 간다.
- **칼빈**은 1531년 5월 26일(22세 때) 그의 아버지가 별세한 후, 문학을 공부하기 위하여 파리 대학에 입학하였고, 그 다음 해인 1532년 4월에는 세네카(Seneca)의 관용론 주석(Commentary on Seneca's De Clementia)을 출판하여 그의 학적 재질을 인정받았다.
- 후에 **칼빈**은 "나의 아버지는 내가 법률 공부하는 것이 점차 부유하

게 한다는 것을 알았다. …그리하여 법률을 배우기 위하여 철학 연구에서 물러서게 한 것이다. 나는 아버지의 뜻을 순종하기 위하여 나 스스로를 굽혀 법률 연구에 충성했다. 그러나 당시 하나님은 신비한 섭리에 의하여 나의 방향을 다른 길로 전환시켰다. 내가 아직 교황의 교훈과 미신에 고착되어 깊은 흙구덩이에서 헤매어 나오지 못할 때 하나님은 급격한 회심으로 나의 연령에 비해서 완고한 나의 마음을 교도하기에 족하도록 만드셨다"라고 고백하였다.

- 이처럼 하나님은 칼빈을 라틴어, 헬라어, 히브리어, 문학, 법학, 신학 등을 광범위하게 공부할 수 있도록 인도하셨다. 아버지는 칼빈이 법률가가 되기를 소원했고, 칼빈 자신은 문학가가 되기를 소원하였으나 하나님은 그를 이런저런 과정을 통하여 위대한 종교개혁가로, 정통 신학자로 만드셨다.

- **칼빈**은 1534년 4월 최초로 신학 서적을 펴냈다. 당시 죽은 영혼은 부활시까지 잠잔다는 재세례파의 혼수설을 반박하는 영혼 혼수설을 발표하였다.

- **칼빈**은 1534년 5월 4일, 노욘으로 돌아가 로마 천주교와 결별하고, 그 해 가을에 파리로 가서 10월 17일 미사는 그리스도의 속죄 사역을 부인하는 것이요, 교황은 적그리스도라고 주장하였다.

- **칼빈**은 1535년 1월, 스위스의 바젤(Basel)로 갔다. 거기서 경건한 호구라인 부인 댁에 유숙하게 되었고, 거기서 『기독교 강요』(*Institutes of the Christian Religion*)을 1536년 3월, 그의 나이 27세 때 라틴어로 출판하였다. 그는 하룻밤 사이에 유명해졌다. 로마 천주교에서는 칼빈의 『기독교 강요』를 "이단자의 코란"이라고까지 불렀다.

- 그 후 **칼빈**은 1536년 7월 하순경 프랑스로 돌아가는 길에 알프스 산 동쪽 끝에 위치한 스위스의 제네바를 통과차 1박 하려다 거기서 이미 개혁운동을 하던 대학 동창 파렐(William Farel)을 만났고, 그의 강한 권유로 그곳에 머무르게 되었다.

- **파렐**은 칼빈에게 말하기를 "그대가 만일 하나님의 일보다 고요한 생

활로 독서나 즐기는 일을 한다면 하나님은 반드시 그대를 저주하리라"고 했다. 그러므로 **칼빈**은 후에 그의 시편 주석 서문에서 파렐이 자신에게 한 말을 기록했다. 칼빈은 또 "만일 내가 선택의 자유가 있었다면 나는 결코 제네바에 가지 않았을 것이다. 그러나 나는 나 자신의 주인이 아니라고 생각하고 있기에 나는 나의 마음을 오로지 하나님께 제물로 바친다"고 했다.

- **칼빈의 『기독교 강요』**는 개혁주의 신학의 탄생을 가져왔고 기독교 역사의 방향을 달리한 몇 권의 책들 중 하나이다. 그의 신구약 주석(전권)은 시대를 초월하여 성경해석의 시금석이 되었다.

- **첫 번째 제네바 사역**(1536-1538년): 칼빈은 1536년 10월부터 제네바 대학교에서 교수로 바울 서신을 강의하기 시작하였다. 1537년 1월 16일에는 60명으로 구성된 의회를 조직하고 "제네바 교회와 예배의 조직에 관한 칙령"을 제정하였는데 이것이 교회의 헌법이 되었다; 회중이 시편을 찬송으로 부르고, 성만찬을 1개월에 한 번씩 거행하고, 교회의 순수성을 보존하기 위하여 권징 치리, 장로 면직을 시행하였다. 그때 많은 사람들이 칼빈을 반대하였다.

제네바 시의회에서 추방 명령: 1538년 4월 13일 제네바 시의회에서는 칼빈, 파렐, 콜라우드(Calvin, Farel, Coraud)에게 3일 이내에 제네바를 떠나라는 추방령을 내렸다. 그러므로 칼빈은 바젤로 피신하고, 파렐은 Neuchatel로 가서 목회하고, 콜라우드는 곧 세상을 떠났다.

칼빈은 1538년 8월부터 3년간 독일 남서쪽 스트라스부르크(Strass-burg)에서, 프랑스에서 피난 온 사람들을 위하여 목회하면서 동시에 신학교수로 신학생들에게 교수하였다. 이 기간에 로마서 주석을 저술하고(1539년), 목회 상담, 권징, 성찬식(1개월에 한 번씩), 회중 찬송, 심방, 예배 순서(기원, 신앙고백, 선언, 찬송, 기도, 감사, 설교, 사도신경 암송, 축도 등) 등을 시행하였다.

1540년 9월에는 재세례파에서 개종한 과부 Idelette de Bure와 결혼하여 8년간 행복한 생활을 했다. 그러나 아내는 1549년 세상을 떠났다.

한편 칼빈을 추방한 후의 제네바는 더욱 타락하므로 제네바 시의회는 1540년 9월 20일 칼빈을 다시 초청하기로 제의하고 같은 해 10월 19-20일에는 200명의 시의원들이 인준하였다. 그리하여 스트라스부르크에서 목회와 신학교수 저술 활동을 잘하던 칼빈은 국가와 교회를 개혁할 의지로 1541년 9월 13일 제네바로 다시 돌아가게 되었다. 사실상 칼빈 자신은 제네바를 "이 세상에서 제일 무서운 곳"이라고 하면서 제네바에 흥미가 없었다.

- **두 번째 제네바 사역**(1541-1564년): 칼빈은 국가와 교회를 개혁하기 위한 의지를 가지고 돌아왔다; 우상 숭배, 도박, 연극, 하나님의 성호 모독, 종교 방해 등을 엄격히 규제하고, 예배시 조용할 것, 정직, 결혼, 사유 재산 보호 등을 골자로 시(市)法 개정안을 시의회에 제출하고 시의회는 그것을 승인하였다. 칼빈은 제네바 시민들이 교회의 도덕 규범을 지키도록 하는 데 노력하였다.

1541년 11월 20일, 일반 총회에서
목사들은 설교, 성례, 목사 후보생 시험, 치리(장로와 함께),
교사들은 말씀으로 교훈, 신학, 문학 강의,
장로들은 교회의 교리와 헌법을 감독하고, 교회를 다스림,
집사들은 헌금 관리, 구제, 성찬시와 세례 거행시 보조, 병자 문안, 장례식 등을 돕도록 가결하였다.

① **투쟁기간**(1541-1555년): 14년간 논쟁과 풍랑이 심하였다. 정치계에서 반발하고, 신학계에서 생활의 엄격한 규제를 반대하고, 제네바 귀족들이 반대하고 사람들은 개인의 자유와 육신의 쾌락을 원하였다.
1553년에는 칼빈과 삼위일체 교리를 반대하는 미가엘 설베터스(Michael Servetus)를 체포하여 화형에 처하였다. 그들은 이단을 용납하지 않았다.

② **승리의 기간**(1555-1564년): 칼빈의 제네바 생활은 더욱 보람되었

다. 칼빈은 제네바 시를 유럽에서의 하나님의 도성으로 만들려고 힘썼다. 회심케 하거나 또는 처형하고, 영적 자유를 보장하며, 장로들을 시의회에 진출시키고, 종교 자유 피난민 5,017명을 1549년부터 1559년까지 제네바 시에 거주토록 하고, 그들 중 다수는 시민권을 획득케 하고, 1558년에는 그들을 공무원으로 채용케 했다.

- 1559년 3월 5일에는 제네바에 신학교(Academy of Geneva)를 162명의 학생들과 함께 개교하였다. 그때 베자(Beza)는 헬라어 학자로 강의하였다. 1565년에는 1,600명의 학생들이 유럽 중서부, 특히 프랑스에서 몰려들었다. 존 낙스(John Knox)는 말하기를, "사도시대 이후 이 지상(地上)에서는 가장 완전한 기독교 학교이다"라고 격찬하였다. 이 학교에서 수많은 사람들이 칼빈의 교육을 받고 유럽 대륙과 영국 등지로 가서 종교개혁을 했다.
- **칼빈**은 하나님의 절대주권과 이중 예정(선택과 유기)을 믿었다.
- **칼빈**은 교회가 국가로부터 어떠한 제재도 받지 않아야 한다고 주장하였다.
- **칼빈**은 로마 천주교의 7세례를 반대하고 세례와 성찬만을 성례로 간주하였다.

칼빈은 1564년 5월 27일, 하나님의 부르심을 받아 소천하였다.

28. A. A. 핫지(Archibald Alexander Hodge, 1823-1886년)

찰스 핫지의 맏아들, 신학자, 프린스턴 신학교 조직신학 교수.

1841년 뉴저지 대학(New Jersey College → Princeton University)의 전신.
1846년 프린스턴 신학교(Princeton Theological Seminary)
1847년 목사 안수
　　　장로교 선교사 - 온 가족과 함께 인도의 Allahabad에서 3년 →
　　　건강 때문에 귀국.
1851-1862년 메릴랜드주(M.D.), 버지니아주(VA.), 펜실베니아주

(PA.)에서 장로교 목사로 시무.

1864년 웨스턴 신학교(Western Seminary, Allegheny, Pa.) 조직신학 교수

1877년 프린스턴 신학교 교수

1878년 C. 핫지(부친) 소천 후 조직신학, 주경신학, 교무부장

저서들 :『찰스 핫지의 생애』(*The Gift of Charles Hodge*, 1880),『신학개론』(*Outlines of Theology*, 1860, 1879).

A. A. 핫지는 교회와 국가(Church and State)의 분리를, 칼빈주의의 재부활을 주장한 보수 신학자로 그의 종말론은 후천년설 입장이었다.

29. 찰스 핫지(Charles Hodge, 1797-1878년)

개혁주의 신학자. 옛 프린스턴 신학교 조직신학 교수.

- 찰스 핫지는 미국 펜실베이니아주 필라델피아(Philadelphia)에서 태어났다. 그는 뉴저지 대학(New Jersey College-후에 프린스턴 대학교로 개칭)에서 공부하였으며(1815년) 그곳에서 부흥사경회 기간 동안에 회심하게 되었다. 1819년에는 프린스턴 신학교(Princeton Seminary)를 졸업하였다.

- 찰스 핫지는 프린스턴 신학교가 설립된 지 10년 후 그리고 자신이 졸업한 지 3년 후 1822년부터 1826년까지 성경 문학을 강의한 후 현대 신학 사조의 부족한 지식을 더 얻기 위하여 독일로 유학을 갔다. 그는 독일에 2년 유학하는 동안(1826-1828년) 할레(Halle)에 있는 독일의 경건주의(Pietism, 독일 루터파의 일부), 칸트(Immanuel Kant) 이후의 철학, 슐라이어마허(Fredrich Schleiermacher)의 사색적, 경험적 신학, 그리고 동유럽 나라들의 부흥에 대하여 관찰하고 귀국하여 1878년 세상 떠날 때 가까이까지 프린스턴에서 지식적으로, 도덕적으로 정통신학과 경건생활을 강조하며 교수하였다.

- 핫지의 지도하에「프린스턴지」(*Princeton Review*)를 발행하기 시작하

였는데 이 학교 기관지는 구파(Old School)의 칼빈주의를 변호하고 보수 신앙을 수호하는 일에 크게 공헌하였다. 좀더 구체적으로 말하면 그는 독일에서 시작된 성경비평(biblical criticism)에 도전하여 성경의 축자영감(verbal and plenary inspiration)을 주장하였으며, 인간의 전적 부패와 무능을 부인하고 인간의 능력으로 구원 얻을 수 있다고 주장하면서 알미니안주의(Arminianism)를 회복시키려는 회중교회의 신학자 테일러(Nathaniel William Taylor)의 New Heaven Theology(일명 신천 신학)에 도전하여 범죄한 이후의 사람은 영적으로는 전적으로 부패되고 무능하므로 인간의 자력(自力)으로는 구원이 불가능하고 오로지 예수 그리스도의 대리적 속죄의 공로를 믿음으로만 구원을 받을 수 있다는 이신득구(Salvation by Faith in Jesus Christ)의 교리를 변호할 뿐만 아니라, 당시 유명한 부흥사 찰스 휘니(Charles Finney)의 주장, 즉 사람 자신이 회개할 능력이 있으며, 회심으로 사회를 개혁하고, 하나님의 지상왕국을 건설할 수 있다는 알미니안주의적 인본주의를 반대하고 칼빈주의 신학을 변호하였다. 그는 장로교 교단 내에 흐르는 두 신학사조들 중에서 보수주의 신앙을 가진 구파(Old School)를 전적으로 지지하였다.

저서들:『로마서 주석』(1835)-1880년 19판,『생명의 길』(1841-미국 주일학교를 위한 평신도 신학),『에베소서 주석』(1856),『고린도전서』(1857),『고린도후서』(1859),『조직신학 3권』(1871-1873),『다윈주의(Darwinism)는 무엇인가?』(1873),『교회정치 논의』(1878)

특히 그의 저서들 중 3권으로 된『조직신학』은 그가 1860년대 초부터 20년 이상 강의한 노트들(notes)을 집대성한 대작이다.

- 19세기 유럽과 미국 대륙의 프로테스탄트(개신교)의 칼빈주의적 정통신학의 주류(main stream)는 프린스턴 신학교였으며, 프린스턴 신학교하면 찰스 핫지(Charles Hodge) 박사였다. 그는 존 칼빈 이후로 네덜란드의 바빙크, 미국의 워필드, 댑니, 메이첸 등과 더불어 가장

위대한 보수 신학자들 중의 제일인이었다. 그가 당대와 후세에 미치는 신앙적, 신학적 영향이란 매우 지대하다. 그는 3,000명 이상을 목회자로 배출한 위대한 보수 신학자였다. 그러기에 1872년 그의 신학교 교수직 50주년 기념일에는 그를 존경하여 상점들도 문을 닫았다 (David F. Wells, *Reformed Theology in America*, pp.39-64, Mark A. Noll, *The Princeton Theology*, pp.107-185, Daniel G. Reid,…*Dictionary of Christianity in America*, pp.537-538, J. D. Douglas, *Who's who in Christian History*, p.323).

30. 안토니 후크마(Anthony A. Hoekema, 1913-1988년)

미국 개혁주의 신학자. 조직신학 교수(벌코프 후임으로 칼빈신학교에서).
1913년 네덜란드에서 출생하여 1923년 부모님을 따라 미국으로 이민했다.

학력: 칼빈대학교(B.A.), 칼빈신학교(Th.B.), 미시간대학교(문학석사), 프린스턴신학교(Ph.D., 1953), 논문(헤르만 바빙크의 언약의 교리).

그는 1955-1978년까지 23년간 칼빈 신학교 조직신학 교수로, 은퇴 후에도 계속 저술 활동을 했다.

저서들: 『4대 이단들』(*The Four Major Cults*), 『방언이란 무엇인가?』(*What about the Tongues-Movement?*), 『성령세례』(*Baptism of the Holy Spirit*), 『조직신학 3권』(*Systematic Theology*, 3volumes)

Created in God's Image, Eerdmans, 1986.
Saved by Grace, Eerdmans, 1984.
The Bible and the Future, Eerdmans, 1994.

참고문헌 The Bibliography

Bible
성경전서(개역 한글판).

Kehlenberger, Jonh R. Interlinear O. T.
Brenton, S. L. The Septuagint: Greek and English.
Spiros Zodhiates. Hebrew-Greek Study Bible.
Alford, Henry. The Greek Testament. 4 vols.
Marshall, Alfred. Greek New Testament.
_____. Parallel N.T. in Greek.
Nestle-Aland. Greek-English New Testament.
New King James Version.
New American Standard Bible.
New International Version.
New Revised Standard Version(미국 자유주의 교회들의 연합단체인 미국교회협의회〈NCCC〉의 판권소유)
The Catholic Answer Bible.

히브리어 · 헬라어 사전(Hebrew—Greek Lexicons)
Abbott-Smith, A Manual Greek Lexicon of the N. T.
Amstrong, Readers Hebrew-English Lexicons of the Old Testament. 4 vols.
Brooks, James A. Syntax of New Testament Greek. University Press. 1979.
Brown-Driver-Briggs, Hebrew-English Lexicon of the Old Testament.
Bauer-Arndt-Gingrich, Greek-English Lexicon.
Bullinger, Critical Lexicon and Concordance to English and Greek New Testament.
Davidson, Benjamin, The Analytical Hebrew and Chaldee Lexicon.
Kubo. Readers Greek-English Lexicon of the New Testament.

Liddell & Scott, A Greek-English Lexicon. 9th ed.
Moulton, Analytical Greek Lexicon Revised.
Pershbacher, The New Analytical Greek Lexicon.
Thayer, J. H. Greek-English Lexicon of the N. T.
Tregles, S. P. Gesenius Hebrew and Chaldee Lexicon.

성경 색인(Bible Concordance)

Edwin Hatch and Herry A. Redpath. A Concordance to the Septuagint and the Other Greek Versions of the Old Testament.
Eliezer Katz. (ed.). Topical Concordance of the O. T.
Kohlenberger, John and Edward Goodrick. The NIV Exhaustive Concord-ance. Zondervan, 1990.
Metzger, Bruce M. (ed.). The NRSV Exhaustive Concordance (unabrid-ged). Nelson. 1991. pp 1696.
Moulton & Geden. A Concordance to the Greek N. T. 5th edit.
Smiths J. B. Greek-English Concordance to the N. T.
Strong, James. The New Strongs Exhaustive Concordance. Nelson. 1990
Thomas, Robert L. (Gen. Ed.). NAS Exhaustive Concordance. Holman. 1981.
Young, Robert. Youngs Analytical Concordance(revised). Nelson. 1982.
Whitaker, Richard E. RSV Analytical Concordance. Eerdmans. 1988.
Winter, Ralph. Word Study New Testament and Concordance. 2 volumes, Tyndale, 1978.
Wigram, New Englishmans Greek Concordance.

성경 사전(Bible Dictionaries)

Harrison, E. F. (ed.). Bakers Dictionary of Theology. Grand Rapids: Baker. 1960.
Brown Colin (ed.). New International Dictionary of New Testament Theology. 4 volumes. Zondervan. 1986.
Buttrick, G. Interpreters Dictionary of the Bible. 5 volumes Abingdon, 1962.
Butler, Trent C.(Gen. Ed.). Holman Bible Dictionary. Holman. 1991.
Cross F. L. and Livingston, E. A. Oxford Dictionary of the Christian Church. 2nd Edition.
Douglas, J. D.(ed.). New Bible. Tyndale. 1984.

Elwell, Walter(ed.). Evangelical Dictionary of Theology. Baker. 1984.
Freedman, David Noel (ed.). Anchor Bible Dictionary. 6 vol.
Ferguson, Sinclair B. David Wright and Packer, J. I. New Dictionary of Theology. Inter Varsity. 1988.
Gehman, Henry. The New Westminster Dictionary of the Bible. Westminster. 1970.
Gentz, William H.(ed.). The Dictionary of Bible and Religion. Abingdon. 1986.
Kittel, Gerhard (edited by G. W. Bromiley) Theological Dictionary of the New Testament. 6 vol.
Hastings, James. Hastings Dictionary of the Bible. 5 volumes. Hendrickson. 1898.
Harrison, R. K. editor, New Ungers Bible Dictionary.
Hendricken, Wm. 1 & 2 Timothy & Titus.
Huey, F. B. JR. and Corley, Bruce. A Students Dictionary for Biblical Studies. Zondervan Publishing House. 1983.
Kelly, J.N.D. The Oxford Dictionary of Popes.
Lockyer, Hebert(ed.). Nelsons Illustrated Bible Dictionary. Nelson. 1986.
Reid, Daniel G. Dictionary of Christianity in America.
Richardson, Alan. Westminster Dictionary of Christian Theology. Westminster. 1983.
Shepherd, M. H. The Interpreters Dictionary of the Bible.
Vine, W. E. An expository Dictionary of the Old and New Testament Words.
Websters New World Dictionary.
WCC, Dictionary of The Ecumenical Movement, Geneva, WCC. 2002.
Zodhiates, Spiros. The Complete Word Study Dictionary New Testament.

성경 어휘 연구(Biblical Word Studies)

Harris, R. Laird. Theological Wordbook of the O. T. vol. 2. Moody Press. 1988.
Earle, Ralph. Word Meanings in the N. T. Baker, 1988.
Richardson, Alan. A Theological Wordbook of the Bible. Macmillan. 1950.
Robertson, A. T. A New Short Grammar of the Greek Testament.
_____. A Grammar of the Greek N. T. in the Light of Historical Research.
Vincent, Martin R. Word Studies in the N. T. Eerdmans, 1975.
Vines Expository Dictionary of the Biblical Words. Nelson, 1977.
Wuests Word Studies in the Greek New Testament, 3 volumes.
Zodgiates, Spiros. Complete Word Study New Testament with Parallel Greek Text.

성경 백과사전(Bible Encyclopedia)

Watter A. Elwell, The Baker Encyclopedia of the Bible.

Warfield, Benjamin B. International Standard Bible Encyclopedia.

Bromiley, Geoffirey W.(ed.). The International Standard Bible Encyclo-pedia. Eerdmans. 1988.

Douglas, J. D. Encyclopedia of Religious Knowledge. Baker, 1991.

Orr, James. The International Standard Bible Encyclopedia. 4 volumes. Eerdmans. 1943.

Tenncy, Merrill(ed.). Zondervan Pictorial Bible Encyclopedia. 5 volumes. Zondervan. 1976.

신학 서적(Theological Books)

고 박형룡 박사님의 『교의신학 전집』. 한국기독교교육연구원. 1978.

조영엽, 『신론』(개정5판), CLC, 2012.

 『기독론』(개정5판), CLC, 2012.

 『구원론』(개정3판), CLC, 2012.

 『성령론』, CLC, 2013.

 『교회론』(개정증보4판), CLC, 2012.

 『가톨릭교회교리서 비평』, CLC, 2010.

 『사도 바울의 생애와 선교』, CLC, 2011.

 『찬송가 對 현대복음송』(개정3판), 기독신보사, 2007.

 『W.C.C.의 정체』(개정3판), 도서출판 언약, 2012.

 『사도신경변호』, 중화인민공화국 양회, 2008.

Bancroft, Emery H. Christian Theology. Zondervan. 1949.

 _____. Elemental Theology. Zondervan. 1977.

C. K. Banet, The Gospel according to John.

Barclay, William. New Testament Wordbook.

Barnes Notes on the New Testament.

Bailey, Kenneth E. Cultural Studies in I Corinthians, IVP. 2011.

Barinck, Herman. Reformed Dogmatics, Baker Academic, Grand Rapids,

 Vol. I. Prolegomena, 2009.

 Vol. II. God and Creation, 2009.

Vol. III. Sin and Salvation in Christ, 2009.

Vol. IV. Holy Sprit, Church, and New Creation, 2008.

Baxter, J. Sidlow, A New Call to Holiness.

Beasley - Murray, Jesus and The Last Days, Hendrickson, 1993.

Belgic Confession.

Berkhof, Louis. Systematic Theology. Eerdmans. 1939.

_____. History of Christian Doctrine. Baker. 1937.

_____. Summary of Christian Doctrine, Eerdmans, 1983.

Berkouwer, Gerrit Cornerlis. Studies in Dogmatics. Eerdmans. 1952-76. 14 vols.

_____. The Conflict with Rome.

Blake, Everett C. Biblical Site in Turkey. Redhouse, Istambul. 1990.

Boettner, Loraine. Studies in Theology, Presbyterian & Reformed. 1947.

_____. Immortality.

Brown. William Adams. Christian Theology in Outline. New York: Charles Scribners Sons. 1907.

Bruce, F. F. The Time is Fulfilled. Eerdmans. 1978.

Burtner, Robert W. and Robert E. Chiles. John Wesleys Theology: A Collection from His Works. Abingdon. 1954.

Buswell. James Oliver. A Systematic theology of the Christian Religion. Zondervan. 1978.

Calvin, John. Institutes of the Christian Religion. 2 volumes edited by John T. Mcneill. Westminster. 1960.

Calvins Commentaries.

Cambron, Mark G. Bible Doctrines: Beliefs that Matter. Zondervan. 1977.

Canon of Dort.

Catechism of the Catholic Church. Vatican. 1997.

Chafer, Lewis Sperry. Systematic Theology. 8 vols. Dallas: Dallas Seminary Press. 1948.

_____. Major Bible Themes, Zondervan. 1974.

Clouse, Robert G. edited, The Meaning Millenium 4 views. IVP. 1973.

_____. The Rapture. Academie Book. 1984.

Cohen, Arthur A. and Marvin Harlverson. A Handbook of Christian Theology. Abingdon. 1958.

Coleman. Ancient Christianity Exemplified.

Cox, William E. Amillennialism Today. P & R. 1966.

Dabney, Charles. Lectures in Systematic Theology. Zondervan. 1972.

Dabney, Robert Lewis. Systematic Theology. Banner of Truth. 1878.

Douglas, J. D. Whos Who in Christian History. Tyndale. 1992.

Dowley, Tim. The History of Christianity. A Lion Book, Sydney. 1990.

Eerdmans Handbook to Christianity in America.

Erickson, Millard J. Christian Theology. Baker. 1985.

Evans, Williams. The Great Doctrines of the Bible. Moody Press. 1974.

_____. The Great Doctrines of Faith. Moody Press. 1974.

Finney, Charles. Finneys Systematic Theology. Bethany. 1976.

Fitzwater, P. B. Christian Theology. Eerdmans. 1948.

Geisler, Norman, Systematic Theology, Bethany House, Mineapolis,

 Vol. I. Bible, 2002.

 Vol. II. God. Creation, 2003.

 Vol. III. Sin. Salvation, 2004.

 Vol. IV. Church. Last Things, 2005.

George, Timothy. Theology of the Reformers. Broadman. 1988.

George, Twigg-Porter, What About Those Councils?, Gueenship Pub.

Gower, Ralph. The New Manners and Customers of Bible Times. Moody Press. 1993.

Gulston, Charles. Jerusalem. Zondervan. 1978.

Hagin, Word of Faith.

Heidelberg Confession.

Henry, Carl F. H. ed. Basic Christian Doctrines. Baker. 1979.

Hodge, Archibald Alexander. Outlines of Theology, Eerdmans. 1957.

Hodge, Charles. Systematic Theology, 3 volumes. Eerdmans. 1872.

Hoekema. Anthony. A. Reformed Dogmatics. Reformed Free Publishing Association. 1966.

_____. Created in God's Image, Eerdmans, 1994,

_____. Saved by Grace. Eerdmans. 1984.

_____. The Bible and the Future, Eerdmans, 1994.

Horton, Michael, Pilgrim Theology, Zondervan, 2011.

Jacquet, Constant H. Jr. NCCC in USA yearbook. 2002.

Kelly, J. N. D. The Oxford Dictionary of Popes. Oxford University Press. 1987.
Ladd, George. A Theology of the New Testament, Eerdmans. 1974.
_____. The Gospel of the Kingdom, Eerdmans. 1987.
_____. The Last Things. Eerdmans, 1982.
Lamsa, George M. Idioms in the Bible Explained. Harper & Row. 1985.
_____. The Bible and The Future.
Lenski, R. C. H. New Testament Commentaries. 12 vol. Augsburg. 1961.
Lohse, Bernhard. A Short History of Christian Doctrine, Fortress, 1978.
Luthers Works.
McKim, Donald(ed.). Major Themes in the Reformed Tradition. Eerdmans. 1992.
McRay, John. Paul His Life and Teaching, Baker, Grand Rapids, 2004.
Miley, John. Systematic Theology. 2 volumes. Hendrickson. 1893.
Morris, Leon. The Gospel according to John.
Mueller, J. T. Christian Dogmatics. Concordia. 1934.
Murray, John. Collected Writings of John Murray. vol. 2. Edinburgh: Theology. Abingdon. 1992.
_____. Redemption.
_____. The Epistle to the Romans.
Pache, Ren . The Return of Jesus Christ. Moody Press. 1975.
Pink, Arthur W. The Antichrist. Kregel Pub. Co. 1988.
Pannenberg, Wolfhart. Systematic Theology. Volume 1. Eerdmans. 1991.
Pool, Matthew. Commentaries 3 vols. Hendrickson, 2000.
Reymond, Robert L. A New Systematic Theology, Nelson. 1983.
Ridderbos, Herman. Paul An Outline of His Theology. Trans. John R. De Witt. Eerdmans. 1975(orig pub. 1966).
_____. The Coming of the Kingdom. Kampen, Trans. 1987.
Robertson, A. T. A Grammar of the Greek New Testament in Light of Historical Research.
Robinson, William. The Biblical Doctrine of the Church.
Rohls, Jan. Reformed Confessions. English translation, John Knox Press. 1998.
Ryrie, Charles Caldwell. Biblical Theology of the New Testament. Moody Press. 1959.
_____. Survey of Bible Doctrine. Moody. 1972.
_____. Basic Theology. Victor Book. 1987.

Spence O. Tallmage, The Quest for Christian Purity. Old Paths Tract Society. 1988.

_____. Satan: Sanctuary or System. Foundations. 1989.

_____. Pentecostalism: Purity or Peril?

Shedd, William. Dogmatic Theology. 3 vols. 1888-94. Zondervan.

Steele, David H. Five Points of Calvinism. Presbyterian & Reformed. 1963.

Stott, John R. Galatians.

_____. The Cross of Christ.

Strong, Augustus Hopkins. Systematic Theology. Judson Press. 1979.

Thiessen, Henry. Lectures in Systematic Theology. Eerdmans. 1989.

Torrance, T. F. The Israel of God.

Trench, R. C. Synonyms of the New Testament.

Towns, Elmer L. What The Faith is All About. Tyndale House. 1983.

Van Til, Cornelius. Christianity and Barthianism. Presbyterian & Reformed. 1962.

_____. Defense of the Faith. Presbyterian & Reformed, 1967.

Wall, Robert W. Revelation, NIBC, Hendrickson. 1991.

Walvoord, John F. The Millennial Kingdom. Zondervan. 1989.

_____. The Church in Prophecy. 1990.

Wanamaker, Charles A. The Epistles to The Thessalonians, Eerdmans, 1998.

Warfield, Benjamin. Biblical & Theological Studies. Presbyterian & Reformed. 1968.

Westminster Confession of Faith.

Wiley, H. Orton. Christian Theology. 3 volumes. Beacon Hill.

Williams, Rodman. Renewal Theology. volume 2. Zondervan. 1990.

Williamson, G. L. Westminster Confession of Faith: A Study Guide. Presbyterian & Reformed. 1964.

_____. Shorter Catechism: A Study Manual 2 vols. Presbyterian & Reformed. 1970.

Wise, Robert. The Fall of Jerusalem. Nelson. 1994.

Wood, Leon. A Survey of Israels History. Zondervan. 1979.

Zuck, Roy B. A Biblical Theology of the N. T. Moody. 1993.

찾아보기 Index

■ 성구색인(Scripture Verses)

창세기 2:7 / 24-25, 27
출애굽기 3:6 / 153, 159, 161
욥기 19:25-27 / 47, 152, 161
시편 16:10 / 46, 154, 161
　　26:19 / 154
　　49:15 / 154
　　102:26 / 146-148
전도서 3:2 / 32
이사야 11:6-9 / 242
　　25:8 / 155
　　51:6 / 147
　　65:17 / 142
　　66:1 / 145
　　66:22 / 143
다니엘 2:32-33 / 234
　　2:34-35 / 230, 235
　　12:2 / 26, 47, 155, 179, 194
스가랴 14:5 / 156
마태복음 5:3 / 229
　　12:32 / 85
　　19:16 / 52
　　22:23-33 / 160
　　24:14 / 118

24:30 / 92, 128, 132, 134, 137
24:31 / 211, 264
마가복음 10:17 / 52
　　10:30 / 86
　　13:32 / 128
누가복음 16:19-31 / 61
　　17:26-30 / 126
　　18:30 / 86
　　20:34-36 / 88
　　23:42-43 / 62
요한복음 2:19-21 / 157
　　5:28-29 / 160, 194, 210
　　10:17-18 / 158
　　11:25 / 158
사도행전 1:6 / 106
　　1:11 / 128
　　1:22 / 161
　　2:24 / 161
　　17:18 / 164
　　23:6 / 165
　　24:14-15 / 165
　　26:8 / 166
로마서 5:12 / 30
　　6:5 / 167
　　6:23 / 53, 195

색인 391

8:1-2 / 275
8:11 / 163
8:19-22 / 236
10:9 / 163
11:25 / 119

고린도전서 3:11-15 / 279
6:3 / 266
9:25 / 281
15:3-4 / 181
15:12 / 183
15:13-14 / 183
15:15 / 184
15:17 / 184
15:19 / 185
15:20 / 178, 186
15:21-22 / 186
15:23-24 / 177
15:30 / 187
15:40-42 / 279
15:50 / 33, 206
15:51 / 79, 206, 213
15:53-54 / 44

고린도후서 5:1 / 38
5:10 / 267, 272, 276, 314

데살로니가전서 4:16 / 136, 138, 181
4:16-17 / 179, 207

디모데전서 6:16 / 43, 82
디모데후서 2:8 / 188

4:7-8 / 281
히브리서 1:10-11 / 148
7:27 / 246
9:26 / 247
9:27 / 32, 75
11:19 / 188
11:35 / 188
12:22-24 / 64
베드로후서 2:4 / 284, 317
3:7 / 148
3:10 / 149
3:13 / 144
유다서 1:6 / 285
요한계시록 2:23 / 268
5:11 / 296
7:9 / 298
7:9-10 / 241
13:12 / 97
13:18 / 103
14:13 / 40, 296, 302
20:4-6 / 180, 199
20:5-6 / 168
20:5-13 / 203
20:12 / 268
21:4 / 294
21:8 / 307, 318
22:3 / 301
22:12 / 280

■원어색인(히, 헬)

게고나멘(γεγόναμεν) / 167
그레고레오(γρηγορέω) / 129
나오스(ναός) / 158
누스(νοῦς) / 122
둘류오(δουλεύω) / 301
드로노스(θρόνος) / 266
라트류오(λατρεύω) / 301
랍토(ραπτο) / 207
루오(λύω) / 162
림네(λίμνη) / 287, 311
마카리오스(μακάριος) / 168
마타이아(ματαία) / 184
멜로(μέλλω) / 85
바라(בָּרָא) / 142
바실레이아(βασιλεία) / 223-225
비블리아(βιβλία) / 287
사마임(שָׁמַיִם) / 147
샬롬(שָׁלוֹם) / 239
쏘마(σῶμα) / 172, 175
숨푸토이(σύμφυτοι) / 167
스테파노스(στέφανος) / 280
스올(שְׁאוֹל) / 46, 61, 309, 312
스페이로(σπείρω) / 173
아나(ἀνα) / 151
아나스타시아(ἀνάστασια) / 151
아니스테미(ἀνίστημι) / 213
아다나시아(ἀθανασία) / 42

아이오니오스(αἰώνιος) / 42, 314
아토모(ἀτόμῳ) / 214
아티미아(ἀτιμία) / 174
아판타오(ἀπαντάω) / 215
아팔케(ἀπαρχή) / 177-178
아포드네스코(ἀποθνήσκω) / 186
아포칼룹시스(ἀποκάλυψις) / 90, 93, 221
안티크리스토스(ἀντίχριστος) / 100-101
알라오(γεγόναμεν) / 398, 405
알크앙겔로스(ἀρχάγγελος) / 138, 210
에게이로(ἐγειω) / 173, 182
에이(εἰ) / 182
에이레네(εἰρήνη) / 239
에제산(ἔζησαν) / 200, 252-253
에페이타(ἔπειτα) / 177, 180, 197, 213
에피파네이아(ἐπιφάνεια) / 91
엔튜카노(ἐντυγχάνω) / 237
엘레오스(ἔλεος) / 185
엘코마이(ἔρχομαι) / 86
오이다멘(οἴδαμεν) / 58
우라노스(οὐρανός) / 289-290
유앙겔리온(εὐαγγέλιον) / 118
자오(ζάω) / 201
조오포이에오(ζωοποιέω) / 187
카리스마(Χηαρισμα) / 53
카이노스(καινός) / 142, 144
칼디아(καρδία) / 123
코로보오(κολοβόω) / 219
코스모스(κόσμος) / 86

코포스(κόπος) / 302
코콘타이(γεγόναμεν) / 342
타그마(τάγμα) / 197
텔테류테(τελευτή) / 25
파루시아(παρουσία) / 90, 217, 220
포네(φωνή) / 138, 210
푸오(φύω) / 167
퓨튜오(φυτεύω) / 167
프로세케테(προσέχετε) / 99
프로세코(προσέχω) / 99-100
프슈도(ψεύδω) / 93
프슈도크리스토스(ψευδοχριστος) / 93
하데스(ἄδης) / 61, 68, 309
할파조(ἁρπάζω) / 208, 215
휘리스코(εὑρίσκω) / 184
히스테미(ἵστημι) / 151, 212

만유멸절설 / 146
만인구원설 / 364
머레이 / 345
무저갱 / 311
무천년설 / 190, 249
바빙크 / 350, 351, 355
벨푸선언 / 114
부활 / 48
불못 / 271, 284, 287, 311
붉은 용 / 97, 102
사독 / 183
사두개 / 159, 171
사두개인 / 98
사두개인들 / 160
사회복음주의 / 254, 255
사회복음주의자 / 230
산헤드린 / 52, 165, 183
살라딘 / 109, 110
삼가라 / 99
삼위일체 / 377
선재 / 364
성령 / 335
성전 / 339
성찬 / 334
세대론 / 216, 244
세례 / 377
쉐드 / 328, 356
슐라이어마허 / 379
스토아 / 164

■중요단어(Important Words)

강령술 / 47
거짓 그리스도 / 93, 285
게헨나 / 310
곡과 마곡 / 101
권면 / 331
낙원 / 62
돌 / 236
림네 / 311
만유갱신설 / 142

시온운동 / 111
심판석 / 270, 272
십자군 / 109, 110
어거스틴 / 334
에베소서 4:10 / 293
연옥설 / 68, 73
영매술 / 47
영원 / 360
영혼 수면설 / 77
오는 시대 / 85
외경 / 70, 74
요세푸스 / 367
욤 키퍼 / 117
웨스트민스터 신앙고백서 / 44, 58, 60, 74, 79, 129, 328, 337, 340, 345, 370
유신 진화론 / 257, 258
666 / 98, 102
은혜 / 53, 54
음부 / 154
이스라엘의 회복 / 106
이 시대 / 85
장로들 / 297
전적 부패 / 122, 123
죄악된 행위들 / 124
죽음 / 23
중간기 상태 / 57
지옥 / 307
진화론 / 257
천국 / 289
축도 / 376
축자영감 / 380
충성 / 375
칭의 / 335
카이퍼 / 351, 355
카톨릭교회 교리서 / 72, 73
트렌트회의 / 71
펜티코스트 / 246
하나님의 아들 / 364
하르낙 / 371
하이델베르그 신앙고백서 / 77
핫지 / 328, 351, 355
해방신학 / 256, 326
호세아 13:14 / 156
휴거 / 207

■인명(Names)

그레고리 1세 / 69
댑니 / 315, 327
디도 / 108, 261
라우젠부쉬 / 131, 255
마호멧 / 108
박형룡 / 251, 253, 321
버즈웰 / 353
벌코프 / 192, 193, 354, 355
뵈트너 / 324
스코필드 / 120, 217

스트롱 / 303, 357

오리겐 / 364

워필드 / 328, 347, 351, 355, 369

칵스 / 191

칼 마르크스 / 325

칼빈 / 351, 373

A. 핫지 / 303, 369, 378

C. 핫지 / 369, 379

호이트 / 244

호크마 / 249, 252, 287

Personal History Statement

Name	Rev. Youngyup Cho, Ph. D.

EDUCATION (Schools attended and graduated)
1. Dai Kwang Middle and High School in Seoul (6 years: March, 1953 to February, 14 1958)
2. Presbyterian General Assembly Theological College/Chong Shin University (2 years: March, 1958 to December, 1959)
3. Adjutant General School of R.O.K Army, Administration Department (300 hours: January, 1962 to May, 1962)
4. Dan Kook University, English Department B.A. Degree (2 years: March 1964 to December. 26. 1966)
5. Presbyterian General Assembly Theological Seminary/Chong Shin University M.Div. Degree (3 years: March 1960 to December 4. 1964)
6. Graduate School of the General Assembly Theological Seminary/Chong Shin University Th.M. Degree (2 years: March 1965 to December 14. 1967)
7. Faith Theological Seminary D.Min. Degree (February 1980 to May 19. 1981)
8. Grace Graduate School Ph.D. (March 1974 to June 13. 1982)

1. Passed examination for study abroad of the Ministry of Education in Korea in 1966.
2. Passed licensed Evangelist Examination of the General Assembly of the Presbyterian Church of Korea in June, 1967.
3. Passed Minister's Examination of GyeongGi Presbytery of the Presbyterian Church of Korea in November, 1968.
4. Received ordination from Soo Do Presbytery of the Presbyterian Church of Korea on October 12, 1972. (See: The Record of Soo Do Presbytery, Vol. II, 1972).

MILITARY SERVICE(3 years)

1. Nonsan Korea Army Training Center(KATC) 27th Regiment (Military service number: 10961569)

2. Completed from Adj. General School of R.O.K Army (at Yeong-Cheon, Gyeongbuk) (January, 1962 to May, 1962)

3. Served as a Sergeant in Adjutant General Office of R.O.K Army HQ (Samgakji Yongsan in Seoul) (May, 1962 to June, 1962)

4. Served as a Sergeant in Army Chaplain HQ Office (June, 1962 to December, 1964)

VOCATION

1. Evangelist of Sam-Yang Presbyterian Church in Seoul (July, 1960 to December, 1961)

2. Evangelist of Uijeongbu First Presbyterian Church in Uijeongbu (January, 1965 to July, 1967)

3. Chaplain for prisoners of Uijeongbu National Prison (January, 1965 to July, 1967)

4. Licensed Evangelist of Pyung-Ahn Presbyterian Church in Seoul (October, 1968 to August, 1969)

5. Interpreter and Assistant for Dr. Dwight R. Malsbary, ICCC and IBPFM in Korea Office (5 years: July, 1967 to August, 1972)

6. Assistant Pastor of Itaewon Presbyterian Church in Seoul (September, 1971 to December, 1972)

7. Lecturer to the following seminaries (5 years: March, 1968 to December, 1972)
    1. Covenant Theological Seminary
    2. Korea Presbyterian Seminary
    3. Bible Presbyterian Seminary
    4. Jesus Methodist Seminary
    5. Maranatha Seminary
    6. Covenant Bible Institute

8. Pastor of Korean Church in Akron, Ohio (USA) (1975 to 1976)

9. Appointed as a missionary under the Independent Board for Presbyterian Foreign Missions founded by Dr. Machen 1933. 6. 27. December 20, 1984 - July 8, 1988.

10. President, Presbyterian General Assembly Theological Seminary(Hap Dong Bo Soo) (September, 1989)

11. Professor, R.O.K Army, Academy of military spiritual power - Mid 1980's

12. Preacher: Far East Broadcasting Radio, Asia Broadcasting Radio and CBS Radio for several years

13. Professor: Covenant Graduate School of Theology (March, 2000 - August. 29. 2011)

14. Professor, Hope Academy in East Soo Won (March, 2008 – present)

15. Professor, Presbyterian General Assembly Theological Seminary(Bible Conservative) (March, 2011 - present)

16. Chairman, Association of Bible Conservative Reformed Churches & Organizations (July, 2012 - present)

17. The Christian Council of Korea - A special member of the Theology Committee (July, 2012 – present)

I, the undersigned, hereby certify that the above statements are correct, complete, and true to the best of my knowledge and belief.

Rev. **Joseph Youngyup Cho**

나는 향기를 날리리라

동풍이 불어도
서풍이 불어도
나는 향기를 날리리라.

남풍이 불어도
북풍이 불어도
나는 향기를 날리리라.

파도가 날 때려도
천둥이 날 밟아도
나는 향기를 날리리라.

폭풍이 불어도
눈보라가 쳐도
나는 향기를 날리리라.

태양이 날 태워도
어둠이 날 덮어도
나는 향기를 날리리라.

나를 지으시고,
만물을 지으신 이가
내 안에서 향기를 뿜어내시리라.

침묵

침묵속에 온유와 겸손의 움이 돋아나고,
침묵속에 사랑과 용서의 꽃이 피어난다.

침묵속에 은은하고 신선한 향기를 뿜어내며,
침묵속에 아름답고 우아한 모습을 드리운다.

침묵속에 감사와 찬송의 노래가 흘러가고,
침묵속에 평강과 기쁨의 열매가 맺어진다.

침묵속에 사랑의 심장이 힘차게 박동하고,
침묵속에 생명은 여원히 살아서 움직인다,

지구 한 모퉁이에서,
나는 침묵으로 그 움이 돋아나게 하리라.
나는 침묵으로 그 꽃이 피어나게 하리라.
나는 침묵으로 그 열매가 맺어지게 하리라.
나는 침묵으로 그 심장이 박동하게 하리라.
나의 침묵의 노래와 향기가 가슴에서
가슴으로 전달되리라.

- 무명시

종말-내세론 Eschatology

2004년 1월 20일 초판 발행
2013년 10월 5일 개정증보판 발행

지은이 | 조 영 엽

펴낸곳 | 사)기독교문서선교회
등록 | 제16-25호(1980. 1. 18)
주소 | 서울시 서초구 방배로 68
전화 | 02) 586-8761~3(본사) 031) 942-8761(영업부)
팩스 | 02) 523-0131(본사) 031) 942-8763(영업부)
홈페이지 | www.clcbook.com
이메일 | clckor@gmail.com
온라인 | 기업은행 073-000308-04-020, 국민은행 043-01-0379-646
　　　　　예금주: 사)기독교문서선교회

ISBN 978-89-341-1319-5 (94230)
　　　 978-89-341-1140-5 (세트)

* 낙장·파본은 교환해 드립니다.

이 도서의 국립중앙도서관 출판시 도서목록(CIP)은
서지정보유통지원시스템 홈페이지(http://seoji.nl.go.kr)와
국가자료공동목록시스템(http://www.nl.go.kr/kolisnet)에서
이용하실 수 있습니다.
(CIP제어번호: CIP2013016195)

조영엽 박사 저서

"A Critique of the World Council of Churches"
(박사학위 논문), 1982. 5. 15. 339면

1. 신론(개정5판), 기독교문서선교회, 2012. 5. 416면
2. 기독론(개정5판), 기독교문서선교회, 2012. 3. 648면
3. 교회론(개정증보4판), 기독교문서선교회, 2012. 9. 808면
4. 구원론(개정3판), 기독교문서선교회, 2012. 10. 392면
5. 성령론, 기독교문서선교회, 2013. 6. 384면
6. 사도신경 변호, 큰샘출판사, 2004. 5. 648면
7. 가톨릭교회교리서 비평, 기독교문서선교회, 2010. 3. 304면
8. W.C.C.의 정체(개정3판), 도서출판 언약, 2013. 4. 480면
9. 사도 바울의 생애와 선교, 기독교문서선교회, 2011. 3. 416면
10. 디모데전·후서 주석, 성광문화사, 2005. 5. 720면
11. 열린예배와 현대복음송(개정3판), 기독신보사, 2007. 3. 216면
12. 찬송가 對 현대복음송(개정3판), 기독신보사, 2007. 3. 304면
13. 목적이 이끄는 삶(PDL)-교회를 타락시키는 베스트셀러, 성광문화사 제 2판, 2008. 5. 368면
14. 해방신학 분석 평가 및 비판, 국군정신전력학교, 1988. 10
15. 민중신학 분석 평가 및 비판, 국군정신전력학교, 1988. 10
16. 사도신경변호, 중화인민공화국 양회, 2008. 11
17. 신론·인죄론, 중화인민공화국 양회, 2008. 11